鲍鹏山新批水滸傳

〔明〕施耐庵 著

鲍鹏山 批评

中

岳麓書社·长沙

第二十三回

王婆贪贿说风情 郓哥不忿闹茶肆

王婆貪賄說風情

回前总评

英雄武松，偏有个哥哥武大，他面目丑陋，身材矮小，生性懦弱：精神和肉体都是鄙陋的。

天地之间总有很多弱者。弱者无力保护自己的人格尊严和生存权利，在冷漠势利的社会里，他们是被侮辱、被残害、被践踏、被嘲弄的哀苦无告的生灵。他们默默隐忍生活的伤痛，在世间辗转流离。如果无人为他们主持正义，他们只有度过悲辛的一生，湮没无闻，含恨而终。武大就是他们的典型。武大能够期盼、能够依赖的，就是弟弟武松。

娶美艳的潘金莲，是武大的运气，更是武大的晦气：得如此不般配的婚姻，享过分之福，对他而言，是多么巨大的人生拖累？

也是潘金莲的晦气。因为不肯就范，那个骚扰她的大户就把她嫁给了武大。哪个女人在没有感情基础的情况下，愿意嫁武大这样的人呢？潘金莲后来的沉沦和被杀，罪魁祸首是那个大户。武大后来被毒害惨死，罪魁祸首也是那个大户。

潘金莲的性格非常复杂。有人认为《水浒传》中，潘金莲不肯屈从大户的贞烈与后文极力刻画的“淫荡”之间存在尖锐的矛盾。嫁给武大之前的贞烈女子，嫁给武大之后成了“为头的爱偷汉子”，这个转变未免太快。但是，我们可以这样思考，这是否都是潘金莲的真实面貌呢？

问题其实并不复杂。谁是真正天生的“淫妇”呢？哪个女子一开始就愿意依从变态主人的引诱呢？哪个女子不希望自己婚姻美满呢？把潘金莲嫁给武大郎，是极其变态、恶毒的报复。如此婚姻，是折磨，是暴虐，它摧毁了潘金莲对未来的企盼。她嫁给武大郎之后，“爱偷汉子”与其说是天性淫荡，不如说是自暴自弃。也许，“偷汉子”的一点快乐和自主，对她而言才是无法抵制的诱惑。这是畸形的，也是可悲的。

潘金莲是个富有激情，性格刚强甚至有些刚烈的女人。她自称“我是一个不戴头巾男子汉”。但和武大一样，她也是这个世界上的弱女子，不能主宰自己的命运，被剥夺了幸福。武大有武松为他做主，潘金莲呢？却没有人为她做主。这个世界留给潘金莲的路，并不宽广。

潘金莲认为，如果嫁给武松这样的人就不枉了为人一世。想嫁给与自己般配的男人，这是一个非常正常的想法。她所希望的不过和所有女子一样，有美满的婚姻。婚姻与爱情的美满，未必能决定人生的美满；但是婚姻与爱情不美满，则人生一定不美满。所以，潘金莲守着武大郎，让她有枉生一世的大遗憾。武大作为丈夫，不仅矮小丑陋，还不能满足妻子的情感和生理需求，潘金莲实际上一直处在性压抑状态之中。因此，她一定会不安于室，一定会寻找机会试图改变命运。所以，她看到武松，马上就动了心，甚至忘记了伦理，迫不及待；后来西门庆一挑逗，她也是迫不及待。

叔嫂之间初见面，我们就已经感受到潘金莲心里泛起的波澜。也许，在见到武松之前，潘金莲还打算逆来顺受，维持与武大的婚姻关系。但在见到武松之后，内心的蠢动和诱惑就俘获了她。一旦对未来的期盼在心头重新萌生，眼前的生活，便无论如何也不能再忍受了。所以在被武松严词拒绝后，潘金莲投向了西门庆。

潘金莲与武松，自然属性上，是非常般配的男女；社会角色上，却是授受不亲的叔嫂。内心的情爱欲念与社会的道德伦理发生严重冲突，二人相对，极具心理张力。

武松不是木头。我们看后面武松怎样在十字坡说风话，挑逗孙二娘，怎样在快活林调戏蒋门神新买的小妾，我们就能知道，武松绝不是不懂风情的天真纯朴之人。武松有流氓气息，这是很多梁山好汉——如鲁智深、林冲、李逵等——身上所没有的。

武松对潘金莲的心思也不是毫无觉察。初次见面潘金莲看他时，他就低下了头。低下了头，说明武松懂得潘金莲眼光的含义，也说明他心中有波澜。固然，是潘金莲引诱武松，但是武松对此从没有作出明确的回应——既没有依从，也没有拒绝，这就留下了很大的暧昧空间。武松的很多举动，可以说是给潘金莲心理鼓励的。比如取缎子给潘金莲做衣服。我们不知道武松是否给武大做了衣服，即使做了，这回也是单独给潘金莲的——如果是给哥哥嫂嫂一起做衣服，其心理内涵就会很不一样。而且这块彩色缎子，武松不交给武大，而是亲手交给了潘金莲。自此，“不论归迟归早，那妇人顿羹顿饭，欢天喜地伏侍武松”。这“顿羹顿饭”四字，看得人心酸。

潘金莲欢天喜地是发自内心的欢喜。这是身处绝望中人心中萌发的希望，令人同情慨叹。武松的不见怪，却是奇怪的反应，也是很暧昧的反应。武大说武松“从来老实”。这位哥哥是在以己度人，他自己倒是从来老实，武松却未必不会风流。武松会用同一种语言挑逗孙二娘，又怎么会不懂潘金莲的言语撩拨？住在哥哥家里，嫂嫂不断用言语挑逗，如果武松“见怪”，那倒是“硬心直汉”自然正经的反应。但是武松“不见怪”，坦然受之——用“不见怪”回应“言语撩拨”，这倒颇有些挑逗的意味。

一种暧昧的氛围在积累着，以至于让潘金莲觉得应当直接挑破这种暧昧，让他们的关系明朗起来。大雪，似乎象征着禁锢生命的寒冷，酒和红彤彤的炭火，则象征着一种热烈的激情和冲动，正呼应着潘金莲“着实撩斗他一撩斗”的暗念。

酒一杯杯地喝下去，调情的话越来越露骨。潘金莲三杯酒落肚，哄动春心，按捺不住情欲的涌动。武松呢？“也知了四五分”。武松恐怕不仅仅是知了“四五分”而已，他“只把头来低了”。这是武松第二次在潘金莲面前低头。这低头，同样可以看出他在努力抑制内心的不宁。

在和武松的关系中，潘金莲一直是主动的，明朗的；而武松一直是消极的，含混的。武松远不像潘金莲那么坦率。在潘金莲疯话不断，起身烫酒的背后，是武松沉默的影子。“武松自在房里拿起火箸簇火”，从中我们可以感受到武松已心烦意乱，方寸全失。大概就是从这时开始，气氛起了变化。

武松为什么焦躁不快？因为潘金莲的放肆和淫荡么？未必。因为，如果为她的放肆淫荡而不快，那么他早就应当不快了。而在先前，武松呼应了、发展着他和潘金莲之间的暧昧。至少，对潘金莲一次次的言语撩拨他是“不见怪”的。

但为什么现在会焦躁，不快意？因为潘金莲在逼他摊牌，到了他必须明确回答她的时候了。而他无法回应。

他无法回应，是他无法正视自己内心的情欲。因为江湖好汉的道德准则就是不近女色。武松极自负，极爱面子，他只允许自己站在道德制高点上痛斥别人是“败坏风俗没人伦的猪狗”，绝不允许他自己被人这样看。他感受到情欲的不可抑制的力量，又拒绝接受这种力量的控制，只能用一种虚伪的好汉气概来给自己打气，装成毫不动心的样子，以此来掩饰内心的恐惧不安。

在武松义正词严的话语中，情欲被怒斥为污秽肮脏，不识廉耻的东西。在呼应了潘金莲极为露骨的调情之后，武松说出这番话，似乎是矛盾的。但这并不难解释，两者实质上是一致的。对情欲的敌视，对荡妇的深仇大恨，正是由性压抑导致的假正经。这种假正经可以表现得极为暴虐。

武松更无法面对和哥哥的关系。武松珍视手足之情，而眼前的情欲给手足之情带来毁灭性的结果。当武松面对嫂子动心时，他不知道如何去面对自己唯一的至亲武大。武大愚拙、懦弱、矮小、丑陋，在那个凶险处处的社会里，毫无自我保护的能力。武松自觉地挑起了保护兄长的责任，又怎么能伤害他呢！

无论是无法面对自己内心的情欲，还是无法面对和哥哥的关系，都让武松感到一种令人沮丧的无力感。可以说，这是以禁欲为美德、自居道德高点的好汉在面对情欲时的无力感。武松内心的沮丧由这个细节得到最好的展示：他痛斥之后伸手推了潘金莲，差点让她摔了一跤；然后声称“武二眼里认得是嫂嫂，拳头却不认得是嫂嫂”。被沮丧折磨的时候，武松需要用拳头鼓励自己，让自己重新感受到自己的力量。

在武松貌似威风凛凛实则脆弱无力的表里不一背后，我们能够发现一种对情欲既想获取又要抑制的矛盾心态。“却不要心头不似口头”这句话，本是潘金莲拿来与武松调情的，后来又从武松嘴里说出来奚落、打击潘金莲——武松难道当时真不明白潘金莲这句话的意思么？在这些地方，我们都能窥探到武松内心隐秘的真相。这种矛盾心态在很多好汉身上都很容易发现。《水浒传》的作者在这些事例中反复探讨人性脆弱和道德力量的微妙边界。

潘金莲的故事是真正具有悲剧性的，悲剧现在刚刚开始，远未落幕。她后来造下深重罪孽，但她本身也是命运的牺牲品。她希望改变自己可悲的命运，然而无能为力。谁也不能指责潘金莲不爱武大，谁也不能指责潘金莲爱武松，谁也不能指责武松拒绝潘金莲的爱慕。潘金莲爱慕武松，是人情；武松维护手足之情斩断情欲，也是人情。真诚的读者在这个故事中能感受到人生的荒诞和无奈，发出感慨和悲悯。

话说当日武都头回转身来看见那人，扑翻身便拜。那人原来不是别人，正是武松的嫡亲哥哥武大郎。武松拜罢，说道：“一年有余不见哥哥，如何却在这里？”武大道：“二哥，你去了许多时，如何不寄封书来与我？我又怨你，又想你。”武大口吻，初听幼稚，再味则醇厚无一丝杂质。武大乃赤子之心也。〇使人起斯人也而有斯疾也之叹。武松道：“哥哥，如何是怨我想我？”武大道：“我怨你时，当初你在清河县里，要便吃酒醉了，和人相打，时常吃官司，教我要便随衙听候，不曾有一个月净办，常教我受苦，这个便是怨你处。不只写武二往日顽劣，更是写兄弟相依为命。读之鼻酸。想你时，我近来取得一个老小，清河县人，不怯气都来相欺负，没人做主。官家只是收税。你在家时，谁敢来放个屁？我如今在那里安不得身，只得搬来这里赁房居住，因此便是想你处。”哀哀无告。

看官听说：原来武大与武松是一母所生两个。武松身长八尺，一貌堂堂，浑身上下有千百斤气力，不恁地，如何打得那个猛虎？这武大郎，身不满五尺，面目丑陋，头脑可笑。清河县人见他生得短矮，起他一个诨名，叫做“三寸丁榖树皮”。丁者，人丁也，三寸之丁，矮小也。榖树皮者，皮黑而粗糙也。那清河县里有一个大户人家，有个使女，小名唤做金莲；年方二十余岁，颇有些颜色。因为那个大户要缠他。这女使只是去告主人婆，不傍大户大款大腕，胜过今日美美们多少。意下不肯依从。那个大户以此记恨于心，却倒赔些房奁，不要武大一文钱，白白地嫁与他。大户无良，金莲不幸。自从武大娶得那妇人之后，清河县里有几个奸诈的浮浪子弟们，却来他家里薅恼。原来这妇人见武大身材短矮，人物猥獕，不会风流。他倒无般不好，为头的爱偷汉子。武大幸耶不幸耶？那武大是个懦弱本分人，贴切。被这一班人不时间在门前叫道：“好一块羊肉，倒落在狗口里！”因此武大在清河县住不牢，艳福往往成拖累。搬来这阳谷县紫石街赁房居住，每日仍旧挑卖炊饼。

此日正在县前做买卖，当下见了武松，武大道：“兄弟，我前日在街上听得人沸沸地说道：‘景阳冈上一个打虎的壮士，姓武，县里知县参他做个都头。’我也八分猜道是你。原来今日才得撞见。我且不做买卖，一同和你家去。”武松道：“哥哥，家在那里？”武大用手指道：“只在前面紫石街便是。”

武松替武大挑了担儿，替哥哥挑起担子。武大引着武松，转湾抹角，一径望紫石街来。转过两个湾，来到一个茶坊间壁，记住茶坊。武大叫一声：“大嫂，开门。”只见帘子开处，一个妇人出到帘子下，应道：“大哥，怎地半早便归？”武大道：“你的叔叔在这里，且来厮见。”武大郎接了担儿入去便出来道：“二哥，入屋里来，和你嫂嫂相见。”武松揭起帘子，入进里面，与那妇人相见。武大说道：“大嫂，原来景阳冈上打死大虫新充做都头的，正是我这兄弟。”可见武大夫妇二人谈论此事已非一日。那妇人叉手向前道：“叔叔万福。”武松道：“嫂嫂请坐。”武松当下堆金山，倒玉柱，纳头便拜。那妇人向前扶住武松道：“叔叔，折杀奴家！”武松道：“嫂嫂受礼。”那妇人道：“奴家听得间壁王干娘说，记住王干娘。有个打虎的好汉，迎到县前来，要奴家同去看一看。不想去得迟了，赶不上，不曾看见，原来却是叔叔。且请叔叔到楼上去坐。”

三个人同到楼上坐了。那妇人看着武大“看”字妙。道：“我陪侍着叔叔坐地，你去安排些酒食来，管待叔叔。”我陪，你去，妙。〇武大家风如此。武大应道：“最好。二哥，你且坐一坐，我便来也。”武大下楼去了。最好，妙。

那妇人在楼上看了武松这表人物，自心里寻思道：“武松与他是嫡亲一母兄弟，他又生的这般长大，我嫁得这等一个，也不枉了为人一世！武大枉了她一世。你看我那‘三寸丁穀树皮’，三分像人，七分似鬼，我直恁地晦气！据着武松，大虫也吃他打倒了，他必然好气力。性意识。金圣叹在此批曰：“便想到他好气力，绝倒。”《黄帝内经》所谓“忧饥”是也。弗洛伊德所谓“室欲”是也。〇欲不得足，心岂能安。说他又未曾婚娶，何不叫他搬来我家里住？迫不及待。不想这段姻缘，却在这里！”毫无叔嫂阻隔之念。〇道德感缺失。那妇人脸上堆下笑来，问武松道：“叔叔，来这里几日了？”从容而起。武松答道：“到此间十数日了。”那妇人道：“叔叔，在那里安歇？”武松道：“胡乱权在县衙里安歇。”那妇人道：“叔叔，恁地时却不便当。”武松道：“独自一身，容易料理，早晚自有土兵伏侍。”妇人道：“那等人伏侍叔叔，怎地顾管得到？何不搬来一家里住，早晚要些汤水吃时，奴家亲自安排与叔叔吃，不强似这伙腌臜人？叔叔便吃口清汤，也放心得下。”辞令精妙。武松道："深谢嫂嫂。"那妇人道："莫不别处有婶婶？可取来厮会也好。"一问。武松道："武二并不曾婚娶。"妇人又问道："叔叔青春多少？"二问。武松道："武二二十五岁。"那妇人道："长奴三岁。与你何干？叔叔今番从那里来？"三问。关键信息得之于随意聊天。武松道："在沧州住了一年有余，只想哥哥在清河县住，不想却搬在这里。"那妇人道："一言难尽。自从嫁得你哥哥，吃他忒善了，被人欺负，清河县里住不得，搬来这里。若得叔叔这般雄壮，还在想他好气力。谁敢道个不字！"武松道："家兄从来本分，不似武二撒泼。""本分"二字说武大，贴切。〇本分之人，忽然娶如此妇人；如此妇人，不属本分之内也。那妇人笑道："怎地这般颠倒说？常言道：'人无刚骨，安身不牢。'奴家平生快性，看不得这般三答不回头，四答和身转的人。"渐渐放肆。武松道："家兄却不到得惹事，要嫂嫂忧心。"维护。正在楼上说话未了，武大买了些酒肉、果品归来，放在厨下，走上楼来，叫道："大嫂，你下来安排。"

那妇人应道："你看那不晓事的，谁不晓事？晓甚么事？妙。叔叔在这里坐地，却教我撇了下来。"撇不下。心中撇不下。武松道："嫂嫂请自便。"那妇人道："何不去叫间壁王干娘安排便了？只是这般不见便。"金莲要武大给他什么见便？〇口误往往是人内心的真实想法。〇潘金莲此时只想这样面对武二，直到天荒地老。〇刚刚说亲自安排汤水，此刻却要王婆动手。武大自去央了间壁王婆，安排端正了，都搬上楼来，摆在桌子上，可怜。无非是些鱼肉果菜之类。随即烫酒上来，武大叫妇人坐了主位，武松对席，武大打横。武大家风。混账坐法。〇武大混沌，金莲心邪。〇武大无主见，妇人无规矩。三个人坐下，武大筛酒在各人面前。那妇人拿起酒来道："叔叔休怪，没甚管待，请酒一杯。"武松道："感谢嫂嫂，休这般说。"武大只顾上下筛酒烫酒，那里来管别事。不管事却碍事。那妇人笑容可掬，满口儿道："叔叔，怎地鱼和肉也不吃一块儿？"拣好的递将过来。武松是个直性的汉子，只把做亲嫂嫂相待。谁知那妇人是个使女出身，惯会小意儿。武大又是个善弱的人，那里会管待人。那妇人吃了几杯酒，一双眼只看着武松的身上，放肆。武松吃他看不过，只低了头，第一次低头。○回避。不恁么理会。

当日吃了十数杯酒，武松便起身。武大道："二哥，再吃几杯了去。"武松道："只好恁地，却又来望哥哥。"都送下楼来。那妇人道："叔叔，是必搬来家里住。若是叔叔不搬来时，教我两口儿也吃别人笑话。亲兄弟难比别人。大哥，你便打点一间房，请叔叔来家里过活，休教邻舍街坊道个不是。"说得亲热。说得在理。武大道："大嫂说得是。二哥，你便搬来，也教我争口气。"可怜。自己不争气，要靠兄弟争气。○读者悲从中来。武松道："既是哥哥、嫂嫂恁地说时，今晚有些行李，便取了来。"那妇人道："叔叔，是必记心，奴这里专望。"情切。○一个奴字，无穷滋味。○奴专望者，剔开武大，只是你我也。○武大有武大的伤痛，金莲有金莲的可怜，武松有武松的孤单。武松别了哥嫂，离了紫石街，径投县里来。

正值知县在厅上坐衙，武松上厅来禀道："武松有个亲兄，搬在紫石街居住。武松欲就家里宿歇，早晚衙门中听候使唤。不敢擅去，请恩相钧旨。"知县道："这是孝悌的勾当，我如何阻你？你可每日来县里伺候。"知县通达。武松谢了，收拾行李铺盖。有那新制的衣服，并前者赏赐的物件，叫个土兵挑了，武松引到哥哥家里。那妇人见了，却比半夜里拾金宝的一般欢喜，堆下笑来。武大叫个木匠，就楼下整了一间房，铺下一张床，里面放一条桌子，安两个杌子，一个火炉。伏后文。武松先把行李安顿了，分付土兵自回去，当晚就哥嫂家里歇卧。

次日早起，那妇人慌忙起来，烧洗面汤，舀漱口水。叫武松洗漱了口面，裹了巾帻，无微不至。出门去县里画卯。那妇人道：“叔叔，画了卯，早些个归来吃饭，休去别处吃。”武松道：“便来也。”休去，便来。应答之间，何等亲昵。径去县里画了卯，伺候了一早晨，回到家里。那妇人洗手剔甲，齐齐整整安排下饭食，爱一个人就会用心安顿他的胃。三口儿共桌儿吃。武松吃了饭，那妇人双手捧一盏茶，递与武松吃。武松道：“教嫂嫂生受，武松寝食不安。县里拨一个土兵来使唤。”那妇人连声叫道：“叔叔，却怎地这般见外？自家的骨肉，又不伏侍了别人。便拨一个土兵来使用，这厮上锅上灶也不干净，奴眼里也看不得这等人。”武松道：“恁地时，却生受嫂嫂。”

话休絮烦。自从武松搬将家里来，取些银子与武大，教买饼馓茶果，请邻舍吃茶。众邻舍斗分子来与武松人情，武大又安排了回席，都不在话下。细。〇大手笔细处偏不肯放过。过了数日，武松取出一匹彩色缎子，与嫂嫂做衣裳。彩色，有色。那妇人笑嘻嘻道：“叔叔，如何使得！既然叔叔把与奴家，不敢推辞，只得接了。”武松自此只在哥哥家里宿歇。武大依前上街挑卖炊饼，武松每日自去县里画卯，承应差使。平静。不论归迟归早，那妇人顿羹顿饭，四字写出金莲可怜。欢天喜地伏侍武松，不平静。武松倒过意不去。那妇人常把些言语来撩拨他，武松是个硬心真汉，却不见怪。装糊涂是好办法。装糊涂是笨办法。关键看你有无后手。有话即长，无话即短。不觉过了一月有余。暧昧积累也一月有余。

看看是十二月天气，连日朔风紧起，四下里彤云密布，又早纷纷扬扬，飞下一天大雪来。笔法简洁老练，气象苍莽空阔。当日那雪，直下到一更天气不止。次日，武松清早出去县里画卯，直到日中未归。武大被这妇人赶出去做买卖，央及间壁王婆买下些酒肉之类，去武松房里簇了一盆炭火，酒，火，激情与冲动。〇日中天大雪，能饮一杯无？心里自想道：“我今日着实撩斗他一撩斗，此前撩拨，尚不着实。不信他不动情。”此前撩拨，尚未动情。那妇人独自一个，冷冷清清，立在帘儿下等着，柔媚可怜如画。只见武松踏着那乱琼碎玉归来。英姿劲健如画。那妇人揭起帘子，殷勤。陪着笑脸迎接殷勤。道：“叔叔寒冷。”一声寒冷，无限温柔。武松道：“感谢嫂嫂忧念。”入得门来，便把毡笠儿除将下来。那妇人双手去接，殷勤。武松道：“不劳嫂嫂生受。”却是不可。〇万万不可。一递一接，关系立马大变。自把雪来拂了，自把。挂在壁上；自挂。解了腰里缠袋，脱了身上鹦哥绿纻丝衲袄，自解自脱。入房里搭了。自搭。〇武松谨守分寸，步步为营。〇此处是武松的心性。那妇人便道：“奴等一早起，苦。叔叔怎地不归来吃早饭？”武松道：“便是县里一个相识，请吃早饭。却才又有一个作杯，我不奈烦，一直走到家来。”暧昧。〇此处渐渐不像武松。那妇人道：“恁地叔叔向火。火。”武松道：“好。”便脱了油靴，换了一双袜子，穿了暖鞋，掇个杌子，自近火边坐地。火。那妇人把前门上了拴，后门也关了，前门拴，后门关。武松难道不见？〇不像武松。却搬些按酒果品菜蔬入武松房里来，武松难道不懂？〇不像武松。摆在桌子上。

武松问道：“哥哥那里去未归？”回应潘金莲的一系列动作，有此一问。〇这句话可有几种理解，也许有向往，也许有担心，也许有不安，所以没话找话，也许是兼而有之。妇人道：“你哥哥每日自出去做买卖，我和叔叔自饮三杯。”武松道：“一发等哥哥家来吃。”妇人道：“那里等得他来！等他不得！”好声口。〇不能等。等不得。〇又口误了。漏心迹了。说犹未了，早暖了一注子酒来。急。武松道：“嫂嫂坐地，等武二去烫酒正当。”妇人道：“叔叔，你自便。”那妇人也掇个杌子，近火边坐了。火。火头边桌儿上摆着杯盘。火。那妇人拿盏酒，擎在手里，看着武松道：看着。“叔叔，满饮此杯。”一挑。武松接过手来，一饮而尽。一受。那妇人又筛一杯酒来，说道：“天色寒冷，叔叔饮个成双杯儿。”二挑。〇人生寒冷，叔叔缺个成双人儿。〇成双杯儿，辞令妙品。信手拈来，却似千锤百炼；表情达意，却又如此含蓄蕴藉。〇亦见潘金莲谨慎，先是满饮此杯，然后成双杯儿。意思很明晰又很暧昧，进可攻，退可守，如何理解取决于武松。武松道："嫂嫂自便。"接来又一饮而尽。二受，成双杯儿。武松却筛一杯酒，递与那妇人吃。平常礼节，此刻却暧昧非常。

妇人接过酒来吃了，却拿注子再斟酒来，放在武松面前。那妇人将酥胸微露，云鬟半軃，脸上堆着笑容，说道："我听得一个闲人说道，叔叔在县前东街上养着一个唱的，敢端的有这话么？"无中生有，凭空设色。调情高手。武松道："嫂嫂休听外人胡说，武二从来不是这等人。"武松渐渐回归本色。妇人道："我不信。绝倒。信与不信，与我何干？养与不养，与你何干？只怕叔叔口头不似心头。"绝妙。○只愿叔叔心头不似口头。武松道："嫂嫂不信时，只问哥哥。"拿出哥哥抵挡。那妇人道："他晓得甚么！晓得这等事时，不卖炊饼了。这等事是什么事？谁晓得这等事？○卖炊饼的武大不晓得这等事，眼前武二是"晓得这等事"的了。叔叔且请一杯。"连筛了三四杯酒饮了，那妇人也有三杯酒落肚，哄动春心，那里按纳得住，只管把闲话来说。武松也知了四五分，何止四五分。○何止此刻才知。何止今日才知。自家只把头来低了。应对失据。

那妇人起身去烫酒，武松自在房里拿起火箸簇火。火。今日主角乃是火。那妇人暖了一注子酒，来到房里，一只手拿着注子，一只手便去武松肩胛上只一捏，轻佻。○只这一捏，金莲形象大坏。○只这一捏，武松情愫大变。○金莲只知英雄爱美色，不知好汉憎轻佻也。说道："叔叔，只穿这些衣裳不冷？"武松已自有六七分不快意，也不应他。那妇人见他不应，劈手便来夺火箸，还是轻佻。○女人纵有万般好，一旦轻佻全毁了。金莲是也。口里道："叔叔不会簇火，我与叔叔拨火，拨的是欲火。只要似火盆常热便好。"武松有八九分焦躁，只不做声。那妇人欲心似火，也焦躁。不看武松焦躁，便放了火箸，却筛一盏酒来，自呷了一口，剩了大半盏，看着武松道："你一直叔叔，突然变你。○一个"你"字，不再叔嫂，只是男女。若有心，吃我这半盏儿残酒。"摊牌。武松劈手夺来，泼在地下，突兀陡起，急转而下。说道："嫂嫂！休要恁地不识羞耻！"把手只一推，争些儿把那妇人推一交。武松睁起眼来道："武二是个顶天立地噙齿戴发男子汉，不是那等败坏风俗没人伦的猪狗！嫂嫂休要这般不识廉耻！倘有些风吹草动，武二眼里认得是嫂嫂，拳头却不认得是嫂嫂！再来休要恁地！"武松打虎，一双拳头，一根哨棒；武松拒嫂，也用一双拳头，一根大棒——道德大棒。〇声声猪狗，声声不知羞耻，声声拳头。既如此，当初何不门户紧闭？既门户洞开，即不免引人入彀嫌疑。待人放马过来，无有退路，却杀人于绝地。武二不是心狠，便是智短。〇明于知礼义，陋于知人心。〇不给人台阶，叫人以后如何自处？不能自处，如何相处？

那妇人通红了脸，便掇开了杌子，口里说道："我自作乐耍子，此等事岂是作乐耍子？岂能作乐耍子？只是武二不给台阶，只好自找台阶。不直得便当真起来，金莲比武二明白：此事若不愿意，便只好作假，当不得真。盖一当真，便无转圜余地。好不识人敬重！"一月有余，一片苦心，一番殷勤，作半盏残酒泼了。搬了盏碟，自向厨下去了。武松自在房里气忿忿地。天色却早，未牌时分，武大挑了担儿归来推门，那妇人慌忙开门。忘了拉开门拴了。武大进来歇了担儿，随到厨下，见老婆双眼哭得红红的。武大道："你和谁闹来？"那妇人道："都是你不争气，教外人来欺负我！"武大争气，潘金莲何至于此。〇一直都是自家兄弟，口口声声叔叔，此刻却变作外人。武大道："谁人敢来欺负你？"倚仗兄弟。却不知正是兄弟也。妇人道："情知是有谁！争奈武二那厮，我见他大雪里归来，连忙安排酒请他吃。他见前后没人，便把言语来调戏我。"恶人先告状。却也是武松莽撞处理致潘金莲无转圜余地。武大道："我的兄弟不是这等人，从来老实。休要高做声，吃邻舍家笑话。"武大撇了老婆，来到武松房里叫道："二哥，你不曾吃点心，我和你吃些个。"武大赤子之心。〇此时最委屈者不过武大，最求全者竟也是武大。〇武大天生赤子，可惜世人不识。武松只不做声。做声不得。〇我是施耐庵，也写不出武二如何做声。寻思了半晌，再脱了丝鞋，依旧穿上油膀靴，着了上盖，带上毡笠儿；一头系缠袋，一面出门。也是无路可走。可怜。〇柴进处呆不得，兄嫂处呆不得。世界之大容不得一身之微。武大叫道："二哥，那里去？"我鼻酸。也问：兄弟，哪里去？也不应，知道兄弟无以应。〇谁能知道自己哪里去？一直地只顾去了。不知哪里去，且只顾去了。〇其实很多时候我们并不知往哪里去，只是此地歇不得，不得不去。

武大回到厨下来，问老婆道："我叫他又不应，只顾望县前这条路走了去，正是不知怎地了！”我只要哭。一哭武二无处安身，一哭武大无处着落。○人都知武大无能，不知这种无能正是你我人生大无奈也。○素无奈而行乎无奈，正是中庸至境也。那妇人骂道：“糊突桶，金莲骂武大糊涂，读者笑武大糊涂，不知此糊涂正是混沌境界也。有甚么难见处！那厮羞了，没脸儿见你，走了出去。我也再不许你留这厮在家里宿歇！”叔叔。你。那厮。武大道：“他搬出去，须吃别人笑话。”小声抗议。那妇人道：“混沌魍魉！他来调戏我，倒不吃别人笑！你要便自和他道话，我却做不得这样的人！你还了我一纸休书来，你自留他便了！”厉声训斥。武大那里敢再开口？

正在家中两口儿絮聒，只见武松引了一个土兵，拿着条匾担，径来房里收拾了行李，便出门去。武大赶出来叫道：“二哥，做甚么便搬了去？”可怜。武松道：“哥哥不要问，说起来，装你的幌子。你只由我自去便了。”武大那里敢再开口，由武松搬了去。眼巴巴。那妇人在里面喃喃呐呐的骂道：“却也好！人只道一个亲兄弟做都头，怎地养活了哥嫂，却不知反来嚼咬人！正是‘花木瓜，空好看’。你搬了去，倒谢天地，且得冤家离眼前！”伤心，怨恨。武大见老婆这等骂，正不知怎地，心中只是咄咄不乐，放他不下。武大心中有一佛在。

自从武松搬了去县衙里宿歇，武大自依然每日上街挑卖炊饼。本待要去县里寻兄弟说话，却被这婆娘千叮万嘱分付，教不要去兜揽他，因此武大不敢去寻武松。可怜。捻指间，岁月如流，不觉雪晴，过了十数日。

却说本县知县自到任已来，却得二年半多了，赚得好些金银。调侃不小。欲待要使人送上东京去，与亲眷处收贮使用，谋个升转，正是天下官员通病。却怕路上被人劫了去，又一个具体而微的梁中书也。须得一个有本事的心腹人去便好。猛可想起武松来，又一个杨志也。“须是此人可去，有这等英雄了得！”大手笔不重复。大手笔即是重复又何如。当日便唤武松到衙内商议道：“我有一个亲戚在东京城里住，欲要送一担礼物去，就捎封书问安则个。只恐途中不好行，须是得你这等英雄好汉方去得。你可休辞辛苦，与我去走一遭回来，我自重重赏你。”武松应道：“小人得蒙恩相抬举，安敢推故？既蒙差遣，只得便去。小人也自来不曾到东京，就那里观看光景一遭。相公明日打点端正了便行。”知县大喜，赏了三杯，不在话下。

且说武松领下知县言语，出县门来，到得下处，取了些银两，叫了个土兵，却上街来买了一瓶酒并鱼肉果品之类，一径投紫石街来，直到武大家里。武大恰好卖炊饼了回来，见武松在门前坐地，叫土兵去厨下安排。那妇人余情不断，见武松把将酒食来，心中自想道：“莫不这厮思量我了，却又回来？那厮一定强不过我，且慢慢地相问他！”那妇人便上楼去，重匀粉面，再整云鬟，换些艳色衣服穿了，来到门前迎接武松。那妇人拜道：“叔叔，不知怎地错见了？好几日并不上门，教奴心里没理会处。每日叫你哥哥来县里寻叔叔陪话，归来只说道‘没寻处’。今日且喜得叔叔家来，没事坏钱做甚么？”辞令妙品。言语殷勤得体，把前面的冲突轻轻搁下。这种放下的能力，武松欠缺。武松答道：“武二有句话，特来要和哥哥、嫂嫂说知则个。”那妇人道：“既是如此，楼上去坐地。”

三个人来到楼上客位里，武松让哥嫂上首坐了，武松掇个杌子，横头坐了。土兵搬将酒肉上楼来，摆在桌子上。武松劝哥哥、嫂嫂吃酒。那妇人只顾把眼来睃武松，还是轻佻。武松只顾吃酒。酒至五巡，武松讨付劝杯，叫土兵筛了一杯酒，拿在手里，看着武大道：“大哥在上：今日武二蒙知县相公差往东京干事，明日便要起程，多是两个月，少是四五十日便回。有句话，特来和你说知：你从来为人懦弱，我不在家，恐怕被外人来欺负。假如你每日卖十扇笼炊饼，你从明日为始，只做五扇笼出去卖。每日迟出早归，不要和人吃酒。归到家里，便下了帘子，早闭上门，省了多少是非口舌。如若有人欺负你，不要和他争执，待我回来，自和他理论。大哥依我时，满饮此杯。”视兄如子。读之使人泪下。武大接了酒道：“我兄弟见得是，我都依你说。”总觉得武大有大智慧。吃过了一杯酒。武松再筛第二杯酒，对那妇人说道：“嫂嫂是个精细的人，不必用武松多说。我哥哥为人质朴，全靠嫂嫂做主看觑他。诚恳。也是实情。常言道：‘表壮不如里壮。’嫂嫂把得家定，我哥哥烦恼做甚么？转向讥讽。岂不闻古人言：‘篱牢犬不入。’”难听。〇既知嫂嫂精细，只一句一切拜托足矣。多说的都是挑事的。那妇人被武松说了这一篇，一点红从耳朵边起，紫涨了面皮，指着武大便骂道：“你这个腌臜混沌！腌臜混沌，四个字，于金莲，是骂。于我，不是骂，是赞。腌臜者，藏污纳垢也。混沌者，含混圆融也。四个字，武大气象。有甚么言语在外人还是外人。处说来，欺负老娘！我是一个不戴头巾男子汉，叮叮当当响的婆娘！拳头上立得人，胳膊上走得马，人面上行得人，不得不赞。〇武家兄弟叔嫂三人，人人都是豪杰，而武大最高。看官莫走眼了。不是那等搠不出的鳖老婆。傲视群雌，舍我其谁。〇金莲有豪杰气质。自从嫁了武大，真个蝼蚁也不敢入屋里来，有甚么篱笆不牢，犬儿钻得入来！你胡言乱语，一句句都要下落。丢下砖头瓦儿，一个个要着地！”真好辞令。历历落落，斩决痛快，胜武二吞吞吐吐远矣。〇轻佻时如逐水桃花，嗔怒时如疾风掠叶，金莲亦奇女子也，看官莫走眼。武松笑轻薄。〇轻佻往往换来轻薄。道：“若得嫂嫂这般做主，最好。只要心口相应，却不要心头不似口头。我问二哥：跟令嫂学辞令耶？〇以二人调情之言公开奚落对方，极具杀伤力。既然如此，武二都记得嫂嫂说的话了，请饮过此杯。”

那妇人推开酒盏，一直跑下楼来，走到半胡梯上发话道：“你既是聪明伶俐，却不道‘长嫂为母’！我当初嫁武大时，曾不听得说有甚么阿叔，那里走得来！‘是亲不是亲，便要做乔家公！’自是老娘晦气了，鸟撞着许多事！”哭下楼去了。爱情亲情，一哭而绝。○金莲有多少憾恨？那妇人自妆许多奸伪张致，那武大、武松弟兄自再吃了几杯。武松拜辞哥哥，武大道：“兄弟去了，早早回来，和你相见。”从头至尾，武二许多错，金莲许多罪，二人言行，造许多业。武大处其中，无罪无错，却独承业果而无怨无咎。武大者，受难天使也！口里说，不觉眼中堕泪。武大有多少悲哀？武松见武大眼中垂泪，便说道：“哥哥，便不做得买卖也罢，只在家里坐地。盘缠兄弟自送将来。”武二有多少无奈？○武松无法为武大谋划。武松其实知道，武大身处真正的绝境，没有一条生路可走。连武松这样全副身心想保护他的人，都成为对他的伤害。武大送武松下楼来，临出门武松又道：“大哥，我的言语，休要忘了！”洒泪。○一番兄弟离别，多少人生萧瑟。武松带了土兵，自回县前来收拾。

次日早起来，拴束了包裹，来见知县。那知县已自先差下一辆车儿，把箱笼都装载车子上，点两个精壮土兵，县衙里拨两个心腹伴当，都分付了。那四个跟了武松，就厅前拜辞了知县，拽扎起，提了朴刀，监押车子，一行五人，离了阳谷县，取路望东京去了。这边去了。

话分两头。只说武大郎自从武松说了去，整整的吃那婆娘骂了三四日。武大忍气吞声，由他自骂，心里只依着兄弟的言语，真个每日只做一半炊饼出去卖，未晚便归。一脚歇了担儿，便去除了帘子，关上大门，却来家里坐地。武大自有武大的坚定。○不如此，则生活面临外来危险。但既如此，则已没有了生活。武大其实活在荒谬之中，活在悖论之中，活在吊诡之中。那妇人看了这般，心内焦躁，指着武大脸上骂道：“混沌浊物！我倒不曾见日头在半天里，便把着丧门关了！也须吃别人道我家怎地禁鬼！听你那兄弟鸟嘴，也不怕别人笑耻！”说的也是。作者高明处正在反面人物也说的是。武大道：“由他们笑话我家禁鬼。我的兄弟说的是好话，我的兄弟。省了多少是非。”那妇人道：“呸！浊物！你是个男子汉，自不做主，却听别人调遣！”骂的也是。作者高明处正在反面人物骂正面人物也骂的是。

武大摇手道：摇手，只是武大的动作。"由他，我的兄弟是金子言语。"我的兄弟。〇金莲口口声声外人别人，武大只是一句我的兄弟。老实人有大坚持，糊涂人有大明白。自武松去了十数日，武大每日只是晏出早归；归到家里，便关了门。那妇人也和他闹了几场，向后闹惯了，不以为事。武大才是胜利者。〇武大能是胜利者？

自此，这妇人约莫到武大归时，先自去收了帘儿，帘子。关上大门。武大见了，自心里也喜，寻思道："恁地时却好。"恁地时却不好了……又过了三二日，冬已将残，天色回阳微暖。当日武大将次归来，那妇人惯了，自先向门前来叉那帘子。也是合当有事，却好一个人从帘子边走过。自古道："没巧不成话。"这妇人正手里拿叉竿不牢，失手滑将倒去，不端不正，却好打在那人头巾上。那人立住了脚，意思要发作；回过脸来看时，却是一个妖娆的妇人，西门庆初见潘金莲，潘金莲是妖娆妇人。武松初见潘金莲又怎么看呢？书中没有说破，正得含蓄之妙。先自酥了半边，那怒气直钻过爪洼国去了，变作笑吟吟的脸儿。这妇人见不相怪，便叉手深深地道个万福，说道："奴家一时失手，官人疼了！"疼字妙。大方得体之中暗藏着轻浮与风情。〇金莲本会疼人。不见待武松顿顿羹顿饭？那人一头把手整头巾，一面把腰曲着地还礼道："不妨事。娘子闪了手。""闪"字妙。怜香惜玉之中显出风月经验。却被这间壁的王婆正在茶局子里水帘底下看见了，笑道："兀谁教大官人打这屋檐边过，打得正好！""打"字妙。且是两个打：打这边过，竹竿打。一个无心打这边过，一个无心闪了手，俱是无心，王婆偏说成有意。一个故意打这边过，一个故意打你头巾。一个愿打，一个愿挨。〇接入王婆，如此自然。〇三人大戏，拉开序幕。那人笑道："这是小人不是。冲撞娘子，休怪。"那妇人也笑道："官人恕奴些个。"那人又笑着，大大地唱个肥喏道："小人不敢。"那一双眼，都只在这妇人身上，也回了七八遍头，自摇摇摆摆，踏着八字脚去了。都从王婆眼中看出。〇西门回了七八遍头，金莲必回了七八遍笑，王婆必看了七八遍戏。一敲三响，妙笔如花，花开三朵。这妇人自收了帘子、叉竿入去，掩上大门，等武大归来。

你道那人姓甚名谁，那里居住？原来只是阳谷县一个破落户财主，就县前开着个生药铺。从小也是一个奸诈的人，使得些好拳棒。近来暴发迹，专在县里管些公事，与人放刁把滥，说事过钱，排陷官吏，因此满县人都饶让他些个。那人复姓西门，单讳一个庆字，排行第一，人都唤他做“西门大郎”。近来发迹有钱，人都称他做“西门大官人”。让我想起郑大官人。

不多时，只见那西门庆一转，踅入王婆茶坊里来，去里边水帘下坐了。王婆笑道：“大官人，却才唱得好个大肥喏！”挑逗。西门庆也笑道：“干娘你且来，我问你：间壁这个雌儿是谁的老小？”王婆道：“他是阎罗大王的妹子，五道将军的女儿，问他怎的？”故意一跌。却也一语成谶。西门庆道：“我和你说正话，休要取笑。”王婆道：“大官人怎么不认得？他老公便是每日在县前卖熟食的。”西门庆道：“莫非是卖枣糕徐三的老婆？”也是一跌。王婆摇手道：“不是。若是他的，正是一对儿。恶。却说武大不是一对儿。大官人再猜。”西门庆道：“可是银担子李二哥的老婆？”王婆摇头道：“不是。若是他的时，也倒是一双。”恶。西门庆道：“倒敢是花胳膊陆小乙的妻子？”王婆大笑道：“不是。若他的时，也又是好一对儿。恶。大官人再猜一猜。”西门庆道：“干娘，我其实猜不着。”王婆哈哈笑道：“好教大官人得知了笑一声。大恶。他的盖老，老公的轻蔑称呼。便是街上卖炊饼的武大郎。”西门庆跌脚笑道：恶。“莫不是人叫他‘三寸丁榖树皮’的武大郎？”王婆道：“正是他。”西门庆听了，叫起苦来，说道：“好块羊肉，怎地落在狗口里！”清河县，阳谷县，何处不是泼皮天下。王婆道：“便是这般苦事。自古道：‘骏马却驮痴汉走，巧妻常伴拙夫眠。’月下老偏生要是这般配合！”西门庆道：“王干娘，我少你多少茶钱？”王婆道：“不多，由他歇些时却算。”西门庆又道：“你儿子跟谁出去？”找话。王婆道：“说不得。跟一个客人淮上去，想起淮西高俅来。至今不归，又不知死活。”西门庆道：“却不叫他跟我？”套近乎。王婆笑道：“若得大官人抬举他，十分之好。”西门庆道：“等他归来却再计较。”再说了几句闲话，相谢起身去了。约莫未及半个时辰，又踅将来王婆店门口帘边坐地，去而复来。朝着武大门前。半歇，王婆出来道：“大官人，吃个梅汤。”媒也。西门庆道：“最好，多加些酸。”却是醋也。王婆做了一个梅汤，双手递与西门庆。

西门庆慢慢地吃了，盏托放在桌子上。西门庆道：“王干娘，你这梅汤做得好，有多少在屋里？”王婆笑道：“老身做了一世媒，那讨一个在屋里？”恶。挑逗。西门庆道：“我问你梅汤，你却说做媒，差了多少？”王婆道：“老身只听的大官人问这‘媒’做得好，老身只道说做媒。”恶。说白了。西门庆道：“干娘，你既是撮合山，也与我做头媒，说头好亲事，我自重重谢你。”说开了。王婆道：“大官人，你宅上大娘子得知时，婆子这脸，怎吃得耳刮子？”一跌。西门庆道：“我家大娘子最好，极是容得人。见今也讨几个身边人在家里，只是没一个中得我意的。你有这般好的，与我主张一个，便来说不妨。就是回头人也好，只要中得我意。”目标明确。王婆道：“前日有一个倒好，只怕大官人不要。”西门庆道：“若好时，你与我说成了，我自谢你。”王婆道：“生得十二分人物，只是年纪大些。”西门庆道：“便差一两岁也不打紧。真个几岁？”王婆道：“那娘子戊寅生，属虎的，新年恰好九十三岁。”再跌。西门庆笑道：“你看这风婆子！只要扯着风脸取笑！”西门庆笑了，起身去。

看看天色黑了，王婆却才点上灯来，正要关门，只见西门庆又踅将来，去而复来。径去帘底下那座头上坐了，朝着武大门前只顾望。不怕贼偷，就怕贼惦记。王婆道：“大官人，吃个和合汤如何？”恶。西门庆道：“最好。干娘，放甜些。”“甜”字妙。王婆点一盏和合汤，递与西门庆吃。坐个一歇，起身道：“干娘，记了帐目，明日一发还钱。”王婆道：“不妨，伏惟安置，来日早请过访。”西门庆又笑了去。

当晚无事，次日清早王婆却才开门，把眼看门外时，只见这西门庆又在门前两头来往踅。王婆见了道：“这个刷子浪子。踅得紧！你看我着些甜糖，抹在这厮鼻子上，只叫他舐不着。那厮会讨县里人便宜，且教他来老娘手里纳些败缺！”其实西门庆勾引潘金莲，何必非要一个婆子。这番大手笔，乃是作者手痒，要逞手段。○好汉写得好，不过瘾，写个淫妇。淫妇写得好，不过瘾，再写个虔婆。○施大爷心中，多少锦绣。施大爷眼里，多少世故。施大爷笔下，多少烟霞。王婆开了门，正在茶局子里生炭，整理茶锅，西门庆一径奔入茶房里来，水帘底下，望着武大门前帘子里坐了看。王婆只做不看见，只顾在茶局里煽风炉子，不出来问茶。老虔婆。虔婆老。西门庆叫道：“干娘，点两盏茶来。”两盏。却是奇怪。王婆笑道：“大官人来了。连日少见，且请坐。”却是昨天晚间才别过。便浓浓的点两盏姜茶，将来放在桌子上。西门庆道：“干娘，相陪我吃个茶。”王婆哈哈笑道：“我又不是影射姘头。的！”西门庆也笑了一回，问道：“干娘，间壁卖甚么？”王婆道：“他家卖拖蒸河漏子，河漏子，饸饹。热烫温和大辣酥。”大辣酥，蒙古语酒。西门庆笑道：“你看这婆子！只是风！”王婆笑道：“我不风，他家自有亲老公！”却是正经话。○叫他舔不着。西门庆道：“干娘，和你说正经话：却是不正经话。说他家如法做得好炊饼，我要问他做三五十个，不知出去在家？”王婆道：“若要买炊饼，少间等他街上回来买，何消得上门上户。”却是正经话。○叫他舔不着。西门庆道：“干娘说的是。”

吃了茶，坐了一回，起身道：“干娘，记了帐目。”王婆道：“不妨事。老娘牢牢写在帐上。”西门庆笑了去。王婆只在茶局子里张时，冷眼睃见西门庆又在门前踅过东去，又看一看；走过西来，又睃一睃；走了七八遍，径踅入茶房里来。这边眼冷，那边心热。王婆道：“大官人稀行，好几时不见面。”冷嘲。西门庆笑将起来，去身边摸出一两来银子，递与王婆，说道：“干娘，权收了做茶钱。”婆子笑道：“何消得许多？”西门庆道：“只顾放着。”婆子暗暗地欢喜道：“来了，这刷子当败！”这婆子当死。且把银子来藏了，便道：“老身看大官人有些渴，其实饥渴难耐。吃个‘宽煎叶儿茶’如何？”王婆手段多，王婆家茶也多。西门庆道：“干娘，如何便猜得着？”婆子道：“有甚么难猜。自古道：‘入门休问荣枯事，观着容颜便得知。’老身异样跷蹊作怪的事都猜得着。”西门庆道：“我有一件心上的事，干娘猜得着时，与你五两银子。”王婆笑道：“老娘也不消三智五猜，只一智便猜个十分。大官人，你把耳朵来。你这两日脚步紧，赶趁得频，一定是记挂着隔壁那个人。我这猜如何？”西门庆笑起来道：“干娘，你端的智赛随何，机强陆贾！不瞒干娘说：我不知怎地，吃他那日叉帘子时，见了这一面，却似收了我三魂七魄的一般，只是没做个道理入脚处。不知你会弄手段么？”王婆哈哈的笑起来道：“老身不瞒大官人说：我家卖茶，叫做‘鬼打更’！三年前六月初三下雪的那一日，卖了一个泡茶，直到如今不发市，专一靠些‘杂趁’养口。”西门庆问道：“怎地叫做‘杂趁’？”王婆笑道：“老身为头是做媒，又会做牙婆，介绍买卖为生的女性谓之牙婆。也会抱腰，接生。也会收小的，收养小孩倒腾谋利。也会说风情，也会做马泊六。”牵线男女私情。〇王婆手段多。岂止今日双学位。

西门庆道：“干娘端的与我说得成时，便送十两银子与你做棺材本。”王婆道：“大官人，你听我说：但凡‘挨光’的，偷情。两个字最难，要五件事俱全，方才行得。第一件，潘安的貌；第二件，驴儿大的行货；第三件，要似邓通有钱；第四件，小，就要绵里针忍耐；第五件，要闲工夫：此五件，唤作‘潘、驴、邓、小、闲’。王婆直是教授讲课。五件俱全，此事便获着。”西门庆道：“实不瞒你说，这五件事，我都有些。第一，我的面儿虽比不得潘安，也充得过；第二，我小时也曾养得好大龟；第三，我家里也颇有贯伯钱财，虽不及邓通，也颇得过；第四，我最耐得，他便打我四百顿，休想我回他一下；第五，我最有闲工夫，不然，如何来的恁频？干娘，你只作成我！完备了时，我自重重的谢你。”王婆道：“大官人，虽然你说五件事都全，我知道还有一件事打搅，也多是札地不得。”说是五件，又添一件。西门庆说：“你且道甚么一件事打搅？”王婆道：“大官人，休怪老身直言。但凡捱光最难，十分光时，使钱到九分九厘，也有难成就处。我知你从来悭吝，打脸。不肯胡乱便使钱，只这一件打搅！”西门庆道：“这个极容易医治，我只听你的言语便了。”王婆道：“若是大官人肯使钱时，老身有一条计，便教大官人和这雌儿会一面。只不知官人肯依我么？”逼勒一句。西门庆道：“不拣怎地，我都依你。干娘有甚妙计？”

王婆笑道：“今日晚了，且回去。过半年三个月却来商量。”王婆手段。〇西门庆要王婆弄手段，王婆先对他弄起手段。西门庆便跪下道：“干娘，休要撒科，你作成我则个！”王婆笑道：“大官人却又慌了。老身那条计，是个上着。虽然入不得武成王庙，端的强似孙武子教女兵，十捉九着。大官人，我今日对你说，这个人原是清河县大户人家讨来的养女，却做得一手好针线。大官人，你便买一匹白绫，一匹蓝绸，一匹白绢，再用十两好绵，都把来与老身。一举多得。我却走将过去，问他讨茶吃，却与这雌儿说道：‘有个施主官人，与我一套送终衣料，特来借历头。央及娘子与老身拣个好日，去请个裁缝来做。’他若见我这般说，不睬我时，此事便休了。他若说‘我替你做’，不要我叫裁缝时，这便有一分光了。我便请他家来做，他若说：‘将来我家里做。’不肯过来，此事便休了。他若欢天喜地说：‘我来做，就替你裁。’这光便有二分了。若是肯来我这里做时，却要安排些酒食点心请他。第一日，你也不要来。第二日，他若说不便当时，定要将家去做，此事便休了。他若依前肯过我家做时，这光便有三分了。这一日，你也不要来。到第三日晌午前后，你整整齐齐打扮了来，咳嗽为号。你便在门前说道：‘怎地连日不见王干娘？’我便出来，请你入房里来。若是他见你入来，便起身跑了归去，难道我拖住他？此事便休了。他若见你入来，不动身时，这光便有四分了。坐下时，便对雌儿说道：‘这个便是与我衣料的施主官人，亏杀他！’我夸大官人许多好处，你便卖弄他的针线。若是他不来兜揽应答，此事便休了。他若口里应答说话时，这光便有五分了。我却说道：‘难得这个娘子与我作成出手做。亏杀你两个施主，一个出钱的，一个出力的。不是老身路歧相央，难得这个娘子在这里，官人好做个主人，替老身与娘子浇手。’你便取出银子来央我买。若是他抽身便走时，不成扯住他？此事便休了。他若是不动身时，这光便有六分了。我却拿了银子，临出门，对他道：‘有劳娘子相待大官人坐一坐。’他若也起身走了家去时，我也难道阻当他？此事便休了。若是他不起身走动时，此事又好了，这光便有七分了。等我买得东西来，摆在桌子上，我便道：‘娘子，且收拾生活，吃一杯儿酒，难得这位官人坏钞。’他若不肯和你同桌吃时，走了回去，此事便休了。若是他只口里说要去，却不动身时，此事又好了，这光便有八分了。待他吃的酒浓时，正说得入港，我便推道没了酒，再叫你买，你便又央我去买。我只做去买酒，把门拽上，关你和他两个在里面。他若焦躁，跑了归去，此事便休了。他若由我拽上门，不焦躁时，这光便有九分了。只欠一分光了便完就。这一分倒难。大官人，你在房里，着几句甜净的话儿说将入去。你却不可躁暴，便去动手动脚，打搅了事，那时我不管你。先假做把袖子在桌上拂落一双箸去，你只做去地下拾箸，将手去他脚上捏一捏。他若闹将起来，我自来搭救，此事也便休了，再也难得成。若是他不做声时，此是十分光了。这时节，这时节，十分事都成了！这条计策如何？”西门庆听罢，大笑道：“虽然上不得凌烟阁，端的好计！”

王婆道：“不要忘了许我的十两银子！”西门庆道：“‘但得一片橘皮吃，莫便忘了洞庭湖。’这条计，几时可行？”王婆道：“只在今晚，便有回报。我如今趁武大未归，走过去细细地说诱他。你却便使人将绫绸绢匹并绵子来。”西门庆道：“得干娘完成得这件事，如何敢失信？”作别了王婆，便去市上绸绢铺里买了绫绸绢缎，并十两清水好绵；家里叫个伴当，取包袱包了，带了五两碎银，径送入茶坊里。西门庆贪色，王婆贪财。

王婆接了这物，分付伴当回去。自踅来开了后门，走过武大家里来。那妇人接着，请去楼上坐地。那王婆道：“娘子怎地不过贫家吃茶？”那妇人道：“便是这几日身体不快，懒走去的。”王婆道：“娘子家里有历日么，借与老身看一看，要选个裁衣日。”那妇人道：“干娘裁甚么衣裳？”王婆道：“便是老身十病九痛，怕有些山高水低，预先要制办些送终衣服。难得近处一个财主，见老身这般说，布施与我一套衣料，绫绸绢缎，又与若干好绵，放在家里一年有余，不能够做。今年觉道身体好生不济，又撞着如今闰月，果然是不吉利的日子。趁这两日要做，又被那裁缝勒措，王婆手段多。只推生活忙，不肯来做。老身说不得这等苦！”利用潘金莲的同情心。那妇人听了，笑道：“只怕奴家做得不中干娘意，若不嫌时，奴出手与干娘做如何？”那婆子听了这话，堆下笑来，说道：“若得娘子贵手做时，老身便死来也得好处去。久闻娘子好手针线，只是不敢相央。”那妇人道：“这个何妨！许了干娘，务要与干娘做了。将历头叫人拣个黄道好日，便与你动手。”一分光。王婆道：“若得娘子肯与老身做时，娘子是一点福星，何用选日。忽然不用选日子了？老身也前日央人看来，说道明日是个黄道好日；老身只道裁衣不用黄道日了，不记他。”那妇人道：“归寿衣正要黄道日好，何用别选日。”王婆道：“既是娘子肯作成老身时，大胆只是明日，起动娘子到寒家则个。”那妇人道：“干娘不必，将过来做不得？”王婆道：“便是老身也要看娘子做生活则个，又怕家里没人看门前。”那妇人道：“既是干娘恁地说时，我明日饭后便来。”那婆子千恩万谢，下楼去了。二分光。当晚回复了西门庆的话，约定后日准来。当夜无话。

次日清早，王婆收拾房里干净了，买了些线索，安排了些茶水，在家里等候。

且说武大吃了早饭，打当了担儿，自出去卖炊饼。那妇人把帘儿挂了，从后门走过王婆家里来。三分光。那婆子欢喜无限，接入房里坐下，便浓浓地点道茶，撒上些出白松子、胡桃肉，递与这妇人吃了。抹得桌子干净，便将出那绫绸绢缎来。妇人将尺量了长短，裁得完备，便缝起来。婆子看了，口里不住声价喝采道："好手段！老身也活了六七十岁，眼里真个不曾见这般好针线！"那妇人缝到日中，王婆便安排些酒食请他，下了一箸面，与那妇人吃了。再缝了一歇，将次晚来，便收拾起生活自归去。

恰好武大归来，挑着空担儿进门，那妇人拽开门，下了帘子。武大入屋里来，看见老婆面色微红，便问道："你那里吃酒来？"那妇人应道："便是间壁王干娘央我做送终的衣裳，日中安排些点心请我。"武大道："阿呀！不要吃他的。我们也有央及他处。他便央你做得件把衣裳，你便自归来吃些点心，不直得搅恼他。你明日倘或再去做时，带了些钱在身边，也买些酒食与他回礼。常言道：'远亲不如近邻。'休要失了人情。他若是不肯要你还礼时，你便只是拿了家来做去还他。"武大善良。那妇人听了。当晚无话。

且说王婆子设计已定，赚潘金莲来家。次日饭后，武大自出去了，王婆便踅过来，相请去到他房里，取出生活，一面缝将起来。王婆自一边点茶来吃了，不在话下。看看日中，那妇人取出一贯钱付与王婆，说道："干娘，奴和你买杯酒吃。"王婆道："阿呀，那里有这个道理！老身央及娘子在这里做生活，如何颠倒教娘子坏钱？"那妇人道："却是拙夫分付奴来。若还干娘见外时，只是将了家去做还干娘。"说话得体。〇金莲常有温婉时。那婆子听了，连声道："大郎直恁地晓事。既然娘子这般说时，老身权且收下。"这婆子生怕打脱了这事，自又添钱去买些好酒好食、希奇果子来，殷勤相待。

看官听说：但凡世上妇人，由你十八分精细，被人小意儿过纵，十个九个着了道儿。再说王婆安排了点心，请那妇人吃了酒食，再缝了一歇，看看晚来，千恩万谢归去了。

话休絮繁。第三日早饭后，王婆只张武大出去了，便走过后门来叫道："娘子，老身大胆……"一句话没说完，只四字。那妇人从楼上下来道："奴却待来也。"潘金莲尽心。〇金莲也自寂寞。金莲也需要赏识。金莲也要被需要的感觉。两个厮见了，来到王婆房里坐下，取过生活来缝。那婆子随即点盏茶来，两个吃了。那妇人看看缝到晌午前后。

却说西门庆巴不到这一日，裹了顶新头巾，穿了一套整整齐齐的衣服，带了三五两碎银子，径投这紫石街来。到得茶房门首，便咳嗽道："王干娘，连日如何不见？"那婆子瞧科，便应道："兀谁叫老娘？"西门庆道："是我。"那婆子赶出来，看了笑道："我只道是谁，却原来是施主大官人。你来得正好，且请你入去看一看。"把西门庆袖子一拖拖进房里，对着那妇人道："这个便是那施主，与老身那衣料的官人。"西门庆见了那妇人，便唱个喏。那妇人慌忙放下生活，还了万福。四分光。王婆却指着这妇人对西门庆道："难得官人与老身缎匹，放了一年不曾做得。如今又亏杀这位娘子，出手与老身做成全了。真个是布机也似好针线，又密又好，其实难得。大官人你且看一看。"

西门庆把起来看了喝采，口里说道："这位娘子，怎地传得这手好生活，神仙一般的手段！"那妇人笑道："官人休笑话。"笑，回应，五分光。西门庆问王婆道："干娘，不敢问这位是谁家宅上娘子？"王婆道："大官人你猜。"西门庆道："小人如何猜得着？"王婆吟吟的笑道："便是间壁的武大郎的娘子。前日叉竿打得不疼，大官人便忘了？"那妇人脸便红红动心。的道："那日奴家偶然失手，官人休要记怀。"西门庆道："说那里话！"王婆便接口道："这位大官人一生和气，从来不会记恨，极是好人。"西门庆道："前日小人不认得，原来却是武大郎的娘子。小人只认的大郎，一个养家经纪人。且是在街上做买卖，大大小小不曾恶了一个人。又会赚钱，又且好性格，真个难得这等人。”得体。王婆道：“可知哩！娘子自从嫁得这个大郎，但是有事，百依百随。”那妇人应道：“他是无用之人，官人休要笑话。”得体。西门庆道：“娘子差矣！古人道：‘柔软是立身之本，刚强是惹祸之胎。’似娘子的大郎所为良善时，‘万丈水无涓滴漏’。”王婆打着猎鼓儿道：“说的是。”西门庆奖了一回，便坐在妇人对面。王婆又道：“娘子，你认的这个官人么？”那妇人道：“奴不认的。”婆子道：“这个大官人，是这本县一个财主，知县相公也和他来往，叫做西门大官人。万万贯钱财，开着个生药铺在县前。家里钱过北斗，米烂陈仓。赤的是金，白的是银，圆的是珠，光的是宝。也有犀牛头上角，亦有大象口中牙。”的是市井婆子口吻。那婆子只顾夸奖，西门庆口里假嘈，那妇人就低了头缝针线。低头妙。风情万种，私情潜伏。

西门庆得见潘金莲十分情思，恨不就做一处。王婆便去点两盏茶来，递一盏与西门庆，一盏递与这妇人，说道：“娘子相待大官人则个。”吃罢茶，便觉有些眉目送情。王婆看着西门庆，把一只手在脸上摸，西门庆心里瞧科，已知有五分了。王婆便道：“大官人不来时，老身也不敢来宅上相请。一者缘法，二者来得恰好。常言道：‘一客不烦二主。’大官人便是出钱的，这位娘子便是出力的。好辞令。两个在王婆嘴里先做一处了。不是老身路歧相烦，难得这位娘子在这里，官人好做个主人，替老身与娘子浇手。”西门庆道：“小人也见不到这里，有银子在此。”便取出来和帕子递与王婆。那妇人便道：“不消生受得。”口里说，又不动身。不动身，六分光。王婆将了银子要去，那妇人又不动身。不起身，七分光。婆子便出门，又道："有劳娘子相陪大官人坐一坐。"那妇人道："干娘，免了。"却亦是不动身。

也是因缘，却都有意了。西门庆这厮一双眼只看着那妇人。这婆娘一双眼也偷睃西门庆，见了这表人物，心中倒有五七分意了，又低着头自做生活。第一次低头，写出潘金莲心底波澜。〇可与上文武松低头对看。〇按照王婆计谋，虽然现只七分光，但潘金莲和西门庆两相对看，各自有意，其实已十分成。

不多时，王婆买了些见成的肥鹅熟肉、细巧果子归来，尽把盘子盛了。果子菜蔬，尽都装了，搬来房里桌子上，看着那妇人道："干娘自便，相待大官人。奴却不当。"依旧原不动身。那婆子道："正是专与娘子浇手，如何却说这话？"王婆将盘馔都摆在桌子上。

三人坐定，把酒来斟。这西门庆拿起酒盏来，说道："娘子，满饮此杯。"那妇人笑道："多感官人厚意。"同样的场景曾经发生在武松的房里。潘金莲的笑，颇有意味。八分光。王婆道："老身知得娘子洪饮，且请开怀吃两盏儿。"西门庆拿起箸来道："干娘，替我劝娘子请些个。"那婆子拣好的递将过来，与那妇人吃。一连斟了三巡酒，那婆子便去烫酒来。西门庆道："不敢动问娘子青春多少？"那妇人应道："奴家虚度二十三岁。"西门庆道："小人痴长五岁。"既是攀谈，也是挑逗。潘金莲也曾与武松如此攀谈过。那妇人道："官人将天比地。"王婆走进来道："好个精细的娘子！不惟做得好针线，诸子百家皆通。"潘金莲也通文墨。西门庆道："却是那里去讨，一句。武大郎好生有福！"两句。〇两句一起咂摸，才知有味。王婆便道："不是老身说是非，大官人宅里枉有许多，那里讨一个赶得上这娘子的！"与西门庆话赶话。西门庆道："便是这等，一言难尽！只是小人命薄，不曾招得一个好的。"渐渐放肆。王婆道："大官人先头娘子须好。"西门庆道："休说！若是我先妻在时，却不怎地。'家无主，屋倒竖'，如今枉自有三五七口人吃饭，都不管事。”王婆西门庆话赶话，鼓噪不休，几乎不容金莲插嘴。却是双簧演给金莲看。那妇人问道：“官人恁地时，殁了大娘子得几年了？”西门庆道：“说不得。小人先妻是微末出身，却倒百伶百俐，是件都替得小人。如今不幸，他殁了已得三年，家里的事都七颠八倒。为何小人只是走了出来？在家里时便要殴气！”装。那婆子道：“大官人，休怪老身直言，你先头娘子也没有武大娘子这手针线。”西门庆道：“便是小人先妻也没此娘子这表人物。”婆子说针线，西门表人物。〇最好的求爱是夸奖，最好的表白是艳羡。那婆子笑道：“官人，你养的外宅在东街上，如何不请老身去吃茶？”指出路径——先养外宅。西门庆道：“便是唱慢曲儿的张惜惜。我见他是路歧人，不喜欢。”婚配、外宅，同样的话题潘金莲也跟武松提起过。婆子又道：“官人，你和李娇娇却长久。”西门庆道：“这个人见今取在家里。若是他似娘子时，自册正了他多时。”诱惑。先娶家里，伺机册正。王婆道：“若有娘子般中得官人意的，来宅上说没妨事么？”西门庆道：“我的爹娘俱已没了，我自主张，谁敢道个‘不’字！”无有担心。〇两人一唱一和，却都是说给潘金莲听。王婆道：“我自说要，急切那里有中得官人意的？”眼前便是。西门庆道：“做甚么了便没！只恨我夫妻缘分上薄，自不撞着！”眼前便是。而今撞着。西门庆和这婆子一递一句，说了一回。王婆便道：“正好吃酒，却又没了。官人休怪老身差拨，再买一瓶儿酒来吃如何？”

西门庆道：“我手帕里有五两来碎银子，一发撒在你处，要吃时只顾取来，多的干娘便就收了。”那婆子谢了官人，起身睃这粉头时，一钟酒落肚，哄动春心，又自两个言来语去，与挑逗武松时一样。都有意了，只低了头，第二次低头。却不起身。那婆子满脸堆下笑来，说道：“老身去取瓶儿酒来，与娘子再吃一杯儿。有劳娘子相待大官人坐一坐。注子里，有酒。没，便再筛两盏儿和大官人吃。老身直去县前那家，有好酒买一瓶来，有好歇儿担阁。”有好歇儿作成好事。〇“好歇儿”三字长读。那妇人口里说道：“不用了。”坐着却不动身。不起身，九分光。

婆子出到房门前，便把索儿缚了房门，却来当路坐了。不去县前，就此守门。

且说西门庆自在房里，便斟酒来劝那妇人，却把袖子在桌上一拂，把那双箸拂落地下。也是缘法凑巧，那双箸正落在妇人脚边。西门庆连忙蹲身下去拾，只见那妇人尖尖的一双小脚儿，正趫在箸边。西门庆且不拾箸，便去那妇人绣花鞋儿上捏一把。金莲亦曾在武松肩上捏一把。那妇人便笑将起来，却是出乎意料之外，又在情理之中。〇还是轻佻。说道：“官人，休要啰唣！你真个要勾搭我？”潘金莲之最可厌处在轻佻。西门庆便跪下道：“只是娘子作成小人！”那妇人便把西门庆搂将起来。却是金莲搂起西门庆。当时两个就王婆房里，脱衣解带，无所不至。有好歇儿担阁。云雨才罢，正欲各整衣襟，只见王婆推开房门入来，有好歇儿担阁。怒道：“你两个做得好事！”西门庆和那妇人都吃了一惊。

那婆子便道：“好呀，好呀！我请你来做衣裳，不曾叫你来偷汉子！武大得知，须连累我，不若我先去出首！”回身便走。那妇人扯住裙儿道：“干娘，饶恕则个！”西门庆道：“干娘低声！”王婆笑道：“若要我饶恕，你们都要依我一件。”那妇人道：“休说一件，便是十件奴也依。”王婆道：“你从今日为始，瞒着武大，每日不要失约负了大官人，我便罢休。若是一日不来，我便对你武大说。”那妇人道：“只依着干娘便了。”王婆又道：“西门大官人，你自不用老身多说。这十分好事已都完了，所许之物，不可失信。你若负心，我也要对武大说！”对着金莲，毫不掩饰。西门庆道：“干娘放心，并不失信。”三人又吃几杯酒，已是下午的时分，那妇人便起身道：“武大那厮将归了，奴自回去。”一声“那厮”，武大死也。便踅过后门归家，先去下了帘子，武大恰好进门。

且说王婆看着西门庆道："好手段么？"西门庆道："端的亏了干娘！我到家，便取一锭银送来与你，所许之物，岂敢昧心。"王婆道："'眼望旌节至，专等好消息。'不要叫老身'棺材出了讨挽歌郎钱'。"只惦记棺材银子。○却不知后来不需棺材。西门庆笑了去，不在话下。

那妇人自当日为始，每日踅过王婆家里来，和西门庆做一处，恩情似漆，心意如胶。自古道："好事不出门，恶事传千里。"不到半月之间，街坊邻舍都知得了，只瞒着武大一个不知。人情如此。

断章句，话分两头。且说本县有个小的，年方十五六岁，本身姓乔，因为做军在郓州生养的，就取名叫做郓哥，小人物派生大作用。家中止有一个老爹。那小厮生得乖觉，自来只靠县前这许多酒店里卖些时新果品，时常得西门庆赍发他些盘缠。其日正寻得一篮儿雪梨提着来，绕街寻问西门庆。看官是否想起宋江的唐牛儿了？又有一等的多口人好事之人。○隐见一种兴奋。说道："郓哥，你若要寻他，我教你一处去寻。"郓哥道："聒噪阿叔，叫我去寻得他见，赚得三五十钱，养活老爹也好。"那多口的道："西门庆他如今刮上了卖炊饼的武大老婆，每日只在紫石街上王婆茶坊里坐地。这早晚多定正在那里，你小孩子家只顾撞入去不妨。"只顾撞入去，唆使得好。那郓哥得了这话，谢了阿叔指教。

这小猴子提了篮儿，一直望紫石街走来，径奔入茶坊里去，却好正见王婆坐在小凳儿上绩绪。郓哥把篮儿放下，看着王婆道："干娘，拜揖。"那婆子问道："郓哥，你来这里做甚么？"郓哥道："要寻大官人，赚三五十钱，养活老爹。"婆子道："甚么大官人？"郓哥道："干娘，情知是那个，便只是他那个。"是个市井猴子的口吻。婆子道："便是大官人，也有个姓名。"郓哥道："便是两个字的。"婆子道：

"甚么两个字的？"郓哥道："丁娘只是要作耍。我要和西门大官人说句话。"望里面便走。那婆子一把揪住道："小猴子！那里去？人家屋里各有内外。"郓哥道："我去房里便寻出来。"王婆道："含鸟猢狲！我屋里那得甚么西门大官人！"郓哥道："不要独自吃呵，也把些汁水与我呷一呷！我有甚么不理会得！"是个市井猴子的口吻。婆子便骂道："你那小猢狲，理会得甚么！"郓哥道："你正是'马蹄刀木杓里切菜，水泄不漏'，半点儿也没得落地！直要我说出来，只怕卖炊饼的哥哥发作！"是个市井猴子的口吻。那婆子吃他这两句道着他真病，心中大怒，喝道："含鸟猢狲，也来老娘屋里放屁辣臊！"郓哥道："我是小猢狲，你是马泊六！"亦作"马八六""马百六""马伯六"，撮合男女搞不正当关系的人。那婆子揪住郓哥，凿上两个栗暴。郓哥叫道："做甚么便打我！"婆子骂道："贼猢狲！高做声，大耳刮子打你出去！"郓哥道："老咬虫，没事得便打我！"这婆子一头叉，一头大栗暴凿，直打出街上去。雪梨篮儿也丢出去。那篮雪梨四分五落，滚了开去。

这小猴子打那虔婆不过，一头骂，一头哭，一头走，一头街上拾梨儿，指着那王婆茶坊里骂道："老咬虫！我教你不要慌！我不去说与他，不做出来不信！"后面果然做出来了。〇让人想起唐牛儿。提了篮儿，径奔去寻这个人。正是：从前作过事，没兴一齐来。直教：掀翻狐兔窝中草，惊起鸳鸯沙上眠。毕竟这郓哥寻甚么人，且听下回分解。

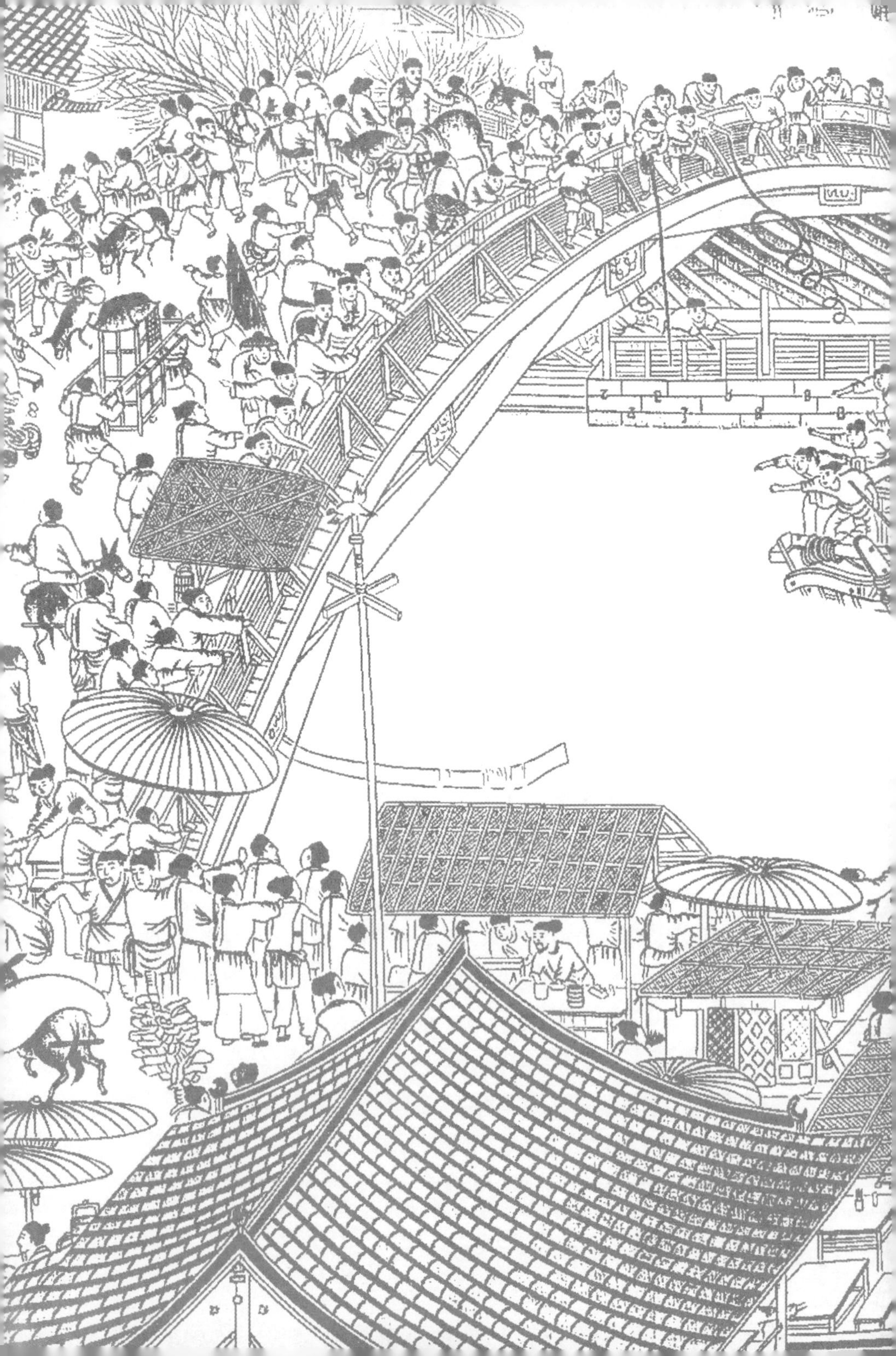

第二十四回

王婆计啜西门庆
淫妇药鸩武大郎

王婆計啜西門慶

回前总评

小人物郓哥受了王婆的一口气，便去找武大。把一干人炸得粉身碎骨的一桶火药，就这样被郓哥点燃了。

西门庆、潘金莲图的是色，王婆图的是财，这牵动了武大武松之“气”，催动情欲和怒火的是酒。古代小说家常常感叹“酒、色、财、气”给人生带来的灾难，而“酒色财气”又是人难以避免的。现在，这“酒色财气”要素已经全部出现。

首先，郓哥激起了武大的怒气，让武大忘记了武松临行前最重要的嘱咐：“如若有人欺负你，不要和他争执，待我回来，自和他理论。”武大头脑简单，身材矮小，遇事根本无力保护自己，偏偏家有艳妻潘金莲，潘金莲又不安分，一旦出事，让武大出面料理，只能给他带来大祸。所以武松嘱咐叮咛武大，遇事一定要忍。武松是梁山好汉中少有的心思细密之辈，他给武大考虑得非常周到。但是，武松的话，武大有的听了，有的没听。

听从之处是，武大迟出早归，关门下帘，然而，这却造就了西门庆、潘金莲相遇的契机，也是天意；没听从之处是，武大和郓哥喝酒，不能忍内心之愤，决定和一个十五六岁的孩子一起去捉奸，引来杀身之祸。

也许，作者在这里想要表达的是：种种无法预知的偶然事件构成了人的命运。在宿命面前，人无能为力，无论怎样费尽心机，都无济于事。

被西门庆一脚踢中心窝后，病中武大给潘金莲出了一道选择题：一、回头是岸，服侍得我好了，便不再计较，也不对武松说；二、继续一意孤行，对我不管不问，自去快活，待武松回来，有你好看。这是武大在给潘金莲挑明未来的真相：你的生活只有两种选项，要么被武松杀死；要么就做我武大一辈子老婆。

武大自以为，搬出了武松，潘金莲一定会幡然猛醒，重新做人，回到自己身边。愚拙忠厚的武大这一番话，用意是为救自己，但他哪里明白，搬出武松，只会给自己带来杀身之祸。金圣叹对此批道："数语妙绝，然武大死于此数语矣。"

中断和西门庆的私情，回到武大身边，在武松的监视下和武大安分相处一辈子，这是潘金莲万万不能忍耐的；让武大活到武松回来，让武松惩罚自己，也是潘金莲万万不能接受的。这时，对潘金莲来说，除了杀人灭口，没有别的路。所以潘金莲转身就去了王婆家里，与西门庆一起商量，王婆帮她定下了毒死武大、与西门庆长做夫妻的计策。

王婆的计策看起来天衣无缝：第一步，把武大结果了，一把火烧得干干净净的，没了踪迹，便是武二回来，待敢怎地？第二步，等待夫孝满日，大官人娶了潘金莲家去，做个长远夫妻，偕老同欢。

鸩杀武大一段，阴气森森，令人发指。表面上看，武大之死皆由恶妇潘金莲所致。固然，武大是被潘金莲毒死，但他的惨死并不仅仅由恶妇所致。武大的性格、武松的性格、潘金莲的性格、王婆的性格、西门庆的性格、郓哥的性格以及那些无形的闲人们的性格，都是武大的致死之由。他们的性格决定了他们只能如此行动，如此选择。重重叠加，组成了难以挣脱的大网。这不是某一个人的宿命，而是一群人无法抗拒的共同宿命。

话说当下郓哥被王婆打了这几下，心中没出气处，提了雪梨篮儿，一径奔来街上直来寻武大郎。转了两条街，只见武大挑着炊饼担儿，正从那条街上来。写得武大可怜颟顸。郓哥见了，立住了脚，看着武大道："这几时不见你，怎么吃得肥了？"武大歇下担儿道："我只是这般模样，有甚么吃得肥处？"郓哥道："我前日要籴些麦稃，一地里没籴处，人都道你屋里有。"武大道："我屋里又不养鹅鸭，那里有这麦稃？"郓哥道："你说没麦稃，怎地栈得肥腌腌地，便颠倒提起你来也不妨，煮你在锅里也没气？"武大道："含鸟猢狲，倒骂得我好！我的老婆又不偷汉子，我如何是鸭？"郓哥道："你老婆不偷汉子，只偷子汉。"武大扯住郓哥道："还我主来！"郓哥道："我笑你只会扯我，却不咬下他左边的来！"武大道："好兄弟，你对我说是兀谁，我把十个炊饼送你。"郓哥道："炊饼不济事，你只做个小主人，请我吃三杯，我便说与你。"武大道："你会吃酒？跟我来。"

武大挑了担儿，引着郓哥，到一个小酒店里，歇了担儿。拿了几个炊饼，是武大的做派。买了些肉，讨了一旋酒，请郓哥吃，那小厮又道："酒便不要添了，肉再切几块来。"是个穷孩子的胃口。武大道："好兄弟，你且说与我则个。"是个乌龟的急切。郓哥道："且不要慌，等我一发吃了，却说与你。你却不要气苦，我自帮你打捉。"是个江湖市井孩子的声口。武大看那猴子吃了酒肉，道："你如今却说与我。"郓哥道："你要得知，把手来摸我头上胳膝。"奇文一跌。武大道："却怎地来有这胳膝？"郓哥道："我对你说，我今日将这一篮雪梨去寻西门大郎挂一小钩子，一地里没寻处。街上有人说道：‘他在王婆茶房里和武大娘子勾搭上了，每日只在那里行走。’我指望去撰三五十钱使，叵耐那王婆老猪狗不放我去房里寻他，大栗暴打我出来。我特地来寻你。我方才把两句话来激你，我不激你时，你须不来问我。”武大道：“真个有这等事？”郓哥道：“又来了！我道你是这般的鸟人！那厮两个落得快活，只等你出来，便在王婆房里做一处，你兀自问道真个也是假！”武大听罢，道：“兄弟，我实不瞒你说，那婆娘每日去王婆家里做衣裳，归来时便脸红，我自也有些疑忌。这话正是了！我如今寄了担儿，便去捉奸如何？”郓哥道：“你老大一个人，原来没些见识！那王婆老狗恁么利害怕人，你如何出得他手？他须三人也有个暗号，见你入来拿他，把你老婆藏过了。那西门庆须了得，打你这般二十来个！若捉他不着，干吃他一顿拳头。他又有钱有势，反告了一纸状子，你便用吃他一场官司，又没人做主，干结果了你！”也有见识。武大道：“兄弟，你都说得是。却怎地出得这口气？”郓哥道：“我吃那老猪狗打了，也没出气处。我教你一着，你今日晚些归去，都不要发作，也不可露一些嘴脸，只做每日一般。明朝你便少做些炊饼出来卖，我便在巷口等你。若是见西门庆入去时，我便来叫你。你便挑着担儿，只在左近等我，我便先去惹那老狗，必然来打我。我便将篮儿丢出街来，你便抢来。我便一头顶住那婆子，你便只顾奔入房里去，叫起屈来。此计如何？”此计毕竟是孩子见识：捉得了奸，却拿不住奸。武大道：“既是如此，却是亏了兄弟！我有数贯钱，与你把去籴米。明日早早来紫石街巷口等我。”武大居然对一个孩子言听计从，头脑可笑。郓哥得了数贯钱、几个炊饼，自去了。

武大还了酒钱，挑了担儿，去卖了一遭归去。原来这妇人往常时只是骂武大，百般的欺负他，近日来也自知无礼，只得窝伴他些个。当晚武大挑了担儿归家，也只和每日一般，并不说起。那妇人道："大哥，买盏酒吃？"武大道："却才和一般经纪人买三碗吃了。"那妇人安排晚饭与武大吃了，当夜无话。

次日饭后，武大只做三两扇炊饼，安在担儿上。这妇人一心只想着西门庆，那里来理会武大做多做少。一笔写出武大、潘金莲两种心思。笔法细密老练。当日武大挑了担儿，自出去做买卖。这妇人巴不能够他出去了，便踅过王婆房里来等西门庆。

且说武大挑着担儿，出到紫石街巷口，迎见郓哥提着篮儿在那里张望。武大道："如何？"郓哥道："早些个。你且去卖一遭了来。他七八分来了，你只在左近处伺候。"武大飞也似去卖了一遭回来。郓哥道："你只看我篮儿撇出来，你便奔入去。"

武大自把担儿寄下，不在话下。却说郓哥提着篮儿，走入茶坊里来，骂道："老猪狗，你昨日做甚么便打我！"那婆子旧性不改，便跳起身来，喝道："你这小猢狲！老娘与你无干，你做甚么又来骂我！"郓哥道："便骂你这马泊六，做牵头的老狗，直甚么屁！"那婆子大怒，揪住郓哥便打。郓哥叫一声："你打我！"把篮儿丢出当街上来。那婆子却待揪他，被这小猴子叫声"你打"时，就把王婆腰里带个住，看着婆子小肚上只一头撞将去，争些儿跌倒，却得壁子碍住不倒。那猴子死顶住在壁上，是个孩子的战法。只见武大裸起衣裳，大踏步直抢入茶坊里来。

那婆子见了是武大来，急待要拦当时，却被这小猴子死命顶住，那里肯放？婆子只叫得："武大来也！"那婆娘正在房里，做手脚不迭，先奔来顶住了门，这西门庆便钻入床底下躲去。好笑。

武大抢到房门边，用手推那房门时，那里推得开？口里只叫得："做得好事！"看官可记得陆虞候楼上门边的林冲？那妇人顶住着门，慌做一团，口里便说道："闲常时只如鸟嘴卖弄杀好拳棒，急上场时便没些用！见个纸虎也吓一交！"是个毒妇口吻。那妇人这几句话，分明教西门庆来打武大，夺路了走。西门庆在床底下听了妇人这几句言语，提醒他这个念头，便钻出来，拔开门，叫声："不要打！"武大却待要揪他，被西门庆早飞起右脚。武大矮短，正踢中心窝里，扑地望后便倒了。西门庆见踢倒了武大，打闹里一直走了。

郓哥见不是话头，撇了王婆撒开。街坊邻舍都知道西门庆了得，谁敢来多管。王婆当时就地下扶起武大来，见他口里吐血，面皮蜡查也似黄了，便叫那妇人出来，舀碗水来，救得苏醒，两个上下肩搀着，便从后门扶归楼上去，安排他床上睡了。

当夜无话。次日西门庆打听得没事，依前自来和这妇人做一处，只指望武大自死。武大一病五日，不能够起。更兼要汤不见，要水不见，每日叫那妇人不应，又见他浓妆艳抹了出去，归来时便面颜红色，武大几遍气得发昏，又没人来睬着。武大叫老婆来分付道："你做的勾当，我亲手来捉着你奸，你倒挑拨奸夫踢我心头，至今求生不生，求死不死，你们却自去快活！我死自不妨，和你们争不得了！我的兄弟武二，你须得知他性格，倘或早晚归来，他肯干休？你若肯可怜我，早早伏侍我好了，他归来时，我都不提。你若不看觑我时，待他归来，却和你们说话！"出选择题给妇人做。这妇人听了这话，也不回言，妇人对此选择题毫无兴趣：因为两个备选答案都不是她要的。却踅过来，一五一十都对王婆和西门庆说了。

那西门庆听了这话，却似提在冰窖子里，说道："苦也！我须知景阳冈上打虎的武都头，他是清河县第一个好汉！我如今却和你眷恋日久，情孚意合，却不恁地理会！如今这等说时，正是怎地好？却是苦也！”西门庆心思邪恶却见识浅陋，欲望满盈却毫无主见。王婆冷笑道：“我倒不曾见，你是个把舵的，我是趁船的，我倒不慌，你倒慌了手脚！”西门庆道：“我枉自做了男子汉，到这般去处，却摆布不开。你有甚么主见，遮藏我们则个！”王婆道：“你们却要长做夫妻，短做夫妻？”西门庆道：“干娘，你且说如何是长做夫妻，短做夫妻？”王婆道：“若是短做夫妻，你们只就今日便分散，等武大将息好了起来，与他陪了话，武二归来，都没言语，待他再差使出去，却再来相约，这是短做夫妻。你们若要长做夫妻，每日同一处，不担惊受怕，我却有一条妙计，只是难教你。”西门庆道：“干娘，周全了我们则个，只要长做夫妻！”王婆道：“这条计用着件东西，别人家里都没，天生天化大官人家里却有！”西门庆道：“便是要我的眼睛也剜来与你，却是甚么东西？”王婆道：“如今这捣子鄙称。家伙，无赖，光棍之类。病得重，趁他狼狈里，便好下手。大官人家里取些砒霜来，却教大娘子自去赎一帖心疼的药来，把这砒霜下在里面，把这矮子结果了。又是捣子，又是矮子，干娘于武大何等歹毒。一把火烧得干干净净的，没了踪迹，便是武二回来，待敢怎地？干娘忒歹毒。自古道：‘嫂叔不通问。’‘初嫁从亲，再嫁由身。’阿叔如何管得？暗地里来往半年一载，等待夫孝满日，大官人娶了家去，这个不是长远夫妻，偕老同欢？此计如何？”

西门庆道：“干娘，只怕罪过！干娘歹毒胜过西门。罢，罢，罢！一不做，二不休！”王婆道：“可知好哩！这是‘斩草除根，萌芽不发’。若是斩草不除根，春来萌芽再发！官人便去取些砒霜来，我自教娘子下手。事了时，却要重重谢我。”就怕事不了。〇可知武大与鬼为邻。〇干娘也是才大志小了。如此决断干练，心狠手辣，毫无良心道德牵绊，若辅佐个嬴政朱元璋，何愁不裂地而封侯。一心只想着棺材本。〇干娘之器小哉！西门庆道：“这个自然，不消你说。”便去真个包了一包砒霜来，把与王婆收了。这婆子却看着那妇人道：半天里金莲一言不发，却此时无声胜有声。“大娘子，我教你下药的法度。如今武大不对你说道教你看活他？你便把些小意儿贴恋他。他若问你讨药吃时，便把这砒霜调在心疼药里，待他一觉身动，你便把药灌将下去，却便走了起身。他若毒药转时，必然肠胃迸断，大叫一声，你却把被只一盖，都不要人听得。预先烧下一锅汤，煮着一条抹布。他若毒药发时，必然七窍内流血，口唇上有牙齿咬的痕迹。他若放了命，便揭起被来，却将煮的抹布一揩，都没了血迹，便入在棺材里，扛出去烧了，有甚么鸟事！”谋杀亲夫，却是鸟事也没有。王婆大英雄！〇极度阴森恐怖之事，王婆说的云淡风轻。可怕。那妇人道：“好却是好，只是奴手软了，临时安排不得尸首。”王婆道：“这个容易。你只敲壁子，我自过来相帮你。”“容易”二字，惊心动魄。三人密谋杀人，如此容易。西门庆道：“你们用心整理，明日五更来讨回报。”西门庆说罢，自去了。

王婆把这砒霜用手捻为细末，把与那妇人将去藏了。那妇人却踅将归来，到楼上看武大时，一丝没两气，看看待死。那妇人坐在床边假哭，武大道：“你做甚么来哭？”那妇人拭着眼泪说道：“我的一时间不是了，吃那厮局骗了。谁想却踢了你这脚。我问得一处好药，我要去赎来医你，又怕你疑忌了，不敢去取。”做贼心虚，不打自招。武大道：“你救得我活，无事了，一笔都勾，并不记怀，武二家来亦不提起。快去赎药来救我则个！”那妇人拿了些铜钱，径来王婆家里坐地，却叫王婆去赎了药来，把到楼上，教武大看了。说道：“这帖心疼药，太医叫你半夜里吃。说的阴森可怕。吃了倒头把一两床被发些汗，蒙着被子，叫喊不得。明日便起得来。”武大道：“却是好也！生受大嫂，对潘金莲的称呼由“你”又变回了“大嫂”。今夜醒睡些个，半夜里调来我吃。”那妇人道：“你自放心睡，我自伏侍你。”

看看天色黑了，那妇人在房里点上碗灯，阴森。下面先烧了一大锅汤，拿了一片抹布，煮在汤里。听那更鼓时，却好正打三更。无边暗夜之中，一盏昏黄灯下，微微沸腾的汤锅，隐约显出汤锅中沉浮的抹布。这段场景只觉阴风习习。那妇人先把毒药倾在盏子里，却舀一碗白汤，把到楼上，叫声：“大哥，药在那里？”武大道：“在我席子底下枕头边。你快调来与我吃。”一个活命心切。那妇人揭起席子，将那药抖在盏子里，把那药贴安了，将白汤冲在盏内，把头上银牌儿只一搅，调得匀了，左手扶起武大，右手把药便灌。一个夺命心切。武大呷了一口，说道：“大嫂，这药好难吃！”那妇人道：“只要他医治得病，管甚么难吃。”武大再呷第二口时，被这婆娘就势只一灌，一盏药都灌下喉咙去了。狠。那妇人便放倒武大，慌忙跳下床来。武大“哎”了一声，说道：“大嫂，吃下这药去，肚里倒疼起来！苦呀，苦呀！倒当不得了！”这妇人便去脚后扯过两床被来，没头没脸只顾盖。狠。武大叫道：“我也气闷！”那妇人道：“太医分付，教我与你发些汗，便好得快。”武大再要说时，这妇人怕他挣扎，便跳上床来，骑在武大身上，狠。把手紧紧地按住被角，那里肯放些松宽。狠。那武大“哎”了两声，喘息了一回，肠胃迸断，呜呼哀哉，身体动不得了！那妇人揭起被来，见了武大咬牙切齿，七窍流血，怕将起来，只得跳下床来，敲那壁子。

王婆听得，走过后门头咳嗽。那妇人便下楼来，开了后门。王婆问道：“了也未？”却不知世间事，了犹未了。〇一事之了，一事之肇。那妇人道：“了便了了，只是我手脚软了，安排不得！”王婆道：“有甚么难处，我帮你便了。”你帮她便了，一语成谶。且看后面大家一起都了。那婆子便把衣袖卷起，舀了一桶汤，把抹布撇在里面，掇上楼来，卷过了被，先把武大嘴边唇上都抹了，却把七窍淤血痕迹拭净，便把衣裳盖在尸上。看王婆手脚。两个从楼上一步一掇，想来可怕。扛将下来，就楼下寻扇旧门停了。与他梳了头，戴上巾帻，穿了衣裳，取双鞋袜与他穿了，将片白绢盖了脸，拣床干净被盖在死尸身上，却上楼来收拾得干净了。可怜武大一生不曾得人如此服侍，一生不曾如此干净体面。

王婆自转将归去了。那婆娘便号号地假哭起养家人来。看官听说，原来但凡世上妇人哭有三样：有泪有声谓之哭，有泪无声谓之泣，无泪有声谓之号。当下那妇人干号了一歇，却早五更，天色未晓。西门庆奔来讨信，歹徒。王婆说了备细。

西门庆取银子把与王婆，教买棺材津送，还是棺材。就叫那妇人商议。这婆娘过来，和西门庆说道："我的武大今日已死，我只靠着你做主！"我的武大。突然有些无依无靠。西门庆道："这个何须得你说。"王婆道："只有一件事最要紧，地方上团头地保。何九叔，他是个精细的人，只怕他看出破绽，不肯殓。"王婆胆大精细，何九叔精细胆小。西门庆道："这个不妨。我自分付他便了。他不肯违我的言语。"王婆道："大官人便用去分付他，不可迟误。"西门庆去了。

到天大明，王婆买了棺材，又买些香烛纸钱之类，归来与那妇人做羹饭，点起一盏随身灯。邻舍坊厢都来吊问。那妇人虚掩着粉脸假哭。假哭。众街坊问道："大郎因甚病患便死了？"假问。那婆娘答道："因害心疼病症，一日日越重了，看看不能够好，不幸昨夜三更死了！"假答。又哽哽咽咽假哭起来。假哭。众邻舍明知道此人死得不明。不敢死问他，只自人情劝道："死自死了，活的自要过，娘子省烦恼。"假劝。那妇人只得假意儿谢了，假谢。众人各自散了。（戏罢。）

王婆取了棺材，去请团头何九叔。但是入殓用的都买了，并家里一应物件，也都买了。就叫了两个和尚，晚些伴灵。多样时，何九叔先拨几个火家（以处理尸体为职业的人。）来整顿。

且说何九叔到巳牌时分慢慢地走出来，（别拿团头不当干部。）到紫石街巷口，迎见西门庆叫道："九叔何往？"何九叔答道："小人只去前面殓这卖炊饼的武大郎尸首。"西门庆道："借一步说话则个。"何九叔跟着西门庆，来到转角头一个小酒店里，坐下在阁儿内。西门庆道："何九叔请上坐。"何九叔道："小人是何等之人，对官人一处坐地！"（别以为干部就没有怕的。）西门庆道："九叔何故见外？且请坐。"二人坐定，叫取瓶好酒来。小二一面铺下菜蔬果品按酒之类，即便筛酒。何九叔心中疑忌，想道："这人从来不曾和我吃酒，今日这杯酒必有跷蹊。"（果然精细。）两个吃了半个时辰，只见西门庆去袖子里摸出一锭十两银子，放在桌上，说道："九叔休嫌轻微，明日别有酬谢。"何九叔叉手道："小人无半点效力之处，如何敢受大官人见赐银两？大官人便有使令小人处，也不敢受。"西门庆道："九叔休要见外，请收过了却说。"何九叔道："大官人但说不妨，小人依听。"西门庆道："别无甚事，少刻他家也有些辛苦钱。只是如今殓武大的尸首，凡百事周全，一床锦被遮盖则个。别不多言。"（不打自招，更兼不怕自招。）何九叔道："是这些小事，有甚利害，如何敢受银两？"西门庆道："九叔不收时，便是推却。"那何九叔自来惧怕西门庆是个刁徒，把持官府的人，只得受了。两个又吃了几杯，西门庆叫酒保来记了帐，明日来铺里支钱。

两个下楼，一同出了店门。西门庆道："九叔记心，不可泄漏，改日别有报效。”分付罢，一直去了。何九叔心中疑忌，肚里寻思道：“这件事却又作怪！我自去殓武大郎尸首，他却怎地与我许多银子？这件事必定有跷蹊！”来到武大门前，只见那几个火家在门首伺候。何九叔问道：“这武大是甚病死了？”火家答道：“他家说害心疼病死了。”答得好。何九叔揭起帘子入来，王婆接着道：“久等阿叔多时了。”何九叔应道：“便是有些小事绊住了脚，来迟了一步。”只见武大老婆穿着些素淡衣裳，从里面假哭出来。何九叔道：“娘子省烦恼，可伤大郎归天去了！”那妇人虚掩着泪眼道：“说不可尽！不想拙夫心疼症候，几日儿便休了。撇得奴好苦！”何九叔上上下下看了那婆娘的模样，口里自暗暗地道：“我从来只听的说武大娘子，不曾认得他，原来武大却讨着这个老婆！西门庆这十两银子，有些来历。”果然是精细人。

何九叔看着武大尸首，揭起千秋幡，扯开白绢，用五轮八宝犯着两点神水眼定睛看时，何九叔大叫一声，望后便倒，吓我一跳。口里喷出血来。但见指甲青，唇口紫，面皮黄，眼无光。正是：身如五鼓衔山月，命似三更油尽灯。毕竟何九叔性命如何，且听下回分解。

第二十五回

偷骨殖何九送丧　供人头武二设祭

供人頭武二設祭

回前总评

西门庆、王婆、潘金莲合谋毒死了武大，只想瞒过一个人的眼睛，这个人就是丧葬协会主席何九叔。西门庆请何九叔喝酒，贿赂十两银子，要他帮助遮盖。到了验尸现场，何九叔一眼就看出武大是被毒死的。

声张起来，不敢，怕西门庆；不声张，也不敢，怕武松。

情急之下，何九叔假装中邪昏迷过去。何九叔不光精细，还很有急智。但是，他老婆似乎比他更胜一筹，要他出丧时私下拿武大两块骨头，和西门庆的十两银子，一并收着，做个“老大证见”，若武松回来，拿着这两个证见，便可以得到武松的原谅；若武松回来不问，也就不再声张，“留了西门庆面皮，做一碗饭却不好？”可怜的武大，若没有武松这个兄弟，他的性命，也就做了何九叔夫妻的一碗饭了！

公民社会与非公民社会，法制社会与权力社会之最大区别，在于：公民社会法制社会里，一个公民不用怕另一个公民；而权力社会里，一个人往往会怕另一个人，甚至会怕很多人，并且不同的情境下会怕不同的人，终生都活在对他人的惧怕之中。在这种情形下，要人合乎正义地活着，是很难的。

当主持正义却要砸了饭碗时，人们往往选择饭碗。在非公民社会，在大多数情况下，芸芸众生既不具备保护自己的能力，更不具备维护正义保护他人的能力。邪恶肆虐时，普通人就是鲁迅先生所沉痛揭示的两种人：一、遭到蹂践伤害的示众材料；二、沉默不语的看客。

何九叔明明知道武大是被毒死的，但是在权衡利害之后，他选择了沉默。他之所以保存武大的骨殖以作证据，不是因为良知，而是因为他在考虑利害时，想到了武松。

岂止一个何九叔？武大的众邻舍明知他死得不明不白，但谁都不愿意站出来揭开真相，还武大一个公道。大家都成了同谋。在整个《水浒传》里，举凡弱者被欺凌之处，必有沉默的大多数，沉默不语。

什么是英雄？英雄就是在他人都沉默时，他爆发出来。

什么是好汉？好汉就是大家都不敢出头时，他站出来。

所以，英雄、好汉爆发之时，正是大多数人沉默之时。有一个英雄，必有一群懦夫。

因此，有“水浒”式英雄的时代，一定不是一个好时代；孳生英雄侠客的世道，也一定不是一个好世道。

什么是好的世道？好的世道无需英雄侠客；每个人都是自己的英雄；人们建立一种制度，用制度保护自己。

每个人都能正直地活着，不用惧怕任何一个人。

武大等不到这个世道，但他等到了他兄弟武松归来。

何九叔精明滑头，但不贪。庆幸的是，他老婆也不贪。唯其不贪，他才保全了性命。而王婆，因为贪，才置自己于死地。人生在世，有一条优点，就多一条生路。王婆和何九叔，两人都是精细人，但最后，何九叔胜出。因为何九叔比她多了一条生路。

武松杀潘金莲，每一步都是事先有设计的。他先向官府举报，这不是说他对官府心存幻想，只说明他为人的谨慎精细——至少在形式上他尊重了官府，履行了应有的程序。

知县和狱吏对武松，完全在打官腔。官腔的可怕处，在于它表面上句句在理，无法反驳。知县使用的，是政治官腔。狱吏使用的，是专业官腔。专业官腔说出一大堆术语，令人摸不着头脑，让你无法反驳他。政治官腔则用来确立自己的政治优势，显示自己的政治正确。虽然知县所说的什么圣人之言完全出自他的捏造，但是，圣人——也就是孔子却被他利用了。从某种意义上说，什么叫圣人？就是常常被人利用的人。官腔既是一种说话方式，更是一种话语权。县令掌握的，是政治话语权；县吏掌握的，是技术话语权；老百姓没有话语权，只能忍气吞声。

金圣叹在知县的“圣人言”三字下批曰：“三字骗得进士，骗不得武二。”武二手中有刀。他有力量有办法自己解决问题。

协商不能解决的，用法；

法度不能解决的，用刀。

官府不作为，会造成极大的社会问题：无力自己解决问题的，成了无依无靠的顺民；有力自己解决问题的，成了无法无天的暴民。

暴民不是国家的力量，而是国家的祸害。顺民呢？同样糟糕：顺民不是国家的财富，而是国家的累赘。

一个强大的国家和民族，既不要暴民，也不要顺民，要的是：公民。

武大是顺民，武松是暴民。

面对杀兄之仇，武松胸中一团杀气，脸上却一团和气，满腹杀机却毫不露声色，在不动声色中，他心中早已盘算好了一切，每一个步骤，每一个目标，每一个方式，每一个结果，都了然于心。看他做事，当时不一定明白，事后一看，环环相衔，丝丝入扣，天衣无缝，一切都在掌握中。这样的人，令人佩服！让人害怕！

看武松请几位邻居到场，都是谦恭中暗藏威逼之力。所以几位邻居都是被“拖”被“扯”到武家去的。邻居们都有些怕武松。但此时偏偏有人不怕他：潘金莲和王婆。她们已得到西门庆的通报：武松告状不准。于是她们放下心不怕他，大着胆看他怎的。嘲讽的是，若武松告状准了，对她们倒是较好的结局。武松告状不准，武松只好用刀子来解决她们了。

作者在这里写得不动声色，但是暗含悲悯。王婆、潘金莲、西门庆们践踏了法律和良知，犯下如此令人发指的罪恶，但他们有恃无恐，得意洋洋，不相信自己会受到正义的裁决。他们有恃无恐，是因为不相信世间还有正义。

如果没有武松，他们很可能就此得胜了。武大屈死，不只是武松的沉重伤痛，而是所有人的沉重伤痛，是我们每个人都必须面对和反思的伤痛。在《水浒传》中，武松为武大主持了公道。但是，世间处处尽有王婆、西门庆、潘金莲、知县，哪里处处有武松？在《金瓶梅》中，这段故事就被改写成武松报仇不成反遭流放，这大概是《金瓶梅》比《水浒传》更具有现实主义力量之处。

但是《水浒传》是要给世人一些警醒，一些希望。因为有武松，所以恶人终得恶报，正义终得伸张。不是所有人都屈从于邪恶，总会有响当当的男子汉挺身而出维护公道：即使这只是一个梦想，它依然动人。

潘金莲犯下深重罪孽，死得也惨不忍睹。武松血腥狂暴的杀戮，也让人感到惊心动魄。杀人之后，武松有条不紊地包上潘金莲的人头，揩刀，插鞘，还洗手！狂暴之后又变得异常从容冷静。最后向众位邻居唱喏离去，言语得体，礼数周到。一个大行杀戮的人，竟然也是礼数周到的人。这里既有武松的从容镇定，又有他的冷酷无情。

武松杀嫂，是《水浒传》中最脍炙人口的故事之一。狂暴之中包含着浓重的性虐意向，惨烈之极。在《水浒传》的世界里，武大这样哀苦无助的弱者，如果不用武松的方式，很可能真的只能白白屈死。

然而我们仍有必要追问：替天行道真的可能么？这些远非完美的好汉，真的能维护道义和公正么？真的能担当正义的评判者和执行者吗？生而为人，秉承种种缺失不足，又怎么能确知自己的判断和行动是符合天道的呢？以“替天行道”作为借口就可以问心无愧地为所欲为吗？这样的虐杀真的是符合天道的么？

如果，答案是否，那么什么才是真的符合天道呢？人间真的容得下天道么？问题如此复杂，如此令人深思，令人惊惧，令人警觉。古代批评家张竹坡在绣像本《金瓶梅》武松杀嫂后的评论，也可以移到此处：“读至此，不敢生悲，不忍称快，然而心实恻恻难言哉！”

话说当时何九叔跌倒在地下，众火家扶住。王婆便道：“这是中了恶，快将水来！”喷了两口，何九叔渐渐地动转，有些苏醒。王婆道：“且扶九叔回家去却理会。”王婆算计来算计去，被何九叔算计了。两个火家又寻扇旧门，武大家偏旧门多。一径抬何九叔到家里。大小接着，就在床上睡了。

老婆哭道："笑欣欣出去，却怎地这般归来！闲常曾不知中恶！"坐在床边啼哭。

何九叔觑得火家都不在面前，踢那老婆道："你不要烦恼，我自没事。却才去武大家入殓，到得他巷口，迎见县前开药铺的西门庆，请我去吃了一席酒，把十两银子与我，说道：'所殓的尸首，凡事遮盖则个。'我到武大家，见他的老婆是个不良的人，当时九叔上上下下看金莲，我道他看人家好长相，却原来他看人家歹心肠。我心里有八九分疑忌。到那里揭起千秋幡看时，见武大面皮紫黑，七窍内津津出血，唇口上微露齿痕，定是中毒身死。我本待声张起来，却怕他没人做主，恶了西门庆，却不是去撩蜂剔蝎？待要胡卢提入了棺殓了，武大有个兄弟，便是前日景阳冈上打虎的武都头，他是个杀人不眨眼的男子，倘或早晚归来，此事必然要发。"老婆便道："我也听得前日有人说道：'后巷住的乔老儿子郓哥去紫石街帮武大捉奸，闹了茶坊。'正是这件事了。你却慢慢的访问他。如今这事有甚难处？只使火家自去殓了，就问他几时出丧。若是停丧在家，待武二归来出殡，这个便没甚么皂丝麻线。若他便出去埋葬了，也不妨。若是他便要出去烧化时，必有跷蹊。你到临时，只做去送丧，张人眼错，拿了两块骨头，和这十两银子收着，便是个老大证见。他若回来不问时便罢，却不留了西门庆面皮，做一碗饭却不好？"老公有难，老婆有招。何九叔道："家有贤妻，见得极明。"从自身利害看，此老婆的是贤妻。从武大被害看，此老婆却是同谋。〇恶人之所以猖獗，乃是庸众之沉默。何九叔们怕了，西门庆们就不怕了。〇高智商的个人，常常组成低智商的社会。理性的个体，恰恰造就非理性的世界。人人精于自保，结果必然是人人不能自保也无法求助他人。随即叫火家分付："我中了恶，去不得。你们便自去殓了。就问他几时出丧，快来回报。得的钱帛，你们分了，都要停当。若与我钱帛，不可要。"何九不贪。

火家听了，自来武大家入殓。停丧安灵已罢，回报何九叔道：“他家大娘子说道：‘只三日便出殡，去城外烧化。’”火家各自分钱散了。何九叔对老婆道：“你说这话正是了。我至期只去偷骨殖便了。”偷骨殖非为武大伸冤，乃为自辩自保。

且说王婆一力撺掇那婆娘，当夜伴灵。第二日，请四僧念些经文。第三日早，众火家自来扛抬棺材，也有几家邻舍街坊相送。那妇人带上孝，一路上假哭养家人。来到城外化人场上，便教举火烧化。急于消罪证。○哪有自家婆娘催人烧化自家老公之理。只见何九叔手里提着一陌纸钱，来到场里。王婆和那妇人接见道：“九叔，且喜得贵体没事了。”何九叔道：“小人前日买了大郎一扇笼子母炊饼，不曾还得钱，特地把这陌纸来烧与大郎。”王婆道：“九叔如此志诚！”何九叔把纸钱烧了，就撺掇烧化棺材。急于偷骨殖。王婆和那妇人谢道：“难得何九叔撺掇，回家一发相谢。”急于灭尸证。○何九公事公办，撺掇烧化棺材，合情合理。妇人永别老公，急于烧化棺材，非情非礼。何九叔道：“小人到处只是出热，娘子和干娘自稳便，斋堂里去相待众邻舍街坊。小人自替你照顾。”使转了这妇人和那婆子，把火夹去，拣两块骨头拿去澈骨池内只一浸，看那骨头酥黑。何九叔收藏了，也来斋堂里和哄了一回，棺木过了，杀火，收拾骨殖，澈在池子里。众邻舍各自分散。人生多少亲朋近邻，最终不过各自分散。那何九叔将骨头归到家中，把幅纸都写了年、月、日期，送丧的人名字，和这银子一处包了，做一个布袋儿盛着，放在房里。还是精细。

再说那妇人归到家中，去槅子前面设个灵牌，上写“亡夫武大郎之位”。灵床子前点一盏琉璃灯，里面贴些经幡、钱垛、金银锭、采缯之属。每日却自和西门庆在楼上任意取乐，却不比先前在王婆房里只是偷鸡盗狗之欢。如今家中又没人碍眼，任意停眠整宿。这条街上远近人家无有一人不知此事，却都惧怕西门庆那厮是个刁徒泼皮，谁肯来多管。

常言道："乐极生悲，否极泰来。"光阴迅速，前后又早四十余日。却说武松自从领了知县言语，监送车仗到东京亲戚处，投下了来书，交割了箱笼，街上闲行了几日，讨了回书，领一行人取路回阳谷县来。前后往回，恰好过了两个月。去时残冬天气，回来三月初头。于路上只觉神思不安，身心恍惚，赶回要见哥哥。且先去县里交纳了回书。知县见了大喜，看罢回书，已知金银宝物交得明白，赏了武松一锭大银，酒食管待，不必用说。武松回到下处房里，换了衣服鞋袜，戴上个新头巾，锁上了房门，一径投紫石街来。

两边众邻舍看见武松回了，都吃一惊。大家捏两把汗，暗暗地说道："这番萧墙祸起了！这个太岁归来，怎肯干休！必然弄出事来！"“太岁”二字，妙。且说武松到门前揭起帘子，探身入来，见了灵床子，又写"亡夫武大郎之位"七个字，呆了！睁开双眼，道："莫不是我眼花了？"叫声："嫂嫂，武二归了。"那西门庆正和这婆娘在楼上取乐，听得武松叫一声，惊得屁滚尿流，一直奔后门从王婆家走了。

那妇人应道："叔叔少坐，奴便来也。"原来这婆娘自从药死了武大，那里肯带孝？每日只是浓妆艳抹，和西门庆做一处取乐，听得武松叫声"武二归来了"，慌忙去面盆里洗落了脂粉，拔去了首饰钗环，蓬松挽了个髻儿，脱去了红裙绣袄，旋穿上孝裙孝衫，方从楼上哽哽咽咽假哭下来。武松道："嫂嫂且住，休哭！我哥哥几时死了？得甚么症候？吃谁的药？"三问：几时死、得何病、吃谁药。前两问人之常情，后一问大有蹊跷。

那妇人一面哭，一头说道："你哥哥自从你转背一二十日，猛可的害急心疼起来，病了八九日，求神问卜，甚么药不吃过。是，连砒霜都吃过。医治不得，死了，撇得我好苦！"隔壁王婆听得，生怕决撒，即便走过来帮他支吾。武松又道："我的哥哥从来不曾有这般病，如何心疼便死了？"王婆道："都头，却怎地这般说！'天有不测风云，人有暂时祸福。'谁保得长没事？"那妇人道："亏杀了这个干娘。我又是个没脚蟹，不是这个干娘，邻舍家谁肯来帮我？"武松道："如今埋在那里？"妇人道："我又独自一个，那里去寻坟地？没奈何，留了三日，把出去烧化了。"不留痕迹。武松道："哥哥死得几日了？"妇人道："再两日便是断七。"

武松沉吟了半晌，便出门去，径投县里来，开了锁，去房里换了一身素白衣服，便叫土兵打了一条麻绦，系在腰里，身边藏了一把尖长柄短、背厚刃薄的解腕刀，身边多了一把刀。写得细。〇金莲用砒霜犯罪，武松用刀复仇。取了些银两带在身边。叫一个土兵锁上了房门，去县前买了些米面椒料等物，香烛冥纸，就晚到家敲门。那妇人开了门，武松叫土兵去安排羹饭。武松就灵床子前点起灯烛，铺设酒肴。到两个更次，安排得端正，武松扑翻身便拜，道："哥哥阴魂不远，你在世时软弱，今日死后，不见分明！你若是负屈衔冤，被人害了，托梦与我，兄弟替你做主报仇！"哥哥生前有预感，哥哥死后有疑惑。把酒浇奠了，烧化冥用纸钱，便放声大哭。真哭。真痛。真苦。〇哭哥哥死无对证，哭自己活无依靠。哭得那两边邻舍无不凄惶。我也凄惶。那妇人也在里面假哭。假哭。

武松哭罢，将羹饭酒肴和土兵吃了。讨两条席子，叫土兵中门傍边睡。武松把条席子，就灵床子前睡。那妇人自上楼去，下了楼门自睡。约莫将近三更时候，武松翻来覆去睡不着。看那土兵时，齁齁的却似死人一般挺着。怕人。武松爬将起来，看那灵床子前琉璃灯，半明半灭，怕人。侧耳听那更鼓时，正打三更三点。半明半灭对三更三点，好节奏。武松叹了一口气，坐在席子上自言自语，口里说道："我哥哥生时懦弱，死了却有甚分明！"说犹未了，只见灵床子下卷起一阵冷气来，盘旋昏暗，灯都遮黑了，壁上纸钱乱飞。那阵冷气，逼得武松毛发皆竖，瘆人。定睛看时，只见个人从灵床底下钻将出来，叫声："兄弟，我死得好苦！"怕人。武松听不仔细，却待向前来再看时，并没有冷气，亦不见人。自家便一交颠翻在席子上坐地，寻思："是梦，非梦？"回头看那土兵时，正睡着。武松想道："哥哥这一死必然不明，却才正要报我知道，又被我的神气冲散了他的魂魄。"放在心里不题，等天明，却又理会。

天色渐白了，土兵起来烧汤。武松洗漱了，那妇人也下楼来，看着武松道："叔叔，夜来烦恼。"武松道："嫂嫂，我哥哥端的甚么病死了？"再问：得何病。那妇人道："叔叔却怎地忘了？夜来已对叔叔说了，害心疼病死了。"武松道："却赎谁的药吃？"再问：吃谁药。那妇人道："见有药帖在这里。"不看药帖。武松道："却是谁买棺材？"谁买棺材。那妇人道："央及隔壁王干娘去买。"武松道："谁来扛抬出去？"何人殓埋。那妇人道："是本处团头何九叔，尽是他维持出去。"武松道："原来恁地，且去县里画卯却来。"听到何九叔便不再问。盖前面三个问题是无用信息，只此何九叔才是线索。便起身带了土兵，走到紫石街巷口，问土兵道："你认得团头何九叔么？"土兵道："都头恁地忘了？前项他也曾来与都头作庆。他家只在狮子街巷内住。"武松道："你引我去。"土兵引武松到何九叔门前，武松道："你自先去。"

土兵去了，武松却推开门来，叫声："何九叔在家么？"这何九叔却才起来，听得是武松归了，吓得手忙脚乱，头巾也戴不迭。急急取了银子和骨殖藏在身边，便出来迎接道："都头几时回来？"一直就等都头来。武松道："昨日方回到这里。有句话闲说则个，请那尊步同往。"客气。何九叔道："小人便去，都头且请拜茶。"武松道："不必，免赐。"两个一同出到巷口酒店里坐下，叫量酒人打两角酒来。何九叔起身道："小人不曾与都头接风，何故反扰？"武松道："且坐。"何九叔心里已猜八九分。量酒人一面筛酒，武松更不开口，且只顾吃酒。闷葫芦吓人。何九叔见他不做声，倒捏两把汗，却把些话来撩他。武松也不开言，并不把话来提起。已然心惊肉跳。酒已数杯，只见武松揭起衣裳，飕地掣出把尖刀来插在桌子上。突然死到临头。量酒的惊得呆了，那里肯近前？闲插一笔。看何九叔面色青黄，不敢吐气。武松捋起双袖，握着尖刀，指何九叔道："小子粗疏，还晓得'冤各有头，债各有主'。你休惊怕，只要实说，对我一一说知哥哥死的缘故，便不干涉你！我若伤了你，不是好汉！倘若有半句儿差，我这口刀，立定教你身上添三四百个透明的窟窿！闲言不道，你只直说我哥哥死的尸首是怎地模样。"

武松道罢，一双手按住胳膝，两只眼睁得圆彪彪地看着何九叔。何九叔便去袖子里取出一个袋儿，有备而来。放在桌子上，道："都头息怒，这个袋儿便是一个大证见。"再不惊怕。武松用手打开，看那袋儿里时，两块酥黑骨头，一锭十两银子。不贪。○只因不贪，便有活路。便问道："怎地见得是老大证见？"何九叔道："小人并然不知前后因地，忽于正月二十二日，在家只见开茶坊的王婆来呼唤小人殓武大郎尸首。至日，行到紫石街巷口，迎见县前开生药铺的西门庆大郎，拦住邀小人同去酒店里吃了一瓶酒。西门庆取出这十两银子付与小人，分付道：'所殓的尸首，凡百事遮盖。'小人从来得知道那人是个刁徒，不容小人不接。吃了酒食，收了这银子，小人去到大郎家里，揭起千秋幡，只见七窍内有瘀血，唇口上有齿痕，系是生前中毒的尸首。小人本待声张起来，只是又没苦主。他的娘子已自道是害心疼病死了。因此小人不敢声言，自咬破舌尖，只做中了恶，扶归家来了。只是火家自去殓了尸首，不曾接受一文。不贪。○人生在世，有一优点，便有一生路。第三日，听得扛出去烧化，小人买了一陌纸，去山头假做人情，使转了王婆并令嫂，暗拾了这两块骨头，包在家里。这骨殖酥黑，系是毒药身死的证见。这张纸上写着年、月、日、时并送丧人的姓名。便是小人口词了。都头详察。"武松道："奸夫还是何人？"何九叔道："却不知是谁。心知是谁，无证不说。精细人必然如此。小人闲听得说来，有个卖梨儿的郓哥，那小厮曾和大郎去茶坊里捉奸。这条街上，谁人不知。都头要知备细，可问郓哥。"武松道："是。既然有这个人时，一同去走一遭。"

武松收了刀，藏了骨头、银子，算还酒钱，便同何九叔望郓哥家里来。却好走到他门前，只见那小猴子挽着个柳笼栲栳在手里，籴米归来。何九叔叫道："郓哥，你认得这位都头么？"郓哥道："解大虫来时，我便认得了。妙。一写当初武松辉煌，一写街头顽儿晃荡。你两个寻我做甚么？"郓哥那小厮，也瞧了八分，便说道："只是一件，我的老爹六十岁，没人养赡，我却难相伴你们吃官司耍。"明明是向武松讲价钱。○吃官司是玩耍，既是孩子口吻，也是老于世故的口吻。○在市井讨生活，大人个个精明，小孩个个早熟。○《水浒传》写市井，异样的好。武松道："好兄弟！"确实是兄弟。武松小时也是郓哥。便去身边取五两来银子，"你把去与老爹做盘缠，跟我来说话。"郓哥自心里想道："这五两银子，如何不盘缠得三五个月？便陪侍他吃官司也不妨。"将银子和米把与老儿，便跟了二人出巷口一个饭店楼上来。

武松叫过卖造三分饭来，对郓哥道："兄弟，你虽年纪幼小，倒有养家孝顺之心。却才与你这些银子，且做盘缠，我有用着你处。事务了毕时，我再与你十四五两银子做本钱。你可备细说与我，你恁地和我哥哥去茶坊里捉奸？"郓哥道："我说与你，你却不要气苦！当初和武大说你不要气苦，今日和武二说你不要气苦。郓哥善良、正直，有是非。○这世道总是把我们气苦。我从今年正月十三日日子记得如此清楚，长成必是精细人。提得一篮儿雪梨，要去寻西门庆大郎挂一钩子，一地里没寻他处，问人时，说道：'他在紫石街王婆茶坊里，和卖炊饼的武大老婆做一处。如今刮上了他，每日只在那里。'我听得了这话，一径奔去寻他。叵耐王婆老猪狗拦住不放我入房里去，吃我把话来侵他底子，那猪狗便打我一顿栗暴，直叉我出来，将我梨儿都倾在街上。我气苦了，去寻你大郎说与他备细。他便要去捉奸，我道：'你不济事，西门庆那厮手脚了得，你若捉他不着，反吃他告了倒不好。我明日和你约在巷口取齐，你便少做些炊饼出来。我若张见西门庆入茶坊里去时，我先入去，你便寄了担儿等着。只看我丢出篮儿来，你便抢入来捉奸。'我这日又提了一篮梨儿，径去茶坊里，被我骂那老猪狗，那婆子便来打我。吃我先把篮儿撇出街上，一头顶住那老狗在壁上。武大郎却抢入去时，婆子要去拦截，却被我顶住了，只叫得'武大来也！'原来倒吃他两个顶住了门。大郎只在房门外声张，却不提防西门庆那厮开了房门奔出来，把大郎一脚踢倒了。我见那妇人随后便出来，扶大郎不动，我慌忙也自走了。过得五七日，说大郎死了。我却不知怎地死了。"武松听道："你这话是实了？你却不要说谎。"郓哥道："便到官府，我也只是这般说。"赤子正义。武松道："说得是，兄弟。”便讨饭来吃了，还了饭钱，三个人下楼来。何九叔道：“小人告退。”何九叔退缩。明哲保身。○依何九性格，必须有此一句。

武松道：“且随我来，正要你们与我证一证。”把两个一直带到县厅上。知县见了，问道：“都头告甚么？”武松告说：“小人亲兄武大被西门庆与嫂通奸，下毒药谋杀性命。这两个便是证见，要相公做主则个。”知县先问了何九叔并郓哥口词，人证。当日与县吏商议。原来县吏都是与西门庆有首尾的，官人自不必说，因此官吏通同计较道：“这件事难以理问。”知县道：“武松，你也是个本县都头，不省得法度。自古道：‘捉奸见双，捉贼见赃，杀人见伤。’你那哥哥的尸首又没了，你又不曾捉得他奸。如今只凭这两个言语，便问他杀人公事，莫非忒偏向么？你不可造次，须要自己寻思，当行即行！”自己寻思，当行即行。后来果然如此。武松怀里去取出两块酥黑骨头，十两银子，一张纸，物证。告道：“覆告相公，这个须不是小人捏合出来的。”知县看了道：“你且起来，待我从长商议。可行时，便与你拿问。”何九叔、郓哥都被武松留在房里。当日西门庆得知，却使心腹人来县里许官吏银两。

次日早晨，武松在厅上告禀，催逼知县拿人。谁想这官人贪图贿赂，回出骨殖并银子来，说道：“武松，你休听外人挑拨你和西门庆做对头。这件事不明白，难以对理。圣人云：‘经目之事犹恐未真，背后之言岂能全信？’不可一时造次。”狱吏便道：“都头，但凡人命之事，须要尸、伤、病、物、踪五件事全，方可推问得。”武松道：“既然相公不准所告，且却又理会。”毫不纠缠。自有理会之法。收了银子和骨殖，再付与何九叔收了。既然官府不要，他也不要。下厅来，到自己房内，叫土兵安排饭食，与何九叔同郓哥吃。“留在房里，相等一等，我去便来也。”去便来。好潇洒，好自在。武二眼里，天下无难事。又自带了三两个土兵，离了县衙，将了砚瓦笔墨，就买了三五张纸，藏在身边，不知何用？就叫两个土兵买了个猪首，一只鹅，一只鸡，一担酒，和些果品之类，安排在家里。约莫也是巳牌时候，带了个土兵，来到家中。

那妇人已知告状不准，放下心，不怕他，大着胆看他怎的。岂不知告状准了，对她倒是一个比较好的结局。武松叫道：“嫂嫂下来，有句话说。”那婆娘慢慢地行下楼来，慢慢。问道：“有甚么话说？”你能怎样？武松道：“明日是亡兄断七。你前日恼了众邻舍街坊，我今日特地来把杯酒，替嫂嫂相谢众邻。”却是作怪。那妇人大剌剌地说道：“谢他们怎地？”武松道：“礼不可缺。”唤土兵先去灵床子前，明晃晃的点起两枝蜡烛，焚起一炉香，列下一陌纸钱，把祭物去灵前摆了，堆盘满宴，铺下酒食果品之类。叫一个土兵后面烫酒，两个土兵门前安排桌凳，又有两个前后把门。把门。

武松自分付定了，便叫：“嫂嫂来待客，我去请来。”先请隔壁王婆。那婆子道：“不消生受，教都头作谢。”武松道：“多多相扰了干娘，自有个道理。先备一杯菜酒，休得推故。”那婆子取了招儿，收拾了门户，从后门走过来。武松道：“嫂嫂坐主位，干娘对席。”婆子已知道西门庆回话了，放心着吃酒。两个都心里道：“看他怎地？”武松又请这边下邻开银铺的姚二郎姚文卿。职业名字杜撰得好。二郎道：“小人忙些，不劳都头生受。”武松拖住，便道：“一杯淡酒，又不长久，便请到家。”那姚二郎只得随顺到来，便教去王婆肩下坐了。又去对门请两家。一家是开纸马铺的赵四郎赵仲铭。职业名字杜撰得好。四郎道：“小人买卖撇不得，不及陪奉。”武松道：“如何使得！众高邻都在那里了。”不由他不来，被武松扯到家里，道：

"老人家爷父一般，便请在嫂嫂肩下坐了。"又请对门那卖冷酒店的胡正卿。职业名字杜撰得好。那人原是吏员出身，便瞧道有些尴尬，那里肯来？又是一个精细的。被武松不管他，拖了过来，却请去赵四郎肩下坐了。武松道："王婆，应叫干娘才是。你隔壁是谁？"王婆道："他家是卖馉饳儿的张公。"却好正在屋里，见武松入来，吃了一惊，道："都头，没甚话说？"武松道："家间多扰了街坊，相请吃杯淡酒。"那老儿道："哎呀！老子不曾有些礼数到都头家，却如何请老子吃酒？"武松道："不成微敬，便请到家。"老儿吃武松拖了过来，请去姚二郎肩下坐地。几个人几样职业，几个人几样名姓，几个人几样请法，几个人几样声口，大郎四邻市井人物如画。说话的，为何先坐的不走了？原来都有土兵前后把着门，都似监禁的一般。武松请到四家邻舍，并王婆和嫂嫂，共是六人。

武松掇条凳子，却坐在横头。便叫土兵把前后门关了。武大郎家的门，总是关来关去的。那后面土兵自来筛酒。武松唱个大喏，说道："众高邻，休怪小人粗卤，胡乱请些个。"众邻舍道："小人们都不曾与都头洗泥接风，如今倒来反扰！"武松笑道："不成意思，众高邻休得笑话则个。"土兵只顾筛酒。众人怀着鬼胎，正不知怎地。看看酒至三杯，那胡正卿便要起身，必须有人起身，必须是胡正卿起身。说道："小人忙些个。"武松叫道："去不得！既来到此，便忙也坐一坐。""去不得"三字凛然。那胡正卿心头十五个吊桶打水，七上八下，暗暗地寻思道："既是好意请我们吃酒，如何却这般相待，不许人动身？"只得坐下。武松道："再把酒来筛。"土兵斟到第四杯酒，前后共吃了七杯酒过，众人却似吃了吕太后一千个筵宴。各怀鬼胎。〇本想隔岸观火，谁想竟成池鱼。世事大抵如此。只见武松喝叫土兵："且收拾过了杯盘，少间再吃。"武松抹桌子。众邻舍却待起身，武松把两只手只一拦，两手一拦，气场强大。道："正要说话。一干高邻在这里，中间那位高邻会写字？”却是作怪。姚二郎便道：“此位胡正卿极写得好。”原是官吏。武松便唱个喏道：“相烦则个。”不容推脱。便卷起双袖，去衣裳底下飕地只一掣，掣出那口尖刀来。其疾如风。〇突然想起武二原带着刀。〇世间谁无刀，但别逼人掣将出来。右手四指笼着刀靶，大拇指按住掩心，两只圆彪彪怪眼睁起，道：“诸位高邻在此，小人冤各有头，债各有主，只要众位做个证见！”众乡邻本来就是证见，却全体隐避至今，令武大冤沉大海。〇莫道武二横蛮，只因乡邻沉默。〇面对杀人越货，沉默即是同谋。〇假设众邻不孱头，何须武二做英雄。只见武松左手拿住嫂嫂，右手指定王婆。四家邻舍惊得目睁口呆，罔知所措，都面面厮觑，不敢做声。刀锋所向，人人丧胆，个个惊心。武松道：“高邻休怪！不必吃惊！武松虽是粗卤汉子，便死也不怕，还省得‘有冤报冤，有仇报仇’，并不伤犯众位，只烦高邻做个证见。若有一位先走的，武松翻过脸来休怪，教他先吃我五七刀了去，武二便偿他命也不妨！”众邻舍都目瞪口呆，再不敢动。武大死时，不敢问。武二来时，不敢动。〇不敢问，不是没正义，是怕强权。不敢动，不是有是非，还是怕强权。

武松看着王婆，喝道：“兀的老猪狗听着：我的哥哥这个性命，都在你的身上！慢慢地却问你！”回过脸来，看着妇人，骂道：“你那淫妇听着！你把我的哥哥性命怎地谋害了？从实招了，我便饶你！”武松从来不饶人。那妇人道：“叔叔，你好没道理！你哥哥自害心疼病死了，干我甚事？”“干我甚事”，妙。老公死了，干老婆甚事。说犹未了，武松把刀子胳察插在桌子上，用左手揪住那妇人头髻，右手劈胸提住，把桌子一脚踢倒了，隔桌子把这妇人轻轻地提将过来，一交放翻在灵床面前，两脚踏住。右手拔起刀来，指定王婆道：“老猪狗，你从实说！”那婆子要脱身脱不得，只得道：“不消都头发怒，老身自说便了。”武松叫土兵取过纸墨笔砚，排好了桌子，把刀指着胡正卿道：“相烦你与我听一句，写一句。”胡正卿胳膳膳抖着道：“小、小人便写、写。”讨了些砚水，磨起墨来。

胡正卿拿着笔，拂那纸道：“王婆，你实说。”那婆子道：“又不干我事，教说甚么？”刚才答应说，此刻又不说。写王婆心思细致。武松道：“老猪狗，我都知了，你赖那个去！你不说时，我先剐了这个淫妇，后杀你这老狗！”提起刀来望那妇人脸上便搠两搠。那妇人慌忙叫道：“叔叔，且饶我！你放我起来，我说便了！”武松一提，提起那婆娘，跪在灵床子前，喝一声：“淫妇快说！”那妇人惊得魂魄都没了，只得从实招说，将那日放帘子因打着西门庆起，并做衣裳入马通奸，一一地说。次后来怎生踢了武大，因何设计下药，王婆怎地教唆拨置，从头至尾说了一遍。武松叫他说一句，却叫胡正卿写一句。王婆道：“咬虫！你先招了，我如何赖得过！只苦了老身！”王婆也只得招认了。把这婆子口词，也叫胡正卿写了。从头至尾，都说在上面。叫他两个都点指画了字，就叫四家邻舍书了名，也画了字。武松精细。叫土兵解搭膊来，背接绑了这老狗，应写王婆才是。〇此时施大爷被武二爷附身了。卷了口词，藏在怀里。叫土兵取碗酒来，供养在灵床子前，拖过这妇人来，跪在灵前，喝那老狗也跪在灵前。洒泪道：突然洒泪。盖二人一一招供之时，知哥哥遭际可怜，悲从心来。“哥哥灵魂不远，今日兄弟与你报仇雪恨！”叫土兵把纸钱点着。

那妇人见头势不好，却待要叫，被武松脑揪倒来，两只脚踏住他，两只胳膊扯开胸脯衣裳，说时迟，那时快，把尖刀去胸前只一剜，口里衔着刀，双手去挖开胸脯，抠出心肝五脏，供养在灵前；恶。胳察一刀，便割下那妇人头来，血流满地。恶。四家邻舍眼都定了，只掩了脸，看他忒凶，又不敢劝，只得随顺他。武松叫土兵去楼上取下一床被来，把妇人头包了，揩了刀，插在鞘里。洗了手，唱个喏，看他冷静到冷酷。○冷静到冷酷，让人不觉其伦理上的恶，倒觉其审美上的酷。道："有劳高邻，甚是休怪！且请众位楼上少坐，待武二便来。"又是少坐便来。武二只是潇洒。四家邻舍都面面相看，不敢不依他，只得都上楼去坐了。武松分付土兵，也教押那婆子上楼去。关了楼门，着两个土兵在楼下看守。精细。

武松包了妇人那颗头，一直奔西门庆生药铺前来。看着主管，唱个喏，问道："大官人在么？"手边拎人头，嘴上唱大喏。狂暴复仇，偏气定神闲，正是武松冷酷至极处。主管道："却才出去。"武松道："借一步闲说一句话。"那主管也有些认得武松，不敢不出来。武松一引引到侧首僻净巷内，蓦然翻过脸来道："你要死却是要活！"吓破我胆。主管慌道："都头在上，小人又不曾伤犯了都……"没工夫听你说完。武松道："你要死，休说西门庆去向，你若要活，实对我说西门庆在那里？"主管道："却才和、和一个相识，去、去狮子桥下大酒楼上吃……"还是没工夫听你说完。只即狮子桥下大酒楼就够了。武松听了，转身便走。那主管惊得半晌移脚不动，自去了。闲笔可省。然省去了即是庸才。○去了，定觉得刚才真焉幻焉梦焉？

且说武松径奔到狮子桥下酒楼前，便问酒保道："西门庆大郎和甚人吃酒？"安安静静。酒保道："和一个一般的财主在楼上边街阁儿里吃酒。"武松一直撞到楼上去，阁子前张时，窗眼里见西门庆坐着主位，对面一个坐着客席，两个唱的粉头，坐在两边。是西门庆的做派。武松把那被包打开，一抖，那颗人头血渌渌的滚出来。武松左手提了人头，右手拔出尖刀，挑开帘子，一挑。钻将入来，一钻。把那妇人头望西门庆脸上掼将来。一掼。西门庆认得是武松，吃了一惊，叫声："哎呀！"便跳起在凳子上去，一只脚跨上窗槛，要寻走路。见下面是街，跳不下去，心里正慌。莫慌，马上就会下去的。说时迟，那时快，武松却用手略按一按，托地已跳在桌子上，把些盏儿碟儿都踢下来。两个唱的行院惊得走不动。那个财主官人慌了脚手，也倒了。闲笔可省。然省去了便是庸才。西门庆见来得凶，便把手虚指一指，早飞起右脚来。武松只顾奔入去，见他脚起，略闪一闪，恰好那一脚正踢中武松右手，那口刀踢将起来，直落下街心里去了。武松打虎，断了哨棒；杀西门庆，被踢飞了刀。不如此不显武二神威也。西门庆见踢去了刀，心里便不怕他，景阳冈大虫也曾不怕他。右手虚照一照，左手一拳，照着武松心窝里打来。却被武松略躲个过，就势里从胁下钻入来，左手带住头，连肩胛只一提，右手早捽住西门庆左脚，叫声："下去！"这不就下去了。那西门庆一者冤魂缠定，二乃天理难容，三来怎当武松神力，只见头在下，脚在上，倒撞落在当街心里去了，跌得个"发昏章第十一"。奇文。

街上两边人都吃了一惊。武松伸手下凳子边提了淫妇的头，忙中自有次序。也钻出窗子外，涌身望下只一跳，跳在当街上，先抢了那口刀在手里，看这西门庆已跌得半死，直挺挺在地下，只把眼来动。

武松按住，只一刀，割下西门庆的头来。这头刚才还在喝酒听歌。对酒当歌，人生几何。把两颗头相结做一处，结发夫妻。提在手里，把着那口刀，一直奔回紫石街来。果然去去便来。叫土兵开了门，将两颗人头供养在灵前，把那碗冷酒浇奠了。又洒泪道："哥哥灵魂不远，早生天界！兄弟与你报仇，杀了奸夫和淫妇，今日就行烧化。"武大灵魂升天界，武二人间成孤儿。一场兄弟缘，就此便了结。便叫土兵，楼上请高邻下来，把那婆子押在前面。武松拿着刀，提了两颗人头，再对四家邻舍道："我又有一句话对你们高邻说，须去不得！"

那四家邻舍叉手拱立，尽道："都头但说，我众人一听尊命。"武松说出这几句话来，有分教：景阳冈好汉，屈做囚徒；阳谷县都头，变作行者。毕竟武松说出甚话来，且听下回分解。

第二十六回

母药叉孟州道卖人肉
武都头十字坡遇张青

母夜叉孟州
道賣人肉

回前总评

武松杀了潘金莲和西门庆，祭拜了亡兄武大，准备到阳谷县衙自首。临行前，对四家邻舍说的一番话恳切动人。有对邻居的歉意，有自己为亡兄报仇义不容辞，不避一死的决心，把武大留下的家资也做了安排，然后请诸位邻居为他到县衙做个人证。他说得光明磊落，坦坦荡荡，有礼有节。武松大概是梁山好汉中性格最复杂的一位，一腔杀气忽而爆发，忽而收敛，来如雷霆收震怒，罢如江海凝清光。前面那个暴虐的武松，这时又做回了彬彬有礼的武松。

过去，武松曾与人争执，一拳把人打得昏死过去，马上远逃他乡。此时，他为什么不逃了呢？因为两件事意义不同。

第一，这次牵涉他含冤而死的大哥。他需要大张旗鼓地为他报仇，更要让官方给大哥一个公道，一个说法。杀了西门庆，杀了潘金莲，不杀王婆，而把她交给官府，就是这个意思。当王婆被官府正法之时，就是官府给他哥哥说法之日。让官府给说法，这也是对官府的尊重。

第二，这次固然犯法，要受惩罚甚至杀头，但是，在他看来，他是维护了道德，维护了弱小者，光明正大，没必要像上次一样偷偷摸摸逃走。

第三，武松很自恋。他自己觉得这事干得漂亮，他需要接受群众的欢呼。他知道，当官府惩罚他时，群众会为他欢呼；当法律判他有罪时，道德会给他加冕。他需要这样的道德冠冕。

果然，县令一改当初拒绝立案的态度。现在，西门庆已经死了，对一个死人已没有必要履行什么承诺。相反，武松的行为，让他觉得是个义气烈汉，又寻思武松的好处，曾为他家私事上东京走了一遭，便一心想着篡改证词，周全武松。东平府陈府尹也哀怜武松是个义气烈汉，把经过县官改轻的状子又改轻了，送往东京刑部时，又派人用自己的关系来给武松减刑。在这些人的眼里，犯法是一回事，品德又是一回事，从法律的角度看，武松是一个罪犯；从道德的角度来讲，武松是一个义气烈汉，最后，道德上的判断影响了法律的判决。

《水浒传》经常描写人们枉法。有的是贪赃枉法，为了做坏事而枉法；有的是为了做好事而枉法。一个人为了做坏事而枉法的时候，我们都恨他；但是一个人为了做好事而枉法的时候，我们会倾向于肯定他，甚至歌颂他。法律与正义之间，永远存在着某种张力。这种张力需要人类的良知来平衡。

民意对武松的支持，也是被道义所激发，从县里的上户到武松管下的土兵，都向武松赠送酒食钱米。我们在这里，可以看到人们在“义”与“法”之间的徘徊和无奈。当道义和法律相矛盾的时候，人们会毫不犹豫地站在道义的一边。这种选择是人类的希望，因为这种选择会不断修正法律，纠正恶法，使法律不断趋近正义，使人间立法不断趋近神圣天道。

武松很自恋，他做事特别希望得到别人的欢呼，他从小父母双亡，一直生活在社会底层。这样的人，尤其希望在社会上证明自己，希望获得别人的赞赏。武松打虎，让他在人们心目中成了英雄，他很陶醉。现在，他一天之内为正义复仇连杀两人，他觉得自己这件事比打虎更加光彩。当他带着几个土兵，身后尾随一帮邻居，身边捆绑着王婆，手上还拎着两个血淋淋的人头，从大街上走过时，我们可以想象他此时血管里热血的澎湃，我们可以想象阳谷县的轰动，可以想象武松当时多么享受听到大街两边人群的欢呼。

武松被判得极轻，脊杖四十，也打了折扣——上下公人都看觑他，只有五七下着肉。王婆被判得极重，凌迟处死。宋朝时凌迟处死要挨八刀至一百二十刀。最后，武松竟然还享受到了一种待遇：带上行枷，到东平府街心，和成千上万的百姓一起，看剐王婆。这个杀人刑事案，最后演变成了一场以武松为主角的道德盛典，大家都躬逢其盛，兴高采烈。

武松很精细，林冲也难比。林冲精细，但总是被别人算计，是一种被动的防御性的精细，林冲缺少攻击性。而武松，总在算计别人。他是主动的进攻性的精细，他攻击性很强。林冲、武松的这个差异和他们早年的生活经历密切相关。武松杀嫂，从告状开始，告状不准，自己动手，每一步都算得准，把得牢，所有人都成了他的棋子。土兵是他的棋子，潘金莲是他的棋子，王婆是他的棋子，四面邻居是他的棋子，郓哥、何九叔是他的棋子。一盘大棋，他每一步都下得又准又稳又狠。

在迭配孟州牢城路上，进了十字坡孙二娘的黑店，以武松的眼力，一眼就把孙二娘看穿了。在这一段里，武松拿风话调戏孙二娘，最后把孙二娘压在身下，当胸前搂住，都是带点喜剧色彩的场景。不过这也说明，武松这个老江湖，绝不像他卖馒头的大哥想的那样“不会风流”“从来老实”，流氓做派很内行，只是他天生正派，平时不屑如此而已。

孙二娘长期开人肉馒头店，眼睛已经出现幻视了，在她眼里，所有到她店里来吃酒的人，都不是人，而是牛，肥的就是黄牛，瘦的就是水牛。她丈夫张青说那个胖大头陀被“卸下四足”，说得何等轻松自在，令人毛骨悚然。张青、孙二娘眼里，人不是人，只要不是武松、鲁智深这样的兄弟，所有进他们酒店的人，都是四足的牲口，任他们宰割。

话说当下武松对四家邻舍道：“小人因与哥哥报仇雪恨，犯罪正当其理，虽死而不怨。却才甚是惊吓了高邻。小人此一去，存亡未保，死活不知。我哥哥灵床子就今烧化了。家中但有些一应物件，望烦四位高邻与小人变卖些钱来，作随衙用度之资，听候使用。英雄时英雄，家常时家常。武松真是粗细皆宜，大小咸适。今去县里首告，休要管小人罪犯轻重，只替小人从实证一证。”随即取灵牌和纸钱烧化了。楼上有两个箱笼取下来，打开看了，付与四邻收贮变卖。一丝不差。○武大一日几笼炊饼，锱铢而积，何等辛苦，不过两个箱笼。而打开之时，已非自己之手。想想何等哀伤。○人生不过如此：成箱笼起来，到了都散了。却押那婆子，提了两颗人头，径投县里来。凯旋游。此时哄动了一个阳谷县，街上看的人不计其数。知县听得人来报了，先自骇然，不是惧怕，是敬畏。随即升厅。武松押那王婆在厅前跪下，行凶刀子和两颗人头放在阶下。武松跪在左边，婆子跪在中间，四家邻舍跪在右边。武松怀中取出胡正卿写的口词，从头至尾告说一遍。知县叫那令史先问了王婆口词，一般供说。四家邻舍指证明白。又唤过何九叔、郓哥，都取了明白供状。唤当该仵作行人，委吏一员，把这一干人押到紫石街简验了妇人身尸，狮子桥下酒楼前，简验了西门庆身尸，明白填写尸单格目，回到县里，呈堂立案。

知县叫取长枷，且把武松同这婆子枷了，收在监内。一干平人，寄监在门房里。且说县官念武松是个义气烈汉，又想他上京去了这一遭，一心要周全他，又寻思他的好处，便唤该吏商议道："念武松那厮，是个有义的汉子，把这人们招状，从新做过，改作：'武松因祭献亡兄武大，有嫂不容祭祀，因而相争；妇人将灵床推倒，救护亡兄神主，与嫂斗殴，一时杀死。次后西门庆因与本妇通奸，前来强护，因而斗殴，互相不伏，扭打至狮子桥边，以致斗杀身死。'"读款状与武松听了，写一道申解公文，将这一干人犯解本管东平府，申请发落。这阳谷县虽是个小县分，倒有仗义的人，小地常有仗义人，大市偏多势利辈。有那上户之家，都资助武松银两，也有送酒食钱米与武松的。不是罪犯是英雄。武松到下处，将行李寄顿土兵收了，将了十二三两银子，与了郓哥的老爹。不是武二爷心思细密，乃是施大爷笔法细密。如此，才不使武松白璧有瑕。武松管下的土兵，大半相送酒肉不迭。

当下县吏领了公文，抱着文卷，并何九叔的银子、骨殖、招词、刀仗，带了一干人犯，上路望东平府来。众人到得府前，看的人哄动了衙门口。且说府尹陈文昭，听得报来，随即升厅。那陈府尹是个聪察的官，已知这件事了。便叫押过这一干人犯，就当厅先把阳谷县申文看了，又把各人供状招款看过，将这一干人一一审录一遍。把赃物并行凶刀仗封了，发与库子，收领上库。将武松的长枷，换了一面轻罪枷枷了，轻枷。下在牢里。把这婆子换一面重囚枷钉了，重枷。禁在提事司监死囚牢里收了。唤过县吏，领了回文，发落何九叔、郓哥、四家邻舍这六人，且带回县去，宁家听候。本主西门庆妻子，留在本府羁管听候。等朝廷明降，方始细断。那何九叔、郓哥、四家邻舍，县吏领了，自回本县去了。

叙事干净利落。

武松下在牢里，自有几个土兵送饭。且说陈府尹哀怜武松是个仗义的烈汉，时常差人看觑他，因此节级牢子都不要他一文钱，倒把酒食与他吃。陈府尹把这招稿卷宗都改得轻了，一改再改。申去省院详审议罪，却使个心腹人赍了一封紧要密书，星夜投京师来替他干办。那刑部官有和陈文昭好的，把这件事直禀过了省院官，议下罪犯："据王婆生情造意，哄诱通奸，唆使本妇下药毒死亲夫，又令本妇赶逐武松，不容祭祀亲兄，以致杀伤人命，唆令男女故失人伦，拟合凌迟处死。据武松虽系报兄之仇，斗杀西门庆奸夫人命，亦则自首，难以释免。脊杖四十，刺配二千里外。奸夫淫妇，虽该重罪，已死勿论。其余一干人犯，释放宁家。文书到日，即便施行。"

东平府尹陈文昭看了来文，随即行移，拘到何九叔、郓哥并四家邻舍，和西门庆妻小一干人等，都到厅前听断。牢中取出武松，读了朝廷明降，开了长枷，脊杖四十。上下公人都看觑他，止有五七下着肉。取一面七斤半铁叶团头护身枷钉了，脸上免不得刺了两行金印，迭配孟州牢城。其余一干众人，省谕发落，各放宁家。大牢里取出王婆，当厅听命。读了朝廷明降，写了犯由牌，画了伏状，便把这婆子推上木驴，四道长钉，三条绑索，东平府尹判了一个字：剐。上坐，下抬，破鼓响，碎锣鸣，犯由前引，混棍后催，两把尖刀举，一朵纸花摇，带去东平府市心里吃了一剐。

偏文字写得如此伶俐。

话里只说武松带上行枷，看剐了王婆，算是对武松的安慰和奖励。○东平府百姓有眼福：一看教唆婆被剐；又看英雄汉风采。有那原旧的上邻姚二郎，姚二郎是开银铺的，照应细致。将变卖家私什物的银两，交付与武松收受，作别自回去了。当厅押了文帖，着两个防送公人领了，解赴孟州交割。府尹发落已了。只说武松与两个防送公人上路，有那原跟的土兵，付与了行李，亦回本县去了。武松自和两个公人，离了东平府，迤逦取路，投孟州来。那两个公人，知道武松是个好汉，一路只是小心伏侍他，不敢轻慢他些个。武松见他两个小心，也不和他计较。包裹内有的是金银，但过村坊铺店，便买酒买肉，和他两个公人吃。与林冲去沧州路上对看。

话休絮繁。武松自从三月初头杀了人，坐了两个月监房，如今来到孟州路上，正是六月前后。炎炎火日当天，烁石流金之际，只得赶早凉而行。约莫也行了二十余日，来到一条大路。三个人已到岭上，却是巳牌时分，武松道："你们且休坐了，赶下岭去，寻买些酒肉吃。"两个公人道："也说得是。"三个人奔过岭来，只一望时，见远远地土坡下，约有数间草屋，傍着溪边。柳树上，挑出个酒帘儿。好景致。武松见了，指道："那里不有个酒店？"三个人奔下岭来，山冈边见个樵夫，挑一担柴过去。武松叫道："汉子，借问这里叫做甚么去处？"樵夫道："这岭是孟州道岭。前面大树林边，便是有名的十字坡。"为什么有名？有什么名？

武松问了，自和两个公人一直奔到十字坡边看时，为头一株大树，四五个人抱不交，上面都是枯藤缠着。看看抹过大树边，早望见一个酒店。门前窗槛边坐着一个妇人，露出绿纱衫儿来。绿。头上黄烘烘的插着一头钗镮，黄。鬓边插着些野花。花。见武松同两个公人来到门前，那妇人便走起身来迎接。下面系一条鲜红生绢裙，红。搽一脸胭脂铅粉，粉。敞开胸脯，嫂子亦曾酥胸微露。〇武家嫂子，宋家嫂子，此刻张家嫂子，武松嫂子都有此爱好。露出桃红纱主腰，桃红。上面一色金钮。金。说道："客官，歇脚了去？本家有好酒，好肉。要点心时，好大馒头。"不知怎地让我想起"敞开胸脯"四字。两个公人和武松入到里面一副柏木桌凳座头上，两个公人倚了棍棒，解下那缠袋，上下肩坐了。

武松先把脊背上包裹解下来，放在桌子上，解了腰间搭膊，脱下布衫。两个公人道："这里又没人看见，我们担些利害，且与你除了这枷，快活吃两碗酒。"好公人。便与武松揭了封皮，除下枷来，放在桌子底下，不是写公人好，是写等会武松调戏孙二娘。都脱了上半截衣裳，搭在一边窗槛上。只见那妇人笑容可掬道："客官，打多少酒？"武松道："不要问多少，只顾烫来。肉便切三五斤来，一发算钱还你。"那妇人道："也有好大馒头。"又让人想起那四个字来。武松道："也把三二十个来做点心。"那妇人嘻嘻地笑着，二娘衣着笑貌只是生动。入里面，托出一大桶酒来，放下三只大碗，三双箸，切出两盘肉来。一连筛了四五巡酒，去灶上取一笼馒头来，放在桌子上。两个公人拿起来便吃。

武松取一个拍开看了，叫道："酒家，这馒头是人肉的，是狗肉的？"那妇人嘻嘻笑道：嫂子也曾笑嘻嘻地。"客官，休要取笑！清平世界，荡荡乾坤，那里有人肉的馒头，狗肉的滋味？我家馒头，积祖是黄牛的。"武松道："我从来走江湖上，多听得人说道：'大树十字坡，客人谁敢那里过。肥的切做馒头馅，瘦的却把去填河。'"捏造。只为调戏。那妇人道："客官，那得这话。这是你自捏出来的。"武松道："我见这馒头馅内有几根毛，一像人小便处的毛一般，以此疑忌。"猥亵。武松又问道："娘子，你家丈夫却怎地不见？"嫂子也曾问过莫不别处有婶婶，街前还养的一个唱的。那妇人道："我的丈夫出外做客未回。"武松道："恁地时，你独自一个须冷落。"嫂子也曾问叔叔寒冷。那妇人笑着，寻思道："这贼配军，却不是作死，倒来戏弄老娘。正是‘灯蛾扑火，惹焰烧身’。不是我来寻你，我且先对付那厮！”这妇人便道：“客官，休要取笑。再吃几碗了，去后面树下乘凉，要歇便在我家安歇不妨。”嫂嫂亦曾叫叔叔来家里住。武松听了这话，自家肚里寻思道：“这妇人不怀好意了。你看我且先耍他。”武松又道：“大娘子，你家这酒好生淡薄，别有甚好酒，请我们吃几碗。”那妇人道：“有些十分香美的好酒，只是浑些。”武松道：“最好，越浑越好。”妙语。那妇人心里暗笑，便去里面托出一旋浑色酒来。武松看了道：“这个正是好生酒，只宜热吃最好。”那妇人道：“还是这位客官省得，我烫来你尝看。”妇人自笑道：“这个贼配军正是该死，倒要热吃。这药却是发作得快，那厮当是我手里行货。”烫得热了，把将过来筛做三碗，笑道：“客官，试尝这酒。”两个公人那里忍得饥渴，只顾拿起来吃了。

武松便道：“娘子，我从来吃不得寡酒，你再切些肉来与我过口。”张得那妇人转身入去，却把这酒泼在僻暗处，只虚把舌头来咂道：“好酒，还是这个酒冲得人动！”武松打虎，赢在膂力；武松杀嫂，赢在智力；武松制服孙二娘，赢在眼力。那妇人那曾去切肉，只虚转一遭，一个假吃，一个虚转。便出来拍手叫道：“倒也！倒也！”那两个公人只见天旋地转，禁了口，望后扑地便倒。武松也双眼紧闭，扑地仰倒在凳边。只听得笑道：“着了！由你奸似鬼，吃了老娘的洗脚水！”二娘名言。便叫：“小二、小三快出来！”只听得飞奔出两个蠢汉来，听。听他把两个公人先扛了进去，听。这妇人便来桌上提那包裹并公人的缠袋，想是捏一捏，想。约莫里面已是金银。只听得他大笑道：听。“今日得这三头行货，倒有好两日馒头卖，又得这若干东西。”听得把包裹缠袋提入去了，听。随听他出来，听。看这两个汉子扛抬武松。那里扛得动。直挺挺在地下，却似有千百斤重的。只听得妇人喝道：（听。）“你这鸟男女，只会吃饭吃酒，全没些用，直要老娘亲自动手！这个鸟大汉，却也会戏弄老娘！这等肥胖，好做黄牛肉卖。那两个瘦蛮子，只好做水牛肉卖。（哪里舍得把去填河。）扛进去，先开剥这厮用！”听他一头说，（听。）一头想是脱那绿纱衫儿，（想。）解了红绢裙子，赤膊着，（想是一丝不挂了。）便来把武松轻轻提将起来。武松就势抱住那妇人，（抱。）把两只手一拘拘将拢来，当胸前搂住，（搂。）却把两只腿望那妇人下半截只一挟，（挟。）压在妇人身上。（压。）

只见他杀猪也似叫将起来。（叫。〇全程播报啊。〇看官细看武二爷的另一面。）那两个汉子急待向前，被武松大喝一声，惊得呆了。那妇人被按压在地上，只叫道：“好汉饶我！”那里敢挣扎！只见门前一人，挑一担柴，歇在门首，望见武松按倒那妇人在地上，那人大踏步跑将进来，叫道：“好汉息怒！且饶恕了，小人自有话说！”（老婆被人欺负，不愤怒，而是讨饶，盖能把母药叉压翻的人，只能为友，不能为敌。张青善断形势。）武松跳将起来，把左脚踏住妇人，（此脚亦曾踏住嫂嫂。）提着双拳看那人时，头带青纱凹面巾，身穿白布衫，下面腿绑护膝八搭麻鞋，腰系着缠袋，生得三拳骨叉脸儿，微有几根髭髯，年近三十五六，看着武松，叉手不离方寸，说道：“愿闻好汉大名！”武松道：“我行不更名，坐不改姓，都头武松的便是！”（你现在还是都头么？〇在个体户面前亮出体制里的身份，很有威风。）那人道：“莫不是景阳冈打虎的武都头？”武松回道：“然也！”（得意，自豪曾经的荣耀。）那人纳头便拜道：“闻名久矣，今日幸得拜识。”武松道：“你莫非是这妇人的丈夫？”那人道：“是小人的浑家‘有眼不识泰山’，不知怎地触犯了都头。可看小人薄面，望乞恕罪！”武松慌忙放起妇人来，便问：“我看你夫妻两个也不是等闲的人，愿求姓名。”那人便叫妇人穿了衣裳，（妙。）快近前来拜了都头。

武松道："却才冲撞，嫂嫂休怪。"怎地就是嫂嫂了？○果然潜意识中全是嫂嫂。那妇人便道："有眼不识好人。一时不是，望伯伯恕罪。且请伯伯里面坐地。"其实就是叔叔。还好没叫叔叔。武松又问道："你夫妻二位，高姓大名，如何知我姓名？"你夫妻才是正常称呼。那人道："小人姓张名青，原是此间光明寺种菜园子。为因一时间争些小事性起，把这光明寺僧行杀了，放把火烧做白地。后来也没对头，官司也不来问，官司只是这样。小人只在此大树坡下剪径。忽一日有个老儿挑担子过来，小人欺负他老，抢出去和他厮并，斗了二十余合，被那老儿一匾担打翻。原来那老儿，年纪小时，专一剪径。因见小人手脚活便，带小人归去到城里，教了许多本事。又把这个女儿，招赘小人做了女婿。城里怎地住得？只得依旧来此间盖些草屋，卖酒为生。实是只等客商过往，有那入眼的，便把些蒙汗药与他吃了便死，将大块好肉，切做黄牛肉卖，零碎小肉，做馅子包馒头。小人每日也挑些去村里卖，极恐怖之事说得极平常。如此度日。小人因好结识江湖上好汉，人都叫小人做'菜园子'张青。俺这浑家姓孙，全学得他父亲本事，人都唤他做'母药叉'孙二娘。小人却才回来，听得浑家叫唤，谁想得遇都头。小人多曾分付浑家道：'三等人不可坏他。第一，是云游僧道。他不曾受用过分了，世人看明白了：受用过分，天怒人怨，人神共愤。又是出家的人。'则恁地，也争些儿坏了一个惊天动地的人，惊天动地形容鲁达。原是延安府老种经略相公帐前提辖，姓鲁名达。为因三拳打死了一个镇关西，逃走上五台山落发为僧，因他脊梁上有花绣，江湖上都呼他做'花和尚'鲁智深。使一条浑铁禅杖，重六十来斤。也从这里经过，浑家见他生得肥胖，酒里下了些蒙汗药，扛入在作坊里。正要动手开剥，惊出我一身冷汗。小人恰好归来。见他那条禅杖非俗，却慌忙把解药救起来，结拜为兄。打听他近日占了二龙山宝珠寺，和一个甚么青面兽杨志，鲁达是“惊天动地的人”，杨志是“甚么青面兽杨志”。可见张青重鲁达而不重杨志。霸在那方落草。小人几番收得他相招的书信，只是不能够去。”行走江湖，也有不能够时。○最是人生不自由。

武松道：“这两个，我也在江湖上多闻他名。”张青道：“只可惜了一个头陀，长七八尺一条大汉，也把来麻坏了，小人归得迟了些个，已把他卸下四足。读此四字，总觉得哪里不对，看了半天，恍然大悟，原来四足应该写成四肢才对。但是《水浒传》的各种本子，都是“四足”，连对《水浒传》做了很多文字润色的金圣叹，也对这个字没做改动。我一开始还得意，觉得在这一点上，我终于比金圣叹还火眼金睛。但是，再一琢磨，又一次恍然大悟：原来，在张青、孙二娘眼里，只要不是武松、鲁智深这样的兄弟，所有来他们酒店的人，岂不都是四足的牲口，任他们宰割？如今只留得一个箍头的铁界尺，一领皂直裰，一张度牒在此。别的都不打紧，有两件物最难得，一件是一百单八颗人顶骨做成的数珠，奇哉！一件是两把雪花镔铁打成的戒刀。差点还有一副禅杖。想这头陀也自杀人不少，直到如今，那刀要便半夜里啸响。小人只恨道不曾救得这个人，心里常常忆念他。杀人者被人忆念，救人者被人忘却。世人皆如此，岂独菜园子！第二是江湖上行院妓女之人。他们是冲州撞府，逢场作戏，陪了多少小心得来的钱物，若还结果了他，那厮们你我相传，去戏台上说得我等江湖上好汉不英雄。又分付浑家，第三是各处犯罪流配的人，中间多有好汉在里头，切不可坏他。监狱之中不少好汉，主席台上更多罪犯。不想浑家不依小人的言语，今日又冲撞了都头。幸喜小人归得早些，却是如何了起这片心？”

母药叉孙二娘道：“本是不肯下手，一者见伯伯包裹沉重，二乃怪伯伯说起风话，谁叫你让他想起嫂子。因此一时起意。”武松道：“我是斩头沥血的人，何肯戏弄良人！武松固然不肯戏弄良人。但武松未必不懂挑逗女人。我见嫂嫂瞧得我包裹紧，先疑忌了，因此特地说些风话，漏你下手。你见嫂嫂瞧得你紧，因此特地做些暧昧，漏她下手。那碗酒我已泼了，假做中毒，你果然来提我。一时拿住，甚是冲撞了，嫂嫂休怪！”张青大笑起来，便请武松直到后面客席里坐定。武松道：“兄长，你且放出那两个公人则个。”须得有此一句。张青便引武松到人肉作坊里看时，见壁上绷着几张人皮，梁上吊着五七条人腿。恐怖至极。罪大恶极。见那两个公人，一颠一倒，挺着在剥人凳上。武松道：“大哥，你且救起他两个来。”张青道：“请问都头今得何罪，配到何处去？”武松把杀西门庆并嫂的缘由，一一说了一遍。

张青夫妻两个欢喜不尽，却不知为何欢喜。便对武松说道：“小人有句话说，未知都头如何？”武松道：“大哥，但说不妨。”张青不慌不忙，对武松说出那几句话来，有分教：武松大闹了孟州城，哄动了安平寨。直教：打翻拽象拖牛汉，撷倒擒龙捉虎人。毕竟张青对武松说出甚言语来，且听下回分解。

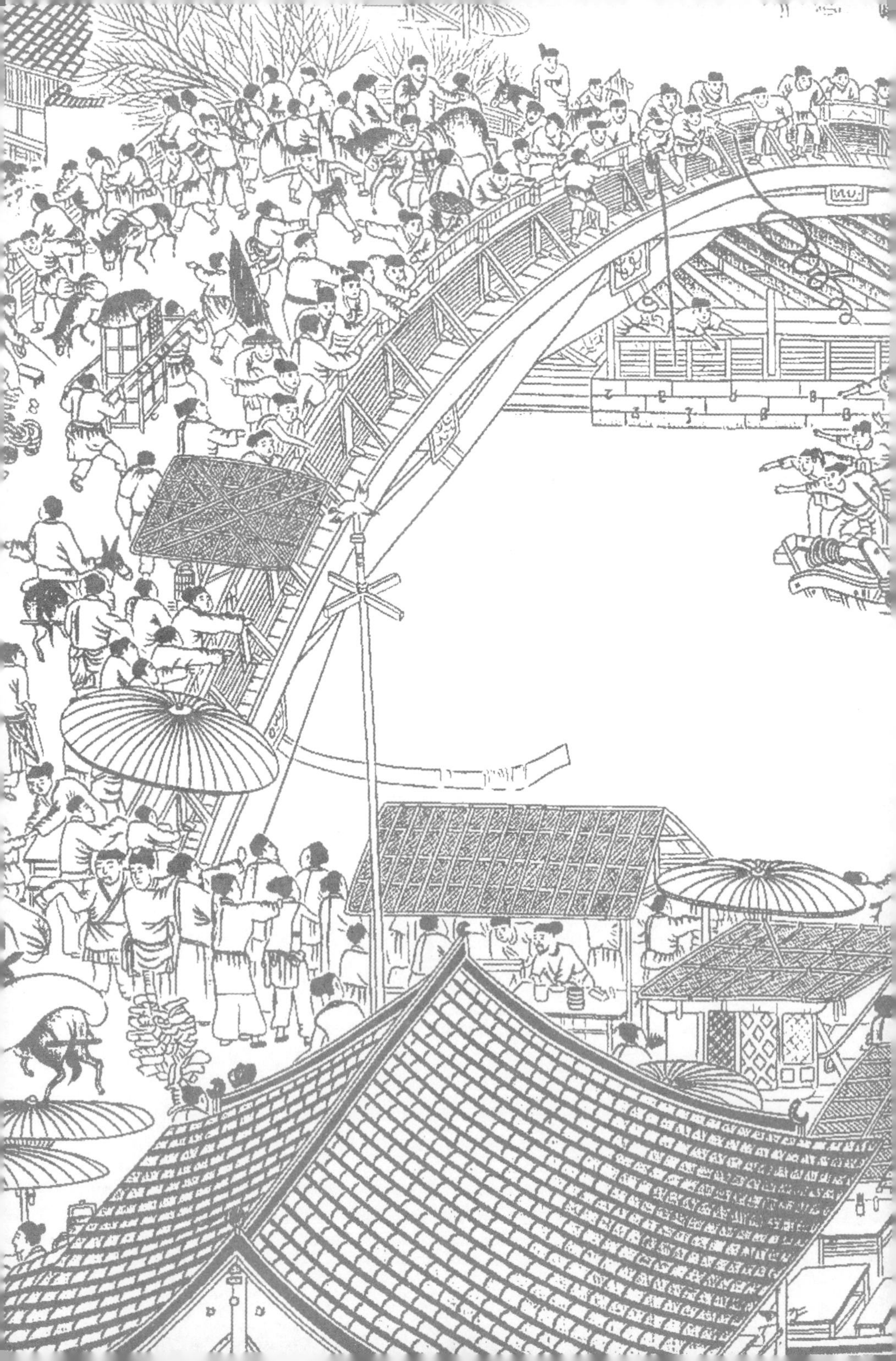

第二十七回

武松威震安平寨　施恩义夺快活林

武松威鎮安平寨
施恩義奪快活林

回前总评

本回回目有问题，“武松威震安平寨”，有道理，安平寨就是孟州牢城营，武松确实在此有一番精彩表演，但“施恩义夺快活林”却要到下一回。

《水浒传》好汉们的所谓义气，大多只局限于所谓的“兄弟”之间。认你做兄弟，咱们义气；不认你做兄弟，只有晦气——该麻翻还是麻翻，该开剥还是开剥。张青、孙二娘夫妇可以说是罪大恶极。但是，武松对此视而不见，见而不怪。江湖上好汉的勾当，也无非杀人放火，武松却说好汉“不肯害为善的人”。难道在张青的人肉作坊里（这几个字本身就让人毛骨悚然）被剁成肉馅的来往客商个个都是为恶的人？杀人放火好汉手下的死鬼，难道就没有为善的人？可见会不会被杀，不是取决于是否为善，而是取决于和好汉的关系。

临别之时，武松忽然感激张青夫妻两个。刚刚失去一个哥哥，刚刚杀掉一个嫂子。现在，面对着对自己情深义长的兄嫂般的张青夫妻，武松岂能不感怀万端，心中无限伤痛？为什么自己的哥哥就不能像眼前的张青一样生龙活虎，豪杰英雄？为什么自己的嫂子就不能像眼前的孙二娘一样豪爽干练夫唱妇随？人海茫茫，红尘滚滚，怎么就没有自己的至亲，自己的骨肉？这一年，武松二十六岁，张青三十五岁。张青夫妇显然感受到了武松内心中的伤痛，于是结拜为兄弟。失一兄嫂，得一兄嫂，武松与兄嫂洒泪而别，投孟州牢城营来。

武松在牢城营里的表现与林冲大不一样，与宋江也不一样。

林冲是虚心讨教如何应付差拨，包括给多少钱，武松是不屑一顾，“若是他好问我讨时，便送些与他。若是硬问我要时，一文也没”；林冲是被差拨骂，武松是骂差拨：“你到来发话，指望老爷送人情与你”，注意，武松不是自称“小人”，是自称“老爷”，你要银子？“半文也没。我精拳头有一双相送！”银子有的是，老爷就是不给你，“看你怎地奈何我？没地里到把我发回阳谷县去不成！”

武松，不仅拳头厉害，嘴头也厉害。他的拳头可以杀人，他的嘴巴也能杀人。

你不骂我，我不骂你。你若骂我，我必骂你。

武松毕竟在官场上时间短，还有自尊。还不能容忍别人对他的人格侮辱。

之前，林冲被骂得更难听。但是林冲听着，恭恭敬敬听，俯首帖耳听，虚心听再加上耐心听。听完了，还双手捧出银子孝敬。但武松不。

武松开始，是自称小人的，这与其说是谦卑，不如说是一种礼节，一种对对方的尊重。但是，差拨这样的人根本不值得尊重——因为他们自己就根本不知道自重：像差拨这样急不可待的贪婪，他也没有自尊的意识。当武松看穿了差拨的成色和斤两之后，他完全鄙视他们。所以，我们看到，从此之后，他便不自称小人了，从此之后，他是老爷。武松表现出来的傲慢，实际上乃是一种高贵的精神气质。令人惭愧的是，这种高贵，却在那些出身远远高过武松，文化水平远远高过武松的人，比如林冲、比如宋江身上看不到，他们有的，却是近乎谄媚的谦卑。可见官场，上层社会，是多么蹂躏人格。

接着，武松把别人对他的一百“杀威棒”，变成了他对别人的“扬威棒”。杀威棒是一种惩罚，它不是为了伸张正义，而是为了显示权力。武松的桀骜不驯，损害了差拨们的经济利益——没收到钱——更重要的是，藐视了他们的威权。他们必须要用这种公开的、残忍的仪式，再立自己的威权。但后来的情节一再出人意料。

管营竟然要周全武松，武松不领情；管营好像铁了心要周全武松，武松好像也铁了心要找打，惹得大家都笑。

本来，牢城营这一百杀威棒，是有条件要打，没有条件创造条件也要打。如此才能创造牢城营的犯人人人自危，个个惶惶不可终日，一心讨好差拨管营的“良好狱风”。但武松这次，情况完全颠倒过来了：是，有条件不打，没有条件创造条件也不打。武松莫名其妙地免了一顿原来决难逃过的毒打。

当武松见到施恩，他的桀骜不驯马上消失了，重新自称“小人”，言辞谦卑恭敬。武松不可以力屈，却可以恩结。

以恩结，乃是知恩图报之人。在这个恩将仇报的社会里，这是很难得的境界了。然而，这还不是最高境界。最高境界乃是以义结：度义而动，见得思义，一切唯义是从，不可屈服，不可收买，不可诱惑，不可恐吓。这样的人，才是富贵不淫、贫贱不移、威武不屈的真好汉。实际上，梁山好汉，大多数是以恩结，而非以义结的。正因为这样，宋江才可以嘴上说着兄弟之义，手上却拿着银子。银子乃是兄弟之义的体现。所谓“及时雨”，不过常常是“及时银子”而已。

梁山有没有以义结的真好汉？有。谁呢？鲁智深。鲁智深一生，虽然莽撞率性，却大节不亏，终成善果。

施恩这个名字很好。武松是个以恩结的人，于是他碰到了施恩。施恩是要图报的。知恩图报和施恩图报，一字之差，境界大不一样。知恩图报是懂得人情冷暖，是以德报德，是对别人给予自己帮助照顾的回报，是人类的可贵品德。而施恩图报则是一种投资行为，甚至是一种笼络和控制行为，是对人的利用。施恩者，施出的一点投资，是要加倍收回的。

武松却感动。其中深层原因可能是，武松出身底层，很少得人资助和携手，所以特别需要别人的承认，需要别人的看重。一旦有人看重他，他就肝脑涂地以报，而不问什么是非。

武松能把别人对他的“杀威棒”，变成他对别人的“扬威棒”，但施恩施予了免除杀威棒、鱼肉酒饭，还有“大丈夫”“真男子”的恭维、“兄长”的称呼这样一系列恩惠后，武松只能以义气回报施恩了：便是一刀一割的勾当，武松也替你去干！若是有些谄佞的，非为人也！

话说当下张青对武松说道：“不是小人心歹，比及都头去牢城营里受苦，不若就这里把两个公人做翻，且只在小人家里过几时。若是都头肯去落草时，小人亲自送至二龙山宝珠寺，与鲁智深相聚入伙如何？”此正是张青不及武松处。武松道：“最是兄长好心，顾盼小弟。只是一件，武松平生只要打天下硬汉。这两个公人，于我分上，只是小心，一路上伏侍我来。我若害了他，天理也不容我。你若敬爱我时，便与我救起他两个来，不可害他。”张青道：“都头既然如此仗义，小人便救醒了。”当下张青叫火家，便从剥人凳上搀起两个公人来。孙二娘便去调一碗解药来，张青扯住耳朵，灌将下去。扯着耳朵，好笑。没半个时辰，两个公人如梦中睡觉的一般，爬将起来，看了武松说道：“我们却如何醉在这里？这家恁么好酒！我们又吃不多，便恁地醉了！记着他家，回来再问他买吃。”调侃。武松笑将起来，张青、孙二娘也笑，两个公人正不知怎地。那两个火家自去宰杀鸡鹅，煮得熟了，整顿杯盘端正。

张青教摆在后面葡萄架下，放了桌凳坐头。张青便邀武松并两个公人到后园内。武松便让两个公人上面坐了，对公家人，中国人的态度历来是：或者把你当牛肉，或者把你当领导。当牛肉，就把你放在剥人凳上开膛破肚；当领导，就把你供在首席上端肉敬酒。张青、武松在下面朝上坐了，孙二娘坐在横头。两个汉子轮番斟酒，来往搬摆盘馔。张青劝武松饮酒。至晚，取出那两口戒刀来叫武松看了。果是镔铁打的，非一日之功。两个又说些江湖上好汉的勾当，却是杀人放火的事。武松又说：“山东及时雨宋公明，仗义疏财，如此豪杰，如今也为事逃在柴大官人庄上。”两个公人听得，惊得呆了，只是下拜。坐在上面，只是下拜，写得好笑。武松道：“难得你两个送我到这里了，终不成有害你之心。我等江湖上好汉们说话，你休要吃惊，我们并不肯害为善的人。果真？鲁智深都差点被当黄牛肉开剥了。你只顾吃酒，明日到孟州时，自有相谢。”当晚就张青家里歇了。次日，武松要行，张青那里肯放，一连留住管待了三日。

武松忽然感激张青夫妻两个，忽然感激，想起武大、金莲。论年齿，张青却长武松九年，因此张青便把武松结拜为弟。又得一兄。武松再辞了要行，张青又置酒送路。取出行李、包裹、缠袋来，交还了，又送十来两银子与武松，把二三两零碎银子赍发两个公人。武松就把这十两银子一发与了两个公人。再带上行枷，依旧贴了封皮。张青和孙二娘送出门前，武松忽然感激，只得洒泪别了，又忽然感激。我也落泪。取路投孟州来。

未及晌午，早来到城里。直至州衙，当厅投下了东平府文牒。州尹看了，收了武松，自押了回文，与两个公人回去，不在话下。随即却把武松帖发本处牢城营来。当日武松来到牢城营前，看见一座牌额，上书三个大字，写着道“安平寨”。

公人带武松到单身房里，公人自去下文书，讨了收管，不必得说。武松自到单身房里，早有十数个一般的囚徒来看武松，说道：“好汉，你新到这里，包裹里若有人情的书信并使用的银两，取在手头，少刻差拨到来，便可送与他。若吃杀威棒时，也打得轻。若没人情送与他时，端的狼狈！我和你是一般犯罪的人，特地报你知道。岂不闻‘兔死狐悲，物伤其类’？我们只怕你初来不省得，通你得知。”弱者的善良只是劝人顺从。武松道：“感谢你们众位指教我。不屑一顾。小人身边略有些东西，若是他好问我讨时，便送些与他。若是硬问我要时，一文也没！”武二威武。众囚徒道：“好汉，休说这话。古人道：‘不怕官，只怕管。’‘在人矮檐下，怎敢不低头。’只是小心便好。”说犹未了，只见一个道：“差拨官人来了。”众人都自散了。

武松解了包裹，坐在单身房里，只见那个人走将入来，问道：“那个是新到囚徒？”武松道：“小人小人。便是。”差拨道：“你也是安眉带眼的人，直须要我开口说。你是景阳冈打虎的好汉，阳谷县做都头，只道你晓事，原来不懂事。○懂事就是懂潜规则。如何这等不达时务！你敢来我这里，猫儿也不吃你打了！”和林冲在沧州遇到的差拨一个声口。武松道：“你到来发话，指望老爷不是小人了。送人情与你，半文也没。我精拳头有一双相送！银子没半文；拳头有一双。碎银有些，留了自买酒吃。银子又有了。看你怎地奈何我？没地里到把我发回阳谷县去不成！”将不懂事进行到底。那差拨大怒去了。大怒了又怎样呢？去了。又有众囚徒走拢来，说道：“好汉，你和他强了，少间苦也！他如今去和管营相公说了，必然害你性命。”武松道：“不怕！随他怎么奈何我，文来文对，武来武对！”拳头能杀人，嘴巴也能杀人。

正在那里说未了，只见三四个人来单身房里，叫唤新到囚人武松。武松应道：“老爷在这里，又不走了，大呼小喝做甚么！”把老爷做到底。那来的人把武松一带，带到点视厅前。那管营相公正在厅上坐。五六个军汉押武松在当面。管营喝叫除了行枷，说道：“你那囚徒，省得太祖武德皇帝旧制，但凡初到配军，须打一百杀威棒。那兜拖的，背将起来。”武松道：“都不要你众人闹动，要打便打，也不要兜拖。我若是躲闪一棒的，不是打虎好汉。从先打过的都不算，从新再打起，我若叫一声，便不是阳谷县为事的好男子。”自称：好汉，好男子。两大威风：打虎，杀嫂。两边看的人都笑道：“这痴汉弄死！且看他如何熬！”要他命。“要打便打毒些，不要人情棒儿，打我不快活！”不要命。

两下众人都笑起来。笑你傻——没见过这么傻的；笑你狂——没见过这么狂的；笑你不知老爷手段——等着瞧；笑你不知死期已到——有你好看；笑你呆——你以为能打得了老虎，就能抗得住我们的大棒？那军汉拿起棍来，吆呼一声。只见管营相公身边立着一个人，六尺以上身材，二十四五年纪，白净面皮，三柳髭须，额头上缚着白手帕，身上穿着一领青纱上盖，把一条白绢搭膊络着手。那人便去管营相公耳朵边略说了几句话，只见管营道：“新到囚徒武松，你路上途中曾害甚病来？”提醒。给台阶。武松道：“我于路不曾害，酒也吃得，肉也吃得，饭也吃得，路也走得。”令人想到《西游记》里泼皮猴头。管营道：“这厮是途中得病到这里，我看他面皮才好，且寄下他这顿杀威棒。”再给台阶。两边行杖的军汉低低对武松道：“你快说病。这是相公将就你，你快只推曾害便了。”武松道：“不曾害，不曾害，打了倒干净！我不要留这一顿寄库棒，寄下倒是钩肠债，几时得了！”扬自己的名，显自己的能，摆自己的谱，立自己的威。

两边看的人都笑。武松演得激情四溢，旁人看得按捺不住。管营也笑道：“想是这汉子多管害热病了，不是害热病热疯了，哪有一心讨打的人呢？不曾得汗，故出狂言。不要听他，且把去禁在单身房里。”有理由不打，没有理由创造理由也不打。三四个军人引武松依前送在单身房里。众囚徒都来问道：“你莫不有甚好相识书信与管营么？”武松道：“并不曾有。”众囚徒道：“若没时，寄下这顿棒，不是好意，晚间必然来结果你！”原来如此。武松道：“还是怎地来结果我？”众囚徒道：“他到晚把两碗干黄仓米饭来与你吃了，趁饱带你去土牢里，把索子捆翻，着藁荐卷了你，塞了你七窍，颠倒竖在壁边，不消半个更次，便结果了你性命，这个唤做‘盆吊’。”武松道：“再有怎地安排我？”众人道：“再有一样，也是把你来捆了，却把一个布袋，盛一袋黄沙，将来压在你身上，也不消一个更次，便是死的，这个唤‘土布袋’。”武松又问道：“还有甚么法度害我？”众人道：“只是这两件怕人些，其余的也不打紧。”

众人说犹未了，只见一个军人托着一个盒子入来，问道：“那个是新配来的武都头？”武松答道：“我便是。有甚么话说？”那人答道：“管营叫送点心在这里。”说来就来了。武松看时，一大旋酒，一盘肉，一盘子面，又是一大碗汁。不大像。武松寻思道：“敢是把这些点心与我吃了，却来对付我。我且落得吃了，却又理会。”武松把那旋酒来，一饮而尽，把肉和面都吃尽了。打虎杀嫂之后，自负满满。那人收拾家火回去了。武松坐在房里寻思，自己冷笑道：“看他怎地来对付我？”看看天色晚来，只见头先那个人，又顶一个盒子入来，又来了。武松问道：“你又来怎地？”那人道：“叫送晚饭在这里。”摆下几般菜蔬，又是一大旋酒，一大盘煎肉，一碗鱼羹，一大碗饭。武松见了，暗暗自忖道：“吃了这顿饭食，必然来结果我。且由他，便死也做个饱鬼，落得吃了，却再计较！”那人等武松吃了，收拾碗碟回去了。也不像。不多时，那个人又和一个汉子两个来，一个提着浴桶，一个提一大桶汤来，又来。看着武松道：“请都头洗浴。”武松想道：“不要等我洗浴了来下手？我也不怕他，且落得洗一洗。”那两个汉子安排倾下汤，武松跳在浴桶里面，洗了一回，随即送过浴裙手巾，教武松拭了，穿了衣裳。一个自把残汤倾了，提了浴桶去。还不像。一个便把藤簟、纱帐，将来挂起，铺了藤簟，放个凉枕，叫了“安置”，也回去了。武松把门关上拴了，自在里面思想道：“这个是甚么意思？随他便了，且看如何！”放倒头便自睡了。

一夜无事，天明起来，才开得房门，只见夜来那个人提着桶洗面汤进来，教武松洗了面，又取漱口水漱了口，又带个篦头待诏来，替武松篦了头，绾个髻子，裹了巾帻。又是一个人，将个盒子入来，取出菜蔬下饭，一大碗肉汤，一大碗饭。武松想道：“由你走道儿，我且落得吃了！”武松吃罢饭，便是一盏茶。却才茶罢，只见送饭的那个人来请道：“这里不好安歇，请都头去那壁房里安歇，搬茶搬饭却便当。”武松道：“这番来了！我且跟他去，看如何！”真来了。一个便来收拾行李被卧，一个引着武松离了单身房里，来到前面一个去处。推开房门来，里面干干净净的床帐，两边都是新安排的桌凳什物。武松来到房里，看了，存想道：“我只道送我入土牢里去，却如何来到这般去处？比单身房好生齐整！”更不像。

武松坐到日中，那个人又将一个提盒子入来，手里提着一注子酒，将到房中。打开看时，排下四般果子，一只熟鸡，又有许多蒸卷儿。那人便把熟鸡来撕了，将注子里好酒筛下，请都头吃。武松心里忖道："毕竟是何如？"到晚又是许多下饭，又请武松洗浴了，乘凉歇息。武松自思道："众囚徒也是这般说，我也是这般想，却怎地这般请我？"酒食不明，如何吃得安稳？

到第三日，依前又是如此送饭送酒。

武松那日早饭罢，行出寨里来闲走，只见一般的囚徒都在那里，担水的、劈柴的、做杂工的，却在晴日头里晒着。正是六月炎天，那里去躲这热？武松却背叉着手，问道："你们却如何在这日头里做工？"众囚徒都笑起来，回说道："好汉，你自不知我们拨在这里做生活时，便是人间天上了！如何敢指望嫌热坐地？还别有那没人情的，人情。任是高墙深监内，也应无计避人情。将去锁在大牢里，求生不得生，求死不得死，大铁链锁着，也要过哩！"武松听罢，去天王堂前后转了一遭，见纸炉边一个青石墩，有个关眼，这个关眼不是闲笔。是缚竿脚的，好块大石！你道是闲笔？武松就石上坐了一会，便回房里来，坐地了自存想，只见那个人又搬酒和肉来。酒肉旋风般搬来搬去，看得我都厌饱了。

话休絮烦。武松自到那房里，住了数日，每日好酒好食，搬来请武松吃，并不见害他的意，武松心里正委决不下。当日晌午，那人又搬将酒食来，武松忍耐不住，按定盒子，问那人道："你是谁家伴当？怎地只顾将酒食来请我？"那人答道："小人前日已禀都头说了，小人是管营相公家里梯己人。"武松道："我且问你：每日送的酒食，正是谁教你将来请我？吃了怎地？"那人道："是管营相公家里的小管营教送与都头吃。"武松道："我是个囚徒，犯罪的人，又不曾有半点好处到管营相公处，他如何送东西与我吃？”那人道：“小人如何省得？小管营分付道，教小人且送半年三个月却说话。”武松道：“却又作怪！终不成将息得我肥胖了，却来结果我。这个闷葫芦，教我如何猜得破？这酒食不明，我如何吃得安稳？你只说与我，你那小管营是甚么样人，在那里曾和我相会？我便吃他的酒食。”那个人道：“便是前日都头初来时，厅上立的那个白手帕包头，络着右手，那人便是小管营。”武松道：“莫不是穿青纱上盖，立在管营相公身边的那个人？”那人道：“正是。”武松道：“我待吃杀威棒时，敢是他说，救了我是么？”那人道：“正是。”武松道：“却又跷蹊！我自是清河县人氏，他自是孟州人，自来素不相识，如何这般看觑我？必有个缘故。我且问你：那小管营姓甚名谁？”那人道：“姓施名恩，好名字。武松性刚，只可恩结，便来施恩。使得好拳棒，人都叫他做‘金眼彪’施恩。”武松听了道：“想他必是个好男子。你且去请他出来，和我相见了，这酒食便可吃你的。你若不请他出来和我厮见时，我半点儿也不吃。”要绝食。那人道：“小管营分付小人道，休要说知备细，教小人待半年三个月方才说知相见。”

武松道：“休要胡说！你只去请小管营出来和我相会了便罢。”那人害怕，那里肯去？武松焦躁起来，那人只得去里面说知。多时，只见施恩从里面跑将出来，看着武松便拜。两个动作一气完成：跑，拜。武松慌忙答礼，说道：“小人几顿好酒好肉，老爷又变小人了。是个治下的囚徒，自觉自认身份。自来未曾拜识尊颜，前日又蒙救了一顿大棒，今又蒙每日好酒好食相待，甚是不当，又没半点儿差遣，正是无功受禄，寝食不安。”之前的傲慢一扫而空。施恩答道：“小弟久闻兄长大名，如雷灌耳，只恨云程阻隔，不能够相见。今日幸得兄长到此，什么话。正要拜识威颜。只恨无物款待，因此怀羞，不敢相见。”武松问道：“却才听得伴当所说，且教武松过半年三个月却有话说，正是小管营要与小人说甚话？”施恩道：“村仆不省得事，脱口便对兄长说知道，却如何造次说得？”武松道：“管营恁地时，却是秀才耍！嘲笑秀才不少。倒教武松憋破肚皮，闷了怎地过得？你且说，正是要我怎地？”施恩道：“既是村仆说出了，小弟只得告诉。因为兄长是个大丈夫、真男子，好恭维。有件事欲要相央，除是兄长便行得。只是兄长远路到此，气力有亏，未经完足，且请将息半年三五个月，待兄长气力完足，那时却对兄长说知备细。”武松听了，呵呵大笑道：“管营听禀：我去年害了三个月疟疾，景阳冈上酒醉里打翻了一只大虫，也只三拳两脚，我记得不是三拳两脚，好大一番费事的。便自打死了，何况今日！”施恩道：“而今且未可说，且等兄长再将养几时，待贵体完完备备，那时方敢告诉。”

武松道：“只是道我没气力了。既是如此说时，我昨日看见天王堂前那个石墩，约有多少斤重？”施恩道：“敢怕有三五百斤重。”武松道：“我且和你去看看，武松不知拔得动也不。”施恩道：“请吃罢酒了同去。”武松道：“且去了回来吃未迟。”两个来到天王堂前，众囚徒见武松和小管营同来，都躬身唱喏。武松把石墩略摇一摇，大笑道：“小人真个娇惰了，那里拔得动！”武松天生好演员。施恩道：“三五百斤石头，如何轻视得他！”武松笑道：“小管营也信真个拿不起？你众人且躲开，看武松拿一拿。”武松便把上半截衣裳脱下来，拴在腰里，把那个石墩只一抱，轻轻地抱将起来，双手把石墩只一撇，扑地打下地里一尺来深。众囚徒见了，尽皆骇然。武松再把右手去地里一提，提将起来，望空只一掷，掷起去离地一丈来高，武松双手只一接，接来轻轻地放在原旧安处。回过身来看着施恩并众囚徒，面上不红，心头不跳，口里不喘。施恩近前抱住武松便拜，道："兄长非凡人也，真天神！"众囚徒一齐都拜道："真神人也！"施恩便请武松到私宅堂上请坐了。武松道："小管营，今番须用说知，有甚事使令我去？"不是急于报恩，乃是急于逞能。○打虎杀嫂，使他充分体会到存在感、成就感和荣誉感，体会到一个市井少年从没感受过的万众瞩目的虚荣，他对此很受用，上瘾了。施恩道："且请少坐，待家尊出来相见了时，却得相烦告诉。"武松道："你要教人干事，不要这等儿女相，恁地不是干事的人了。便是一刀一割的勾当，武松也替你去干。若是有些谄佞的，非为人也！"

那施恩叉手不离方寸，才说出这件事来。有分教：武松显出那杀人的手段，重施这打虎的威风。正是：双拳起处云雷吼，飞脚来时风雨惊。毕竟施恩对武松说出甚事来，且听下回分解。

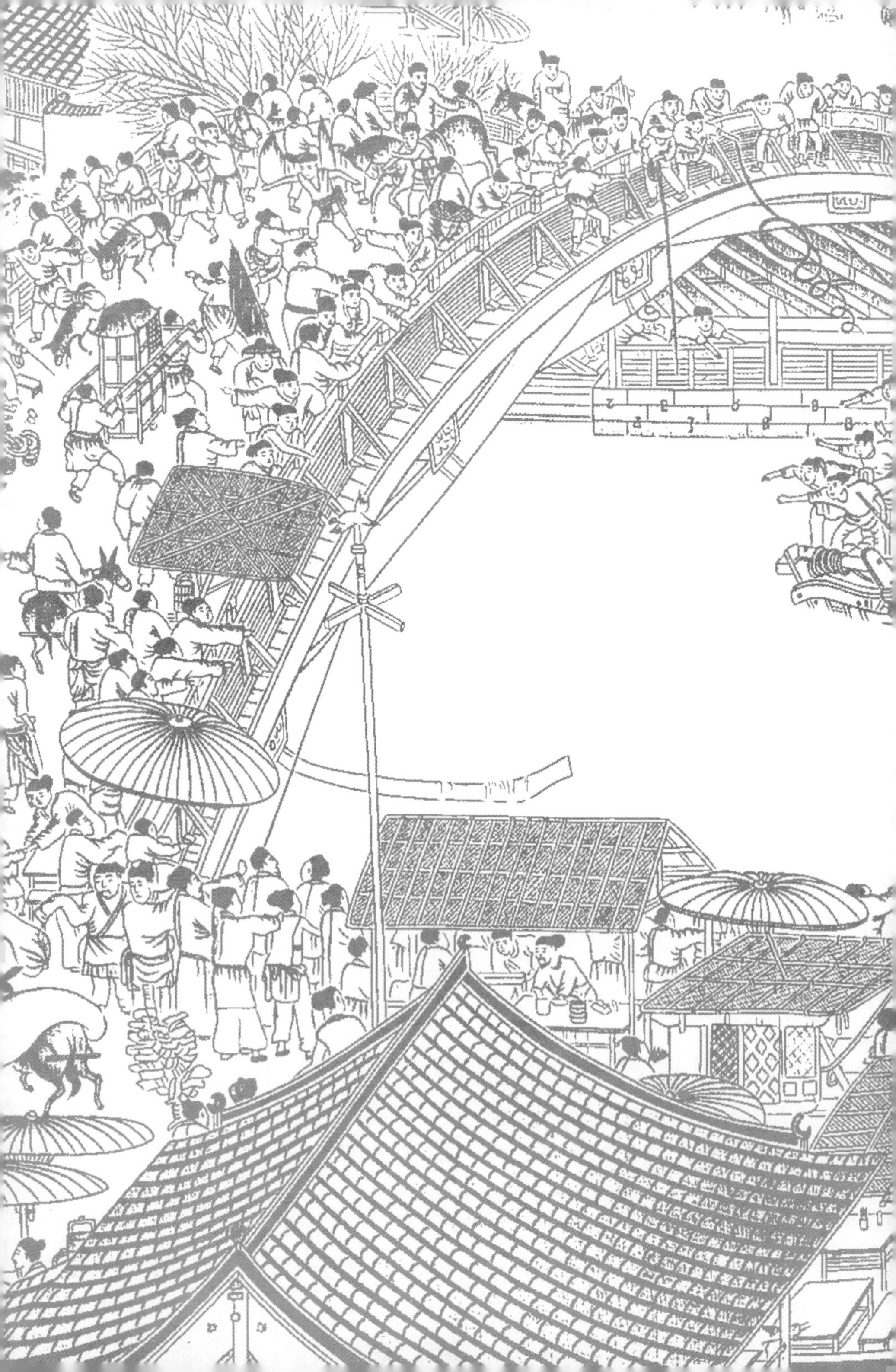

第二十八回

施恩重霸孟州道 武松醉打蒋门神

武松醉打蒋門神

回前总评

快活林原先是施恩的快活林。“倚仗随身本事”，倚仗他老子是管营（监狱长），他竟然能动用八九十个“拚命囚徒”当打手，组成了一个相当规模的黑社会，自己当黑社会老大。

施恩独霸快活林之后，如何快活呢？他垄断了酒肉专卖；他坐收百十处大客店，三二十处赌坊、兑坊的保护费，连过路妓女也不放过，得先拜码头，交了保护费才允许她们混一口饭吃。

施恩在快活林里很快活。他的人生目标不过就是追求快活而已。只是，快活林既然是快活林，你在那里快活，总有人觊觎你的快活。你要快活，别人也要快活。你施恩够狠，够黑，但有人比你更狠，更黑。

这个人就是蒋门神蒋忠。蒋门神比施恩更狠，武功远在施恩之上；蒋门神比施恩更黑，后台更硬，他的后台张团练（相当于武装部部长）地位比监狱长高，手下有经过训练的丁壮，还是合法武装。蒋门神霸占了施恩的快活林，于是施恩才对武松结以恩义，施以恩惠，感以恩情，想让武松帮他赶走蒋门神，重霸快活林。

施恩和蒋门神之间的矛盾，无关是非正义，根本就是黑吃黑，狗咬狗。武松该不该为施恩出头？敢不敢为施恩出头？

碰到蒋门神这样的人，武松很兴奋。武松有好斗心，你蒋门神不是自夸大言“三年上泰岳争交，不曾有对。普天之下，没我一般的了”吗？我没来，你做老大；我来了，只能我做老大。自恋的武松，怎能容忍有人比他名声大，有人抢他风头？所以，他不但要出头，敢出头，还兴奋又有了一个让他抖威风显神威的机会。

鲁智深拳打镇关西，是出于义愤，他愤怒是单纯的出于道义；武松醉打蒋门神，是出于气愤，他愤怒更多的是出于意气。义愤和气愤，义气和意气，一字之差。一是出于义，一是因为气。义是大义，气是小气。

武松需要不断有对手来证明自己。这个对手，曾经，是老虎；曾经，是西门庆；现在，是蒋门神。从某种意义上说，蒋门神的出现太及时了。他出现在武松生命黯淡的时刻，出现在武松最需要重放光彩的时刻，出现在武松最需要在新的地方向别人展示自己的时刻。

所以，非常好玩的是，到后来不是施恩急于夺回快活林；反而是武松急不可耐，为什么呢？因为武松要在蒋门神身上再铸辉煌。

武松自恋，武松还自负，武松更自信，你看他去打人，还要一路吃着酒去。他需要一种形式，一种激情洋溢的形式，来展示他的激情，展示他的魅力。他要把戏做足，把每个细节都做完美，他要让人们茶余饭后津津乐道永远传扬这个故事，而他，是这故事里光芒万丈的主角。他去打蒋门神：

每个酒店，必吃三碗，一碗不得少，潇洒；

三碗连吃，毫不废话，一点不啰嗦，潇洒；

三碗既吃，起身便走，一刻不耽搁，潇洒。

就打架而言——鲁智深是仗义型正义派打法。他总是在仇恨难消的时候他来消，在冤屈难解的时候他来解。他打架，必是痛快淋漓场面血腥，因为不这样，不足以解恨消冤。他的兵器是禅杖。禅家的手杖，就是解脱的法门：超度那些作恶多端的，解救那些苦难深重的。

林冲是技术型实力派打法。除了在大军草料场山神庙前连杀陆虞候、富安和差拨那一役，由于积冤太久太深，杀得凶残，其他时候，比如棒打洪教头，活捉一丈青，以及后来沙场征战，他显示的都是武艺的高超和实力的深厚。他赢别人，赢在技术上，他是一个职业军人，用自己的武艺做专业的事。

李逵是效益型无赖派打法。他只要杀得快杀得多，一并砍了，越多越好。他的兵器，是板斧。板斧是所有兵器中造型上最缺乏艺术元素的，正如李逵自己是梁山好汉中最无艺术细胞的。而且，为了更有效率，是两把板斧。

武松呢？是炫耀型潇洒派打法。无论打前，打中，打后，他都有极强的表演欲。他一定要有观众，至少他想象中有观众。观众激发他的灵感，面对观众，他往往激情四射，特别有想象力，从而打得特别有创意，有看头。所以，我们也可以称他是激情型的演技派。李逵杀的人数量远远超过武松，但是我们对李逵杀人没有什么印象，而对武松杀人，回味无穷。武松杀一虎，我们耳熟能详，李逵杀四虎，我们懵懵懂懂。为什么？因为武松打人也好，杀虎也好，好看。

在十字坡戏弄孙二娘时，我们就发现，武松特别善于调戏妇女。现在，我们又发现，他调戏蒋门神的小妾，何等皮厚而老到。他的这种功夫，乃是家传：教会他的，就是他的嫂子潘金莲。潘金莲的好处，是她教会了武松如何调情；潘金莲的坏处，是让武松从此不会尊重女人。

你看他说的这一句："过卖，叫你柜上那妇人下来，相伴我吃酒。"这种语言，鲁智深说不出，林冲说不出，李逵也说不出。鲁智深说不出，是天性中的高贵使他无法这样贬低自己；林冲说不出，是家庭的教养使他不能这样糟践自己；李逵说不出，是根本不懂男女风情。武松是铁了心要摆出一副"我是流氓我怕谁"的架势。

武松生长市井，早失双亲，虽然本性淳朴，但是，市井流氓的言行举止，他耳濡目染；学起市井流氓的腔调，他声口毕肖；装起市井流氓来，也是惟妙惟肖。武松不是泼皮，但是他了解泼皮，也能演好泼皮；他不是流氓，但是他能演好流氓。

我看武松和金圣叹不同。金圣叹觉得武松是天人，一百零八人中排第一。我呢，横竖觉得武松不及鲁智深，但一直不知道二人到底差在哪里。现在明白了：鲁智深总是搭救女人，武松总是欺负女人。鲁智深次次救的，都是女人，或和女人有关的人，从金翠莲到刘小姐到林冲老婆；武松次次打的，都有女人，从嫂子潘金莲到孙二娘到蒋门神小妾，最后还有张都监家里的一众女眷。他打的那只虎，我怀疑也是母老虎。

话说当时施恩向前说道："兄长请坐，待小弟备细告诉衷曲之事。"武松道："小管营，不要文文诌诌，只拣紧要的话直说来。"一个要备细，一个要紧要。〇备细者，要倾诉也，一腔幽怨，要一吐为尽。紧要者，要逞能也，一副身手，要一逞为快。施恩道："小弟自幼从江湖上师父学得些小枪棒在身，孟州一境起小弟一个诨名，叫做'金眼彪'。小弟此间东门外有一座市井，地名唤做快活林。快活林里真快活？但是山东、河北客商们都来那里做买卖。有百十处大客店，三二十处赌坊兑坊。往常时，小弟一者倚仗随身本事，二者捉着营里有八九十个拚命囚徒，去那里开着一个酒肉店，都分与众店家和赌钱兑坊里。但有过路妓女之人，到那里来时，先要来参见小弟，然后许他去趁食。快活林里真快活。〇张青夫妻还不害“江湖上行院妓女之人”。一个欺辱到妓女头上的人，能是英雄？那许多去处，每朝每日，都有闲钱，月终也有三二百两银子寻觅，如此赚钱。如此赚钱。一声叹息。近来被这本营内张团练，新从东路州来，带一个人到此。那厮姓蒋名忠，有九尺来长身材，因此江湖上起他一个诨名，叫做‘蒋门神’。那厮不特长大，原来有一身好本事，使得好枪棒，拽拳飞脚，相扑为最，自夸大言道：‘三年上泰岳争交，不曾有对。普天之下，没我一般的了！’挑拨，激起武松好斗心。因此来夺小弟的道路。溥天之下，不过是豪强们的道路。小弟不肯让他，吃那厮一顿拳脚打了，两个月起不得床。快活林里不快活。前日兄长来时，兀自包着头，兜着手，直到如今疮痕未消。本待要起人去和他厮打，他却有张团练那一班儿正军，若是闹将起来，和营中先自折理。有这一点无穷之恨，不能报得。久闻兄长是个大丈夫，怎地得兄长与小弟出得这口无穷之怨气，死而瞑目。一道财路，一旦失去，无穷之恨，无穷之怨。〇黑社会心态，黑社会口吻。只恐兄长远路辛苦，气未完，力未足，因此且教将息半年三月，等贵体气完力足，方请商议。也是老实话。不期村仆脱口失言说了，小弟当以实告。”武松听罢，呵呵大笑，便问道：“那蒋门神还是几颗头，几条臂膊？”施恩道：“也只是一颗头，两条臂膊，如何有多？”

武松笑道：“我只道他三头六臂，有那吒的本事，我便怕他！原来只是一颗头，两条臂膊！既然没那吒的模样，却如何怕他？”不问该不该出头，只虑敢不敢出头，市井泼皮都是如此。〇武松其实还是巨婴。施恩道：“只是小弟力薄艺疏，便敌他不过。”武松道：“我却不是说嘴，正是说嘴。凭着我胸中本事，平生只是打天下硬汉，不明道德的人。巨婴语言。〇巨婴心理的基本特征：全能自恋。意志自恋：我的意愿必须付诸于实施，不能被阻拦。完美自恋：明确或者隐约地觉得自己是完美的。其中，明确自恋通常是对个人形象的；隐约自恋则是对道德和能力的自恋。既是恁地说了，如今却在这里做甚么？有酒时，拿了去路上吃。我如今便和你去，看我把这厮和大虫一般结果他！拳头重时，打死了，我自偿命！”巨婴语言。〇巨婴心理：偏执分裂、非黑即白、你死我活、你我不分、分不清现实与想象等。施恩道：“兄长少坐。待家尊出来相见了，当行即行，未敢造次。等明日先使人去那里探听一遭，若是本人在家时，后日便去。若是那厮不在家时，却再理会。空自去打草惊蛇，倒吃他做了手脚，却是不好。”

武松焦躁道：“小管营，你可知着他打了！原来不是男子汉做事。去便去，等甚么今日明日！要去便走，怕他准备！”正要那里劝不住，只见屏风背后转出老管营来，叫道：“义士，老汉听你多时也。这一对父子都有心机。今日幸得相见义士一面，愚男如拨云见日一般。且请到后堂少叙片时。”武松跟了到里面，老管营道：“义士且请坐。”武松道：“小人是个囚徒，如何敢对相公坐地。”不是好汉、好男子了？老管营道：“义士休如此说。愚男万幸，得遇足下，何故谦让？”武松听罢，唱个无礼喏，相对便坐了。施恩却立在面前。武松道：“小管营如何却立地？”施恩道：“家尊在上相陪，兄长请自尊便。”武松道：“恁地时，小人却不自在。”小人。老管营道：“既是义士如此，这里又无外人。”便教施恩也坐了。仆从搬出酒肴果品、盘馔之类，老管营亲自与武松把盏，说道：“义士如此英雄，谁不钦敬！愚男原在快活林中做些买卖，非为贪财好利，实是壮观孟州，增添豪侠气象。不期今被蒋门神倚势豪强，公然夺了这个去处。非义士英雄，不能报仇雪恨。义士不弃愚男，满饮此杯，受愚男四拜，拜为长兄，以表恭敬之心。”武松答道：“小人有何才学，如何敢受小管营之礼？枉自折了武松的草料！”结拜宋江这般人物，武松倒敢；结拜施恩这等人类，武松反而不敢。〇一个管营芝麻官，也足以让他自惭形秽。当下饮过酒，施恩纳头便拜了四拜。武松连忙答礼，结为弟兄。

当日武松欢喜饮酒，自觉有体面，故欢喜。吃得大醉了，便叫人扶去房中安歇，不在话下。次日施恩父子商议道：“都头昨夜痛醉，必然中酒，今日如何敢叫他去？且推道使人探听来，其人不在家里，延挨一日，却再理会。”当日施恩来见武松，说道：“今日且未可去，小弟已使人探知这厮不在家里。明日饭后，却请兄长去。”武松道：“明日去时不打紧，今日又气我一日！”气。〇鲁达救金翠莲时，也是忍耐一日，气愤愤睡了。〇鲁达义愤，武松气愤。一出于义，一出于气。义是大义，大义所在，君父可以不从；气是小气，小气所使，是非往往不顾。早饭罢，吃了茶，施恩与武松去营前闲走了一遭。回来到客房里，说些枪法，较量些拳棒。看看晌午，邀武松到家里，只具着数杯酒相待，下饭按酒，下酒用的肉菜。不记其数。武松正要吃酒，见他只把按酒添来相劝，心中不在意。吃了晌午饭，起身别了，回到客房里坐地。

只见那两个仆人，又来伏侍武松洗浴。武松问道：“你家小管营，今日如何只将肉食出来请我，却不多将些酒出来与我吃，是甚意故？”仆人答道：“不敢瞒都头说，今早老管营和小管营议论，今日本是要央都头去，怕都头夜来酒多，恐今日中酒，怕误了正事，因此不敢将酒出来。明日正要央都头去干正事。”武松道：“恁地时，道我醉了，误了你大事？”仆人道：“正是这般计较。”当夜武松巴不得天明，急。〇鲁达救金翠莲时，也是急，急人之难。武松打蒋门神时，也是急，急功近名。早起来洗漱罢，头上裹了一顶万字头巾，身上穿了一领土色布衫，腰里系条红绢搭膊，下面腿绑护膝，八搭麻鞋。讨了一个小膏药，贴了脸上金印。粉墨登场。准备走秀。〇也知道自家脸上不好看。

施恩早来，请去家里吃早饭。武松吃了茶饭罢，施恩便道：“后槽有马，备来骑去。”武松道：“我又不脚小，骑那马怎地？只要依我一件事。”施恩道：“哥哥但说不妨，小弟如何敢道不依？”武松道：“我和你出得城去，只要还我无三不过望。”从三碗不过冈来。施恩道：“兄长，如何无三不过望？小弟不省其意。”武松笑道：“我说与你，你要打蒋门神时，出得城去，但遇着一个酒店，便请我吃三碗酒，若无三碗时，便不过望子去。这个唤做无三不过望。”打人行为艺术家。施恩听了，想道：“这快活林离东门去有十四五里田地，算来卖酒的人家也有十二三家。若要每店吃三碗时，恰好有三十五六碗酒，才到得那里。恐哥哥醉了，如何使得？”武松大笑道：“你怕我醉了没本事，我却是没酒没本事。带一分酒，便有一分本事。五分酒，五分本事。我若吃了十分酒，这气力不知从何而来。若不是酒醉后了胆大，景阳冈上如何打得这只大虫？武二心中可惜景阳冈上只有老虎没有观众。那时节我须烂醉了，好下手，又有力，又有势！”施恩道：“却不知哥哥是恁地。家下有的是好酒，只恐哥哥醉了失事，因此夜来不敢将酒出来请哥哥深饮。既是哥哥酒后愈有本事时，恁地先教两个仆人，自将了家里好酒、果品、肴馔，去前路等候，却和哥哥慢慢地饮将去。”武松道：“恁么却才中我意！去打蒋门神，教我也有些胆量。没酒时，如何使得手段出来？还你今朝打倒那厮，教众人大笑一场！”须有观众，才有激情。

施恩当时打点了，叫两个仆人先挑食箩酒担，拿了些铜钱去了。老管营又暗暗地选拣了一二十条壮健大汉，慢慢的随后来接应，都分付下了。

且说施恩和武松两个，离了安平寨，出得孟州东门外来。行过得三五百步，只见官道傍边早望见一座酒肆望子挑出在檐前。那两个挑食担的仆人，已先在那里等候。施恩邀武松到里面坐下，仆人已先安下肴馔，将酒来筛。武松道："不要小盏儿吃，大碗筛来，只斟三碗。"仆人排下大碗，将酒便斟。武松也不谦让，连吃了三碗便起身。潇洒。仆人慌忙慌忙。收拾了器皿，奔前去了。武松笑道："却才去肚里发一发，我们去休。"两个便离了这座酒肆，出得店来。此时正是七月间天气，炎暑未消，金风乍起。两个解开衣襟，又行不得一里多路，来到一处，不村不郭，却早又望见一个酒旗儿高挑出在树林里。来到林木丛中看时，却是一座卖村醪小酒店。便是我也要去吃三杯。施恩立住了脚，问道："此间是个村醪酒店，也算一望么？"武松道："是酒望，须饮三碗。若是无三，不过去便了。"两个入来坐下，仆人排了酒碗果品。武松连吃了三碗，便起身走。潇洒。仆人急急急急。收了家火什物，赶前去了。两个出得店门来，又行不到一二里路上，又见个酒店。忙不迭。武松入来，又吃了三碗便走。潇洒。

话休絮繁。武松、施恩两个一处走着，但遇酒店便入去吃三碗。约莫也吃过十来处酒肆，施恩看武松时，不十分醉。武松问施恩道："此去快活林，还有多少路？"施恩道："没多了，只在前面远远地望见那个林子便是。"武松道："既是到了，你且在别处等我，我自去寻他。"施恩道："这话最好。怕。小弟自有安身去处。早想好了。望兄长在意，切不可轻敌！"打怕了。武松道："这个却不妨，你只要叫仆人送我。前面再有酒店时，我还要吃。"

施恩叫仆人仍旧送武松，世事大抵如此：有一潇洒人，必有众多不能潇洒的人。一个单位，有一个潇洒的员工，必有至少一个以上不潇洒的勤勉忠厚员工，为他承担；一个家庭，有一个潇洒的老公，必有一个不潇洒的辛苦老婆，反之亦然。有一个潇洒儿子，必有一双俯首甘为孺子牛的父母，苦死苦活。做兄弟也一样：刘邦家里，刘老三潇洒，刘老二就不潇洒；陈平家里，陈老二潇洒，陈老大就不潇洒。这是《史记》中记到的秦汉之际的故事。《水浒传》中也有：武松家里，武二潇洒，武大就不潇洒；李逵家里，李二潇洒，李大就不潇洒，岂止不潇洒啊，还要为他们吃官司。武松此刻，没有这两个仆人狼狈万状、辛苦万分一点儿也不潇洒地摆酒，他哪里能潇洒地摆谱呢？所以，潇洒之人必有自私之处。施恩自去了。溜之大吉。武松又行不到三四里路，再吃过十来碗酒。此时已有午牌时分，天色正热，却有些微风。武松酒却涌上来，把布衫摊开，虽然带着五七分酒，却装做十分醉的，装。前颠后偃，东倒西歪。来到林子前，仆人用手指道："只前头丁字路口，便是蒋门神酒店。"武松道："既是到了，你自去躲得远着。等我打倒了，你们却来。"要单挑。威风。〇也是武松善解人意处。武松抢过林子背后，见一个金刚来大汉，披着一领白布衫，撒开一把交椅，拿着蝇拂子，坐在绿槐树下乘凉。武松假醉佯颠，斜着眼看了一看，心中自忖道："这个大汉一定是蒋门神了。"直抢过去。却不打。又行不到三五十步，早见丁字路口一个大酒店，仔细看文章高手如何把你死我活一变而为诗情画意。檐前立着望竿，上面挂着一个酒望子，写着四个大字道"河阳孟州古名。风月"。名字好。既有精神世界的高超，又有世俗世界的享乐。转过来看时，门前一带绿油栏杆，插着两把销金旗，每把上五个金字，写道"醉里乾坤大"，"壶中日月长"。一丝超脱；一丝颓废。一双看穿世俗名利的冷眼；一副不屑一顾的面孔。〇如画诗意与计较争斗相反相成。〇大战之前，偏让我们如此放松一把。作者妙笔，何等自由，何等自在。一壁厢肉案、砧头、操刀的家生，一壁厢蒸作馒头烧柴的厨灶，去里面一字儿摆着三只大酒缸，半截埋在地里，缸里面各有大半缸酒。我欲牵看官同饮三碗。正中间装列着柜身子，里面坐着一个年纪小的妇人，正是蒋门神初来孟州新娶的妾，放过蒋门神，却出来蒋门神新娶的小老婆。〇不是蒋门神娶妾好色，是施大爷作文好色。〇不是快活林酒店有色，是施大爷书中有色。〇文章有了这样的着色、润色，果然大大增色。原是西瓦子里唱说诸般宫调的顶老。顶老：俳优、伎女。

武松看了，瞅着醉眼，径奔入酒店里来，便去柜身相对一付坐头上坐了，把双手按着桌子上，不转眼色迷迷。〇当初嫂子亦曾如此看他。看那妇人。

那妇人瞧见，回转头看了别处。抠嫂之后，专挑妇人。武松看那店里时，也有五七个当撑的酒保。武松却敲着桌子，叫道："卖酒的主人家在那里？"一计不成，再生一计。一个当头酒保过来，看着武松道："客人，要打多少酒？"武松道："打两角酒。先把些来尝看。"小气。○色上找茬不成，就在酒上找茬。那酒保去柜上叫那妇人舀两角酒下来，倾放桶里，烫一碗过来道："客人尝酒。"武松拿起来闻一闻，摇着头道："不好，不好，换将来！"找茬。酒保见他醉了，将来柜上道："娘子，胡乱换些与他。"那妇人接来，倾了那酒，又舀些上等酒下来。酒保将去，又烫一碗过来。武松提起来咂一咂，叫道："这酒也不好，快换来，便饶你！"找茬。酒保忍气吞声，拿了酒去柜边道："娘子，胡乱再换些好的与他，休和他一般见识。这客人醉了，只要寻闹相似，便换些上好的与他罢。"好酒保。那妇人又舀了一等上色的好酒来与酒保，酒保把桶儿放在面前，又烫一碗过来。蒋门神酒保，真是好酒保；蒋门神小老婆，真是好女人。开酒店，就得找这样的服务员；找老婆，更要找这样的不野蛮女友。○不是酒保好，不是妇人贤，只是写武松无理取闹。武松吃了道："这酒略有些意思。"不是酒有些意思，是你再这么闹，你好意思？○色上寻闹不成，酒上来。酒上又不成，如何来？问道："过卖，你那主人家姓甚么？"酒保答道："姓蒋。"武松道："却如何不姓李？"天才！几曾见过这样出奇制胜的闹法？○历史上最早的无厘头。○武松乃喜剧大师。○有了观众，有了美女观众，武二超水平发挥。那妇人听了道："这厮那里吃醉了，来这里讨野火么！"酒保道："眼见得是个外乡蛮子，不省得了，在那里放屁！"武松问道："你说甚么？"酒保道："我们自说话，客人你休管，自吃酒。"好酒保。武松道："过卖，叫你柜上那妇人下来，相伴我吃酒。"我是流氓我怕谁。○武松天赋多多：会打架，会骂人，会寻衅滋事，会耍流氓，会调戏妇女。酒保喝道："休胡说！这是主人家娘子。"至此，不喝不是好酒保。武松道："便是主人家娘子，待怎地？相伴我吃酒也不打紧！"

那妇人大怒，便骂道："杀才！该死的贼！"至此，不骂不是好妇人。○但一骂，就上了武松的当。〇为什么流氓在市井几乎百战百胜？因为流氓把自己降到底线以下，无所不用其极，你只能有两种选择：如果你置之不理，你将被他糟蹋得体无完肤，毫无尊严；如果你与他理论，你将与他纠缠在底线之下，毫无体面。推开柜身子，却待奔出来。武松早把土色布衫脱下，就等这一骂。上半截揣在怀里，便把那桶酒只一泼，泼在地上，抢入柜身子里，却好接着那妇人。武松手硬，那里挣扎得？被武松一手接住腰胯，一手把冠儿捏做粉碎，揪住云髻，隔柜身子提将出来，望浑酒缸里只一丢，武二恶。武二丑。听得“扑通”的一声响，可怜这妇人正被直丢在大酒缸里。不武。武松托地从柜身前踏将出来，有几个当撑的酒保，手脚活些个的，都抢来奔武松。武松手到，轻轻地只一提，提一个过来，两手揪住，也望大酒缸里只一丢，桩在里面。又一个酒保奔来，提着头只一掠，也丢在酒缸里。三个酒缸，丢进三个人，一个萝卜一个坑。〇这就是武松要的好看！再有两个来的酒保，一拳，一脚，都被武松打倒了。没缸了。先头三个人，在三只酒缸里，那里挣扎得起。后面两个人在酒地上爬不动。如画。这几个火家捣子，打得屁滚尿流，乖的走了一个。武松道：“那厮必然去报蒋门神来，我就接将去，大路上打倒他，好看，教众人笑一笑。”心中仍然不忘观众，仍然想着要好看。武松大踏步赶将出来。那个捣子径奔去报了蒋门神。

蒋门神见说，吃了一惊，踢翻了交椅，丢去蝇拂子，便钻将来。武松却好迎着，正在大阔路上撞见。蒋门神虽然长大，近因酒色所迷，淘虚了身子，先自吃了那一惊，奔将来，那步不曾停住，怎地及得武松虎一般似健的人，又有心来算他！蒋门神见了武松，心里先欺他醉，只顾赶将入来。说时迟，那时快，武松先把两个拳头去蒋门神脸上虚影一影，忽地转身便走。蒋门神大怒，抢将来，被武松一飞脚踢起，踢中蒋门神小腹上，双手按了，便蹲下去。武松一踅，踅将过来，那只右脚早踢起，直飞在蒋门神额角上，踢着正中，望后便倒。武松追入一步，踏住胸脯，提起这醋钵儿大小拳头，望蒋门神头上便打。打虎。原来说过的打蒋门神扑手，先把拳头虚影一影，便转身，却先飞起左脚，踢中了便转过身来，再飞起右脚。这一扑有名，唤做“玉环步，鸳鸯脚”。这是武松平生的真才实学，非同小可。打得蒋门神在地下叫饶。

武松喝道：“若要我饶你性命，只要依我三件事！”自我感觉好到极点。蒋门神在地下叫道：“好汉饶我！休说三件，便是三百件，我也依得！”武松指定蒋门神，说出那三件事来，有分教：改头换面来寻主，剪发齐眉去杀人。毕竟武松说出那三件事来，且听下回分解。

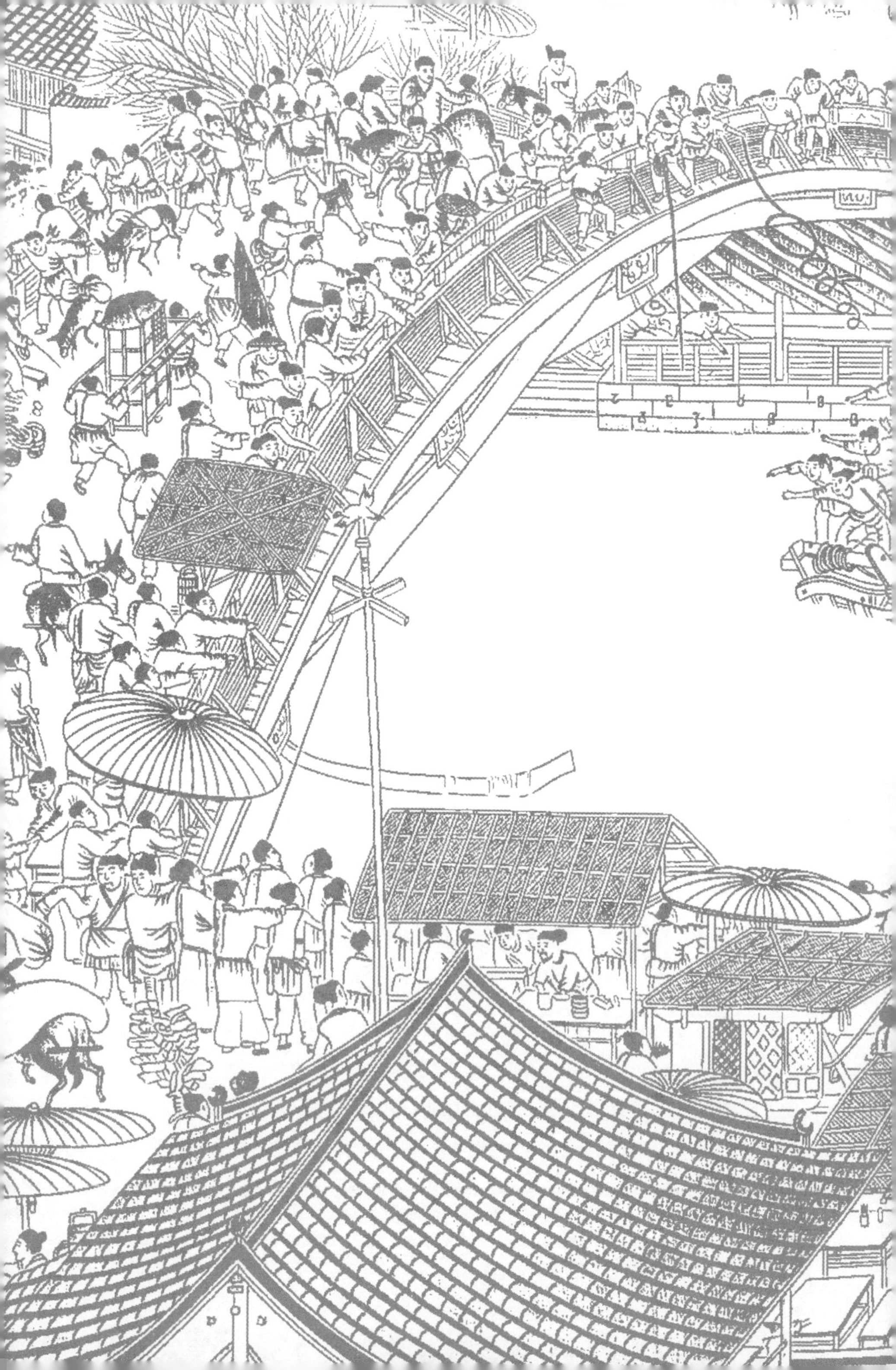

第二十九回

施恩三入死囚牢　武松大闹飞云浦

飛雲浦
武松大鬧飛雲浦

回前总评

快活林也是不快活林。是施恩的快活林，就是蒋门神的不快活林；是蒋门神的快活林，就是施恩的不快活林。

人世间的快活与不快活，都这样缠缠绕绕。

武松一招“玉环步，鸳鸯脚”，打得蒋门神在地下叫饶，帮施恩夺回了快活林。然后让镇上十数个为头的豪杰，都来店里替蒋门神与施恩陪话。武松叫施恩在蒋门神上首坐定，自己说了一通话。

这番话说得很郑重，不仅回顾了自己打虎、杀嫂的光荣履历，还特别声明，自己打蒋门神是路见不平拔刀相助，是出于大义而非私交。这段话，几乎每句开头都是“我”，共十个“我”字。我怎样，我是怎样，我要怎样，简直是平治天下，舍我其谁；芸芸众生，我为主宰；天下四方，唯我独尊。武松有着睥睨天下的英雄气度，这种骨子里的自信自尊自负自大，他是要时时表现出来的。这十个“我”，充满了支配他人的快感——我来了，我要了，我拥有，我主宰。

暴力是权力的极端形式，武松通过暴力，实现了自己的权力，对蒋门神，对整个快活林的权力。这番话，实际上就是宣布他对快活林的统治。对这样一位宣布拥有绝对暴力的新老大，众豪杰点头称是，纷纷为蒋门神向施恩陪不是。蒋门神呢？更是羞惭万分，连夜投外阜去了。

从店家立场说，此前，无论施恩还是蒋门神称霸快活林，各店家都不快活。现在，施恩又回来了，他们更不快活。店家们向施恩交的保护费，又增加了百分之三五十，不止于此，“各店里并各赌坊、兑坊，加利倍送闲钱来与施恩”。

但武松、施恩的快活，又能多久呢？快活快活，就是快要过去的生活。

像武松这样的一流人才，放在国家层面都是一流战将，张都监几乎不费吹灰之力就得到了。司马迁曾经感慨万端地说，“士方其危苦之时，易与耳！”当一个人落难的时候，可以很容易结交到他，获得他的友谊，赢得他的忠诚。张都监的确对武松很好，关心他生活，操心他婚事，这对早失双亲，不久前又失去哥哥的武松来说，无疑雪中送炭。人生得一知己足矣，良禽择木而栖，贤才择主而事，武松赤诚相报，不亦宜乎！武松做他的私人保镖，对武松而言是屈才，对国家而言是浪费，对张都监而言，岂不是大大的奢侈！

可惜，张都监不配。因为，“原来你这厮外貌像人，倒有这等禽心兽肝”——这番张都监骂武松的话，正是张都监自己的活写真。他对武松所有的好，都是为了一个目的：帮蒋门神陷害武松，置武松于死地。这样的小人，哪来得英才而用之的福气呢？小人常常得志，小人也常常运气，但小人永远不会得到福气。

武松发配孟州牢营，得施恩施恩，武松打蒋门神以回报；武松打蒋门神招来陷害再入牢中，施恩于施恩，这回又该施恩回报了。

施恩父亲老管营眼毒，他一下子就看出了这件案子的真相是张都监陷害武松，目的是定要武松死，在死囚牢里把武松折磨死。

他还一下子看出了张都监的软肋：盗窃之名，其实罪不至死，因此他提出救人之道，两路并进：一、买通牢房看守狱卒，存武松性命；二、买通办案人员，争取早日判决，走出死亡之地。

老管营的这段话里，有两个词很新颖：一个是“买嘱”，一个是“买求”，两个词都有一个“买”字，那就是：要办事，拿钱来，无论是嘱咐，还是央求！

蒋门神为报复武松，央求后台张团练买嘱张都监，设计陷害武松，一应上下之人都受了贿赂；现在施恩父子要救武松，也是一应上下都贿赂。上上下下，谁都知道真相，谁都参与阴谋；上上下下，也都接受“买嘱”“买求”。世道，就是这样黑下来的。

押送武松刺配恩州牢城的两个公人，还有后来的两个蒋门神的徒弟，武松完全没伤害过他们，他们也完全不是武松的对手。他们也知道武松受了陷害，但因为领命于张都监，便一心与武松为仇。世上常有这样的人：论其品性，不配做朋友；论其能力，不配做对手，可是这种人偏偏常常选择与人为仇。

他们一起算计武松。但是，他们不知道，武松何等精细。一旦武松与你为敌，那就不是你算计他，而是他算计你了。

心中对人一有恶念，自己即成恶人。心中对人一有仇恨，自己即成仇人。什么叫恶人？有恶念，即是恶人；什么是仇人？有仇恨，即成仇人。一旦存心你死我活，你还未死，我已然不活。

白刀子还没进去，红刀子已经出来。这不是时间上的先后，是逻辑上的先后。

在飞云浦，武松轻易就杀了四人中的三个，留一个活的取口供，得知他的仇人们都在张都监家鸳鸯楼吃酒。

妙。此楼正是武松之前经常出入之处。原先张都监待武松好，本意是要赚武松入彀，以为得计，岂料时运偏转，变卦一出，却为武松杀他全家做了准备。

正所谓，“人心惟危，道心惟微”。那微妙的天意，随时让我们的如意算盘落空。人谋阴险，岂料天公在上，天意更难测。

话说当时武松踏住蒋门神在地下道：“若要我饶你性命，只依我三件事便罢！”蒋门神便道：“好汉但说，蒋忠都依。”武松道：“第一件，要你便离了快活林，将一应家火什物，随即交还原主金眼彪施恩。谁教你强夺他的？”是。蒋门神慌忙应道：“依得，依得！”武松道：“第二件，我如今饶了你起来，你便去央请快活林为头为脑的英雄豪杰，都来与施恩陪话。”是。○店家易主，商号换人，须得广而告之。蒋门神道：“小人也依得！”武松道：“第三件，你从今日交割还了，便要你离了这快活林，连夜回乡去，不许你在孟州住！在这里不回去时，我见一遍，打你一遍，我见十遍，打十遍。轻则打你半死，重则结果了你命，你依得么？”蒋门神听了，要挣扎性命，连声应道：“依得，依得！蒋忠都依！”武松就地下提起蒋门神来，看时，早已脸青嘴肿，脖子歪在半边，额角头流出鲜血来。

武松指着蒋门神说道：“休言你这厮鸟蠢汉，景阳冈上那只大虫，也只三拳两脚，二哥，我记得打了五七十拳耶！我兀自打死了！量你这个直得甚的！快交割还他，但迟了些个，再是一顿，便一发结果了你这厮！”蒋门神此时方才知是武松，只得喏喏连声告饶。正说之间，只见施恩早到，带领着三二十个悍勇军健，都来相帮。哪有这事。但不有这事，显得施恩太不仗义。却见武松赢了蒋门神，不胜之喜，团团拥定武松。武松指着蒋门神道："本主已自在这里了，你一面便搬，一面快去请人来陪话！"蒋门神答道："好汉，且请去店里坐地。"

武松带一行人都到店里，看时，满地都是酒浆，入脚不得。那两个鸟男女，正在缸里扶墙摸壁扎挣。还没爬出耶。那妇人才方从缸里爬得出来，头脸都吃磕破了，下半截淋淋漓漓都拖着酒浆。那几个火家酒保，走得不见影了。武松与众人入到店里坐下，喝道："你等快收拾起身！"一面安排车子，收拾行李，先送那妇人去了。一面寻不着伤的酒保，去镇上请十数个为头的豪杰都来店里，替蒋门神与施恩陪话。快活林交接仪式，武松大舞台。尽把好酒开了，有的是按酒，都摆列了桌面，不知此时谁买单。请众人坐地。武松叫施恩在蒋门神上首坐定。一叫一坐：一则写施恩怕蒋门神；一则写蒋门神怕武松，一则写武松此时颐指气使的傲慢与自大。〇争的是气。各人面前放只大碗，叫把酒只顾筛来。酒至数碗，武松开话道："众位高邻都在这里，我一我。武松自从阳谷县杀了人，配在这里，张口阳谷县杀嫂。便听得人说道：不说施恩说，显得不为私谊，只为公道。'快活林这座酒店，原是小施管营造的屋宇等项买卖，被这蒋门神倚势豪强，公然夺了，白白地占了他的衣饭。'你众人休猜道是我二我。的主人，我三我。和他并无干涉，不打自招，欲盖弥彰。我四我。从来只要打天下这等不明道德的人！我五我。若路见不平，真乃拔刀相助，我六我。便死也不怕！今日我七我。本待把蒋家这厮一顿拳脚打死，就除了一害。我八我。看你众高邻面上，权寄下这厮一条性命。我九我。今晚便要他投外府去。若不离了此间，我十我。〇句句"我"。平治快活林，舍我其谁。再撞见时，景阳冈上大虫便是模样！"闭口景阳冈打虎。众人才知道他是景阳冈上打虎的武都头，都起身替蒋门神陪话道："好汉息怒，教他便搬了去，奉还本主。"那蒋门神吃他一吓，那里敢再做声。施恩便点了家火什物，交割了店肆。蒋门神羞惭满面，相谢了众人，自唤了一辆车儿，就装了行李，起身去了，不在话下。

且说武松邀众高邻，直吃得尽醉方休。是武松邀。至晚，众人散了，武松一觉直睡到次日辰牌方醒。却说施老管营听得儿子施恩重霸得快活林酒店，自骑了马，直来店里相谢武松，连日在店内饮酒作贺。快活林一境之人都知武松了得，那一个不来拜见武松？自此重整店面，开张酒肆。老管营自回安平寨理事。施恩使人打听蒋门神带了老小，不知去向。若知去向，便是了结的写法。不知去向，则有伏笔余味在也。这里只顾自做买卖，且不去理他，就留武松在店里居住。自此施恩的买卖，比往常加增三五分利息，盘剥更厉害。各店里并各赌坊、兑坊，加利倍送闲钱来与施恩。施恩快活。店家很不快活。

施恩得武松争了这口气，争的是气。把武松似爷娘一般敬重。武松快活。施恩自此重霸得孟州道快活林，快活快活，就是很快会过去的生活。不在话下。荏苒光阴，早过了一月之上。炎威渐退，玉露生凉，金风去暑，已及新秋。有话即长，无话即短。当日施恩正和武松在店里闲坐说话，论些拳棒枪法。不在牢里，在店里。只见店门前两三个军汉牵着一匹马，来店里寻问主人道："那个是打虎的武都头？"是都头，不是囚徒。施恩却认得是孟州守御兵马都监张蒙方衙内亲随人，施恩便向前问道："你们寻武都头则甚？"那军汉说道："奉都监相公钧旨，闻知武都头是个好男子，特地差我们将马来取他，相公有钧帖在此。"施恩看了，寻思道："这张都监是我父亲的上司官，属他调遣。今者武松又是配来的囚徒，亦属他管下，只得教他去。"施恩便对武松道："兄长，这几位郎中，是张都监相公处差来取你。他既着人牵马来，哥哥心下如何？"武松是个刚直的人，不知委曲，便道："他既是取我，只得走一遭，看他有甚话说。"随即换了衣裳巾帻，带了个小伴当，上了马，一同众人投孟州城里来。

到得张都监宅前，下了马，跟着那军汉，直到厅前参见张都监。那张蒙方在厅上见了武松来，大喜道："教进前来相见。"武松到厅下，拜了张都监，叉手立在侧边。张都监便对武松道："我闻知你是个大丈夫，男子汉，英雄无敌，敢与人同死同生。我帐前见缺恁地一个人，不知你肯与我做亲随梯己人么？"也就是个鞍前马后伺候的保镖。武松跪下大人小样。○见了官场人，立地矮三尺。○武二成武大，精神上的武大，人格上的"三寸丁榖树皮"。称谢道："小人自称小人。是个牢城营内囚徒，自认囚徒。若蒙恩相何恩之有。抬举，小人当以执鞭随镫，伏侍恩相。"表赤胆忠心。○遇见芝麻官，英雄变狗熊。张都监大喜，便叫取果盒酒出来。张都监亲自赐了酒，叫武松吃得大醉。就前厅廊下，收拾一间耳房，与武松安歇。

次日，又差人去施恩处，取了行李来，须得交代一句。只在张都监家宿歇。早晚都监相公不住地唤武松进后堂与酒与食；放他穿房入户，伏笔。把做亲人一般看待；又叫裁缝与武松彻里彻外做秋衣。又一个施恩。武松见了，也自欢喜，吃软不吃硬。心里寻思道："难得这个都监相公一力要抬举我。阳谷县令亦曾抬举。自从到这里住了，寸步不离，又没工夫去快活林与施恩说话。虽是他频频使人来相看我，多管是不能够入宅里来。"

武松自从在张都监宅里相公见爱，但是人有些公事来央浼他的，有权力了。武松对都监相公说了，无有不依。有面子了。外人俱送些金银、财帛、缎匹等件。有行贿的了。武松买个柳藤箱子，把这送的东西都锁在里面，有家产了。不在话下。

时光迅速，却早又是八月中秋。张都监向后堂深处鸳鸯楼下安排筵宴，庆赏中秋，叫唤武松到里面饮酒。武松见夫人宅眷都在，席上吃了一杯，便待转身出来。张都监唤住武松，问道："你那里去？"武松答道："恩相在上，夫人宅眷在此饮宴，小人理合回避。"张都监大笑道："差了！我敬你是个义士。特地请将你来一处饮酒，如自家一般，何故却要回避？"便教坐了。武松道："小人是个囚徒，如何敢与恩相坐地？"张都监道："义士，你如何见外？此间又无外人，便坐不妨。"武松三回五次谦让告辞，张都监那里肯放，定要武松一处坐地。武松只得唱个无礼喏，远远地斜着身坐下。姿势可笑。〇武松可以非礼妇女，武松可以礼节周全。〇武松可以傲视群雄；武松也可以葡匐小宦。〇武松可以天下四方唯我独尊；武松也可以群座之中唯我独尊。〇自尊才自卑，是武松的两面。张都监着丫环养娘相劝，一杯两盏，看看饮过五七杯酒。张都监叫抬上果桌饮酒，又进了一两套食，次说些闲话，问了些枪法。张都监道："大丈夫饮酒，何用小杯！"颇有性情。〇若真个如此，自家不必灭门，武二不必上山。叫："取大银赏钟，斟酒与义士吃。"连珠箭劝了武松几钟。看看月明光彩，照入东窗。武松吃得半醉，却都忘了礼数，只顾痛饮。

张都监叫唤一个心爱的养娘，叫做玉兰，出来唱曲。张都监指着玉兰道："这里别无外人，只有我心腹之人武都头在此。心腹人。你可唱个中秋对月时景的曲儿，教我们听则个。"玉兰执着象板，向前各道个万福，顿开喉咙，唱一只东坡学士中秋《水调歌》。唱道是：

明月几时有，把酒问青天。不知天上宫阙，今夕是何年？我欲乘风归去，只恐琼楼玉宇，高处不胜寒。起舞弄清影，何似在人间。　高卷珠帘，低绮户，照无眠。不应有恨，何事常向别时圆？人有悲欢离合，月有阴晴圆缺，此事古难全。但愿人长久，千里共婵娟。武松此刻真的是不知今夕何夕，更不知今夕面对何人了。○东坡此曲，乃为中秋夜思念弟弟苏辙而作，叹武松与他的兄长武大，何云人长久，阴阳已两隔。○施大爷不露声色写出武松内心的深哀巨痛。

这玉兰唱罢，放下象板，又各道了一个万福，立在一边。张都监又道："玉兰，你可把一巡酒。"这玉兰应了，便拿了一副劝盘，丫环斟酒，先递了相公，次劝了夫人，第三便劝武松饮酒。张都监再叫斟满着。武松那里敢抬头，武松面对嫂子也两次不敢抬头。起身远远地接过酒来，唱了相公夫人两个大喏，拿起酒来，一饮而尽，便还了盏子。张都监指着玉兰，对武松道："此女颇有些聪明，不惟善知音律，亦且极能针指。如你不嫌低微，数日之间，择了良时，将来与你做个妻室。"娘子也快有了！武松起身再拜道："量小人何者之人，怎敢望恩相宅眷为妻？枉自折武松的草料！"耳熟。武松对施恩父亲老管营亦如此说。○英雄在官宦面前不过是根草料。张都监笑道："我既出了此言，必要与你。你休推故阻我，必不负约。"何止负约！当时一连又饮了十数杯酒。约莫酒涌上来，恐怕失了礼节，便起身拜谢了相公夫人。出到前厅廊下房门前，开了门，觉道酒食在腹，未能便睡，去房里脱了衣裳，除了巾帻，拿条哨棒来庭心里，月明下使几回棒，打了几个轮头。

仰面看天时，约有三更时分。武松进到房里，却待脱衣去睡，只听得后堂里一片声叫起"有贼"来。武松听得，道："都监相公如此爱我，他后堂内里有贼，我如何不去救护？"武松献勤，提了一条哨棒，迳抢入后堂里来。只见那个唱的玉兰，慌慌张张走出来，指道："一个贼奔入后花园里去了！"一句致死。武松听得这话，提着哨棒，大踏步直赶入花园里去寻时，一周遭不见；复翻身却奔出来，不堤防黑影里撇出一条板凳，把武松一交绊翻，走出七八个军汉，叫一声："捉贼！"就地下把武松一条麻索绑了。武松急叫道："是我！"拿的就是你。那众军汉那里容他分说。不容分说。只见堂里灯烛荧煌，张都监坐在厅上，一片声叫道："拿将来！"众军汉把武松一步一棍打到厅前。可见军汉早知武松不是心腹人。武松叫道："我不是贼，是武松！"张都监看了大怒，变了面皮，喝骂道："你这个贼配军，本是贼眉贼眼贼心贼肝的人！刚才还一口一声义士，大丈夫。我倒抬举你一力成人，不曾亏负了你半点儿！却才教你一处吃酒，同席坐地，我指望要抬举与你个官，你如何却做这等的勾当！"武松大叫道："相公，非干我事！我来捉贼，如何倒把我捉了做贼？武松是个顶天立地的好汉，不做这般的事！"犹在梦中。张都监喝道："你这厮休赖！且把你押去他房里，搜看有无赃物！"不容分说。众军汉把武松押着，径到他房里，打开他那柳藤箱子看时，上面都是些衣服，下面却是些银酒器皿，约有一二百两赃物。武松见了，也自目睁口呆，如梦初醒。只叫得屈。众军汉把箱子抬出厅前，张都监看了，大骂道："贼配军如此无礼！赃物正在你箱子里搜出来，如何赖得过！常言道：'众生好度人难度。'原来你这厮外貌像人，倒有这等禽心兽肝！妙在自骂。○张都监自己的活写真。既然赃证明白，没话说了！"连夜便把物赃封了，且叫送去机密房里监收，天明却和这厮说话。

武松大叫冤屈，那里肯容他分说。不容分说。众军汉扛了赃物，将武松送到机密房里收管了。张都监连夜使人去对知府说了，连夜。押司孔目上下都使用了钱。次日天明，知府方才坐厅，左右缉捕观察把武松押至当厅，赃物都扛在厅上。天明。张都监家心腹人这才是心腹人呐。赍着张都监被盗的文书，呈上知府看了。那知府喝令左右把武松一索捆翻。牢子节级将一束问事狱具放在面前。武松却待开口分说，知府喝道："这厮原是远流配军，如何不做贼？一定是一时见财起意。既是赃证明白，休听这厮胡说，只顾与我加力打！"不容分说。〇为什么不容分说？因为无须分说。那牢子狱卒拿起批头竹片，雨点的打下来。你要说的，大家都知道。大家要你说的是大家要你说的。为什么对你又打又骂？就是教导你明白这个道理，就是让你说出大家要你说的。武松情知不是话头，只得屈招这就是大家要你说的。做："本月十五日，一时见本官衙内许多银酒器皿，因而起意，至夜乘势窃取入己。"与了招状。当初一百杀威棒兀自不怕，如今一打即招。不是今日武松不是往日武松，而是往日武松不知自己只是个武松，不是铜浇铁铸之身也。当初一百棒目的在杀威，一百棒就一百棒，今日是要一直打到你明白为止。你是选择明白，还是选择死？武松选择了明白。知府道："这厮正是见财起意，不必说了。何用再说。没话说了，休听胡说，不必说了，从头至尾这件案子都不必说。且取枷来钉了监下！"牢子将过长枷，把武松枷了，押下死囚牢里监禁了。可笑。〇杀了两人，不关进死囚牢。被诬陷偷了一二百两银子赃物，反被关进死囚牢。武松下到大牢里，寻思道："叵耐张都监那厮，安排这般圈套坑陷我！我若能够挣得性命出去时，却又理会！"牢子狱卒把武松押在大牢里，将他一双脚昼夜匣着；又把木杻钉住双手，那里容他些松宽。

话里却说施恩已有人报知此事，慌忙入城来和父亲商议。该施恩知恩图报了。老管营道："眼见得是张团练替蒋门神报仇，起因。买嘱妙。用钱嘱。张都监，却设出这条计策陷害武松。手段。必然是他着人去上下都使了钱，受了人情贿赂，众人以此不由他分说，必然要害他性命。目的。我如今寻思起来，他须不该死罪。软肋，盗窃罪不至死。只是买求妙，用钱求。两院押牢节级便好，可以存他性命。先保命。在外却又别作商议。再出牢。"施恩道："见今当牢节级姓康的，和孩儿最过得好，只得去求浼他如何？"老管营道："他是为你吃官司，你不去救他，更待何时？"有良心。施恩将了一二百两银子，径投康节级，却在牢未回。施恩教他家着人去牢里说知。不多时，康节级归来，与施恩相见。施恩把上件事一一告诉了一遍，康节级答道："不瞒兄长说，此一件事，皆是张都监和张团练两个，同姓结义做兄弟，可笑。〇宋江知道与武松做兄弟，此所以为宋江。张都监只知与同姓做兄弟，此所以为张都监也。〇世人结拜，往往如此可笑。见今蒋门神躲在张团练家里，却央张团练买嘱这张都监，商量设出这条计来。一应上下之人都是蒋门神用贿赂，我们都接了他钱。吃了甲方。厅上知府一力与他作主，定要结果武松性命。只有当案一个叶孔目不肯，因此不敢害他。这人忠直仗义，不肯要害平人，好人还是有。〇林冲被高太尉陷害，也有一个好人孙孔目。〇好人，是黑暗王国的一线光明，是被侮辱被伤害的人们的一线生机。多一个好人，这世界就多一条生路。〇没有这等好人，施大爷如何接着写下去。以此武松还不吃亏。今听施兄所说了，牢中之事尽是我自维持；如今便去宽他，今后不教他吃半点儿苦。你却快央人去，只嘱叶孔目，要求他早断出去，便可救得他性命。”施恩取一百两银子与康节级，康节级那里肯受，再三推辞，方才收了。买嘱。〇再吃乙方。

施恩相别出门来，径回营里，又寻一个和叶孔目知契的人，送一百两银子与他，只求早早紧急决断。买求。那叶孔目已知武松是个好汉，亦自有心周全他，已把那文案做得活着，只被这知府受了张都监贿赂嘱他，不肯从轻。勘来武松窃取人财，又不得死罪，因此互相延挨，只要牢里谋他性命。今来又得了这一百两银子，好人也买嘱、买求。亦知是屈陷武松，却把这文案都改得轻了，尽出豁了武松，只得限满决断。

次日，施恩安排了许多酒馔，甚是齐备，来央康节级引领，直进大牢里看视武松，见面送饭。此时武松已自得康节级看觑，将这刑禁都放宽了。施恩又取三二十两银子分俵与众小牢子，取酒食叫武松吃了。施恩附耳低言道：“这场官司，明明是都监替蒋门神报仇，陷害哥哥。你且宽心，不要忧念。我已央人和叶孔目说通了，甚有周全你的好意。且待限满断决你出去，却再理会。”此时武松得松宽了，已有越狱之心。听得施恩说罢，却放了那片心。施恩在牢里安慰了武松，归到营中。过了两日，施恩再备些酒食钱财，又央康节级引领入牢里与武松说话。相见了，将酒食管待，又分俵了些零碎银子与众人做酒钱。回归家来，又央浼人上下去使用，催趱打点文书。过得数日，施恩再备了酒肉，做了几件衣裳，再央康节级维持，相引将来牢里请众人吃酒，买求看觑武松，叫他更换了些衣服，吃了酒食。

出入情熟，一连数日，施恩来了大牢里三次。却不堤防被张团练家心腹人见了，回去报知。那张团练便去对张都监说了其事。张都监却再使人送金帛来与知府，就说与此事。那知府是个赃官，接受了贿赂，便差人常常下牢里来闸看，但见闲人，便要拿问。施恩得知了，那里敢再去看觑？垄断行贿权。武松却自得康节级和众牢子自照管他。施恩自此早晚只去得康节级家里讨信，得知长短，都不在话下。

看看前后将及两月，有这当案叶孔目一力主张，知府处早晚说开就里，那知府方才知道张都监接受了蒋门神若干银子，通同张团练设计排陷武松，自心里想道：“你倒赚了银两，教我与你害人！”妙。○好人的活路，往往只在坏人之间的嫌隙。因此心都懒了，不来管看。捱到六十日限满，牢中取出武松，当厅开了枷。当案叶孔目读了招状，定拟下罪名，脊杖二十，刺配恩州趣。刺配之处也带恩字。牢城。原盗赃物，给还本主。张都监只得着家人当官领了赃物。当厅把武松断了二十脊杖，刺了金印，以后得贴两张膏药。取一面七斤半铁叶盘头枷钉了，押一纸公文，差两个壮健公人防送武松，限了时日要起身。那两个公人领了牒文，押解了武松，出孟州衙门便行。原来武松吃断棒之时，却得老管营使钱通了；叶孔目又看觑他；知府亦知他被陷害，不十分来打重，因此断得棒轻。

武松忍着那口气，带上行枷，出得城来，两个公人监在后面。约行得一里多路，只见官道傍边酒店里钻出施恩来，钻字妙。看着武松道："小弟在此专等。"武松看施恩时，又包着头，络着手。可笑。与武松第一次见到时一模一样。武松问道："我好几时不见你，如何又做恁地模样？"既可怜又好笑又好气。○我欲喷饭。施恩答道："实不相瞒哥哥说，小弟自从牢里三番相见之后，知府得知了，不时差人下来牢里点闸，那张都监又差人在牢门口左近两边巡看着。因此，小弟不能够再进大牢里看望兄长，只到得康节级家里讨信。半月之前，小弟正在快活林中店里，只见蒋门神那厮又领着一伙军汉到来厮打。好笑。蒋门神专打头和手。○不是蒋门神幽默，乃是施大爷幽默。小弟被他又痛打一顿，也要小弟央浼人陪话，却被他仍复夺了店面，依旧交还了许多家火什物。蒋门神幽默。照搬武松。○模仿是幽默最常见方式。○快活林者，天下也；天下者，快活林也，不过是你打我我打你。打赢者，坐江山；打输者，坐牢狱。而已！而已！小弟在家将息未起，今日听得哥哥断配恩州，特有两件绵衣送与哥哥路上穿着。煮得两只熟鹅在此，请哥哥吃了两块去。"施恩便邀两个公人，请他入酒肆。那两个公人那里肯进酒店里去？拒绝。○有死之道。便发言发语道："武松这厮，他是个贼汉！不争我们吃你的酒食，明日官府上须惹口舌。你若怕打，快走开去！"致死之道。施恩见不是话头，便取十来两银子送与他两个公人。那厮两个那里肯接，再拒绝。○必死之道。恼忿忿地不知为何恼，不知为何忿。此等人有人之形，无人之心，只欠武松一朴刀而已。只要催促武松上路。施恩讨两碗酒叫武松吃了，把一个包裹拴在武松腰里，把这两只熟鹅挂在武松行枷上。施恩附耳低言道："包裹里有两件绵衣，一帕子散碎银子，路上好做盘缠，也有两双八搭麻鞋在里面。只是要路上仔细堤防，这两个贼男女不怀好意！”武松点头道：“不须分付，我已省得了。再着两个来，也不惧他！二哥别念叨，真再来两个也。你自回去将息。且请放心，我自有措置。”施恩拜辞了武松，哭着去了，为什么哭？不快活了：自己又被打了，快活林又被夺了，兄弟还被陷害了；除了哭，没别的法子。○快活林里不快活。○多少人为了快活，最后闹得不快活。○不仅哭着，还去了。当初林冲流配，鲁智深来了；今日武松流配，施恩去了。不在话下。

武松和两个公人上路，行不到数里之上，两个公人悄悄地商议道：“不见那两个来？”武松听了，耳聪。自暗暗地寻思，心明。冷笑轻蔑。道：“没你娘鸟兴！那厮到来扑复老爷！”武松右手却吃钉住在行枷上，左手却散着。武松就枷上取下那熟鹅来，只顾自吃，也不睬那两个公人。武松两次刺配，两样公人，两样下场。○做事不可太绝，做人不可太恶。○对押解公人，林冲一味讨好，武松快意恩仇。你如何对我，我便如何对你。○小人得罪不起，躲得起。若还躲不起，便万万惯不得。○我爱武松者，不惯小人也。又行了四五里路，再把这只熟鹅除来，右手扯着，把左手撕来只顾自吃。看武松如何吃鹅，就知道两公人小命不保。行不过五里路，把这两只熟鹅都吃尽了。吃嘛嘛香，身体倍棒。约算离城也有八九里多路，只见前面路边先有两个人，提着朴刀，各跨口腰刀，先在那里等候。见了公人监押武松到来，便帮着做一路走。武松又见这两个公人与那两个提朴刀的挤眉弄眼，可笑。打些暗号。时候到了。

武松早睃见，自瞧了八分尴尬，只安在肚里，却且只做不见。又走不数里多路，只见前面来到一处济济荡荡鱼浦，四面都是野港阔河。好景致。五个人行至浦边一条阔板桥，一座牌楼，上有牌额，写着道“飞云浦”三字。好名字。武松见了，假意问道：“这里地名唤做甚么去处？”两个公人应道：“你又不眼瞎，须见桥边牌额上写道‘飞云浦’！”武松不眼瞎，他看得很清楚，地方到了，时候到了，有些人的大限到了；公人眼瞎，地方到了，时候到了，却满以为是武松的大限到了。武松站住道：“我要净手则个。”那两个提朴刀的走近一步，却被武松叫声：“下去！”一飞脚早踢中，翻筋斗踢下水去了。这一个急待转身，武松右脚早起，扑通地也踢下水里去。那两个公人慌了，望桥下便走。武松喝一声："那里去！"把枷只一扭，折做两半个，赶将下桥来。那两个先自惊倒了一个。施大爷真想象得出。武松奔上前去，望那一个走的后心上只一拳打翻，就水边捞起朴刀来，赶上去搠上几朴刀，死在地下。秒杀。该。活该。不冤。却转身回来，把那个惊倒的也搠几刀。秒杀。该。活该。不冤。这两个踢下水去的才挣得起，正待要走，武松追着，又砍倒一个。秒杀。○该。活该。不冤。○就这水平，还和武松为敌啊？赶入一步，劈头揪住一个，喝道："你这厮实说，我便饶你性命！"别信！武二饶过谁？那人道："小人两个，是蒋门神徒弟。今被师父和张团练定计，使小人两个来相帮防送公人，一处来害好汉。"武松道："你师父蒋门神今在何处？"那人道："小人临来时，和张团练都在张都监家里后堂鸳鸯楼上吃酒，专等小人回报。"武功不行，说话倒利落得很，一句就交代清楚了人物、地点和事件：都在——好！一会连杀三人，省去武松很多手脚；都在张都监家鸳鸯楼上——好！那是武松熟悉之处，一会上楼杀人，熟门熟路；都在张都监家鸳鸯楼上吃酒——更妙！原来这边杀武松，那边在吃酒等回报，何等惬意！何等快哉！何等歹毒！

武松道："原来恁地！却饶你不得！"怒火中烧。手起刀落，也把这人杀了。解下他腰刀来，拣好的带了一把。人家来时也是拣好的带来。将两个尸首都撺在浦里。又怕那两个不死，提起朴刀，每人身上又搠了几刀。细。立在桥上看了一回，看什么？思量道：权衡什么？"虽然杀了这四个贼男女，不杀得张都监、张团练、蒋门神，如何出得这口恨气！"提着朴刀踌躇了半晌，踌躇什么？一个念头，什么念头？○武松每行动必一番思量。竟奔回孟州城里来。吓杀我也。○一把朴刀，一把腰刀，谁的头将应声落地？不因这番，有分教：武松杀几个贪夫，出一口怨气。定教：画堂深处尸横地，红烛光中血满楼。毕竟武松再回孟州城来，怎地结束，且听下回分解。

第三十回

张都监血溅鸳鸯楼　武行者夜走蜈蚣岭

鴛鴦楼
殺人者打虎武
松也

回前总评

武松在飞云浦连杀四人后，回城里来，熟门熟路从马厩进入张都监家，先杀掉一个马夫，直接往鸳鸯楼摸来，在楼下厨房里，杀掉两个侍候的丫鬟，然后持刀抢入楼中，迎面一刀砍翻蒋门神，转身回一刀，齐张都监耳根连脖子砍了，赶入去又一刀，给了张团练。转瞬之间，三个歹徒化为南柯一梦！

金圣叹于此有一段长叹息，道：

“张都监、张团练、蒋门神三人之遇害，可不为之痛悔哉！方其授意公人，而复遣两徒弟往帮之也，岂不尝殷勤致问：‘尔有刀否？’两人应言：‘有刀。’即又殷勤致问：‘尔刀好否？’两人应言：‘好刀。’则又殷勤致问：‘是新磨刀否？’两人应言：‘是新磨刀。’复又殷勤致问：‘尔刀杀得武松一个否？’两人应言：‘再加十四五个亦杀得，岂止武松一个供得此刀。’当斯时，莫不自谓此刀跨而往，掣而出，飞而起，劈而落，武松之头断，武松之血洒，武松之命绝，武松之冤拔；于是拭之，视之，插之，悬之，归更传观之，叹美之，摩挲之，沥酒祭之，盖天下之大，万家之众，其快心快事，当更未有过于鸳鸯楼上张都监、张团练、蒋门神之三人者也。而殊不知云浦净手，马院吹灯，刀之去，自前门而去者，刀之归，已自后门而归。刀出前门之际，刀尚姓张，刀入后门之时，刀已姓武。于是向之霍霍自磨，惟恐不铦快者，此夜一十九人遂亲以头颈试之。呜呼！岂忍言哉！”

金圣叹为三人叹息，我则为张都监惋惜。武松本来是他手上的一张好牌，他却用他来杀自己。

宋江在柴进处一见武松，见他一表人才，眉宇间英气勃发，马上心中爱惜不已，当即刻意套近乎，终至于二人结为兄弟。岂止宋江这样的眼光敏锐之人，就是开黑店的张青都知道武松这样的人，只能为友，不能为敌，所以化干戈为玉帛，与武松成了兄弟。

再往下，施恩的境界与胸襟比张青更低，但他也知道武松的宝贵，所以，他结以恩义，感以恩情，施以恩惠，终于使武松这样的人为他所用，两人也结为兄弟。

张都监呢？一边是武松这样的大英雄，一边是为人龌龊的张团练，选择与张团练为友而与武松为仇，正所谓物以类聚人以群分。这不仅仅是眼光问题，更是自身境界问题。眼光决定于境界。张都监被杀，不是不幸，而是必然，像他这样，所作所为，都是取死之道。

不仅他被杀了，他的一家老小，包括他的夫人，养娘玉兰，以及亲随、丫环十五条人命，被盛怒之下的武松一口气都杀了！

如果加上在飞云浦杀掉的四人，被激怒的武松，一天之内杀掉了十九人，骇人听闻！

武松嗜杀。在被武松杀掉的人里，有很多是无辜的局外人。但是，殃及无辜的罪名，也不能由武松一人承担。张都监难逃其咎：是他，为了设计陷害武松，为了布下骗局，调动了他府上众多人员，包括玉兰这样的无知少女。让武松觉得张都监阖府都是坏人，全家从上到下都欺骗他、陷害他，于是，他一怒之下，玉石俱焚，好人坏人，有罪无辜，全都遭他毒手。在他的思想里，大概也是宁可错杀一千，决不放过一个。在那样的形势下，他也无法先甄别再下手。

其实，站在武松的立场上，他早已做了甄别：当他在张都监家被一帮人设计陷害、捉拿时，当他被这些人一步一棍打到张都监面前时，有一个人为他说过一句话、鸣过一次不平吗？当武松在马院边问后槽（马夫）“认得我么”时，这个后槽一听是武松，冲口一句话是“不干我事”，这话特别有味道，意思是我知道你被陷害，但不是我。可是，当一个无辜者被陷害时，“好人”们都“不干我事”保持沉默，沉默是一种参与罪恶的方式！所有在罪恶旁边保持沉默的人，其实都是有罪的！都是同谋的坏人！武松的刀下，其实并无完全的无辜！

雪崩时，没有一片雪花认为是自己责任。洪水时，没有一滴雨认为是自己造成。但问题时，崩塌的雪堆中，汹涌的洪水里，哪一片雪花和雨水不在其中？

杀完后，武松拿起酒连吃了三四钟，去死尸身上割下一片衣襟来，蘸着血，去白粉壁上大写下八字，道：“杀人者，打虎武松也！”

武松为什么这样做？因为，武松一贯敢作敢当；更重要的是，在他看来，这又是一件可以让他在江湖上扬名立万的事情。在我们看来，这是桩骇人听闻的血案，但是，武松要的就是：一、骇人；二、听闻。就是要骇人惊人吓人，就是要别人听闻他的大名！

逃亡中的武松，在极度疲惫之中，被张青手下的四个火家（伙计）活捉，送给张青当黄牛肉卖。张青亲自来开剥，认出是兄弟武松。为躲避官家缉捕，张青、孙二娘让武松穿上他们以前剥掉的一个头陀留下的衣饰，腰里挎了头陀留下的两把闪闪发光的戒刀，扮作行者投奔二龙山。从此，武松有了行者的绰号。

当天夜里，武松经过蜈蚣岭，看见一座坟庵中有个道士搂着个妇女在调笑赏月。武松自从他嫂子潘金莲之后，只要见到男女亲热，就“怒从心上起，恶向胆边生”，想试试两把新戒刀，竟到庵前敲门，先杀了一个无辜道童，又一戒刀，杀了飞天蜈蚣王道士。

梁山好汉，特别讲究男女之大防。但凡看见男女之事，便陡生道德之心，一定要清洁世道。事实上，思想越单纯简陋的人，道德意识往往越强，越倾向于从道德角度给人贴标签，对人下判断，甚至判决。

武松在蜈蚣岭这一杀，遥遥映照鲁智深在瓦官寺杀飞天药叉丘小乙和生铁佛崔道成。但是，鲁智深在杀之前，是经过了来来回回反反复复的求证，证明这二人确实是坏人，而且还是对方先出手他才应战的。武松有穷兵黩武草菅人命的坏毛病。难怪他在石碣上，乃是天伤星。

武松是一个很霸道的人，他自己崇拜自己，他也要别人崇拜自己，他要别人永远把他摆在第一的位置上，如若不然，他就会觉得伤了自尊，他就会动武。

武松不仅要老子天下第一，他更要老子天下唯一。

话说张都监听信这张团练说诱嘱托，替蒋门神报仇，要害武松性命，谁想四个人倒都被武松搠杀在飞云浦了。当时武松立于桥上寻思了半晌，踌躇起来，怨恨冲天：“不杀得张都监，如何出得这口恨气！”便去死尸身边解下腰刀，选好的取把来跨了，拣条好朴刀提着，再径回孟州城里来。

进得城中，早是黄昏时候，武松径踅去张都监后花园墙外，却是一个马院。武松就在马院边伏着，听得那后槽马夫。却在衙里，未曾出来。正看之间，只见呀地角门开，后槽提着个灯笼出来，里面便关了角门。武松却躲在黑影里，听那更鼓时，早打一更四点。那后槽上了草料，挂起灯笼，铺开被卧。脱了衣裳，上床便睡。武松却来门边挨那门响，后槽喝道："老爷方才睡，你要偷我衣裳也早些哩！"一个"偷"字，激起武二杀心。武松把朴刀倚在门边，却掣出腰刀在手里，又呀呀地推门。那后槽那里忍得住，便从床上赤条条地跳将出来，拿了搅草棍，拔了闩，却待开门，被武松就势推开去，抢入来，把这后槽劈头揪住。却待要叫，灯影下见明晃晃地一把刀在手里，先自惊得八分软了，口里只叫得一声："饶命！"武松道："你认得我么？"后槽听得声音，方才知是武松，便叫道："哥哥，不干我事，不干他事。你饶了我罢！"武松道："你只实说，张都监如今在那里？"后槽道："今日和张团练、蒋门神——他三个吃了一日酒，如今兀自在鸳鸯楼上吃哩。"武松道："这话是实么？"后槽道："小人说谎，就害疔疮！"好笑。却比害疔疮可怕。武松道："恁地却饶你不得！"手起一刀，把这后槽杀了。杀马夫一人。一脚踢开尸首，把刀插入鞘里。就灯影下，去腰里解下施恩送来的绵衣，将出来，脱了身上旧衣裳，把那两件新衣穿了。我都忘了这两件新衣了。拴缚得紧凑，把腰刀和鞘跨在腰里，却把后槽一床单被包了散碎银两，入在缠袋里，却把来挂在门边。却将一扇门立在墙边，先去吹灭了灯火，却闪将出来，拿了朴刀，从门上一步步爬上墙来。

此时却有些月光明亮，武松从墙头上一跳，却跳在墙里，便先来开了角门。掇过了门扇，复翻身入来，虚掩上角门，闩都提过了。武松却望灯明处来看时，正是厨房里。只见两个丫环正在那汤罐边埋冤，说道："伏侍了一日，兀自不肯去睡，只是要茶吃。那两个客人也不识羞耻，噇得这等醉了，也兀自不肯下楼去歇息，只说个不了！"那两个女使正口里喃喃呐呐地怨怅，武松却倚了朴刀，掣出腰里那口带血刀来，把门一推，呀地推开门，抢入来，先把一个女使髽角儿揪住，一刀杀了。杀女使，二人。那一个却待要走，两只脚一似钉住了的，再要叫时，口里又似哑了的，端的是惊得呆了。休道是两个丫环，便是说话的见了，也惊得口里半舌不展！便是批注的见了也惊得口里半舌不展！武松手起一刀，也杀了。杀女使，三人。却把这两个尸首，拖放灶前。灭了厨下灯火，趁着那窗外月光，一步步挨入堂里来。

武松原在衙里出入的人，已都认得路数，当初为了陷害武松，张都监要武松出入衙门以至认得路数，正所谓报应不爽。径蹑到鸳鸯楼胡梯边来，捏脚捏手摸上楼来。此时亲随的人都伏事得厌烦，远远地躲去了。只听得那张都监、张团练、蒋门神三个说话。武松在胡梯口听，只听得蒋门神口里称赞不了，只说："亏了相公与小人报了冤仇，再当重重的报答恩相！"这张都监道："不是看我兄弟张团练面上，谁肯干这等的事！有人情，这等事也干。你虽费用了些钱财，却也安排得那厮好。这早晚多是在那里下手，那厮敢是死了。只教在飞云浦结果他。待那四人明早回来，便见分晓。"张团练道："这四个对付他一个，有甚么不了？再有几个性命也没了。"蒋门神道："小人也分付徒弟来，只教就那里下手，结果了快来回报。"

武松听了，心头那把无明业火高三千丈，冲破了青天。右手持刀，左手揸开五指，抢入楼中。只见三五枝灯烛荧煌，一两处月光射入，楼上甚是明朗。好景致。〇两月前曾一样风月。面前酒器，皆不曾收。蒋门神坐在交椅上，见是武松，吃了一惊，把这心肝五脏都提在九霄云外。好句子。说时迟，那时快，蒋门神急要挣扎时，武松早落一刀，劈脸剁着。和那交椅都砍翻了。武松便转身回过刀来，那张都监方才伸得脚动，被武松当时一刀，齐耳根连脖子砍着，扑地倒在楼板上。两个都在挣命。这张团练终是个武官出身，虽然酒醉，还有些气力，见剁翻了两个，料道走不迭，便提起一把交椅轮将来。武松早接个住，就势只一推，休说张团练酒后，便清醒白醒时，也近不得武松神力，扑地望后便倒了。武松赶入去，一刀，先割下头来。四人。蒋门神有力挣得起来，武松左脚早起，翻筋斗踢一脚，按住也割了头。五人。转身来，把张都监也割了头。六人。见桌子上有酒有肉，武松拿起酒钟子，一饮而尽，连吃了三四钟，便去死尸身上割下一片衣襟来，蘸着血，去白粉壁上大写下八字道：

杀人者打虎武松也。

把桌子上器皿踏匾了，揣几件在怀里。曾被诬为偷。却待下楼，只听得楼下夫人声音叫道：“楼上官人们都醉了，快着两个上去搀扶。”说犹未了，早有两个人上楼来。

武松却闪在胡梯边，看时，却是两个自家亲随人，便是前日拿捉武松的。报应。武松在黑处让他过去，却拦住去路。两个人进楼中，见三个尸首横在血泊里，惊得面面厮觑，做声不得。正如：“分开八片顶阳骨，倾下半桶冰雪水。”好句子。急待回身，武松随在背后，手起刀落，早剁翻了一个。七人。那一个便跪下讨饶，武松道：

“却饶你不得！”揪住也是一刀，八人。杀得血溅画楼，尸横灯影。武松道：“一不做，二不休，杀了一百个，也只一死！”杀红眼了。提了刀，下楼来。

夫人问道：“楼上怎地大惊小怪？”武松抢到房前，夫人见条大汉入来，兀自问道：“是谁？”是个夜深灯黑人老的语言。武松的刀早飞起，劈面门剁着，九人。倒在房前声唤。武松按住，将去割头时，刀切不入。武松心疑，就月光下看那刀时，已自都砍缺了。还有此等闲文字。武松道：“可知割不下头来！”便抽身去厨房下拿取朴刀，丢了缺刀。翻身再入楼下来，只见灯明下，前番那个唱曲儿的养娘玉兰引着两个小的，把灯照见夫人被杀死地下，方才叫得一声：“苦也！”武松握着朴刀，向玉兰心窝里搠着，报应。十人。两个小的，亦被武松搠死，十二人。一朴刀一个结果了。走出中堂，把闩拴了前门，又入来，寻着两三个妇女，也都搠死了在地下。寻人来杀，十五人。

武松道：“我方才心满意足，才心满意足。走了罢休！”撇了刀鞘，提了朴刀，出到角门外，来马院里除下缠袋来，把怀里踏匾的银酒器都装在里面，拴在腰里。当初赖他偷。现在不用偷，直接杀人越货。拽开脚步，倒提朴刀便走，到城边，寻思道：“若等开门，须吃拿了，不如连夜越城走。”便从城边踏上城来。这孟州城是个小去处，那土城苦不甚高。就女墙边望下，先把朴刀虚按一按，刀尖在上，棒梢向下，托地只一跳，把棒一拄，立在濠堑边。月明之下看水时，只有一二尺深。此时正是十月半天气，各处水泉皆涸。武松就濠堑边，脱了鞋袜，解下腿絣护膝，抓扎起衣服，从这城濠里走过对岸。却想起施恩送来的包裹里有双八搭麻鞋，取出来穿在脚上。是施大爷想起这双鞋。听城里更点时，已打四更三点。武松道：“这口鸟气，今日方才出得松臊！

'梁园虽好，不是久恋之家。'只可撒开。"提了朴刀，投东小路便走。走了一五更，天色朦朦胧胧，尚未明亮。武松一夜辛苦，身体困倦，棒疮发了又疼，那里熬得过？望见一座树林里，一个小小古庙，武松奔入里面，把朴刀倚了，解下包裹来做了枕头，扑翻身便睡。却待合眼，只见庙外边探入两把挠钩，把武松搭住。两个人便抢入来，将武松按定，一条绳索绑了。那四个男女道："这鸟汉子却肥，好送与大哥去！"武松那里挣扎得脱，被这四个人夺了包裹朴刀，却似牵羊的一般，脚不点地，拖到村里来。这四个男女，于路上自言自说道："看这汉子一身血迹，却是那里来？莫不做贼着了手来？"武松只不做声，由他们自说。行不到三五里路，早到一所草屋内，把武松推将进去。侧首一个小门，里面还点着碗灯，四个男女将武松剥了衣裳，绑在亭柱上。武松看时，见灶边梁上挂着两条人腿，两足。武松自肚里寻思道："却撞在横死神手里，死得没了分晓！早知如此时，不若去孟州府里首告了，便吃一刀一剐，却也留得一个清名于世！"要名。那四个男女提着那包裹，口里叫道："大哥、大嫂，快起来！我们张得一头好行货在这里了！"只听得前面应道："我来也，你们不要动手，我自来开剥。"没一盏茶时，只见两个人入屋后来。

武松看时，前面一个妇人，背后一个大汉。两个定睛看了武松，那妇人便道："这个不是叔叔？"那大汉道："果然是我兄弟！"武松看时，那大汉不是别人，却正是菜园子张青，这妇人便是母药叉孙二娘。这四个男女吃了一惊，便把索子解了，将衣服与武松穿了。头巾已自扯碎，且拿个毡笠子与他戴上。原来这张青十字坡店面作坊却有几处，所以武松不认得。张青即便请出前面客席里，叙礼罢，张青大惊，连忙问道："贤弟，如何恁地模样？"武松答道："一言难尽！自从与你相别之后，到得牢城营里，得蒙施管营儿子，唤做金眼彪施恩，一见如故，每日好酒好肉管顾我。为是他有一座酒肉店，在城东快活林内，甚是趁钱，却被一个张团练带来的蒋门神，那厮倚势豪强，公然白白地夺了。施恩如此告诉，我却路见不平，醉打了蒋门神，复夺了快活林，施恩以此敬重我。后被张团练买嘱张都监定了计谋，取我做亲随，设智陷害，替蒋门神报仇。八月十五日夜，只推有贼，赚我到里面，却把银酒器皿预先放在我箱笼内，拿我解送孟州府里，强扭做贼，打招了，监在牢里。却得施恩上下使钱透了，不曾受害。又得当案叶孔目仗义疏财，不肯陷害平人。又得当牢一个康节级，与施恩最好，两个一力维持，待限满脊杖，转配恩州。昨夜出得城来，叵耐张都监设计，教蒋门神使两个徒弟和防送公人相帮，就路上要结果我。到得飞云浦僻静去处，正欲要动手，先被我两脚，把两个徒弟踢下水里去。赶上这两个鸟公人，也是一朴刀一个搠死了，都撇在水里。思量这口气怎地出得，因此再回孟州城里去。一更四点，进去马院里，先杀了一个养马的后槽。爬入墙内，去就厨房里杀了两个丫环。直上鸳鸯楼上，把张都监、张团练、蒋门神三个都杀了，又砍了两个亲随。下楼来又把他老婆、儿女、养娘都戳死了。叙述清楚。武松思路清晰。四更三点，跳城出来。走了一五更路，一时困倦，棒疮发了又疼，因行不得，投一小庙里权歇一歇，却被这四个绑缚将来。"那四个捣子便拜在地下道："我们四个，都是张大哥的火家。因为连日博钱输了，去林子里寻些买卖。这世上，多少林子里的买卖？这世上，多少比林子里更黑更恶的买卖？却见哥哥从小路来，身上淋淋漓漓都是血迹，却在土地庙里歇，我四个不知是甚人。早是张大哥这几时分付道：'只要捉活的。'因此，我们只拿挠钩套索出去，不分付时，也坏了大哥性命。正是'有眼不识泰山'，一时误犯着哥哥，恕罪则个！"

张青夫妻两个笑道："我们因有挂心，这几时只要他们拿活的行货。他这四个，如何省的我心里事。救一个好汉，杀多少好人？若是我这兄弟不困乏时，不说你这四个男女，更有四十个也近他不得！"那四个捣子只顾磕头，武松唤起他来道："既然他们没钱去赌，我赏你些。"便把包裹打开，取十两碎银，把与四人将去分。那四个捣子拜谢武松。武松只是托大，正如李忠只是装小。○鲁达是大而不知其所以为大，是真大。武松是大而自知其何以为大，是托大。张青看了，也取三二两银子，赏与他们四个自去分了。张青道："贤弟不知我心！从你去后，我只怕你有些失支脱节，或早或晚回来，因此上分付这几个男女，但凡拿得行货，只要活的。那厮们慢仗些的，趁活捉了，敌他不过的，必致杀害。以此不教他们将刀仗出去，只与他挠钩套索。方才听得说，我便心疑，连忙分付等我自来看，谁想果是贤弟！"孙二娘道："只听得叔叔打了蒋门神，又是醉了赢他，那一个来往人不吃惊！有在快活林做买卖的客商，常说到这里，却不知向后的事。叔叔困倦，且请去客房里将息，却再理会。"张青引武松去客房里睡了。两口儿自去厨下安排些佳肴美馔酒食，管待武松。不移时，整治齐备，专等武松起来相叙。

却说孟州城里张都监衙内，也有躲得过的，直到五更才敢出来。众人叫起里面亲随，外面当直的军牢，都来看视，声张起来。街坊邻舍，谁敢出来。捱到天明时分，却来孟州府里告状。知府听说罢大惊，自家做出的事，何必大惊。火速差人下来，简点了杀死人数，行凶人出没去处，填画了图像格目，回府里禀覆知府道："先从马院里入来，就杀了养马的后槽一人，有脱下旧衣二件。次到厨房里灶下，杀死两个丫环，厨门边遗下行凶缺刀一把。楼上杀死张都监一员，并亲随二人。外有请到客官张团练与蒋门神二人。白粉壁上，衣襟蘸血，大写八字道：'杀人者打虎武松也。'楼下搠死夫人一口，在外搠死玉兰一口，奶娘二口，儿女三口。共计杀死男女一十五名，掳掠去金银酒器六件。"惊天大案。知府看罢，便差人把住孟州四门，点起军兵并缉捕人员，城中坊厢里正逐一排门搜捉凶人武松。

次日飞云浦地里保正人等告称："杀死四人在浦内，见有杀人血痕在飞云浦桥下，尸首俱在水中。"惊天大案。知府接了状子，当差本县县尉下来，一面着人打捞起四个尸首，都简验了。两个是本府公人，两个自有苦主，各备棺木盛殓了尸首，尽来告状，催促捉拿凶首偿命。城里闭门三日，家至户到，逐一挨察。五家一连，十家一保，那里不去搜寻。知府押了文书，委官下该管地面，各乡、各保、各都、各村，尽要排家搜捉，缉捕凶首。写了武松乡贯、年甲、貌相、模样，画影图形，出三千贯信赏钱。如有人知得武松下落，赴州告报，随文给赏；如有人藏匿犯人在家宿食者，事发到官，与犯人同罪。遍行邻近州府一同缉捕。

且说武松在张青家里将息了三五日，打听得事务篾刺一般紧急，纷纷攘攘，有做公人出城来各乡村缉捕。张青知得，只得对武松说道："二哥，不是我怕事不留你久住，如今官司搜捕得紧急，排门挨户，只恐明日有些疏失，必须怨恨我夫妻两个。我却寻个好安身去处与你，在先也曾对你说来，只不知你心中肯去也不？"

武松道：“我这几日也曾寻思，武松精细，岂能不寻思。想这事必然要发，如何在此安得身牢？止有一个哥哥，又被嫂嫂不仁害了。甫能来到这里，又被人如此陷害。祖家亲戚都没了。今日若得哥哥有这好去处叫武松去，我如何不肯去？只不知是那里地面？”张青道：“是青州管下一座二龙山宝珠寺。我哥哥鲁智深和甚么青面兽好汉杨志“甚么”二字妙。〇鲁智深是哥哥，青面兽是甚么。在那里打家劫舍，霸着一方落草。青州官军捕盗，不敢正眼觑他。贤弟只除那里去安身，方才免得。若投别处去，终久要吃拿了。他那里常常有书来取我入伙，我只为恋土难移，不曾去得。我写一封书，备细说二哥的本事。于我面上，如何不着你入伙？”武松道：“大哥也说的是。我也有心，恨时辰未到，缘法不能凑巧。今日既是杀了人，事发了，没潜身处，此为最妙。大哥，你便写书与我去，只今日便行。”张青随即取幅纸来，备细写了一封书，把与武松，安排酒食送路。

只见母药叉孙二娘指着张青说道：“你如何便只这等叫叔叔去？前面定吃人捉了！”不是张青粗疏，是此处须有二娘。武松道：“嫂嫂，你且说，我怎地去不得，如何便吃人捉了？”孙二娘道：“阿叔，如今官司遍处都有了文书，出三千贯信赏钱，画影图形，明写乡贯年甲，到处张挂。阿叔脸上见今明明地两行金印，走到前路须赖不过。”张青道：“脸上贴了两个膏药便了。”孙二娘笑道：“天下只有你乖！你说这痴话！这个如何瞒得过做公的？我却有个道理，只怕叔叔依不得。”武松道：“我既要逃灾避难，如何依不得？”孙二娘大笑道：“我说出来，叔叔却不要嗔怪。”武松道：“嫂嫂说的定依。”孙二娘道：“二年前有个头陀打从这里过，吃我放翻了，把来做了几日馒头馅。似见二娘羞赧嫣然之色。〇恶得美艳如花。却留得他一个铁界箍，一身衣服，一领皂布直裰，一条杂色短穗绦，一本度牒，一串一百单八颗人顶骨数珠，一个沙鱼皮鞘子，插着两把雪花镔铁打成的戒刀。这刀时常半夜里鸣啸得响，叔叔前番也曾看见。今既要逃难，只除非把头发剪了，做个行者，须遮得额上金印。又且得这本度牒做护身符，年甲貌相又和叔叔相等，却不是前世前缘？叔叔便应了他的名字，前路去谁敢来盘问？这件事好么？”张青拍手道：“二娘说得是，我倒忘了这一着！二哥，你心里如何？”武松道：“这个也使得，只恐我不像出家人模样。”鲁达便不知自己不像出家人模样。张青道：“我且与你扮一扮看。”孙二娘去房中取出包裹来打开，将出许多衣裳，教武松里外穿了。武松自看道：“却一似我身上做的。”着了皂直裰，系了绦，把毡笠儿除下来，解开头发，折叠起来，将界箍儿箍起，挂着数珠。张青、孙二娘看了，两个喝采道：“却不是前生注定！”武松讨面镜子照了，自哈哈大笑起来。张青道：“二哥为何大笑？”武松道：“我照了自也好笑，不知何故做了行者。人生尽是不知何故。大哥便与我剪了头发。”张青拿起剪刀，替武松把前后头发都剪了。

武松见事务看看紧急，便收拾包裹要行。张青又道：“二哥，你听我说。好像我要便宜，你把那张都监家里的酒器留下在这里，我换些零碎银两与你路上去做盘缠，万无一失。”张青细。○施大爷细。武松道：“大哥见得分明。”尽把出来与了张青，换了一包散碎金银，都拴在缠袋内，系在腰里。武松饱吃了一顿酒饭，拜辞了张青夫妻二人，腰里跨了这两口戒刀，当晚都收拾了。孙二娘取出这本度牒，就与他缝个锦袋盛了，教武松挂在贴肉胸前。武松临行，张青又分付道：“二哥于路上小心在意，凡事不可托大。你看，张青与我一般见识。酒要少吃，休要与人争闹，也做些出家人行径。伏毛太公庄上事也。诸事不可躁性，省得被人看破了。如到了二龙山，便可写封回信寄来。我夫妻两个在这里，也不是长久之计。敢怕随后收拾家私，也来山上入伙。二哥，保重保重！千万拜上鲁、杨二头领！”武松辞了出门，插起双袖，摇摆着便行。张青夫妻看了喝采道：“果然好个行者！”当晚武行者离了大树十字坡，便落路走。

此时是十月间天气，日正短，转眼便晚了。约行不到五十里，早望见一座高岭，武行者趁着月明，一步步上岭来，料道只是初更天色。武行者立在岭头上看时，见月从东边上来，照得岭上草木光辉。人生偃蹇而风月无边。只有一声奈何！正看之间，只听得前面林子里有人笑声，愈显林静山幽。武行者道：“又来作怪！这般一条净荡荡高岭，有甚么人笑语？”净荡荡高岭，何等文字！走过林子那边去打一看，只见松树林中，傍山一座坟庵，约有十数间草屋，推开着两扇小窗，一个先生搂着一个妇人在那窗前看月戏笑。真堪偕隐。武行者看了，怒从心上起，恶向胆边生：武行者与我不同意：我看此景生艳美也。“这是山间林下，出家人却做这等勾当！”便去腰里掣出那两口烂银也似戒刀来，在月光下看了在月光下看烂银也似戒刀。何等文字！何等情调！俗人岂能看出此间诗意斑斓！○道士戏女，武松看刀，我却只想着北朝民歌《琅琊王歌辞》：新买五尺刀，悬着中梁柱。一日三摩挲，剧于十五女。道：“刀却是好，到我手里不曾发市，且把这个鸟先生试刀！”手腕上悬了一把，再将这把插放鞘内，把两只直裰袖结起在背上，竟来到庵前敲门。那先生听得，便把后窗关上。武行者拿起块石头，便去打门。只见呀地侧首门开，走出一个道童来，喝道：“你是甚人，如何敢半夜三更大惊小怪，敲门打户做甚么？”武行者睁圆怪眼，大喝一声：“先把这鸟道童祭刀！”说犹未了，手起处，铮地一声响，道童的头落在一边，倒在地下。恶。只见庵里那个先生大叫道：“谁敢杀我道童！”托地跳将出来。那先生手轮着两口宝剑，竟奔武行者。武松大笑道：“我的本事，不要箱儿里去取！正是挠着我的痒处！”便去鞘里再拔出那口戒刀，轮起双戒刀来迎那先生。两个就月明之下，一来一往，一去一回，四道寒光旋成一圈冷气。两个斗到十数合，只听得山岭傍边一声响亮，两个里倒了一个。但见寒光影里人头落，杀气丛中血雨喷。毕竟两个里厮杀，倒了一个的是谁，且听下回分解。

第三十一回

武行者醉打孔亮　锦毛虎义释宋江

武行者醉打孔亮
錦毛虎義釋宋江

回前总评

上一回，武松一天之内杀掉了十九个人，逃命途中，在蜈蚣岭又不问青红皂白杀了两人，复仇已然成滥杀。并且，蜈蚣岭的故事没头没尾，上不接下不连，好生奇怪。敢情施耐庵施大爷就是编一故事写武松杀人不分青红皂白也。

这一回里有个细节，特别耐人寻味。武松在孔太公庄上又寻衅闹事，出手打伤酒店主人和孔亮，最后被一条黄狗戏弄——这条狗，好像冥冥之中由天意安排了在这冬月里要来与武松纠缠，要来出武松的丑。武松走，黄狗跟着叫；武松停，黄狗站着叫；武松追，黄狗跑着叫，最后，一个大英雄，拔刀向黄狗，却砍个空，自己翻筋斗倒撞下只有一二尺深浅的溪里，再也起不来，在那溪水里滚。

这是施耐庵的狗。施耐庵大概也是写着写着武松，不大喜欢他了，就放出一条狗来，与他作对，让他的精彩就这么不光彩地结束。

武松的一生，以打虎始，以打狗终。以打虎取胜始，以打狗落败终。他的一生，真是虎头狗尾。

狼狈的武松被抓到孔太公庄上，在这里再遇宋江。武松出场，是在第二十二回“横海郡柴进留宾　景阳冈武松打虎”，那是宋江第一次见他，他躲在柴进庄上，正身患疟疾，穷愁落魄，受人白眼，毫无英雄气概；现在宋江再遇武松，烂醉如泥，滚在溪里，也是毫无英雄气概。

经过几多打拼，也曾有过几番精彩，但，最后，还是回到原点。武松还是那个武松，并无长进。没有点铁成金，没有夺胎换骨。武松并无上进的力量，也无引领上升之人。

宋江的故事，也在第二十二回暂停，进入武松的故事。到本回，武松故事结束，宋江江湖生涯再次开始。

武松上了二龙山，投鲁智深、杨志入伙了。宋江往清风山走来，被一条绊脚索绊倒，缚押到山上，差点被王矮虎、燕顺、郑天虎挖了心肝做醒酒汤。这里的描写，很像《西游记》中类似的场景。《西游记》写的是妖怪，《水浒传》写的是人类。其实，《西游记》中的妖怪，就是人类；《水浒传》中的人类，往往就是妖怪。

不出我们读者所料，燕顺一听宋江两字，"纳头便拜"，然后说了一段话。这段话，前面说"仁兄礼贤下士，结纳豪杰，名闻寰海，谁不钦敬"，不过依旧老生常谈，宋江一出场，《水浒传》就交代过，武松也说过，是陈词滥调。但后面，燕顺说"梁山泊近来如此兴旺，四海皆闻，曾有人说道尽出仁兄之赐"，直接说破宋江与梁山的关系，就有味道了。要知道，这在郓城县说，会吓死宋江，阎婆惜就是要说破这层关系，被宋江杀掉的。现在，由山大王燕顺说出来，却是得意死宋江。

救晁盖——对朝廷而言，是大罪；对江湖而言，是大功。

宋江自己——在官场那边，即使不出事，他也没有什么更大的发展空间，一个吏员的身份，已经框死了他人生的格局；在江湖这边，则蕴含着无限的可能——宋江突然意识到，一个世界对他关了门的时候，另一扇世界的大门，已然对他大开。此前他的所作所为，他对江湖好汉的特别感情，原来早就预示他的今天！

于是，在刚刚还要挖他心肝的强盗面前，宋江一口气把他救晁盖、杀阎婆惜，以及此后江湖飘蓬，从投柴进到孔太公，直至今次要往清风寨寻小李广花荣，两年的行踪、事迹，都一一备细说了。还记得吗？宋江对柴进，也只说杀阎婆惜，对救晁盖，他讳莫如深呢。

宋江的一只脚，不知不觉地伸到江湖上了。

当时两个斗了十数合，那先生被武行者卖个破绽，让那先生两口剑砍将入来，被武行者转过身来，看得亲切，只一戒刀，那先生的头滚落在一边，尸首倒在石上。武行者大叫："庵里婆娘出来，我不杀你，只问你个缘故！"杀完人，再问缘故。〇草菅人命。只见庵里走出那个妇人来，倒地便拜。武行者道："你休拜我！你且说，这里叫甚么去处？那先生却是你的甚么人？"那妇人哭着道："奴是这岭下张太公家女儿。这庵是奴家祖上坟庵。这先生不知是那里人，来我家里投宿，言说善习阴阳，能识风水。我家爹娘不合留他在庄上，因请他来这里坟上观看地理，被他说诱，谁让你被风水先生说诱！又留他住了几日。那厮一日见了奴家，便不肯去了。住了三两个月，把奴家爹娘哥嫂都害了性命，好个善习阴阳，能识风水。却把奴家强骗在此坟庵里住。王道士杀对了。这个道童也是别处掳掠来的。道童杀错了。这岭唤做蜈蚣岭。这先生见这条岭好风水，原来好风水就是好葬身。〇看风水者往往如此。以此他便自号'飞天蜈蚣'王道人。"

武行者道："你还有亲眷么？"那妇人道："亲戚自有几家，都是庄农之人，谁敢和他争论？"武行者道："这厮有些财帛么？"妇人道："他也积蓄得一二百两金银。"武行者道："有时，你快去收拾，我便要放火烧庵了。”烧庵却是为甚？那妇人问道：“师父，你要酒肉吃么？”武行者道：“有时，将来请我。”那妇人道：“请师父进庵里去吃。”怪。武行者道：“怕别有人暗算我么？”那妇人道：“奴有几颗头，敢赚得师父？”武行者随那妇人入到庵里，见小窗边桌子上摆着酒肉。武行者讨大碗，吃了一回，那妇人收拾得金银财帛已了，武行者便就里面放起火来。那妇人捧着一包金银，献与武行者。武行者道：“我不要你的，你自将去养身。快走，快走！”那妇人拜谢了，自下岭去。武行者把那两个尸首，都撺在火里烧了。插了戒刀，连夜自过岭来，迤逦取路，望着青州地面来。

又行了十数日，但遇村坊道店，市镇乡城，果然都有榜文张挂在彼处，捕获武松。到处虽有榜文，武松已自做了行者，于路却没人盘诘他。时遇十一月间，天色好生严寒。当日武行者一路上买酒肉吃，只是敌不过寒威。上得一条土冈，早望见前面有一座高山，生得十分险峻。武行者下土冈子来，走得三五里路，早见一个酒店。门前一道清溪，屋后都是颠石乱山。看那酒店时，却是个村落小酒肆。武行者过得那土冈子来，径奔入那村酒店里坐下，便叫道：“店主人家，先打两角酒来，肉便买些来吃。”店主人应道：“实不瞒师父说，酒却有些茅柴白酒，肉却多卖没了。”武行者道：“且把酒来挡寒。”店主人便去打两角酒，大碗价筛来，教武行者吃，将一碟熟菜，与他过口。片时间，吃尽了两角酒，又叫再打两角酒来。店主人又打了两角酒，大碗筛来，武行者只顾吃。原来过冈子时，先有三五分酒了；一发吃过这四角酒，又被朔风一吹，酒却涌上。武松却大呼小叫道：“主人家，你真个没东西卖？你便自家吃的肉食也回些与我吃了，一发还你银子。”店主人笑道：

“也不曾见这个出家人，酒和肉只顾要吃。却那里去取？师父，你也只好罢休！”武行者道：“我又不白吃你的，如何不卖与我？”店主人道：“我和你说过，只有这些白酒，那得别的东西卖？”

正在店里论口，只见外面走入一条大汉，引着三四个人入进店里。主人笑容可掬，迎接道：“二郎请坐。”那汉道：“我分付你的，安排也未？”店主人答道：“鸡与肉都已煮熟了，只等二郎来。”那汉道：“我那青花瓮酒在那里？”店主人道：“在这里。”那汉引了众人，便向武行者对席上头坐了；那同来的三四人，却坐在肩下。店主人却捧出一樽青花瓮酒来，开了泥头，倾在一个大白盆里。武行者偷眼看时，却是一瓮窨下的好酒，风吹过一阵阵香味来。武行者不住闻得香味，喉咙痒将起来，恨不得钻过来抢吃。只见店主人又去厨下，把盘子托出一对熟鸡、一大盘精肉来，放在那汉面前，便摆了菜蔬，用杓子舀酒去烫。武行者看自己面前只是一碟儿熟菜，我忍不住笑。不由的不气。正是眼饱肚中饥，酒又发作，恨不得一拳打碎了那桌子。大叫道：“主人家，你来！你这厮好欺负客人！”店主人连忙来问道：“师父，休要焦躁，要酒便好说。”武行者睁着双眼喝道：“你这厮好不晓道理！这青花瓮酒和鸡肉之类，如何不卖与我？我也一般还你银子！”店主人道：“青花瓮酒和鸡肉，都是那二郎家里自将来的，只借我店里坐地吃酒。”解释。既已解开，就该释怀。

武行者心中要吃，那里听他分说，一片声喝道：“放屁！放屁！”这就不对了。店主人道：“也不曾见你这个出家人，恁地蛮法！”武行者喝道：“怎地是老爷蛮法？我白吃你的？”那店主人道：“我倒不曾见出家人自称老爷！”不记得张青的叮嘱：也做些出家人行径。武行者听了，跳起身来，叉开五指，望店主人脸上只一掌，把那店主人打个踉跄，直撞过那边去。是个市井流氓的做法。那对席的大汉见了大怒，看那店主人时，打得半边脸都肿了，半日挣扎不起。恶。〇记得鲁达打金老店中的小二么？鲁达打得直，武松打得屈。此正是武松不及鲁达处。

那大汉跳起身来指定武松道："你这个鸟头陀，好不依本分！张青早知道这个兄弟不依本分。〇行者也本来不是武二本分。却怎地便动手动脚？却不道是'出家人勿起嗔心'！"好意。武行者道："我自打他，干你甚事！"这一句即拉下武松境界来。不是标榜自己"路见不平拔刀相助"吗？怎么干你甚事了？〇郑屠自欺负金翠莲，周通自讨刘小姐，关鲁达甚事。蒋门神自夺施恩快活林，关武二甚事。〇武松一生杀人甚多，但是，完全不关他事，只是路见不平拔刀相助的行侠仗义之事，还真是找不到。那大汉怒道："我好意劝你，你这鸟头陀敢把言语伤我！"武行者听得大怒，便把桌子推开，走出来喝道："你那厮说谁？"仗势欺人。那大汉笑道："你这鸟头陀，要和我厮打，正是来太岁头上动土！"便点手叫道："你这贼行者，出来和你说话！"武行者喝道："你道我怕你，不敢打你？"一抢抢得门边，那大汉便闪出门外去。武行者赶到门外，那大汉见武松长壮，那里敢轻敌，便做个门户等着他。武行者抢入去，接住那汉手。那大汉却待用力跌武松，怎禁得他千百斤神力，就手一扯，扯入怀中；只一拨，拨将去，恰似放翻小孩子的一般，那里做得半分手脚？那三四个村汉看了，手颤脚麻，那里敢上前来。武行者踏住那大汉，提起拳头来，只打实落处。打了二三十拳，恶。就地下提起来，望门外溪里只一丢。恶。

那三四个村汉叫声苦，不知高低，都下水去把那大汉救上溪来，自搀扶着投南去了。这店主人吃了这一掌，打得麻了，动掸不得，自入屋后躲避去了。武行者道："好呀！你们都去了，老爷吃酒了！"把个碗去白盆内舀那酒来，只顾吃。桌子上那对鸡，一盘子肉，都未曾吃动。武行者且不用箸，双手扯来任意吃。没半个时辰，把这酒肉和鸡，都吃个八分。武行者醉饱了，把直裰袖结在背上，便出店门，沿溪而走。却被那北风卷将起来，武行者捉脚不住，一路上抢将来。写到此处，施大爷开始厌恶武二爷。读到此处，我也不喜欢武二爷。

离那酒店走不得四五里路，傍边土墙里走出一只黄狗，武松一生最大的对手来了。看着武松叫。武行者看时，一只大黄狗赶着吠。武行者大醉，正要寻事，恨那只狗赶着他只管吠，便将左手鞘里掣一口戒刀来，大踏步赶。那只黄狗绕着溪岸叫。武行者一刀砍将去，却砍个空，使得力猛，头重脚轻，翻筋斗倒撞下溪里去，却起不来。黄狗便立定了叫。是狗嫌你，还是施大爷嫌你。冬月天道，虽只有一二尺深浅的水，却寒冷得当不得，爬起来，淋淋的一身水，却见那口戒刀浸在溪里，亮得耀人。诸本皆无“亮得耀人”四字，当为金圣叹所加。即此四字，便知金圣叹笔力如刀。便再蹲下去捞那刀时，扑地又落下去，再起不来，只在那溪水里滚。冷、惨。武松一生以打虎始，以打狗终。以打虎取胜始，以打狗落败终。虎头狗尾，令人废书而叹。○人生不怕大江大海，只怕这一二尺深溪水。

岸上侧首墙边转出一伙人来。当先一个大汉，头戴毡笠子，身穿鹅黄纻丝衲袄，手里拿着一条哨棒。背后十数个人跟着，都拿木钯白棍。众人看见狗吠，指道：“这溪里的贼行者，便是打了小哥哥的。如今小哥哥寻不见大哥哥，却又引了二三十个庄客，自奔酒店里捉他去了。他却来到这里……”说犹未了，只见远远地那个吃打的汉子换了一身衣服，手里提着一条朴刀，背后引着三二十个庄客，都拖枪拽棒，跟着那个大汉，吹风胡哨四字不明觉厉地好。来寻武松。赶到墙边，见了，指着武松，对那穿鹅黄袄子的大汉道：“这个贼头陀，正是打兄弟的！”那个大汉道：“且捉这厮去庄里细细拷打！”那汉喝声：“下手！”三四十人一发上。可怜武松醉了，挣扎不得，急要爬起来，被众人一齐下手，横拖倒拽，捉上溪来。

转过侧首墙边一所大庄院，两下都是高墙粉壁，垂柳乔松，围绕着墙院。众人把武松推抢入去，剥了衣裳，夺了戒刀包裹，揪过来绑在大柳树上，叫取一束藤条来，细细的打那厮。却才打得三五下，只见庄里走出一个人来问道：“你兄弟两个又打甚么人？”“又”字妙。只见这两个大汉叉手道：“师父听禀：兄弟今日和邻庄三四个相识去前面小路店里吃三杯酒，叵耐这个贼行者到来寻闹，把兄弟痛打了一顿，又将来撺在水里，头脸都磕破了，险些冻死，却得相识救了回来。归家换了衣服，带了人再去寻他，那厮把我酒肉都吃了，却大醉，倒在门前溪里，因此捉拿在这里细细的拷打。看起这贼头陀来也不是出家人，脸上见刺着两个金印，这贼却把头发披下来遮了，必是个避罪在逃的囚徒。此话妙。妙在骂宋江。问出那厮根原，解送官司理论！”是。先把宋江解去。这个吃打伤的大汉道：“问他做甚么！这秃贼打得我一身伤损，不着一两个月，将息不起。不如把这秃贼一顿打死了，一把火烧了他，才与我消得这口恨气！”不是。〇是与不是，官司理论还是私刑打死，武二这番休了。说罢，拿起藤条恰待又打，只见出来的那人说道：“贤弟，且休打，待我看他一看，这人也像是一个好汉。”是。

此时武行者心中略有些醒了，理会得，只把眼来闭了，由他打，只不做声。那个人先去背上看了杖疮，便道：“作怪！这模样想是决断不多时的疤痕。”是个吏员的口吻。转过面前，便将手把武松头发揪起来，定睛看了，叫道：“这个不是我兄弟武二郎？”武行者方才闪开双眼，看了那人道：“你不是我哥哥？”那人喝道：“快与我解下来，这是我的兄弟！”那穿鹅黄袄子的并吃打的尽皆吃惊，连忙问道：“这个行者，如何却是师父的兄弟？”那人便道：“他便是我时常和你们说的那景阳冈上打虎的武松。我也不知他如今怎地做了行者！”那弟兄两个听了，慌忙解下武松来，便讨几件干衣服与他穿了，便扶入草堂里来。武松便要下拜，那个人惊喜相半，扶住武松道：“兄弟酒还未醒，且坐一坐说话。”武松见了那人，欢喜上来，酒早醒了五分，讨些汤水洗漱了，吃些醒酒之物，便来拜了那人，相叙旧话。那人不是别人，正是郓城县人氏，姓宋名江，表字公明。

武行者道：“只想哥哥在柴大官人庄上，却如何来在这里？兄弟莫不是和哥哥梦中相会么？”宋江道：“我自从和你在柴大官人庄上分别之后，我却在那里住得半年。不知家中如何，恐父亲烦恼，先发付兄弟宋清归去。后却收拾得家中书信，说道：‘官司一事，全得朱、雷二都头气力，已自家中无事，只要缉捕正身。因此，已动了个海捕文书，各处追获。’这事已自慢了，却有这里孔太公屡次使人去庄上问信。后见宋清回家，说道宋江在柴大官人庄上。因此，特地使人直来柴大官人庄上，取我在这里。孔太公可知宋江下落，官府不知。此间便是白虎山，这庄便是孔太公庄上。恰才和兄弟相打的，便是孔太公小儿子。因他性急，好与人厮闹，到处叫他做‘独火星’孔亮。这个穿鹅黄袄子的，便是孔太公大儿子，人都叫他做‘毛头星’孔明。因他两个好习枪棒，却是我点拨他些个，以此叫我做师父。什么师父，点拨出这等稀松武功。我在此间住半年了，我如今正欲要上清风寨走一遭，这两日方欲起身。我在柴大官人庄上时，只听得人传说兄弟在景阳冈上打了大虫，又听知你在阳谷县做了都头，又闻斗杀了西门庆。向后不知你配到何处去。兄弟如何做了行者？”武松答道：“小弟自从柴大官人庄上别了哥哥，去到得景阳冈上打了大虫，送去阳谷县，知县就抬举我做了都头。后因嫂嫂不仁，与西门庆通奸，药死了我先兄武大，被武松把两个都杀了，自首告到本县，转申东平府。后得陈府尹一力救济，断配孟州……”至十字坡，怎生遇见张青、孙二娘，到孟州，怎地会施恩，怎地打了蒋门神，如何杀了张都监一十五口，又逃在张青家，“母药叉孙二娘教我做了头陀行者”的缘故，过蜈蚣岭试刀，杀了王道人，唯独不提小道童。至村店吃酒，醉打了孔兄。把自家的事，从头备细告诉了宋江一遍。

孔明、孔亮两个听了大惊，扑翻身便拜。武松慌忙答礼道：“却才甚是冲撞，休怪！休怪！”孔明、孔亮道：“我弟兄两个‘有眼不识泰山’，万望恕罪！”武行者道：“既然二位相觑武松时，却是与我烘焙度牒、书信，并行李衣服，不可失落了那两口戒刀，这串数珠。”细。孔明道：“这个不须足下挂心，小弟已自着人收拾去了，整顿端正拜还。”武行者拜谢了。宋江请出孔太公，都相见了。孔太公置酒设席管待，不在话下。当晚宋江邀武松同榻，又同榻？叙说一年有余的事，宋江心内喜悦。

武松次日天明起来，都洗漱罢，出到中堂，相会吃早饭。孔明自在那里相陪，孔亮捱着疼痛也来管待。想起施恩包着头手。孔太公便叫杀羊宰猪，安排筵宴。是日，村中有几家街坊亲戚都来谒拜，又有几个门下人亦来拜见。宋江见了大喜。当日筵宴散了，宋江问武松道：“二哥，今欲往何处安身？”武松道：“昨夜已对哥哥说了，菜园子张青写书与我，着兄弟投二龙山宝珠寺花和尚鲁智深那里入伙。他也随后便上山来。”宋江道：“也好。我不瞒你说：我家近日有书来说道，清风寨知寨小李广花荣，他知道我杀了阎婆惜，每每寄书来与我，千万教我去寨里住几时。此间又离清风寨不远，我这两日正待要起身去，因见天气阴晴不定，未曾起程。早晚要去那里走一遭，不若和你同往如何？”武松道：“哥哥怕不是好情分，带携兄弟投那里去住几时。只是武松做下的罪犯至重，遇赦不宥，因此发心，只是投二龙山落草避难。亦且我又做了头陀，难以和哥哥同往。路上被人设疑，倘或有些决撒了，须连累了哥哥。便是哥哥与兄弟同死同生，也须累及了花知寨不好。只是由兄弟投二龙山去了罢。天可怜见，异日不死，受了招安，还未落草，已想招安。那时却来寻访哥哥未迟。”宋江道：“兄弟既有此心归顺朝廷，皇天必祐。若如此行，不敢苦劝，你只相陪我住几日了去。”自此，两个在孔太公庄上，一住过了十日之上。

宋江与武松要行，孔太公父子那里肯放。又留了三五日，宋江坚执要行，孔太公只得安排筵席送行。管待一日了，次日，将出新做的一套行者衣服，皂布直裰，并带来的度牒、书信、界箍、数珠、戒刀、金银之类，交还武松，又各送银五十两，权为路费。宋江推却不受，孔太公父子只顾将来拴缚在包裹里。宋江整顿了衣服器械，武松依前穿了行者的衣裳，带上铁界箍，挂了人顶骨数珠，跨了两口戒刀，收拾了包裹，拴在腰里。宋江提了朴刀，悬口腰刀，带上毡笠子，辞别了孔太公。孔明、孔亮叫庄客背了行李，弟兄二人直送了二十余里路，拜辞了宋江、武行者两个。宋江自把包裹背了，说道：“不须庄客远送，我自和武兄弟去。”孔明、孔亮相别，自和庄客归家，不在话下。

只说宋江和武松两个在路上行着，于路说些闲话，走到晚，歇了一宵。次日早起，打伙又行。两个吃罢饭，又走了四五十里，却来到一市镇上，地名唤做瑞龙镇，却是个三岔路口。宋江借问那里人道：“小人们欲投二龙山、清风镇上，不知从那条路去？”

那镇上人答道："这两处不是一条路去了。这里要投二龙山去，只是投西落路。若要投清风镇去，须用投东落路，过了清风山便是。"宋江听了备细，便道："兄弟，我和你今日分手，就这里吃三杯相别。"人生总在别中。武行者道："我送哥哥一程了，却回来。"宋江道："不须如此。自古道：'送君千里，终有一别。'兄弟，你只顾自己前程万里，早早的到了彼处。入伙之后，少戒酒性。如得朝廷招安，你便可撺掇鲁智深投降了，日后但是去边上一枪一刀，博得个封妻荫子，久后青史上留得一个好名，也不枉了为人一世。我自百无一能，虽有忠心，不能得进步。兄弟，你如此英雄，决定做得大事业，可以记心，听愚兄之言，图个日后相见。"武行者听了。酒店上饮了数杯，还了酒钱，二人出得店来，行到市镇梢头，三岔路口，武行者下了四拜。宋江洒泪，不忍分别，又分付武松道："兄弟，休忘了我的言语：少戒酒性。保重，保重！"不知何故，读至此处，心中恻然。武行者自投西去了。

看官牢记话头，武行者自来二龙山投鲁智深、杨志入伙了。不在话下。武松故事终结。

且说宋江自别了武松，转身投东，望清风寨路上来，于路只忆武行者。又自行了几日，却早远远的望见前面一座高山，生得古怪，树木稠密，心中欢喜，观之不足；贪走了几程，不曾问得宿头。看看天色晚了，宋江心内惊慌，肚里寻思道："若是夏月天道，胡乱在林子里歇一夜，却恨又是仲冬天气，风霜正冽，夜间寒冷，难以打熬。倘或走出一个毒虫虎豹来时，如何抵当？却不害了性命！"只顾望东小路里撞将去。约莫走了也是一更时分，心里越慌，看不见地下，躧了一条绊脚索。树林里铜铃响，走出十四五个伏路小喽啰来，发声喊，把宋江捉翻，一条麻索缚了，夺了朴刀、包裹，吹起火把，将宋江解上山来。宋江只得叫苦，却早押到山寨里。

宋江在火光下看时，四下里都是木栅，当中一座草厅，厅上放着三把虎皮交椅，后面有百十间草房。小喽啰把宋江捆做粽子相似，将来绑在将军柱上。有几个在厅上的小喽啰说道："大王方才睡，大王。〇要读dài wáng。且不要去报。等大王酒醒时，却请起来，剖这牛子心肝做醒酒汤，我们大家吃块新鲜肉。"我疑心在读《西游记》。宋江被绑在将军柱上，心里寻思道："我的造物只如此偃蹇！只为杀了一个烟花妇人，变出得如此之苦！谁想这把骨头却断送在这里！"只见小喽啰点起灯烛荧煌，宋江已自冻得身体麻木了，动掸不得，只把眼来四下里张望，低了头叹气。约有二三更天气，只见厅背后走出三五个小喽啰来，叫道："大王起来了。"大王。便去把厅上灯烛剔得明亮。

宋江偷眼看时，只见那个出来的大王头上绾着鹅梨角儿，大王。一条红绢帕裹着，身上披着一领枣红纻丝衲袄，便来坐在当中虎皮交椅上。那个好汉祖贯山东莱州人氏，姓燕名顺，绰号"锦毛虎"。原是贩羊马客人出身，因为消折了本钱，流落在绿林丛内打劫。那燕顺酒醒起来，坐在中间交椅上，问道："孩儿们，那里拿得这个牛子？"小喽啰答道："孩儿们正在后山伏路，只听得树林里铜铃响，原来这个牛子独自个背些包裹，撞了绳索，一交绊翻，因此拿得来献与大王做醒酒汤。"燕顺道："正好！快去与我请得二位大王来同吃。"半夜三更，起来吃人。〇读至此处，我心懔懔。小喽啰去不多时，只见厅侧两边走上两个好汉来。左边一个，五短身材，一双光眼，祖贯两淮人氏，姓王名英，江湖上叫他做“矮脚虎”。原是车家车夫。出身，为因半路里见财起意，就势劫了客人，事发到官，越狱走了，上清风山，和燕顺占住此山，打家劫舍。右边这个生的白净面皮，三牙掩口髭须，瘦长膀阔，清秀模样，也裹着顶绛红头巾。他祖贯浙西苏州人氏，姓郑，双名天寿。为他生得白净俊俏，人都号他做“白面郎君”。原是打银为生，因他自小好习枪棒，流落在江湖上，因来清风山过，撞着王矮虎，和他斗了五六十合，不分胜败。因此燕顺见他好手段，留在山上坐了第三把交椅。当下三个头领坐下，王矮虎便道：“孩儿们快动手，取下这牛子心肝来，造三分醒酒酸辣汤来！”怕。只见一个小喽啰掇一大铜盆水来，放在宋江面前。怕。又一个小喽啰卷起袖子，手中明晃晃拿着一把剜心尖刀。怕。那个掇水的小喽啰便把双手泼起水来，浇那宋江心窝里。怕。原来但凡人心都是热血裹着，把这冷水泼散了热血，取出心肝来时，便脆了好吃。施大爷吓人手段高。

那小喽啰把水直泼到宋江脸上，宋江叹口气道：“可惜宋江死在这里！”燕顺亲耳听得“宋江”两字，便喝住小喽啰道：“且不要泼水！”燕顺问道：“他那厮说甚么‘宋江’？”小喽啰答道：“这厮口里说道：‘可惜宋江死在这里！’”燕顺便起身来，问道：“兀那汉子，你认得宋江？”宋江道：“只我便是宋江。”燕顺走近跟前，又问道：“你是那里的宋江？”宋江答道：“我是济州郓城县做押司的宋江。”燕顺嚷道：“你莫不是山东及时雨宋公明，杀了阎婆惜逃出在江湖上的宋江？”宋江道：“你怎得知？我正是宋三郎宋江。”燕顺吃了一惊，便夺过小喽啰手内尖刀，把麻索都割断了，便把自身上披的枣红纻丝衲袄脱下来，裹在宋江身上，便抱在中间虎皮交椅上，“抱”字妙。便叫王矮虎、郑天寿快下来，三人纳头便拜。宋江滚下来答礼，问道：“三位壮士，何故不杀小人，反行重礼，此意如何？”亦拜在地。好图画。那三个好汉一齐跪下，燕顺道：“小弟只要把尖刀剜了自己的眼睛！原来不识好人！一时间见不到处，少问个缘由，争些儿坏了义士！若非天幸，使令仁兄自说出大名来，我等如何得知仔细！小弟在江湖上绿林丛中，走了十数年，闻得贤兄仗义疏财，济困扶危的大名，只恨缘分浅薄，不能拜识尊颜。今日天使相会，真乃称心满意！”宋江答道：“量宋江有何德能，教足下如此挂心错爱！”燕顺道：“仁兄礼贤下士，结纳豪杰，名闻寰海，谁不钦敬！梁山泊近来如此兴旺，四海皆闻，曾有人说道尽出仁兄之赐。不知仁兄独自何来，今却到此？”突然说出梁山泊。宋江把这救晁盖一节，杀阎婆惜一节，却投柴进并孔太公许多时，及今次要往清风寨寻小李广花荣这几件事，一一备细说了。宋江此前哪里敢说救晁盖？为掩盖此事，才杀了婆惜。在此却备细说了。○救晁盖一节，在朝廷，是灭九族的勾当；在江湖，是震四方的光荣。三个头领大喜，随即取套衣服与宋江穿了。一面叫杀羊宰马，连夜筵席。当夜直吃到五更，叫小喽啰伏侍宋江歇了。

次日辰牌起来，诉说路上许多事务，又说武松如此英雄了得。三个头领跌脚懊恨道：“我们无缘，若有他来这里十分是好，却恨他投那里去了！”话休絮繁。宋江自到清风山，住了五七日，每日好酒好食管待，不在话下。

时当腊月初旬，山东人年例，腊日上坟。只见小喽啰山下报上来说道：“大路上有一乘轿子，七八个人跟着，挑着两个盒子，去坟头化纸。”王矮虎是个好色之徒，见报了，想此轿子必是个妇人，点起三五十小喽啰，便要下山。宋江、燕顺那里拦当得住？

绰了枪刀，敲一棒铜锣，下山去了。宋江、燕顺、郑天寿三人，自在寨中饮酒。那王矮虎去了约有三两个时辰，远探小喽啰报将来，说道："王头领直赶到半路里，七八个军汉都走了，拿得轿子里抬着的一个妇人。只有一个银香盒，别无物件财物。"燕顺问道："那妇人如今抬到那里？"小喽啰道："王头领已自抬在山后房中去了。"燕顺大笑。宋江道："原来王英兄弟要贪女色，不是好汉的勾当。"燕顺道："这个兄弟，诸般都肯向前，只是有这些毛病。"宋江道："二位和我同去劝他。"燕顺、郑天寿便引了宋江，直来到后山王矮虎房中，推开房门，只见王矮虎正搂住那妇人求欢。见了三位入来，慌忙推开那妇人，请三位坐。宋江看见那妇人，便问道："娘子，你是谁家宅眷？这般时节出来闲走，有甚么要紧？"那妇人含羞向前，深深地道了三个万福，便答道："侍儿是清风寨知寨的浑家。为因母亲弃世，今得小祥，特来坟前化纸。那里敢无事出来闲走？告大王垂救性命！"宋江听罢，吃了一惊，肚里寻思道："我正来投奔花知寨，莫不是花荣之妻？我如何不救！"宋江问道："你丈夫花知寨如何不同你出来上坟？"那妇人道："告大王，侍儿不是花知寨的浑家。"宋江道："你恰才说是清风寨知寨的恭人。"那妇人道："大王不知：这清风寨如今有两个知寨，一文一武。武官便是知寨花荣，文官便是侍儿的丈夫，知寨刘高。"宋江寻思道："他丈夫既是和花荣同僚，我不救时，明日到那里须不好看！"宋江便对王矮虎说道："小人有句话说，不知你肯依么？"王英道："哥哥有话，但说不妨。"宋江道："但凡好汉犯了'溜骨髓'三个字的，好生惹人耻笑。我看这娘子说来，是个朝廷命官的恭人，怎生看在下薄面并江湖上'大义'两字，放他下山回去，教他夫妻完聚，如何？”王英道：“哥哥听禀，王英自来没个押寨夫人做伴，况兼如今世上都是那大头巾弄得歹了，大头巾，读书人。〇恰似今日骂专家。哥哥管他则甚？胡乱容小弟这些个。”

宋江便跪一跪道：“贤弟若要押寨夫人时，日后宋江拣一个停当好的，在下纳财进礼，娶一个伏侍贤弟。只是这个娘子是小人友人同僚正官之妻，怎地做个人情，放了他则个。”燕顺、郑天寿一齐扶住宋江道：“哥哥且请起来，这个容易。”宋江又谢道：“恁的时，重承不阻。”燕顺见宋江坚意要救这妇人，因此不顾王矮虎肯与不肯，喝令轿夫抬了去。只得如此。那妇人听了这话，插烛也似拜谢宋江，一口一声叫道：“谢大王！”伏笔在此。宋江道：“恭人，你休谢我，我不是山寨里大王，我自是郓城县客人。”也伏笔在此。那妇人拜谢了下山，两个轿夫也得了性命，抬着那妇人下山来，飞也似走，只恨爷娘少生了两只脚。这王矮虎又羞又闷，只不做声。被宋江拖出前厅劝道：“兄弟，你不要焦躁。宋江日后好歹要与兄弟完娶一个，教你欢喜便了。小人并不失信。”燕顺、郑天寿都笑起来。王矮虎一时被宋江以礼义缚了，虽不满意，敢怒而不敢言，只得陪笑，自同宋江在山寨中吃筵席，不在话下。

且说清风寨军人一时间被掳了恭人去，只得回来到寨里报知刘知寨，说道：“恭人被清风山强人掳去了！”刘高听了大怒，喝骂去的军人不了事，如何撇了恭人，大棍打那去的军汉。众人分说道：“我们只有五七个，他那里三四十人，如何与他敌得？”刘高喝道：“胡说！你们若不去夺得恭人回来时，我都把你们下在牢里问罪！”可笑。〇老婆被劫，老公却只逼人去救，自家躲在寨内。那几个军人吃逼不过，没奈何，只得央浼本寨内军健七八十人，可笑。各执枪棒，用意来夺。儿戏一般。不想来到半路，正撞见两个轿夫，抬得恭人飞也似来了。众军汉接见恭人，问道："怎地能够下山？"那妇人道："那厮捉我到山寨里，见我说道是刘知寨的夫人，唬得他慌忙拜我，便叫轿夫送我下山来。"大话骗人。众军汉道："恭人，可怜见我们！只对相公说我们打夺得恭人回来，权救我众人这顿打！"那妇人道："我自有道理说便了。"众军汉拜谢了，簇拥着轿子便行。众人见轿夫走得快，便说道："你两个闲常在镇上抬轿时，只是鹅行鸭步，如今却怎地这等走的快？"那两个轿夫应道："本是走不动，却被背后老大栗暴打将来！"可笑。众人笑道："你莫不见鬼，背后那得人？"轿夫方才敢回头，看了道："哎也！是我走得慌了，脚后跟直打着脑杓子！"可笑。众人都笑。簇着轿子，回到寨中。刘知寨见了大喜，便问恭人道："你得谁人救了你回来？"那妇人道："便是那厮们掳我去，不从奸骗，正要杀我，见我说是知寨的恭人，不敢下手，慌忙拜我，却得这许多人来抢夺得我回来。"杀我，拜我，抢我。无一句真话。〇对老公也无一句真话。刘高听了这话，便叫取十瓶酒、一口猪，赏了七八十人，不在话下。

且说宋江自救了那妇人下山，又在山寨中住了五七日，思量要来投奔花知寨。当时作别要下山，三个头领苦留不住，做了送路筵席饯行，各送些金宝与宋江，不见宋江散财，只见宋江收钱。打缚在包裹里。当日宋江早起来，洗漱罢，吃了早饭，拴束了行李，作别了三位头领下山。那三个好汉将了酒果肴馔，直送到山下二十余里官道傍边，把酒分别。强盗在官道上把酒分别。三人不舍，叮嘱道："哥哥去清风寨回来，是必再到山寨相会几时。"宋江背上包裹，提了朴刀，说道："再得相见。"唱个大喏，分手去了。

若是说话的同时生，并肩长，拦腰抱住，把臂拖回，便不使宋江要去投奔花知寨，险些儿死无葬身之地。正是：遭逢坎坷皆天数，际会风云岂偶然？毕竟宋江来寻花知寨，撞着甚人，且听下回分解。

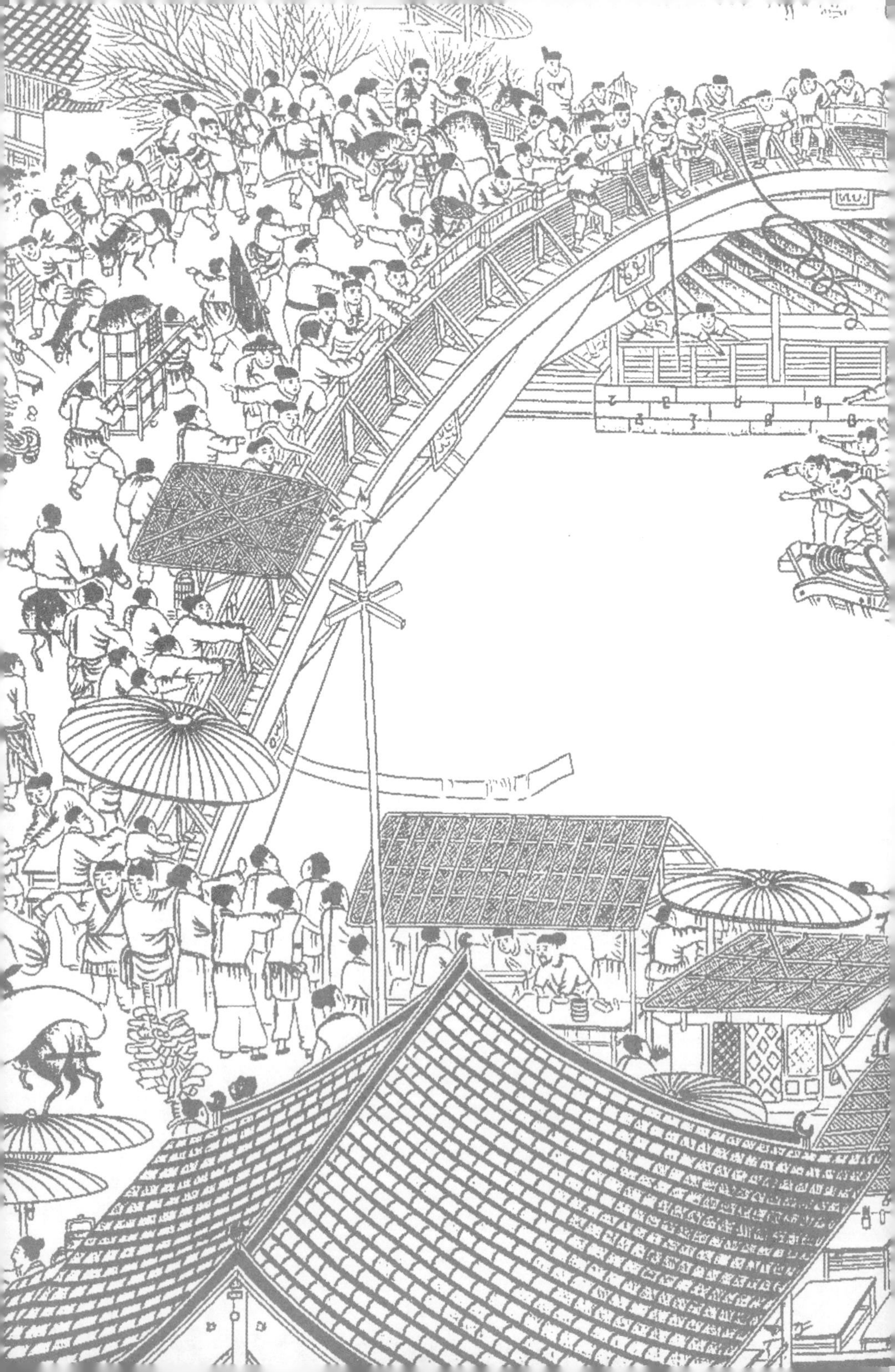

第三十二回

宋江夜看小鳌山　花荣大闹清风寨

宋江夜看小鳌山
清風寨

回前总评

上一回在清风山，宋江救下清风寨文知寨刘高的妻子。

宋江为什么救这个女人呢？因为宋江那时并不知道她丈夫和花荣官场有隙，而是想“他丈夫既是和花荣同僚，我不救时，明日到那里须不好看”。救她，是为了明天上花荣的门有个大大的人情，所以要王矮虎“怎地做个人情，放了他则个”，并许诺“日后宋江拣一个停当好的，在下纳财进礼，娶一个伏侍贤弟”。后来，宋江果然把《水浒传》中第一美女扈三娘一丈青配与了王矮虎，拿别人的身体青春实践了他的诺言，为他的义气作了牺牲。

救了一个女人，又害了一个女人。

我们可以拿桃花山周通强娶民女被鲁智深制止一事来做个比较。

鲁达绝不肯做这样的承诺。为什么？因为在鲁达看来，这事是你不对，我只是纠正你的错误，不是耽误你的好事，我不欠你的，我也不必承诺你任何条件，我更不能奖励你的错误。更何况，谁也没有权力决定一个女人的命运，鲁达也绝不愿意控制一个女人的意愿，以一个女人的牺牲来兑现自己的义气。无论是用什么借口，包括什么江湖义气。所以，鲁达豁达，因为他毫无私心。

宋江为什么不能如此豁达？因为他有私心。一方面，他要拿救这个女人来做自己明天上门的一份人情；一方面，他要笼络王矮虎。鲁智深对周通，毫无所求，可以相忘于江湖。而宋江心中，王矮虎这类江湖人物，则是他的资本，必须笼络得住。

鲁智深只要讲一个“理”字，所以，正大光明；宋江则还要讲一个“情”字，所以，人情练达。鲁达可以成仁，可以成圣，可以成佛，可以成仙；宋江则可以成功，可以成名，可以成霸业。一句话，鲁达可以成人，宋江可以成事。

刘高的女人，也未必纯粹出于诬陷之心认定宋江就是清风山强盗头子。她这么一个见识有限的女人，在清风山惊魂未定，只记得自己叫宋江“大王”，记得宋江“大剌剌的坐在中间交椅上”的样子，可能还记得宋江对王矮虎们说话时很“大王”的口气，她哪里能信宋江当时的解释，“自是郓城县客人”呢？

结果，宋江救下的女人，在宋江手下也没得活。刘高被清风山王矮虎们割腹取心后，宋江犹恨未了，“只有那个淫妇不曾杀得，未出那口怨气”。有了这句话，这女人被一刀挥为两截。

话说这清风山离青州不远，只隔得百里来路。这清风寨却在青州三岔路口，地名清风镇。因为这三岔路上通三处恶山，因此特设这清风寨在这清风镇上。那里也有三五千人家，却离这清风山只有一站多路。只一站（约三十里），三位头领如此逍遥法外。当日三位头领自上山去了。

只说宋公明独自一个背着些包裹，迤逦来到清风镇上，便借问花知寨住处。那镇上人答道：“这清风寨衙门在镇市中间。南边有个小寨，是文官刘知寨住宅；北边那个小寨，正是武官花知寨住宅。”宋江听罢，谢了那人，便投北寨来。到得门首，见有几个把门军汉，问了姓名入去通报。只见寨里走出那个少年的军官来，少年。拖住宋江，喝叫军汉接了包裹、朴刀、腰刀，扶到正厅上，便请宋江当中凉床上坐了，纳头便拜四拜。起身道：“自从别了兄长之后，屈指又早五六年矣，常常念想。听得兄长杀了一个泼烟花，官司行文书各处追捕。小弟闻得，如坐针毡，连连写了十数封书去贵庄问信，不知曾到也不？今日天赐，幸得哥哥到此相见一面，大慰平生！”说罢又拜。宋江扶住道：“贤弟休只顾讲礼，请坐了听在下告诉。”花荣斜坐着，宋江把杀阎婆惜一事和投奔柴大官人并孔太公庄上遇见武松、清风山上被捉遇燕顺等事，细细地都说了一遍。花荣听罢，答道：“兄长如此多难，今日幸得仁兄到此。且住数年，却又理会。”宋江道：“若非兄弟宋清寄书来孔太公庄上时，在下也特地要来贤弟这里走一遭。”花荣便请宋江去后堂里坐，唤出浑家崔氏来拜伯伯。拜罢，花荣又叫妹子出来拜了哥哥。见不得也哥哥！一拜而成哥哥人情之物。便请宋江更换衣裳、鞋袜，香汤沐浴，在后堂安排筵席洗尘。

当日筵宴上，宋江把救了刘知寨恭人的事，备细对花荣说了一遍。花荣听罢，皱了双眉，说道：“兄长，没来由救那妇人做甚么？正好教灭这厮的口！”却又作怪。宋江道：“却又作怪！我听得说是清风寨知寨的恭人，因此把做贤弟同僚面上，特地不顾王矮虎相怪，一力要救他下山。你却如何恁的说？”花荣道：“兄长不知：不是小弟说口，这清风寨是青州紧要去处，若还是小弟独自在这里守把时，远近强人怎敢把青州搅得粉碎！近日除将这个穷酸饿醋来做个正知寨，穷酸饿醋，以写文人。这厮又是文官，又不识字，又是文官，又不识字，却是作怪。〇却是朝廷作怪。自从到任，只把乡间些少上户诈骗，朝廷法度，无所不坏。小弟是个武官副知寨，每每被这厮呕气，恨不得杀了这滥污禽兽。兄长却如何救了这厮的妇人？打紧这婆娘极不贤，是。已见识了。只是调拨他丈夫行不仁的事，残害良民，贪图贿赂，正好叫那贱人受些玷辱，兄长错救了这等不才的人。”花荣之言合情。宋江听了，便劝道：“贤弟差矣！自古道：‘冤仇可解不可结。’他和你是同僚官，虽有些过失，你可隐恶而扬善。贤弟休如此浅见。”宋江之言合理。花荣道：“兄长见得极明。来日公廨内见刘知寨时，与他说过救了他老小之事。”却不知那女人并不认同宋江救她。宋江道：“贤弟若如此，也显你的好处。”花荣夫妻几口儿，朝暮臻臻至至，献酒供食，伏侍宋江。当晚安排床帐在后堂轩下，请宋江安歇。次日，又备酒食筵宴管待。

话休絮烦。宋江自到花荣寨里，吃了四五日酒。花荣手下有几个梯己人，一日换一个，算是福利。拨些碎银子在他身边，每日教相陪宋江去清风镇街上观看市井喧哗，村落宫观寺院，闲走乐情。自那日为始，这梯己人相陪着闲走，邀宋江去市井上闲玩。那清风镇上也有几座小勾栏并茶坊酒肆，自不必说得。当日宋江与这梯己人在小勾栏里闲看了一回，又去近村寺院、道家宫观游赏一回，请去市镇上酒肆中饮酒。流窜之人，享此闲福。临起身时，那梯己人取银两还酒钱。宋江那里肯要他还钱，却自取碎银还了。宋江归来，又不对花荣说。那个同去的人欢喜，又落得银子，又得身闲。福利不小。自此每日拨一个相陪，和宋江去闲走。每日又只是宋江使钱。自从到寨里，无一个不敬爱他的。宋江的好，却是惯人毛病。

宋江在花荣寨里住了将及一月有余，看看腊尽春回，又早元宵节近。却不写春节。且说这清风寨镇上居民，商量放灯一事，准备庆赏元宵。科敛钱物，去土地大王庙前扎缚起一座小鳌山，以彩灯叠成小山状。上面结彩悬花，张挂五七百碗花灯。土地大王庙内，逞赛诸般社火。家家门前，扎起灯棚，赛悬灯火。市镇上，诸行百艺都有，虽然比不得京师，只此也是人间天上。当下宋江在寨里和花荣饮酒，正值元宵。是日晴明得好，花荣到巳牌前后，上马去公廨内点起数百个军士，教晚间去市镇上弹压。又点差许多军汉，分头去四下里守把栅门。未牌时分回寨来，邀宋江吃点心。宋江对花荣说道："听闻此间市镇上今晚点放花灯，我欲去看看。"花荣答道："小弟本欲陪侍兄长，奈缘我职役在身，不能够闲步同往。今夜兄长自与家间二三人去看灯，早早的便回，小弟在家专待家宴三杯，以庆佳节。"宋江道："最好。"

却早天色向晚，东边推出那轮明月。宋江和花荣家亲随梯己人两三个，跟随着缓步徐行。到这清风镇上看灯时，只见家家门前搭起灯棚，悬挂花灯。灯上画着许多故事，也有剪彩飞白牡丹花灯，并芙蓉荷花异样灯火。四五个人手厮挽着，来到大王庙前，在鳌山前看了一回，迤逦投南走。不过五七百步，只见前面灯烛荧煌，一伙人围住在一个大墙院门首热闹。锣声响处，众人喝采。宋江看时，却是一伙舞鲍老的。宋江矮矬人，背后看不见。那相陪的梯己人，却认的社火队里，便教分开众人，让宋江看。那跳鲍老的，徐嘉瑞《金元戏曲方言考补遗》："鲍老，滑稽脚色。曲牌有《鲍老催》《耍鲍老》。农村演《大头和尚戏柳翠》，大头和尚臁肿郎当即鲍老也……昆明之语谓臁肿郎当之人曰鲍老。"○怪不得多人叫我鲍老。身躯扭得村村势势的。宋江看了，呵呵大笑。难得宋江好心情。只见这墙院里面却是刘知寨夫妻两口儿和几个婆娘在里面看。听得宋江笑声，那刘知寨的老婆于灯下却认的宋江，便指与丈夫道："兀那个黑矮汉子，便是前日清风山抢掳下我的贼头！"乐极生悲。○妇人奸。刘知寨听了，吃一惊，便唤亲随六七人，叫捉那个笑的黑汉子。宋江听得，回身便走。机灵。走不过十余家，众军汉赶上，把宋江捉住，拿到寨里，用四条麻索绑了，押至厅前。那三个梯己人见捉了宋江去，自跑回来报与花荣知道。

且说刘知寨坐在厅上，叫：“解过那厮来！”众人把宋江簇拥在厅前跪下。刘知寨喝道：“你这厮是清风山打劫强贼，如何敢擅自来看灯！今被擒获，有何理说？”宋江告道：“小人自是郓城县客人张三，与花知寨是故友。来此间多日了，从不曾在清风山打劫。”刘知寨老婆却从屏风背后转将出来，喝道：“你这厮兀自赖哩！你记得教我叫你做大王时？”你确实叫了，他确实纠正了，你如何忘了？○妇人赖。宋江告道：“恭人差矣！那时小人不对恭人说来，‘小人自是郓城县客人，亦被掳掠在此间，不能够下山去’？”刘知寨道：“你既是客人被掳劫在那里，今日如何能够下山来，问得也是。却到我这里看灯？”那妇人便说道：“你这厮在山上时，大剌剌的坐在中间交椅上，胡说！你与宋江见面，却是在王矮虎房里，哪里有交椅。○妇人诬。由我叫大王，那里睬人！”胡说。○妇人刁。宋江道：“恭人全不记我一力救你下山，救是救了。如何今日到把我强扭做贼！”贼也是贼。那妇人听了大怒，指着宋江骂道：“这等赖皮赖骨，不打如何肯招！”妇人泼。刘知寨道：“说得是。”妇唱夫随。喝叫：“取过批头来打那厮！”一连打了两料，打得宋江皮开肉绽，鲜血迸流。叫把铁锁锁了，明日合个囚车，把做“郓城虎”张三解上州里去。

却说相陪宋江的梯己人慌忙奔回来报知花荣。花荣听罢大惊，连忙写一封书，差两个能干亲随人去刘知寨处取。亲随人赍了书，急忙到刘知寨门前。把门军士入去报覆道：“花知寨差人在门前下书。”刘高叫唤至当厅。那亲随人将书呈上，刘高拆开封皮，读道：

花荣拜上僚兄相公座前：所有薄亲刘丈，疏漏不该。○花荣文秀，却不细密。近日从济州来，因看灯火，误犯尊威。万乞情恕放免，自当造谢。草字不恭，烦乞照察不宣。

刘高看了大怒，把书扯的粉碎，大骂道：“花荣这厮无礼！你是朝廷命官，如何却与强贼通同，也来瞒我！这贼已招是郓城县张三，你却如何写济州刘丈？骂的是。〇若是我，便直写鲍老，何必刘丈。俺须不是你侮弄的！你写他姓刘，是和我同姓，恁的我便放了他！”哄我一笑。喝令左右把下书人推将出去。那亲随人被赶出寨门，急急归来，禀覆花荣知道。花荣听了，只叫得：“苦了哥哥！快备我的马来。”花荣披挂，拴束了弓箭，绰枪上马，带了三五十名军汉，都拖枪拽棒，直奔到刘高寨里来，把门军人见了，那里敢拦当。见花荣头势不好，尽皆吃惊，都四散走了。花荣抢到厅前，下了马，手中拿着枪。想见英武。那三五十人都摆在厅前。花荣口里叫道：“请刘知寨说话！”威武。刘高听得，惊得魂飞魄散，惧怕花荣是个武官，那里敢出来相见。早知自家如此孱头，何必当初如彼出头。花荣见刘高不出来，立了一回，喝叫左右去两边耳房里搜人，那三五十军汉一齐去搜时，早从廊下耳房里寻见宋江，被麻索高吊起在梁上，又使铁索锁着，两腿打得肉绽。施大爷写宋江，必写得如此惨痛不堪。施大爷到底是爱宋江还是恨宋江？几个军汉便把绳索割断，铁锁打开，救出宋江。花荣便叫军士先送回家里去。花荣上了马，绰枪在手，口里发话道：“刘知寨，你便是个正知寨，待怎的奈何了花荣！谁家没个亲眷，你却甚么意思？我的一个表兄，直拿在家里，强扭做贼，好欺负人！明日和你说话！”威风。花荣带了众人，自回到寨里来看视宋江。

却说刘知寨见花荣救了人去，急忙点起一二百人，也叫来花荣寨夺人。儿戏。〇清风寨百姓有戏看。那二百人内，新有两个教头。为首的教头，虽然了得些枪刀，终不及花荣武艺。不敢不从刘高，只得引了众人，奔花荣寨里来。把门军士入去报知花荣。此时天色未甚明亮，那二百来人拥在门首，谁敢先入去？都惧怕花荣了得。看看天大明了，却见两扇大门不关，只见花知寨在正厅上坐着，左手拿着弓，右手挽着箭。众人都拥在门前，花荣竖起弓，大喝道："你这军士们，不知'冤各有头，债各有主'？刘高差你来，休要替他出色。你那两个新参教头，还未见花知寨的武艺，今日先教你众人看花知寨弓箭，然后你那厮们要替刘高出色，不怕的入来！看我先射大门上左边门神的骨朵头！"搭上箭，拽满弓，只一箭，喝声："着！"正射中门神骨朵头。意料之中。二百人都吃一惊。花荣又取第二枝箭，大叫道："你们众人再看，我这第二枝箭，要射右边门神的头盔上朱缨！"飕的又一箭，不偏不斜，正中缨头上。意料之中。那两枝箭却射定在两扇门上。花荣再取第三枝箭，喝道："你众人看，我第三枝箭，要射你那队里穿白的教头心窝！"意料之外。那人叫声："哎呀！"便转身先走。众人发声喊，一齐都走了。花荣出色表演。

花荣且叫闭上寨门，却来后堂看觑宋江。花荣说道："小弟误了哥哥，受此之苦。"宋江答道："我却不妨，只恐刘高那厮不肯和你干休。我们也要计较个长便。"花荣道："小弟舍着弃了这道官诰，和那厮理会！"宋江道："不想那妇人将恩作怨，教丈夫打我这一顿。我本待自说出真名姓来，却又怕阎婆惜事发，因此只说郓城客人张三。叵耐刘高无礼，要把我做郓城虎张三，解上州去，合个囚车盛我。要做清风山贼首时，顷刻便是一刀一剐。不得贤弟自来力救，便有铜唇铁舌也和他分辩不得！"花荣道："小弟寻思，只想他是读书人，须念同姓之亲，因此写了'刘丈'，不想他直恁没些人情。如今既已救了来家，且却又理会。"宋江道："贤弟差矣，既然仗你豪势，救了人来，凡事要三思。自古道：'吃饭防噎，行路防跌。’他被你公然夺了人来，急使人来抢，又被你一吓，尽都散了。我想他如何肯干罢，必然要和你动文书。今晚我先走上清风山去躲避，你明日却好和他白赖，终久只是文武不和相殴的官司。我若再被他拿出去时，你便和他分说不过。”算计老道。花荣道：“小弟只是一勇之夫，却无兄长的高明远见。只恐兄长伤重了，走不动。”宋江道：“不妨，事急难以担阁，我自捱到山下便了。”当日敷贴了膏药，吃了些酒肉，把包裹都寄在花荣处。黄昏时分，便使两个军汉送出栅外去了。宋江自连夜捱去，不在话下。

再说刘知寨见军士一个个都散回寨里来说道：“花知寨十分英勇了得，谁敢去近前当他弓箭！”两个教头道：“着他一箭时，射个透明窟窿，却是都去不得！”刘高终是个文官，有些算计，当下寻思起来：“想他这一夺去，必然连夜放他上清风山去了，明日却来和我白赖。便争竞到上司，也只是文武不和斗殴之事，我却如何奈何得他？我今夜差二三十军汉去五里路头等候。也是算计老道。倘若天幸捉着时，将来悄悄的关在家里，却暗地使人连夜去州里，报知军官下来取，就和花荣一发拿了，都害了他性命。那时我独自霸着这清风寨，省得受那厮们的气！”如此便是用心歹毒。当晚点了二十余人，各执枪棒，就夜去了。约莫有二更时候，去的军汉背剪绑得宋江到来。刘知寨见了，大喜道：“不出吾之所料！且与我囚在后院里，休教一个人得知。”连夜便写了实封申状，差两个心腹之人，星夜来青州府飞报。

次日，花荣只道宋江上清风山去了，坐视在家，心里只道：“我且看他怎的！”竟不来睬着。刘高也只做不知，两下都不说着。

且说这青州府知府正值升厅公座。那知府复姓慕容，双名彦达，是今上徽宗天子慕容贵妃之兄。倚托妹子的势要，在青州横行，残害良民，欺罔僚友，无所不为。（江州青州沧州，九州同黑。）正欲回衙早饭，只见左右公人接上刘知寨申状，飞报贼情公事。知府接来，看了刘高的文书，吃了一惊，便道："花荣是个功臣之子，如何结连清风山强贼？这罪犯非小，未审虚实。"便教唤那本州兵马都监来到厅上，分付他去。

原来那个都监姓黄名信，为他本身武艺高强，威镇青州，因此称他为"镇三山"。那青州地面所管下有三座恶山，第一便是清风山，第二便是二龙山，第三便是桃花山。这三处都是强人草寇出没的去处，黄信却自夸要捉尽三山人马，因此唤做"镇三山"。（不是黄信，是自信。一信自家正义，二信自家能力。）这兵马都监黄信上厅来，领了知府的言语出来，点起五十个壮健军汉，披挂了衣甲，马上擎着那口丧门剑，连夜便下清风寨来，径到刘高寨前下马。刘知寨出来接着，请到后堂叙礼罢，一面安排酒食管待，一面犒赏军士。后面取出宋江来，（宋江可笑。）教黄信看了。黄信道："这个不必问了，（自信。）连夜合个囚车，把这厮盛在里面，（这厮可笑。）头上抹了红绢，插一个纸旗，上写着：'清风山贼首郓城虎张三'。"（宋江可笑。）宋江那里敢分辩，只得由他们安排。

黄信再问刘高道："你拿得张三时，花荣知也不知？"刘高道："小官夜来二更拿了他，悄悄的藏在家里。花荣只道去了，安坐在家。"黄信道："既是恁的，却容易。明早安排一副羊酒，去大寨里公厅上摆着，却教四下里埋伏下三五十人预备着。我却自去花荣家请得他来，只说道：'慕容知府听得你文武不和，因此特差我来置酒劝谕。'赚到公厅，只看我掷盏为号，就下手拿住了，一同解上州里去。此计如何？"刘高喝采道："还是相公高见，此计却似瓮中捉鳖，手到拿来！”当夜定了计策。

次日天晓，先去大寨左右两边帐幕里预先埋伏了军士，厅上虚设着酒食筵宴。早饭前后，黄信上了马，只带三两个从人，来到花荣寨前。军人入去传报，花荣问道：“来做甚么？”军汉答道：“只听得教报道黄都监特来相探。”花荣听罢，便出来迎接。黄信下马，花荣请至厅上叙礼罢，便问道：“都监相公，有何公干到此？”黄信道：“下官蒙知府呼唤，发落道：为是你清风寨内文武官僚不和，未知为甚缘由。知府诚恐二位因私仇而误公事，特差黄某赍到羊酒，前来与你二位讲和。已安排在大寨公厅上，便请足下上马同往。”花荣笑道：“花荣如何敢欺罔刘高？他又是个正知寨。只是他累累要寻花荣的过失。不想惊动知府，有劳都监下临草寨，花荣将何以报？”黄信附耳低言道：“知府只为足下一人。倘有些刀兵动时，他是文官，做得何用？你只依着我行。”若是自己心里话，黄信有些见识。若是诓骗人话，黄信也有心机。花荣道：“深谢都监过爱。”黄信便邀花荣同出门首上马，花荣道：“且请都监少叙三杯了去。”黄信道：“待说开了，畅饮何妨。”花荣只得叫备马。当时两个并马而行，直来到大寨下了马。

黄信携着花荣的手，同上公厅来。只见刘高已自先在公厅上，三个人都相见了。黄信叫取酒来，从人已自先把花荣的马牵将出去，闭了寨门。花荣不知是计，只想黄信是一般武官，必无歹意。黄信擎一盏酒来，先劝刘高道：“知府为因听得你文武二官同僚不和，好生忧心；今日特委黄信到来，与你二公陪话。烦望只以报答朝廷为重，再后有事，和同商议。”刘高答道：“量刘高不才，颇识些理法，直教知府恩相如此挂心。我二人也无甚言语争执，此是外人妄传。”黄信大笑道：“妙哉！”刘高饮过酒，黄信又斟第二杯酒来劝花荣道："虽然是刘知寨如此说了，想必是闲人妄传，故是如此，且请饮一杯。"花荣接过酒吃了。刘高拿副台盏，斟一盏酒回劝黄信道："动劳都监相公降临敝地，满饮此杯。"黄信接过酒来，拿在手里，把眼四下一看，有十数个军汉簇上厅来。黄信把酒盏望地下一掷，只听得后堂一声喊起，两边帐幕里走出三五十个壮健军汉，一发上把花荣拿倒在厅前。

黄信喝道："绑了！"花荣一片声叫道："我得何罪？"黄信大笑，喝道："你兀自敢叫哩！你结连清风山强贼，一同背反朝廷，当得何罪！我念你往日面皮，不去惊动拿你家老小。"花荣叫道："也须有个证见！"黄信道："还你一个证见！教你看真赃真贼，我不屈你。左右，与我推将来！"无移时，一辆囚车，一个纸旗儿，一条红抹额，从外面推将入来。宋江可笑。花荣看时，却是宋江。目睁口呆，面面厮觑，做声不得。黄信喝道："这须不干我事，见有告人刘高在此。"花荣道："不妨，不妨！这是我的亲眷。他自是郓城县人，你要强扭他做贼，到上司自有分辩处！"黄信道："你既然如此说时，我只解你上州里，你自去分辩！"也是。便叫刘知寨点起一百寨兵防送。花荣便对黄信说道："都监赚我来，虽然捉了我，便到朝廷，和他还有分辩。可看我和都监一般武职官面，休去我衣服，容我坐在囚车里。"黄信道："这一件容易，便依着你。就叫刘知寨一同去州里折辩明白，休要枉害人性命。"不是写黄信有章法，乃是写刘高此去无归路。

当时黄信与刘高都上了马，监押着两辆囚车，并带三五十军士，一百寨兵，簇拥着车子，取路奔青州府来。有分教：火焰堆里，送数百间屋宇人家；刀斧丛中，杀一二千残生性命。正是：生事事生君莫怨，害人人害汝休嗔。毕竟宋江怎地脱身，且听下回分解。

第三十三回

镇三山大闹青州道　霹雳火夜走瓦砾场

镇三山大闹青州道
吴凤台刊

回前总评

宋江真正体会到江湖快意恩仇的决绝，可能就在刘高被清风山众好汉活捉，割腹取心，那颗心献在他面前的一瞬间：杀人原来不必担惊受怕，不必承担后果，而且如此快意！他马上提出要杀刘高老婆，好“出那口怨气”。我们注意到，不知不觉，宋江好像真的成了清风山贼首了，燕顺三人、花荣，都不知不觉地服从了他的调度。

青州指挥司总管本州兵马统制霹雳火秦明引兵马来打清风山，反被活捉，剥了战袄、衣甲、头盔、军器，绑到聚义厅上来，秦明问了花荣一句：“这位为头的好汉，却是甚人？”当时五位好汉一起坐在上面，秦明却一眼认定宋江是为头之人——可见在上梁山之前，宋江已然做了强盗头。

秦明不肯背叛朝廷，归顺这伙强盗：“生是大宋人，死为大宋鬼。”为了拉秦明入伙，绝了他的归路，这一夜，宋江们一边轮番把盏，陪话劝酒，折腾秦明醉了、倦了、睡了；一边安排人穿上秦明的衣甲，冒充秦明，引人马去佯攻青州城，把城外有数百人家的村落一把火烧个精光，杀死村民男女老幼不计其数。等第二天，蒙在鼓里的秦明下山来，望见青州城外烟尘乱起，瓦砾场上，尸横遍地。青州城里，也已杀掉了“叛贼”秦明一家妻小，并将他妻子的首级挑在枪上，教秦明看。

“总管何不回青州，独自一骑投何处去？”这是宋江开口问此时在林子里走投无路、恨不得寻个死处的秦明。你看宋江的口气，何等可恨！有宋江如此大恶，才有秦明下面的大骂："不知是那个天不盖、地不载、该剐的贼装做我去打了城子，坏了百姓人家房屋，杀害良民，倒结果了我一家老小！闪得我如今上天无路，入地无门！我若寻见那人时，直打碎这条狼牙棒便罢！"这是秦明骂宋江的（秦明至此，岂能不明白），也是作者施耐庵骂宋江的，更是我们读者骂宋江的！

宋江一生，玩弄权术，干过不少伤天害理的缺德事，这是头一件，也是最大的一件。数百无辜百姓，秦明一家老小，都被他玩死了！他还得意洋洋毫不歉疚。

更恶在后面——宋江便道："若是没了嫂嫂夫人，花知寨自说有一令妹，甚是贤慧，他情愿赔出，立办装奁，与总管为室如何？"对别人的灭门惨祸，你看宋江是如何轻描淡写！夫人被杀，悬头城门，对秦明而言，再娶一个就是！对我宋江而言，再做一次媒而已！

不独秦明夫妻之情不在考虑之中，就是秦明的妻子，也不过是毫无自我生命价值的一个符号，她的生死，唯一的意义就是秦明有无老婆，只要秦明再找到一个老婆，抹去她，不就是涂改一下婚书上的名称么！宋江这句话里包含的种种观念，实在野蛮之极！

秦明只得随顺，再回清风山，到聚义厅上。干了这样伤天害理的事，宋江竟然还有自信，坦然告知秦明，"是宋江定出这条计来"，"因此杀人放火，先绝了总管归路的念头"。宋江是一个为达目的，不择手段的人，"不恁地时，兄长如何肯死心塌地？"

接着，他就开始做媒："花知寨自说有一令妹……与总管为室如何？”

宋江与花荣，不过是朋友，况且多时没有见面，刚刚才得知花荣有一个妹妹，在没有征求花荣意见的情况下，他就拿来做了他的筹码，做了他的资本，让这个小妹妹的青春和终身幸福去为他的缺德买单！

凭什么，宋江就这样随便决定了别人的命运？！

《水浒传》接着写道：“秦明见众人如此相敬相爱，方才放心归顺。”

这是相敬相爱吗？这种相敬相爱，何等可怕！

那秦明，也实在是混蛋。刚刚被宋江绝了归路，他马上就又去拉别人下水，要去赚“和我过的最好”的黄信打开清风寨栅门。

打清风寨，就是为了两个女人：一是花荣的妹妹，为了给秦明做填房；二是刘高的老婆，为了给宋江报仇。

所谓的江湖义气，追寻到最后，恰恰是极端自我中心的极端自私。

话说那黄信上马，手中横着这口丧门剑。刘知寨也骑着马，身上披挂些戎衣，手中拿一把叉。好笑。那一百四五十军汉寨兵，各执着缨枪棍棒，腰下都带短刀利剑，两下鼓，一声锣，解宋江和花荣望青州来。众人都离了清风寨，行不过三四十里路头，前面见一座大林子。正来到那山嘴边，前头寨兵指道：“林子里有人窥望！”都立住了脚。黄信在马上问道：“为甚不行？”军汉答道：“前面林子里有人窥看。”黄信喝道：“休睬他，只顾走！”看看渐近林子前，只听得当当的二三十面大锣一齐响起来。那寨兵人等，都慌了手脚，只待要走。好笑。黄信喝道：“且住，都与我摆开！”叫道：“刘知寨，你压着囚车。”刘高在马上死应不得，好笑。只口里念：“救苦救难天尊，哎呀呀，十万卷经，三十坛醮，救一救！”好笑。○施大爷故意出读书人丑。惊的脸如成精的东瓜，青一回，黄一回。好文字。

这黄信是个武官，终有些胆量，便拍马向前看时，只见林子四边，齐齐的分过三五百个小喽啰来。一个个身长力壮，都是面恶眼凶，头裹红巾，身穿衲袄，腰悬利剑，手执长枪，早把一行人围住。林子中跳出三个好汉来：一个穿青，一个穿绿，一个穿红，果然是妖怪的打扮。《水浒传》中清风山一节，从场面到人物，都写得似《西游记》。都戴着一顶销金万字头巾，各跨一口腰刀，又使一把朴刀，当住去路。中间是锦毛虎燕顺，上首是矮脚虎王英，下首是白面郎君郑天寿。三个好汉大喝道：“来往的到此当住脚！留下三千两买路黄金，任从过去！”黄信在马上大喝道：“你那厮们，不得无礼，‘镇三山’在此！”好笑。三个好汉睁着眼，大喝道：“你便是镇万山，也要三千两买路黄金！没时，不放你过去！”黄信说道：“我是上司取公事的都监，有甚么买路钱与你？”已软。那三个好汉笑道：“莫说你是上司一个都监，便是赵官家驾过，也要三千贯买路钱！这话我爱听。凭啥江山是你的。若是没有，且把公事人当在这里，待你取钱来赎！”好笑。黄信大怒，骂道：“强贼，怎敢如此无礼！”喝叫左右擂鼓鸣锣。黄信拍马舞剑，直奔燕顺。三个好汉一齐挺起朴刀，来战黄信。黄信见三个好汉都来并他，奋力在马上斗了十合，怎地当得他三个住。可见不能镇三山。三人都镇不住。亦且刘高已自抖着，好笑。向前不得，见了这般头势，只待要走。

黄信怕吃他三个拿了，坏了名声，想的有理。被这三个拿了，终身抬不起头了。只得一骑马扑喇喇跑回旧路。三个头领挺着朴刀赶将来。黄信那里顾得众人，独自飞马奔回清风镇去了。众军见黄信回马时，已自发声喊，撇了囚车，都四散走了。只剩得刘高，好笑。黄信没跑时，不敢跑。黄信跑了时，来不及跑。见头势不好，慌忙勒转马头，连打三鞭。那马正待跑时，好笑。被那小喽啰拽起绊马索，早把刘高的马掀翻，倒撞下来。众小喽啰一发向前拿了刘高，抢了囚车，打开车辆。花荣已把自己的囚车掀开了，便跳出来，将这缚索都挣断了，却打碎那个囚车，救出宋江来。自有那几个小喽啰已自反剪了刘高，又向前去抢得他骑的马，亦有三匹驾车的马。却剥了刘高的衣服，与宋江穿了，刘高好笑，宋江好笑。把马先送上山去。小喽啰财迷好笑。这三个好汉一同花荣并小喽啰把刘高赤条条的绑了，押回山寨来。一场热闹好笑，我已忍俊不禁。

原来这三位好汉为因不知宋江消息，差几个能干的小喽啰下山，直来清风镇上探听，闻人说道："都监黄信掷盏为号，拿了花知寨并宋江，陷车囚了，解投青州来。"因此报与三个好汉得知，带了人马，大宽转兜出大路来，预先截住去路，小路里亦差人伺候。因此救了两个，拿得刘高，都回山寨里来。

当晚上得山时，已是二更时分，都到聚义厅上相会。请宋江、花荣当中坐定，岂不是贼首。三个好汉对席相陪，一面且备酒食管待。燕顺分付："叫孩儿们各自都去吃酒。"快活。花荣在厅上称谢三个好汉，说道："花荣与哥哥皆得三位壮士救了性命，报了冤仇，此恩难报。只是花荣还有妻小妹子在清风寨中，必然被黄信擒捉，却是怎生救得？"燕顺道："知寨放心，料应黄信不敢便拿恭人，若拿时，也须从这条路里经过。我明日弟兄三个下山去，取恭人和令妹还知寨。"便差小喽啰下山，先去探听。花荣谢道："深感壮士大恩。"宋江便道："且与我拿过刘高那厮来！"宋江报仇从来急。燕顺便道：

“把他绑在将军柱上，割腹取心，与哥哥庆喜。”花荣道：“我亲自下手割这厮！”恨。宋江骂道：“你这厮，我与你往日无冤，近日无仇，你如何听信那不贤的妇人害我！今日擒来，有何理说？”花荣道：“哥哥问他则甚！”把刀去刘高心窝里只一剜，那颗心献在宋江面前。小喽啰自把尸首拖在一边。宋江道：“今日虽杀了这厮滥污匹夫，只有那个淫妇不曾杀得，未出那口怨气！”恨。急。王矮虎便道：“哥哥放心：我明日自下山去，拿那妇人，今番还我受用。”好笑。众皆大笑。当夜饮酒罢，各自歇息。次日起来，商议打清风寨一事。燕顺道：“昨日孩儿们走得辛苦了，今日歇他一日，明日早下山去也未迟。”宋江道：“也见得是。正要将息人强马壮，不在促忙。”

不说山寨整点军马起程，且说都监黄信，一骑马奔回清风镇上大寨内，便点寨兵人马，紧守四边栅门。黄信写了申状，叫两个教军头目，飞马报与慕容知府。知府听得飞报军情紧急公务，连夜升厅。看了黄信申状：“反了花荣，结连清风山强盗，时刻清风寨不保。事在告急，早遣良将，保守地方！”知府看了大惊，便差人去请青州指挥司总管本州兵马秦统制，急来商议军情重事。那人原是山后开州人氏，姓秦，讳个明字。因他性格急躁，声若雷霆，以此人都呼他做“霹雳火”秦明。祖是军官出身，使一条狼牙棒，有万夫不当之勇。那人听得知府请唤，径到府里来见知府。各施礼罢，那慕容知府将出那黄信的飞报申状来，教秦统制看了。秦明大怒道：“红头子敢如此无礼！不须公祖忧心，不才便起军马，不拿这贼，誓不再见公祖！”又一个自信的。慕容知府道：“将军若是迟慢，恐这厮们去打清风寨。”秦明答道：“此事如何敢迟误！

只今连夜便去点起人马，来日早行。”知府大喜，忙叫安排酒肉干粮，先去城外等候赏军。秦明见说反了花荣，怒忿忿地上马，奔到指挥司里，便点起一百马军、四百步军，先叫出城去取齐，摆布了起身。

却说慕容知府先在城外寺院里蒸下馒头，摆了大碗，烫下酒。每一个人三碗酒，两个馒头，一斤熟肉。方才备办得了，却望见军马出城，引军红旗上大书“兵马总管秦统制”。慕容知府望见秦明全副披挂了出城来，果是英雄无比。秦明在马上见慕容知府在城外赏军，慌忙叫军汉接了军器，下马来和知府相见。施礼罢，知府把了盏，将些言语嘱付总管道：“善觑方便，早奏凯歌！”赏军已罢，放起信炮。秦明辞了知府，飞身上马，摆开队伍，催趱军兵，大刀阔斧，径奔清风寨来。原来这清风镇却在青州东南上，从正南取清风山较近，可早到山北小路。

却说清风山寨里这小喽啰们探知备细，报上山来。山寨里众好汉正待要打清风寨去，只听的报道：“秦明引兵马到来。”都面面厮觑，俱各骇然。花荣便道：“你众位俱不要慌。自古兵临告急，必须死敌。教小喽啰饱吃了酒饭，只依着我行。先须力敌，后用智取，如此如此好么？”宋江道：“好计！正是如此行。”当日宋江、花荣先定了计策，便叫小喽啰各自去准备。花荣自选了一骑好马，一副衣甲，弓箭铁枪，都收拾了等候。

再说秦明领兵来到清风山下，离山十里下了寨栅。次日五更造饭，军士吃罢，放起一个信炮，直奔清风山来，拣空阔去处摆开人马，发起擂鼓。只听得山上锣声震天响，飞下一彪人马出来。秦明勒住马，横着狼牙棒，睁着眼看时，却见众小喽啰簇拥着小李广花荣下山来。到得山坡前，一声锣响，列成阵势。花荣在马上擎着铁枪，朝秦明声个喏。秦明大喝道："花荣，你祖代是将门之子，朝廷命官，教你做个知寨，掌握一境地方，食禄于国，有何亏你处？却去结连贼寇，反背朝廷！我今特来捉你，会事的下马受缚，免得腥手污脚！"花荣陪着笑道："总管听禀，量花荣如何肯反背朝廷？实被刘高这厮无中生有，官报私仇，逼迫得花荣有家难奔，有国难投，权且躲避在此。望总管详察救解！"秦明道："你兀自不下马受缚，更待何时？刬地花言巧语，煽惑军心！"喝叫左右两边擂鼓，秦明轮动狼牙棒，直奔花荣。花荣大笑道："秦明，你这厮原来不识好人饶让！我念你是个上司官，你道俺真个怕你！"是。〇很多时候，下官谦恭，无非对方是个上官，你道下官真的不如你！便纵马挺枪，来战秦明。两个交手斗到四五十合，不分胜败。花荣连斗了许多合，卖个破绽，拨回马望山下小路便走。秦明大怒，赶将来。花荣把枪去了事环了事环：武将马鞍上搁兵器的铜铁环。上带住，把马勒个定，左手拈起弓，右手拔箭，拽满弓，扭过身躯，望秦明盔顶上只一箭，正中盔上，射落斗来大那颗红缨，却似报个信与他。四五十回合不分胜败，此时已分。秦明吃了一惊，不敢向前追赶，霍地拨回马，恰要赶杀众人，却早一哄地都上山去了。花荣自从别路，也转上山寨去了。秦明见他都走散了，心中越怒道："叵耐这草寇无礼！"秦明只是怒，花荣多从容。高下已分。喝叫鸣锣擂鼓，取路上山。

众军齐整呐喊，步军先上山来。转过三两个山头，只见上面擂木、炮石、灰瓶、金汁，从险峻处打将下来。向前的退步不迭，早打倒三五十个，只得再退下山来。秦明怒极，带领军马绕山下来，寻路上山。寻到午牌时分，只见西山边锣响，树林丛中闪出一队红旗军来。秦明引了人马赶将去时，锣也不响，红旗都不见了。不见了。秦明看那路时，又没正路，都只是几条砍柴的小路，却把乱树折木交叉当了路口，又不能上去得。正待差军汉开路，只见军汉来报道："东山边锣响，一队红旗军出来。"秦明引了人马，飞也似奔过东山边来看时，锣也不鸣，红旗也不见了。不见了。秦明纵马去四下里寻路时，都是乱树折木，塞断了砍柴的路径。只见探事的又来报道："西边山上锣又响，红旗军又出来了。"秦明拍马再奔来西山边看时，又不见一个人，红旗也没了。不见了。秦明怒坏，恨不得把牙齿都咬碎了。正在西山边气忿忿的，又听得东山边锣声震地价响。急带了人马又赶过来东山边看时又不见有一个贼汉，红旗都不见了。不见了。秦明怒挺胸脯，又要赶军汉上山寻路，只听得西山边又发起喊来。秦明怒气冲天，大驱兵马投西山边来，山上山下看时，并不见一个人。不见了。

秦明喝叫军汉两边寻路上山。数内有一个军人禀说道："这里都不是正路，只除非东南上有一条大路，可以上去。若是只在这里寻路上去时，惟恐有失。"秦明听了，便道："既有那条大路时，连夜赶将去！"便驱一行军马奔东南角上来。看看天色晚了，又走得人困马乏，巴得到那山下时，正欲下寨造饭，只见山上火把乱起，锣鼓乱鸣。秦明转怒，引领四五十马军跑上山来。只见山上树林内乱箭射将下来，又射伤了些军士。秦明只得回马下山，且教军士只顾造饭。恰才举得火着，只见山上有八九十把火光呼风唿哨下来。秦明急待引军赶时，火把一齐都灭了。不见了。

当夜虽有月光，亦被阴云笼罩，不甚明朗。秦明怒不可当，便叫军士点起火把，烧那树木。只听得山嘴上鼓笛之声。秦明纵马上来看时，见山顶上点着十余个火把，照见花荣陪侍着宋江在上面饮酒。秦明看了，心中没出气处，勒着马在山下大骂。花荣笑答道："秦统制，你不必焦躁，且回去将息着，我明日和你并个你死我活的输赢便罢。"秦明怒，秦明焦躁，秦明大骂，秦明怒喊。花荣只是笑。即此，秦明已然输了。不是输这一役，而是蛰伏一生：后来果然只能做下级的妹夫，终身低首大哥。秦明怒喊道："反贼，你便下来！我如今和你并个三百合，却再作理会！"花荣笑道："秦总管，你今日劳困了，我便赢得你也不为强。你且回去，明日却来。"秦明越怒，只管在山下骂。本待寻路上山，却又怕花荣的弓箭，因此只在山坡下骂。秦明好气，我好笑。正叫骂之间，只听得本部下军马发起喊来。秦明急回到山下看时，只见这边山上，火炮火箭，一齐烧将下来。背后二三十个小喽啰做一群，把弓弩在黑影里射人。众军马发喊，一齐都拥过那边山侧深坑里去躲。此时已有三更时分，众军马正躲得弓箭时，只叫得苦，上溜头滚下水来，一行人马却都在溪里，各自挣扎性命。爬得上岸的，尽被小喽啰挠钩搭住，活捉上山去了；爬不上岸的，尽淹死在溪里。

且说秦明此时怒得脑门都粉碎了，一直写怒，此时必须如此写。却见一条小路在侧边。秦明把马一拨，抢上山来。走不到三五十步，和人连马攧下陷坑里去。两边埋伏下五十个挠钩手，把秦明搭将起来，剥了浑身衣甲、头盔、军器，不仅写秦明狼狈，更有伏笔在此。拿条绳索绑了，把马也救起来，伏笔在此。都解上清风山来。

原来这般圈套，都是花荣的计策。先使小喽啰或在东，或在西，引诱得秦明人困马乏，策立不定；预先又把这土布袋填住两溪的水，等候夜深，却把人马逼赶溪里去，上面却放下水来。那急流的水都结果了军马。你道秦明带出的五百人马，一大半淹在水中，都送了性命，恶。生擒活捉有一百五七十人。夺了七八十匹好马，不曾逃得一个回去。次后陷马坑里活捉了秦明。

当下一行小喽啰捉秦明到山寨里，早是天明时候。好一夜折腾。五位好汉坐在聚义厅上。小喽啰缚绑秦明，解在厅前。花荣见了，连忙跳离交椅，接下厅来，亲自解了绳索，扶上厅来，纳头拜在地下。此是下官最后一拜。秦明慌忙答礼，秦明无主见。便道："我是被擒之人，由你们碎尸而死，何故却来拜我？"秦明语言弱智。花荣跪下道："小喽啰不识尊卑，误有冒渎，切乞恕罪！"随取锦缎衣服与秦明穿了。秦明问花荣道："这位为头的好汉，却是甚人？"秦明语言笨拙。花荣道："这位是花荣的哥哥，郓城县宋押司讳江的便是。这三位是山寨之主燕顺、王英、郑天寿。"秦明道："这三位我自晓得，这宋押司莫不是唤做山东及时雨宋公明么？"还是施大爷硬抬宋江。宋江答道："小人便是。"秦明连忙下拜道："闻名久矣，不想今日得会义士！"秦明做事无主次。宋江慌忙答礼不迭。秦明见宋江腿脚不便，秦明做事无轻重。问道："兄长如何贵足不便？"宋江却把自离郓城县起头，直至刘知寨拷打的事故，从头对秦明说了一遍。秦明只把头来摇道：秦明莫摇头，秦明做事没头脑。"若听一面之词，误了多少缘故！容秦明回州去对慕容知府说知此事。"燕顺相留且住数日，随即便叫杀羊宰马，安排筵席饮宴。拿上山的军汉都藏在山后房里，也与他酒食管待。秦明吃了数杯，起身道："众位壮士，既是你们的好情分，不杀秦明，还了我盔甲、马匹、军器，回州去。"这还像话。燕顺道："总管差矣。你既是引了青州五百兵马都没了，如何回得州去？慕容知府如何不见你罪责？不如权在荒山草寨住几时。本不堪歇马，权就此间落草，论秤分金银，整套穿衣服，不强似受那大头巾的气？"秦明听罢，便下厅道："秦明生是大宋人，死为大宋鬼！朝廷教我做到兵马总管，兼受统制使官职，又不曾亏了秦明，我如何肯做强人，背反朝廷？你们众位要杀时，便杀了我！”秦明这才缓过神来。〇如梦方醒。〇头脑简陋之人的优点是认死理，死认理，缺点是理死认。花荣赶下厅来，拖住道：“兄长息怒，听小弟一言。我也是朝廷命官之子，无可奈何，被逼迫得如此。总管既是不肯落草，如何相逼得你随顺？只请少坐，席终了时，小弟讨衣甲、头盔、鞍马、军器还兄长去。”再伏一笔。秦明那里肯坐？花荣又劝道：“总管夜来劳神费力了一日一夜，人也尚自当不得，那匹马如何不喂得他饱了去？”不仅在理，更在伏笔。〇那匹马却没得休歇喂食。秦明听了，肚内寻思：“也说得是。”再上厅来，坐了饮酒。那五位好汉，轮番把盏，陪话劝酒。秦明一则软困，二为众好汉劝不过，开怀吃得醉了，扶入帐房睡了。秦明做事不连贯。这里众人自去行事，行甚么事。不在话下。

且说秦明一觉直睡到次日辰牌方醒，秦明做人无心肝。跳将起来，洗漱罢，便要下山。众好汉都来相留道：“总管，且吃早饭动身，送下山去。”秦明性急的人，便要下山。众人慌忙安排些酒食管待了，取出头盔、衣甲，与秦明披挂了，牵过那匹马来，并狼牙棒，先叫人在山下伺候。五位好汉都送秦明下山来，相别了，交还马匹军器。秦明上了马，拿着狼牙棒，趁天色大明，离了清风山，取路飞奔青州来。到得十里路头，恰好巳牌前后，远远地望见烟尘乱起，并无一个人来往。秦明见了，心中自有八分疑忌。到得城外看时，原来旧有数百人家，却都被火烧做白地。一片瓦砾场上，横七竖八，杀死的男子妇人不计其数。恶。〇宋江恶。花荣恶。秦明看了大惊，打那匹马，在瓦砾场上跑到城边，大叫开门时，只见门边吊桥高拽起了，都摆列着军士旌旗，擂木炮石。秦明勒着马大叫：“城上放下吊桥，度我入城。”城上早有人看见是秦明，便擂起鼓来，呐着喊。秦明叫道："我是秦总管，如何不放我入城？"只见慕容知府立在城上女墙边，大喝道："反贼，你如何不识羞耻！昨夜引人马来打城子，把许多好百姓杀了，慕容知府与宋江，谁更恶？又把许多房屋烧了，今日兀自又来赚哄城门。朝廷须不曾亏负了你，你这厮倒如何行此不仁！已自差人奏闻朝廷去了，早晚拿住你时，把你这厮碎尸万段！"秦明大叫道："公祖差矣！秦明因折了人马，又被这厮们捉了上山去，方才得脱，昨夜何曾来打城子？"知府喝道："我如何不认得你这厮的马匹、衣甲、军器、头盔！城上众人明明地见你指拨红头子杀人放火，你如何赖得过？便做你输了被擒，如何五百军人没一个逃得回来报信？你如今指望赚开城门取老小，你的妻子今早已都杀了！你若不信，与你头看！"军士把枪将秦明妻子首级挑起在枪上教秦明看。

秦明是个性急的人，看了浑家首级，气破胸脯，气。分说不得，只叫得苦屈。屈。城上弩箭如雨点般射将下来，秦明只得回避。看见遍野处火焰尚兀自未灭。秦明回马在瓦砾场上，恨不得寻个死处。肚里寻思了半晌，纵马再回旧路。行不得十来里，只见林子里转出一伙人马来。当先五匹马上五个好汉，不是别人，宋江、花荣、燕顺、王英、郑天寿，随从一二百小喽啰。宋江在马上欠身道："总管何不回青州，独自一骑投何处去？"恶。明知故问。秦明见问，怒气道："不知是那个天不盖、地不载、该剐的贼装做我去打了城子，骂得好。○骂宋江。○不是秦明骂，是施大爷骂。○不是施大爷骂，是我骂。坏了百姓人家房屋，杀害良民，倒结果了我一家老小！闪得我如今上天无路，入地无门！我若寻见那人时，直打碎这条狼牙棒便罢！"宋江便道："总管息怒。小人有个见识，这里难说。且请到山寨里告禀，总管可以便往。"秦明只得随顺，再回清风山来。此一回清风山，便黄泥巴掉到裤裆里，不是屎也是屎了。〇秦明做事没主见。

于路无话，早到山亭前下马，众人一齐都进山寨内。小喽啰已安排酒果肴馔在聚义厅上，五个好汉邀请秦明上厅，都让他中间坐定。抬举。五个好汉齐齐跪下，秦明连忙答礼，也跪在地。宋江开话道："总管休怪。昨日因留总管在山，坚意不肯，却是宋江定出这条计来，叫小卒似总管模样的，却穿了总管的衣甲头盔，骑着那马，横着狼牙棒，直奔青州城下，点拨红头子杀人。燕顺、王矮虎带领五十余人助战，只做总管去家中取老小。因此杀人放火，先绝了总管归路的念头。今日众人特地请罪！"秦明见说了，怒气攒心，欲待要和宋江等厮并，却又自肚里寻思：一则是上界星辰契合，二乃被他们软困以礼待之，三则又怕斗他们不过。因此只得纳了这口气，后来多少被赚上山者，都这般无可奈何。便说道："你们弟兄虽是好意要留秦明，只是害得我忒毒些个，断送了我妻小一家人口！"宋江答道："不恁地时，兄长如何肯死心塌地？若是没了嫂嫂夫人，花知寨自说有一令妹，甚是贤慧，他情愿赔出，立办装奁，与总管为室如何？"恶。〇一恶无视秦明妻，二恶无视花荣妹。〇此"甚是贤慧"下，"他……装奁"，乃金圣叹改。他本（金圣叹称为俗本）皆作："宋江情愿主婚，陪备财礼"，应该更显宋江自作主张。秦明见众人如此相敬相爱，方才放心归顺。无心肝。花荣仍请宋江在居中坐了，秦明道："好。"秦明、花荣及三位好汉依次都坐，大吹大擂饮酒，商议打清风寨一事。无心肝。秦明道："这事容易，不须众弟兄费心。黄信那人亦是治下，二者是秦明教他的武艺，三乃和我过的最好。明日我便先去叫开栅门，一席话，说他入伙投降，就取了花知寨宝眷，拿了刘高的泼妇，与仁兄报仇雪恨，作进见之礼，如何？"无心肝。宋江大喜道："若得总管如此慨然相许，却是多幸多幸！"当日筵席散了，各自歇息。

次日早起来，吃了早饭，都各各披挂了。秦明上马，先下山来，拿了狼牙棒，飞奔清风镇来。却说黄信自到清风镇上，发放镇上军民，点起寨兵，晓夜堤防，牢守栅门，又不敢出战。累累使人探听，不见青州调兵策应。当日只听得报道："栅外有秦统制独自一骑马到来，叫开栅门。"黄信听了，便上马飞奔门边看时，果是一人一骑，又无伴当。黄信便叫开栅门，放下吊桥，迎接秦总管入来，直到大寨公厅前下马。请上厅来叙礼罢，黄信便问道："总管缘何单骑到此？"秦明当下先说了损折军马等情，后说："山东及时雨宋公明疏财仗义，结识天下好汉，谁不钦敬他？如今见在清风山上，我今次也在山寨入了伙。你又无老小，何不听我言语，也去山寨入伙，免受那文官的气？"黄信答道："既然恩官在彼，黄信安敢不从？只是不曾听得说有宋公明在山上，今次却说及时雨宋公明，自何而来？"这等军官。秦明笑道："便是你前日解去的郓城虎张三便是。他怕说出真名姓，惹起自己的官司，以此只认说是张三。"黄信听了，跌脚道："若是小弟得知是宋公明时，路上也自放了他！一时见不到处，只听了刘高一面之词，险不坏了他性命！"

秦明、黄信两个正在公廨内商量起身，只见寨兵报道："有两路军马鸣锣擂鼓，杀奔镇上来！"秦明、黄信听得，都上了马，前来迎敌。军马到得栅门边望时，只见尘土蔽日，杀气遮天，两路军兵投镇上，四条好汉下山来。毕竟秦明、黄信怎地迎敌，且听下回分解。

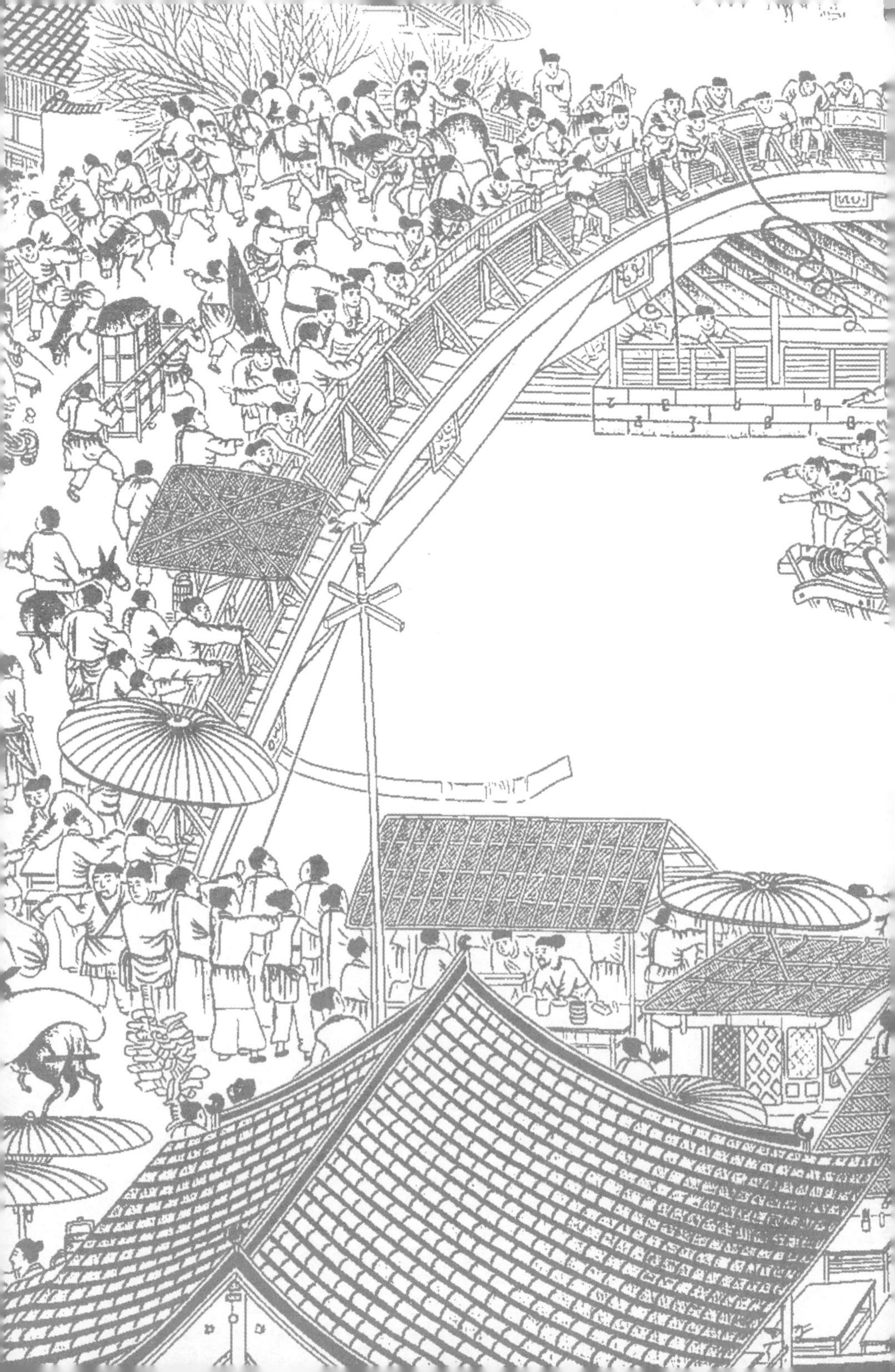

第三十四回 石将军村店寄书 小李广梁山射雁

小李廣梁山射雁

回前总评

秦明单枪匹马去清风寨劝降黄信。黄信听说有宋江在清风山，马上归顺。这又是一个朝廷命官为了所谓江湖义气而罔顾守土职责的人。黄信归顺，宋江决定的三个女人的命运落地：

一个女人被杀，刘高的老婆被燕顺一刀挥为两段；

一个女人被卖，打下清风寨次日，花荣的妹妹就由宋江和黄信主婚，嫁与秦明，这个小姑娘，从告知她到出阁成新娘，只有一天的时间，而且是在经历如此大的变故惊魂未定之时；

一个女人死不瞑目。此时，秦明原配夫人的头颅还挂在青州城门上！她实际上也是宋江杀死的。

花荣妹妹嫁的秦明，不仅没头脑，脾气暴躁，以绰号霹雳火闻名，还全无心肝。从原配夫人被杀，到吹吹打打再入洞房，中间不到三天。一个人，没头脑，可以原谅；没心肝，简直是畜生。与这等没心肝的男人为妻，秦明原配可怜，花荣妹妹委屈，且更加可怜。

甫出江湖，宋江真是出手不凡，接连做了几件大事，几件缺德的大事，检点一下他的成绩：

杀了一村数百条百姓性命；杀了三个女人（阎婆惜、秦明老婆、刘高老婆）；卖了一个女人（花荣妹妹）；预卖了一个女人（扈三娘）；拉了三个人下水（花荣、秦明、黄信），成了他手下俯首帖耳任凭指挥调度的战将。

宋江在活捉秦明，打青州，打清风寨的时候，其实早已留了后手：那就是去梁山。没有这样的后手，没有梁山作后盾，他敢如此大张旗鼓与朝廷作对吗？心中有梁山，才敢大闹清风山。

上梁山，宋江内心充满矛盾。

从中国传统文化观念上讲，“孝”“义”有不同的价值取向，有时甚至是互相冲突的。孝，直接延伸到忠；义，往往延伸到侠。孔子的学生有子就说过，一个在家庭里懂得孝悌的人，不可能犯上作乱。《战国策·赵策二》上说：“父之孝子，君之忠臣也。”《吕氏春秋·孝行览》上说：“事君不忠，非孝也。”王通《文中子·周公》里说：“孝立则忠遂。”所以，古话常说“求忠臣必于孝子之门”，一般人只要想到孝，必然想到忠。孝心萌动之时，忠心也就占了上风。

而义，往往延伸到侠。侠，往往会导致对国家法度的触犯。韩非早就发现了这一点，他说“侠以武犯禁”，就是这个意思。忠也好，孝也好，是垂直上下的关系，是天命，是无可逃于天地之间，是不容怀疑与推脱的，甚至极端到不管是什么样的父母，你都得孝；不管是什么样的君主，你都得忠。所以，忠、孝需要的是无条件服从，而无须思考和判断。但是，义却不然，义很多时候是横向的平等关系。义者，宜也。是否适宜，就要判断，判断以后，才能决定是否施行。所以义的核心，恰恰是判断。孔子说，见得思义，义是要思考的。

忠孝和侠义，往往使人成为气质不同的人。忠孝可以让人变成温顺的良民，侠义却常常使人成为豪杰。“忠孝”是服从他者；侠义却是显示自我。宋江胸中既有忠孝顺从的一面，又有强烈的自我实现的愿望。

宋江救晁盖，实行的是江湖之“义”，违背的却是朝廷之“忠”。在晁盖命悬一线之时，“义”占了上风，使他毫不犹豫地放弃了“忠”。但是，当晁盖上了梁山，接连干了两件惊天动地的大事，犯下弥天大罪的时候，“忠”的一面在他心中抬头，又觉得晁盖太过分了，很是担忧晁盖的下场。

再后来，他接到刘唐带来的梁山书信，看到晁盖等人在江湖上弄得有头有脸有声有色，他又不免暗中羡慕，他的心中，从此有了梁山情结。不过，他此时还没有落草为寇的想法，所以，流亡途中，他去柴进庄上，去孔太公庄上，去清风寨花荣处，就是不去梁山泊。但是，接触了柴进、武松以及清风山上众位好汉之后，从这些人对他无比尊崇的态度中，他突然发现自己很有江湖资本，完全可以据此有所作为。恰好又被刘高陷害，几种因素结合起来，他心中潜伏很深的做江湖枭雄的欲望爆发出来，以至于大闹清风山，纠集众多强盗豪杰，要一起浩浩荡荡投奔梁山。

但是，一封石勇带来的家书，让他突然如梦初醒。

忠孝来了，侠义去了。

宋江的前半生，可以用两封信来概括：刘唐传书和石勇传书。

一封来自江湖，一封来自家庭；一封来自江湖朋友，一封来自家中老父。刘唐传书，让他心向江湖，野心勃勃；石勇传书，让他归心家国，忠心耿耿。两封信都在拉他：一封拉他入江湖，一封拉他回家国。

江湖朋友热心，家中老父苦心。于是，我们看到，就在片刻间，宋江变了主意，连秦明花荣等人也不等，飞也似独自一个回家去了。

大家是他撺掇来的，将上梁山之际，他却抛开大家，自己走了，何等不义；但是，假如他仍然继续上梁山，置家中老父遗体于不顾，那又是何等不孝？

人生，常常就是这样左右为难，左右不是，左支右绌，捉襟见肘，留下人生和道德的破绽。

当下秦明和黄信两个到栅门外看时，望见两路来的军马，却好都到。一路是宋江、花荣，一路是燕顺、王矮虎，各带一百五十余人。黄信便叫寨兵放下吊桥，大开寨门，迎接两路人马都到镇上。便叫。大开。迎接。○这是朝廷守土之将吗？宋江早传下号令：宋江第一次传令。休要害一个百姓，休伤一个寨兵，叫先打入南寨，把刘高一家老小尽都杀了。王矮虎自先夺了那个妇人。好笑。小喽啰尽把应有家私——金银财物宝货之资，都装上车子。再有马匹牛羊，尽数牵了。好笑。强盗本色。花荣自到家中，将应有的财物等项，装载上车，搬取妻小、妹子。内有清风镇上人数，都发还了。

众多好汉收拾已了，一行人马离了清风镇，都回到山寨里来。用一刘高，失一地方。朝廷用人，可不慎哉！车辆人马都到山寨，郑天寿迎接向聚义厅上相会。黄信与众好汉讲礼罢，坐于花荣肩下。宋江叫把花荣老小安顿一所歇处，将刘高财物分赏与众小喽啰。宋江俨然老大。王矮虎拿得那妇人，将去藏在自己房内。好笑。燕顺便问道：“刘高的妻今在何处？”王矮虎答道：“今番须与小弟做个押寨夫人。”燕顺道：“与却与你，且唤他出来，我有一句话说。”宋江便道：“我正要问他。”王矮虎便唤到厅前，那婆娘哭着告饶。宋江喝道：“你这泼妇！我好意救你下山，念你是个命官的恭人，你如何反将冤报？今日擒来，有何理说？”燕顺跳起身来便道：“这等淫妇，问他则甚！”拔出腰刀，一刀挥为两段。王矮虎见砍了这妇人，心中大怒，夺过一把朴刀，便要和燕顺交并，好笑。宋江等起身来劝住。宋江便道：“燕顺杀了这妇人也是。兄弟，你看我这等一力救了他下山，教他夫妻团圆完聚，尚兀自转过脸来，叫丈夫害我，贤弟，你留在身边，久后有损无益。此话在理。宋江日后别娶一个好的，教贤弟满意。”燕顺道：“兄弟便是这等寻思，不杀他，久后必被他害了。”王矮虎被众人劝了，默默无言。燕顺喝叫打扫过尸首血迹，且排筵席庆贺。次日，花荣请宋江、黄信主婚，燕顺、王矮虎、郑天寿、做媒执伐，把妹子嫁与秦明。恶。宋江恶。花荣恶。燕顺、王矮虎、郑天寿、黄信恶。此山可叫恶人山。〇秦明前妻死不瞑目。秦明后妻生不如死。〇秦明无心肝。畜生。一应礼物，都是花荣出备。吃了三五日筵席。

五七日后，小喽啰探得事情，上山来报道：“青州慕容知府申将文书，去中书省奏说，反了花荣、秦明、黄信，要起大军来征剿。”众人听罢，商量道：“此间小寨，不是久恋之地。倘或大军到来，四面围住，如何迎敌？”宋江道：“小可有一计，不知中得诸位心否？”众好汉都道：“愿闻良策。”宋江道：“自这南方有个去处，地名唤做梁山泊，方圆八百余里，中间宛子城、蓼儿洼。晁天王聚集着三五千军马，把住着水泊，官兵捕盗，不敢正眼觑他。我等何不收拾起人马，去那里入伙？”秦明道：“既然有这个去处，却是十分好。只是没人引进，他如何肯便纳我们？”宋江大笑，却把这打劫生辰纲金银一事，直说到刘唐寄书，将金子谢我，因此上杀了阎婆惜，逃去在江湖上。上清风山前，此事讳莫如深。上清风山后，此事津津乐道。秦明听了大喜道：“恁地，兄长正是他那里大恩人。事不宜迟，可以收拾起快去。”只就当日商量定了，便打并起十数辆车子，把老小并金银财物、衣服行李等件，都装载车子上，共有三二百匹好马。小喽啰们有不愿去的，赍发他些银两，任从他下山去投别主。允许退出的组织不是最黑的组织。有愿去的，编入队里，就和秦明带来的军汉，通有三五百人。宋江教分作三起下山，只做去收捕梁山泊的官军。山上都收拾得停当，装上车子，放起火来，把山寨烧作光地。强盗行径，往往如此。作恶之地，不留形迹耶？分为三队下山。宋江便与花荣引着四五十人，三五十骑马，簇拥着五七辆车子，老小队仗先行。秦明、黄信引领八九十匹马和这应用车子，作第二起。后面便是燕顺、王矮虎、郑天寿三个引着四五十匹马，一二百人。离了清风山，取路投梁山泊来。于路中见了这许多军马，旗号上又明明写着“收捕草寇官军”，因此无人敢来阻当。在路行五七日，离得青州远了。朝廷也算不战而屈人之兵。

且说宋江、花荣两个骑马在前头，背后车辆载着老小，与后面人马只隔着二十来里远近。前面到一个去处，地名唤对影山，两边两座高山，一般形势，中间却是一条大阔驿路。两个在马上正行之间，只听得前山里锣鸣鼓响。花荣便道：“前面必有强人！”把枪带住，取弓箭来整顿得端正，再插放飞鱼袋内；一面叫骑马的军士催趱后面两起军马上来，且把车辆人马扎住了，宋江和花荣两个引了二十余骑军马，向前探路。至前面半里多路，早见一簇人马，约有一百余人，尽是红衣红甲，拥着一个穿红少年壮士，横戟立马在山坡前大叫道：“今日我和你比试，分个胜败，见个输赢！”只见对过山冈子背后早拥出一队人马来，也有百十余人，都是白衣白甲，也拥着一个穿白少年壮士，手中也使一枝方天画戟。这边都是素白旗号，那壁都是绛红旗号。只见两边红白旗摇，震地花腔鼓擂。那两个壮士更不打话，各人挺手中戟，纵坐下马，两个就中间大阔路上斗到三十余合，不分胜败。花荣和宋江两个在马上看了喝采。花荣一步步趱马向前看时，只见那两个壮士斗到深涧里。这两枝戟上，一枝是金钱豹子尾，一枝是金钱五色幡，却搅做一团，上面绒绦结住了，那里分拆得开。花荣在马上看了，便把马带住，左手去飞鱼袋内取弓，右手向走兽壶中拔箭，搭上箭，拽满弓，觑着豹尾绒绦较亲处，飕的一箭，恰好正把绒绦射断。只见两枝画戟分开做两下。那二百余人一齐喝声采。那两个壮士便不斗，都纵马跑来，直到宋江、花荣马前，就马上欠身声喏，都道："愿求神箭将军大名！"

花荣在马上答道："我这个义兄乃是郓城县押司、山东及时雨宋公明，我便是清风镇知寨小李广花荣。"那两个壮士听罢，扎住了戟，便下马，推金山，倒玉柱，都拜道："闻名久矣！"宋江、花荣慌忙下马，扶起那两位壮士道："且请问二位壮士高姓大名？"那个穿红的说道："小人姓吕名方，祖贯潭州人氏。平昔爱学吕布为人，因此习学这枝方天画戟，人都唤小人做'小温侯'吕方。因贩生药到山东，消折了本钱，不能够还乡，权且占住这对影山，打家劫舍。近日走这个壮士来，要夺吕方的山寨，和他各分一山，他又不肯，因此每日下山厮杀。不想原来缘法注定，今日得遇尊颜。"宋江又问这穿白的壮士高姓。那人答道："小人姓郭名盛，祖贯西川嘉陵人氏。因贩水银货卖，黄河里遭风翻了船，回乡不得。原在嘉陵学得本处兵马张提辖的方天戟，向后使得精熟，人都称小人做'赛仁贵'郭盛。江湖上听得说对影山有个使戟的占住了山头，打家劫舍，因此一径来比并戟法。连连战了十数日，不分胜败，不期今日得遇二公，天与之幸！"宋江把上件事都告诉了，便道："既幸相遇，就与二位劝和如何？" 两个壮士大喜，都依允了。后队人马已都到齐，一个个都引着相见了。

吕方先请上山，杀牛宰马筵会。次日，却是郭盛置酒设席筵宴。宋江就说他两个撞筹入伙，凑队上梁山泊去投奔晁盖聚义。欢天喜地都依允了，便将两山人马点起，收拾了财物，宋江又得二人。待要起身，宋江便道："且住，非是如此去。假如我这里有三五百人马投梁山泊去，他那里亦有探细的人在四下里探听，倘或只道我们真是来收捕他，不是要处。等我和燕顺先去报知了，你们随后却来。还作三起而行。"花荣、秦明道："兄长高见。正是如此计较，陆续进程。兄长先行半日，我等催督人马，随后起身来。"

且不说对影山人马陆续登程，只说宋江和燕顺各骑了马，带领随行十数人，先投梁山泊来。在路上行了两日，当日行到晌午时分，正走之间，只见官道傍边一个大酒店。宋江看了道："孩儿们走得困乏，都叫买些酒吃了过去。"当时宋江和燕顺下了马，入酒店里来，叫孩儿们松了马肚带，都入酒店里来。宋江和燕顺先入店里来看时，只有三副大座头，小座头不多几副。只见一副大座头上先有一个在那里占了。宋江看那人时，裹一顶猪嘴头巾，脑后两个太原府金不换扭丝铜镮。上穿一领皂袖衫，腰系一条白搭膊，下面腿绑护膝，八搭麻鞋。桌子边倚着短棒，横头上放着个衣包。生得八尺来长，淡黄骨查脸，一双鲜眼，没根髭髯。宋江便叫酒保过来说道："我的伴当多，我两个借你里面坐一坐。你叫那个客人移换那副大座头，与我伴当们坐地吃些酒。"酒保应道："小人理会得。"宋江与燕顺里面坐了，先叫酒保："打酒来，大碗先与伴当，一人三碗。有肉便买来先与他众人吃，却来我这里斟酒。"

酒保又见伴当们都立满在垆边，酒保却去看着那个公人模样的客人道："有劳上下，那借这副大座头，与里面两个官人的伴当坐一坐。"那汉嗔怪呼他做"上下"，差役之称。便焦躁道："也有个先来后到！甚么官人的伴当，要换座头！老爷不换！"称我上下，称他官人，老爷不爽！燕顺听了，对宋江道："你看他无礼么？"宋江道："由他便了，你也和他一般见识？"却把燕顺按住了。只见那汉转头看了宋江、燕顺冷笑。酒保又陪小心道："上下，没眼色，还是上下。周全小人的买卖，换一换有何妨？"那汉大怒，拍着桌子道："你这鸟男女，好不识人！欺负老爷独自一个，要换座头！便是赵官家，老爷也鳖鸟不换！高则声，大脖子拳不认得你！"酒保道："小人又不曾说甚么。"说了两遍"上下"了！那汉喝道："量你这厮敢说甚么！"燕顺听了，那里忍耐得住，便说道："兀那汉子，你也鸟强！不换便罢，没可得鸟吓他！"那汉便跳起来，绰了短棒在手里，便应道："我自骂他，要你多管！老爷天下只让得两个人，其余的都把来做脚底下的泥！"不是写大汉傲慢，是要说那两个人。〇不是要说那两个人，是要说那一个人。燕顺焦躁，便提起板凳，却待要打将去。

宋江因见那人出语不俗，横身在里面劝解："且都不要闹。我且请问你，你天下只让得那两个人？"那一个人挺身了。那汉道："我说与你，惊得你呆了！"再补一句。宋江道："愿闻那两个好汉大名。"那汉道："一个是沧州横海郡柴世宗的子孙，唤做小旋风柴进，柴大官人。"却故意缓一缓，先说那一个。宋江暗暗地点头，又问："那一个是谁？"那汉道："这一个又奢遮，是郓城县押司山东及时雨呼保义宋公明！"宋江已自猜到。宋江看了燕顺暗笑，得意。燕顺早把板凳放下了。"老爷只除了这两个，便是大宋皇帝也不怕他！"大宋皇帝，脚底下泥也。〇这话我喜欢。〇梁山好汉的坏处是滥杀无辜；梁山好汉的好处是蔑视皇帝。宋江道："你且住，我问你。你既说起这两个人，我却都认得。你在那里与他两个厮会？”那汉道：“你既认得，我不说谎。三年前在柴大官人庄上住了四个月有余，只不曾见得宋公明。”宋江道：“你便要认黑三郎么？”说得亲热。那汉道：“我如今正要去寻他。”却又荡开了去。宋江问道：“谁教你寻他？”那汉道：“他的亲兄弟铁扇子宋清教我寄家书去寻他。”宋江听了大喜，向前拖住道：“有缘千里来相会，无缘对面不相逢。只我便是黑三郎宋江。”那汉相了一面，便拜道：“天幸使令小弟得遇哥哥！争些儿错过，空去孔太公那里走一遭！”宋江便把那汉拖入里面，问道：“家中近日没甚事？”那汉道：“哥哥听禀，小人姓石名勇，原是大名府人氏，日常只靠放赌为生，没一个正经人。本乡起小人一个异名，唤做‘石将军’。为因赌博上一拳打死了个人，逃走在柴大官人庄上。多听得往来江湖上人说哥哥大名，因此特去郓城县投奔哥哥，却又听得说道为事出外。因见四郎，听得小人说起柴大官人来，却说哥哥在白虎山孔太公庄上。因小弟要拜识哥哥，四郎特写这封家书与小人，寄来孔太公庄上，‘如寻见哥哥时，可叫兄长作急回来。’”宋江见说，心中疑惑，便问道：“你到我庄上住了几日，曾见我父亲么？”石勇道：“小人在彼只住得一夜便来了，不曾得见太公。”宋江把上梁山泊一节都对石勇说了。石勇道：“小人自离了柴大官人庄上，江湖上只闻得哥哥大名，疏财仗义，济困扶危。如今哥哥既去那里入伙，是必携带。”毫不在意落草。宋江道：“这不必你说，何争你一个人！落草也得看面子。且来和燕顺厮见。”叫酒保且来这里斟酒。

三杯酒罢，石勇便去包裹内取出家书，慌忙递与宋江。三杯酒罢才慌忙，不知我早已急不可耐也。宋江接来看时，封皮逆封着，又没“平安”二字，宋江心内越是疑惑，连忙扯开封皮，从头读至一半，后面写道：“父亲于今年正月初头因病身故，见今停丧在家，专等哥哥来家迁葬。千万，千万！切不可误！弟清泣血奉书。”宋江读罢，叫声苦，不知高低，自把胸脯捶将起来，自骂道：“不孝逆子，做下非为！干得热火朝天，激情四溢，瞬间灰飞烟灭，幡然猛省了？老父身亡，不能尽人子之道，畜生何异！”自把头去壁上磕撞，大哭起来。燕顺、石勇抱住，宋江哭得昏迷，半晌方才苏醒。燕顺、石勇两个劝道：“哥哥，且省烦恼。”宋江便分付燕顺道：“不是我寡情薄意，其实只有这个先父记挂，今已没了，只是星夜赶归去，教兄弟们自上山则个。”燕顺劝道：“哥哥，太公既已没了，便到家时，也不得见了。天下无不死的父母，什么鬼话。且请宽心，引我们弟兄去了。那时小弟却陪侍哥哥归去奔丧，未为晚了。自古道：‘蛇无头而不行。’若无仁兄去时，他那里如何肯收留我们？”宋江道：“若等我送你们上山去时，误了我多少日期，却是使不得。我只写一封备细书札，都说在内，就带了石勇一发入伙，等他们一处上山。我如今不知便罢，既是天教我知了，正是度日如年，烧眉之急。我马也不要，从人也不带，一个连夜自赶回家。”不是这话，至少石勇要陪去，则下文碍手碍脚了。燕顺、石勇那里留得住。宋江问酒保借笔砚，讨了一幅纸，一头哭着一面写书，再三叮咛在上面。写了，封皮不粘，粘了，后来的兄弟看不见。交与燕顺收了。脱石勇的八搭麻鞋穿上，取了些银两藏放在身边，跨了一口腰刀，就拿了石勇的短棒，酒食都不肯沾唇，便出门要走。燕顺道：“哥哥，也等秦总管、花知寨都来相见一面了，去也未迟。”是。宋江道：“我不等了。我的书去，并无阻滞。石家贤弟自说备细，可为我上覆众兄弟们，可怜见宋江奔丧之急，休怪则个。”宋江恨不得一步跨到家中，飞也似独自一个去了。

且说燕顺同石勇只就那店里吃了些酒食点心，还了酒钱，却教石勇骑了宋江的马，细。带了众人，只离酒店三五里路，寻个大客店歇了等候。次日辰牌时分，全伙都到。燕顺、石勇接着，备细说宋江哥哥奔丧去了。众人都埋怨燕顺道："你如何不留他一留？"石勇分说道："他闻得父亲没了，恨不得自也寻死，如何肯停脚？巴不得飞到家里。写了一封备细书札在此，教我们只顾去。他那里看了书，并无阻滞。"花荣与秦明看了书，与众人商议道："事在途中，进退两难。回又不得，散了又不成。只顾且去。还把书来封了，都到山上看，那里不容，却别作道理。"九个好汉并作一伙，带了三五百人马，渐近梁山泊，来寻大路上山。

一行人马正在芦苇中过，只见水面上锣鼓振响。众人看时，漫山遍野都是杂彩旗幡，水泊中棹出两只快船来。当先一只船上，摆着三五十个小喽啰，船头上中间坐着一个头领，乃是豹子头林冲。背后那只哨船上，也是三五十个小喽啰，船头上也坐着一个头领，乃是赤发鬼刘唐。前面林冲在船上喝问道："汝等是甚么人，那里的官军？敢来收捕我们！教你人人皆死，个个不留！你也须知俺梁山泊的大名！"花荣、秦明等都下马，立在岸边答应道："我等众人非是官军，有山东及时雨宋公明哥哥书札在此，特来相投大寨入伙。"林冲听了道："既有宋公明兄长的书札，且请过前面，到朱贵酒店里，先请书来看了，却来相请厮会。"船上把青旗只一招，芦苇里棹出一只小船，内有三个渔人，一人看船，两个上岸来说道："你们众位将军都跟我来。"水面上那两只哨船，一只船上把白旗招动，铜锣响处，两只哨船一齐去了。一行众人看了，都惊呆了，说道："端的此处官军谁敢侵傍！我等山寨如何及得！"众人跟着两个渔人，从大宽转，直到旱地忽律朱贵酒店里。

朱贵见说了，迎接众人，都相见了，便叫放翻两头黄牛，散了分例酒食，讨书札看了。先向水亭上放一枝响箭，射过对岸，芦苇中早摇过一只快船来。朱贵便唤小喽啰分付罢，叫把书先赍上山去报知，一面店里杀宰猪羊，管待九个好汉，把军马屯住在四散歇了。

第二日辰牌时分，只见军师吴学究自来朱贵酒店里迎接众人。有面子。一个个都相见了。叙礼罢，动问备细，然后二三十只大白棹船来接。吴用、朱贵邀请九位好汉下船，老小车辆人马行李亦各自都搬在各船上，前望金沙滩来。上得岸，松树径里，众多好汉随着晁头领，全副鼓乐来接。有面子。晁盖为头与九个好汉相见了，迎上关来。各自乘马坐轿，直到聚义厅上，一对对讲礼罢。左边一带交椅上却是晁盖、吴用、公孙胜、林冲、刘唐、阮小二、阮小五、阮小七、杜迁、宋万、朱贵、白胜。那时白日鼠白胜，数月之前，已从济州大牢里越狱，逃走到山上入伙；皆是吴学究使人去用度，救他脱身。右边一带交椅上却是花荣、秦明、黄信、燕顺、王英、郑天寿、吕方、郭盛、石勇，列两行坐下。第一次势力比对。中间焚起一炉香来，各设了誓。当日大吹大擂，杀牛宰马筵宴。一面叫新到火伴厅下参拜了，自和小头目管待筵席。收拾了后山房舍，教搬老小家眷都安顿了。秦明、花荣在席上称赞宋公明许多好处，清风山报冤相杀一事，众头领听了大喜。后说吕方、郭盛两个比试戟法，花荣一箭射断绒绦，分开画戟。晁盖听罢，意思不信，口里含糊应道："直如此射得亲切，改日却看比箭。"当日酒至半酣，食供数品，众头领都道："且去山前闲玩一回，再来赴席。"当下众头领相谦相让，装。下阶闲步乐情，观看山景。行至寨前第三关上，只听得空中数行宾鸿嘹亮。花荣寻思道："晁盖却才意思不信我射断绒绦，何不今日就此施逞些手段，教他们众人看，日后敬伏我？"花荣心细。把眼一观，随行人伴数内却有带弓箭的，花荣便问他讨过一张弓来，在手看时却是一张泥金鹊画细弓，正中花荣意，急取过一枝好箭，便对晁盖道："恰才兄长见说花荣射断绒绦，众头领似有不信之意。远远的有一行雁来，花荣未敢夸口，这枝箭要射雁行内第三只雁的头上。射不中时，众头领休笑。"偏说射不中。花荣搭上箭，拽满弓，觑得亲切，望空中只一箭射去，果然正中雁行内第三只，直坠落山坡下。急叫军士取来看时，那枝箭正穿在雁头上。晁盖和众头领看了，尽皆骇然，都称花荣做"神臂将军"。吴学究称赞道："休言将军比小李广，便是养由基，也不及神手，真乃是山寨有幸！"自此梁山泊无一个不钦敬花荣。

众头领再回厅上筵会，到晚各自歇息。次日，山寨中再备筵席，议定坐次。本是秦明才及花荣，因为花荣是秦明大舅，众人推让花荣在林冲肩下坐了第五位，秦明坐第六位，这次序，清风山一役已定。刘唐坐第七位，黄信坐第八位；三阮之下，便是燕顺、王矮虎、吕方、郭盛、郑天寿、石勇、杜迁、宋万、朱贵、白胜：一行共是二十一个头领坐定。庆贺筵宴已毕。山寨中添造大船、屋宇、车辆、什物；打造枪刀、军器、铠甲、头盔；整顿旌旗、袍袄、弓弩、箭矢，准备抵敌官军，不在话下。了。〇我等着看宋江呢。

却说宋江自离了村店，连夜赶归。当日申牌时候，奔到本乡村口张社长酒店里暂歇一歇。那张社长却和宋江家来往得好。张社长见了宋江容颜不乐，眼泪暗流，张社长动问道："押司有年半来不到家中，今日且喜归来，如何尊颜有些烦恼，心中为甚不乐？且喜官事已遇赦了，必是减罪了。”宋江答道：“老叔自说得是。家中官事且靠后，只如一个生身老父殁了，如何不烦恼？”张社长大笑道：“押司真个也是作耍，令尊太公却才在我这里吃酒了回去，只有半个时辰来去，如何却说这话？”宋江道：“老叔休要取笑小侄。”便取出家书，教张社长看了。“兄弟宋清明明写道：父亲于今年正月初头殁了，专等我归来奔丧。”张社长看罢，说道：“呸，那得这般事！只午时前后，和东村王太公在我这里吃酒了去，我如何肯说谎？”宋江听了，心中疑影，没做道理处。寻思了半晌，只等天晚，别了社长，便奔归家。入得庄门看时，没些动静。庄客见了宋江，都来参拜。宋江便问道：“我父亲和四郎有么？”庄客道：“太公每日望得押司眼穿，今得归来，却是欢喜。方才和东村里王社长在村口张社长店里吃酒了回来，睡在里面房内。”宋江听了大惊，撇了短棒，径入草堂上来。只见宋清迎着哥哥便拜。宋江见他果然不戴孝，心中十分大怒，便指着宋清骂道：“你这忤逆畜生，是何道理！父亲见今在堂，如何却写书来戏弄我？教我两三遍自寻死处，一哭一个昏迷。你做这等不孝之子！”宋清却待分说，只见屏风背后转出宋太公来，叫道：“我儿，不要焦躁。这个不干你兄弟之事，是我每日思量要见你一面，因此教四郎只写道我殁了，你便归来得快。我又听得人说，白虎山地面多有强人，又怕你一时被人撺掇落草去了，做个不忠不孝的人，知子莫如父。太公知道此子是个落草之人。〇唯宋太公不知者，非是宋江被别人撺掇落草，却是宋江撺掇别人落草也。为此急急寄书去唤你归家。又得柴大官人那里来的石勇寄书去与你。这件事尽都是我主意，不干四郎之事，你休埋怨他。我恰才在张社长店里回来，睡在房里，听得是你归来了。”宋江听罢，纳头便拜太公，忧喜相半。宋江又问父亲道：“不知近日官司如何？已经赦宥，必然减罪。适间张社长也这般说了。”宋太公道：“你兄弟宋清未回之时，多得朱仝、雷横的气力，向后只动了一个海捕文书，再也不曾来勾扰。我如今为何唤你归来？近闻朝廷册立皇太子，已降下一道赦书，应有民间犯了大罪尽减一等科断，俱已行开各处施行。便是发露到官，也只该个徒流之罪，不到得害了性命。且由他，却又别作道理。”宋江又问道：“朱、雷二都头曾来庄上么？”宋清说道：“我前日听得说来，这两个都差出去了：朱仝差往东京去，雷横不知差到那里去了。如今县里却是新添两个姓赵的勾摄公事。”无此一句，下文如何展开。宋太公道：“我儿远路风尘，且去房里将息几时。”合家欢喜，不在话下。

天色看看将晚，玉兔东生。约有一更时分，庄上人都睡了，只听得前后门发喊起来。看时，四下里都是火把，团团围住宋家庄，一片声叫道：“不要走了宋江！”太公听了，连声叫苦。不因此起，有分教：大江岸上，聚集好汉英雄；闹市丛中，来显忠肝义胆。毕竟宋公明在庄上怎地脱身，且听下回分解。

第三十五回

梁山泊吴用举戴宗　揭阳岭宋江逢李俊

梁山泊吴用赚戴宗

回前总评

落草为盗，还是做一个顺民？这是一个问题。

宋太公怕儿子落草，编了自己去世的家书，骗得宋江回到郓城，却被新来的两个都头赵能、赵得捉拿，宋江便随他们去县里自首了。这次宋江为什么不跑了呢？

第一，无处可去了。总不能再去柴进那里、孔太公那里吧？梁山也不能去，父亲不让他落草为寇。

第二，跑不了了。与他私交好的朱仝、雷横二位都头出差去了，宋江和赵能、赵得没人情，不会像上次那样私放他走了。

第三，更重要的是，不必跑了。朝廷册立皇太子，降下一道赦书，应有民间犯了大罪的，尽减一等科断。宋江即使到官，也只该个徒流之罪，不会死罪了。

如此，被判脊杖二十，刺配江州牢城。宋江被两个防送公人张千和李万押着去江州，开始了他人生的又一个新阶段：流放阶段。

当初宋太公用一封谎报死讯的家信骗宋江回家，是怕他被白虎山的强人撺掇去落草；现在，他又怕宋江被梁山泊的强盗劫夺入伙，行前特别叮嘱宋江“切不可依随他，教人骂做不忠不孝”。宋太公如此不放心宋江，恰恰说明在老父眼中，宋江是一个犯上作乱的高危人物。人们一再强调的，往往就是人们最为担心的；人们最为担心的，往往就是最有可能成真的。

果然梁山泊早就让赤发鬼刘唐领三五十人埋伏在路上，要劫夺宋江上山。这是意料之中，情理之内的：在梁山泊好汉心目中，宋江哥哥早就是山上人。故刘唐一见宋江，就要杀两个公人；花荣一见宋江，就要替宋江开枷。却不料，宋江的表现让他们始料未及。宋江拿过刘唐杀公人的刀，要自杀，说："这个不是你们弟兄抬举宋江，倒要陷我于不忠不孝之地。若是如此来挟我，只是逼宋江性命，我自不如死了。"宋江也不准花荣开枷，说："此是国家法度，如何敢擅动！"

这两件事都做得极端。不上山便不上山，何必自杀；开枷也不是没开过，林冲在柴进庄上解开过，宋江自己，后来也解开过。很多人说，宋江这些行为，见出他的虚伪。是的，宋江确实虚伪。但问题是，"虚伪"一词，本来没有什么贬义，它指的是"做"出某种姿态。

宋江自杀，就是虚晃一刀，就是要做出宁死不上梁山的姿态；不准开枷，更有象征意义：他将服从国法，接受惩罚，绝不造反。

所以，吴用一看，就说：我知兄长的意了。

客观地说，宋江此时是不得不如此。他不用这样极端形式，对方会当一回事吗？对方会明白他的真心吗？要知道，此前，他曾经大张旗鼓地要上山，并且是带了八个兄弟的，而且他在清风山，已经大张旗鼓地干过一场了。现在他摆出一副不愿落草的样子，谁会信呢？为了让人信，他就不得不做得极端一些。

但宋江怎么对晁盖解释自己曾经大张旗鼓地要上梁山的举动呢？他先轻描淡写，说成是"本欲上山相探兄长一面"，然后又说是因为"前者一时乘兴"。接下来，马上就要告辞。宋江的用意就是：和梁山划清界限，越疏远越好。令梁山众好汉更不堪的是，宋江还把上山落草称为“上逆天理，下违父教，做了不忠不孝的人在世，虽生何益”，这不是当面骂他们不忠不孝、虽生犹死吗？这置山上众位好汉于何地？

教去了枷，也不肯除，宋江只和两个公人同起同坐，寸步不离。为什么他这么小心？因为宋江知道，一旦这两个公人离开他的视野，就有可能被害；而公人一旦被害，他也就没有了退路。

宋江怕人用公人的性命拉他下水。他宋江为了拉人下水，可是不择手段的。他为了拉秦明下水，不惜烧杀一村老少男女。后来，为了拉朱仝下水，他也不惜让李逵砍杀一个四岁的男孩。

有一些糊涂大意，是因为善良，总把别人想得和自己一样真诚。

有一些精明小心，是因为阴暗，总把别人想得和自己一样险恶。

然而，正是这个号称宁愿自杀也不愿上梁山的人，他的流放之途也是他的大串联之途。上一次逃亡之途中，他结识了柴进、武松以及清风山清风寨的一帮好汉。这一次流放途中，他又令无法无天的江湖人物一个个拜倒在他脚下。在揭阳岭，他结交的是李俊、李立、童威、童猛四个兄弟。

林冲的流放之途是受难，武松的流放之途像旅游。宋江呢？是大串联。宋江就像一个雪球，在他滚过的地方，都会有更多的雪黏附到他身上。越滚越大，大成了气候，大成了真正的江湖老大。

话说当时宋太公掇个梯子上墙来看时，只见火把丛中约有一百余人。当头两个，便是郓城县新参的都头，却是弟兄两个，一个叫做赵能，一个叫做赵得。积祖正宗赵家人。两个便叫道：“宋太公，你若是晓事的，便把儿子宋江献将出来，我们自将就他。若是不教他出官时，和你这老子一发捉了去！”恶。〇即此一句，知赵家兄弟不行。宋太公道：“宋江几时回来？”太公装。太公一直装。太公一直会装。赵能道：“你便休胡说！有人在村口见他从张社长家店里吃了酒归来，亦有人跟到这里。你如何赖得过？”宋江在梯子边说道：“父亲，你和他论甚口！孩儿便挺身出官也不妨，县里府上都有相识，况已经赦宥的事了，必当减罪。求告这厮们做甚么？赵家那厮是个刁徒，如今暴得做个都头，知道甚么义理！本来执行公务，无可厚非。但一番言语，确实显出是刁徒，不知义理。〇暴得大财者，以财骄人。暴得一官者，以势压人。以财骄人者，往往出手阔绰，显示豪爽；以势压人者，往往出言刻薄，显示狭窄。故暴得一官不如暴得大财。暴得大财者尚可交，暴得一官者不可交。〇赵家那厮，骂得好。天下总有赵家那厮欺压百姓。他又和孩儿没人情，空自求他。”宋太公哭道：“是我苦了孩儿！”宋江道：“父亲休烦恼，官司见了，到是有幸。明日孩儿躲在江湖上，撞了一班儿杀人放火的弟兄们，不待明日，前日已经撞了。打在网里，如何能够见父亲面？便断配在他州外府，也须有程限，日后归来，也得早晚伏侍父亲终身。”宋太公道：“既是孩儿恁的说时，我自来上下使用，买个好去处。”宋江便上梯来叫道：“你们且不要闹，我的罪犯今已赦宥，定是不死。且请二位都头进敝庄少叙三杯，明日一同见官。”便是对小人，礼节也周到。〇正是对小人，礼节须周到。赵能道：“你休使见识赚我入来！”不料来势汹汹，原来胆小如鼠。宋江道：“我如何连累父亲、兄弟？你们只顾进家里来。”宋江便下梯子来，开了庄门，请两个都头到庄里堂上坐下，连夜杀鸡宰鹅，置酒相待。那一百土兵人等，都与酒食管待，送些钱物之类。取二十两花银，把来送与两位都头做“好看钱”。好名目。

当夜两个都头就在庄上歇了。礼节周到，却不交一言。次早五更，同到县前。等待天明解到县里来时，知县才出升堂。只见都头赵能、赵得押解宋江出官。知县时文彬见了大喜，费解。责令宋江供状。当下宋江一笔供招："不合于前年秋间典赡到阎婆惜为妾。为因不良，一时恃酒争论斗殴，致被误杀身死，一向避罪在逃。今蒙缉捕到官，取勘前情，所供甘罪无词。"知县看罢，且叫收禁牢里监候。满县人见说拿得宋江，谁不爱惜他？都替他去知县处告说讨饶，备说宋江平日的好处。知县自心里也有八分开豁他，当时依准了供状，免上长枷手杻，只散禁在牢里。宋太公自来买上告下，使用钱帛。那时阎婆已自身故了半年，也是可怜。没了苦主，这张三又没了粉头，不来做甚冤家。莫只道婊子无情，也需知嫖客无义。县里叠成文案，待六十日限满，结解上济州听断。本州府尹看了申解情由，赦前恩宥之事，已成减罪，把宋江脊杖二十，刺配江州牢城。本州官吏亦有认得宋江的，更兼他又有钱帛使用，处处都是钱帛。名唤做断杖刺配，又无苦主执证，众人维持下来，都不甚深重。当厅带上行枷，押了一道牒文，差两个防送公人，无非是张千、李万。诌出两个名字。当下两个公人领了公文，监押宋江到州衙前。

宋江的父亲宋太公同兄弟宋清都在那里等候，置酒管待两个公人，赍发了些银两。教宋江换了衣服，打拴了包裹，穿上麻鞋。宋太公唤宋江到僻静处叮嘱道："我知江州是个好地面，鱼米之乡，特地使钱买将那里去。你可宽心守耐，我自使四郎来望你。为父必有此心。盘缠有便人常常寄来。你如今此去，正从梁山泊过，倘或他们下山来劫夺你入伙，何须劫夺。切不可依随他，岂止是依随。教人骂做不忠不孝。早已如此。此一节，牢记于心。孩儿，路上慢慢地去。天可怜见，早得回来，父子团圆，兄弟完聚！”宋江洒泪拜辞了父亲，兄弟宋清送一程路。宋江临别时嘱付兄弟道：“我此去不要你们忧心。只有父亲年纪高大，我又累被官司缠扰，背井离乡而去。兄弟，你早晚只在家侍奉，休要为我到江州来，弃撇父亲，无人看顾。为子当有此虑。我自江湖上相识多，见的那一个不相助？盘缠自有对付处。天若见怜，有一日归来也。”宋清洒泪拜辞了，自回家中去侍奉父亲宋太公，不在话下。

只说宋江和两个公人上路。那张千、李万已得了宋江银两，又因他是个好汉，因此于路上只是伏侍宋江。三个人上路行了一日，到晚投客店安歇了；打火做些饭吃，又买些酒肉请两个公人。宋江对他说道：“实不瞒你两个说，我们今日此去正从梁山泊边过。山寨上有几个好汉，闻我的名字，怕他下山来夺我，枉惊了你们。宋江有忠厚处。一味刻薄之人岂能成事。我和你两个明日早起些，只拣小路里过去，宁可多走几里不妨。”两个公人道：“押司，你不说，俺们如何得知？我等自认得小路过去，定不得撞着他们。”当夜计议定了。

次日，起个五更来打火。两个公人和宋江离了客店，只从小路里走。约莫也走了三十里路，只见前面山坡背后转出一伙人来。宋江看了，只叫得苦。来的不是别人，为头的好汉正是赤发鬼刘唐，将领着三五十人，便来杀那两个公人。这张千、李万唬做一堆儿跪在地下。宋江叫道：“兄弟！你要杀谁？”明知故问。刘唐道：“哥哥，不杀了这两个男女，等甚么！”宋江道：“不要你污了手，把刀来我杀便了。”出我意料。两个人只叫得苦。刘唐把刀递与宋江，宋江接过，问刘唐道：“你杀公人何意？”我也有此问。刘唐答道：“奉山上哥哥将令，特使人打听得哥哥吃官司，直要来郓城县劫牢，却知道哥哥不曾在牢里，不曾受苦。今番打听得断配江州，只怕路上错了路头，教大小头领分付去四路等候，迎接哥哥，便请上山。这两个公人不杀了如何？”要救宋江上山，为何一定杀了公人？○强盗逻辑的令人费解处：离开一地，必要把此地烧为白地；要救一人，必要杀掉他人。宋江道：“这个不是你们弟兄抬举宋江，倒要陷我于不忠不孝之地。若是如此来挟我，只是逼宋江性命，我自不如死了！”把刀望喉下自刎。也无必要。刘唐慌忙攀住胳膊道：“哥哥，且慢慢地商量！”就手里夺了刀。宋江道：“你弟兄们若是可怜见宋江时，容我去江州牢城，听候限满回来，那时却待与你们相会。”限满回来，何必相会。既要相会，何必限满。刘唐道：“哥哥这话，小弟不敢主张。前面大路上有军师吴学究同花知寨在那里专等，迎迓哥哥，容小弟着小校请来商议。”宋江道：“我只是这句话，由你们怎地商量。”此话有身份，有架子。○是个恩人的口气。

小喽啰去报不多时，只见吴用、花荣两骑马在前，后面数十骑马跟着，飞到面前。下马叙礼罢，花荣便道：“如何不与兄长开了枷？”一句话写出刘唐糊涂，花荣精细。宋江道：“贤弟，是甚么话！此是国家法度，如何敢擅动！”哥哥忘了清风山耶？吴学究笑道：也是理解的笑，也是嘲讽的笑，也是宽容的笑，也是智力居高临下的笑。“我知兄长的意了。这个容易，只不留兄长在山寨便了。晁头领多时不曾得与仁兄相会，今次也正要和兄长说几句心腹的话。略请到山寨少叙片时，便送登程。”句句在理，句句得体，句句不可辩驳。宋江听了道：“只有先生便知道宋江的意。”此话可作此后宋江吴用关系定评。扶起两个公人来，宋江道：“要他两个放心，宁可我死，不可害他。”两个公人道：“全靠押司救命！”一行人都离了大路，来到芦苇岸边，已有船只在彼。当时载过山前大路，却把山轿教人抬了，直到断金亭上歇了。叫小喽啰四下里去请众头领都来聚会。迎接上山，到聚义厅上相见。

晁盖谢道：“自从郓城救了性命，兄弟们到此，无日不想大恩。

前者又蒙引荐诸位豪杰上山，光辉草寨，恩报无门！”晁盖只是大气。宋江答道：“小可自从别后，一声“小可”，便是见外。便是拒人千里之外，便是老朋友成初相见语。〇冷淡。杀死淫妇，逃在江湖上，去了年半。本欲上山相探兄长一面，偶然村店里遇得石勇，捎寄家书，只说父亲弃世，不想却是父亲恐怕宋江随众好汉入伙去了，因此写书来唤我回家。虽然明吃官司，多得上下之人看觑，不曾重伤。今配江州，亦是好处。适蒙呼唤，不敢不至。一声“不敢”，便是怪罪。〇既欲上山探兄长，为何不敢不至。今来既见了尊颜，一声“尊颜”，便是敬而远之。奈我限期相逼，不敢久住，只此告辞。”甫见即辞，便是见不善如探汤。晁盖道：“直如此忙？语带不满。〇“忙”字中有嘲讽之意。且请少坐！”两个中间坐了。宋江便叫两个公人只在交椅后坐，与他寸步不离。公人若死，宋江无退路矣。〇宋江上山前，曾断秦明后路。宋江上山后，断了无数人后路。他心中有，便疑别人心中有，故防范甚严。晁盖叫许多头领都来参拜了宋江，分两行坐下，小头目一面斟酒。先是晁盖把盏了，向后军师吴学究、公孙胜起至白胜把盏下来。酒至数巡，宋江起身相谢道：“足见弟兄们相爱之情！宋江是个得罪囚人，不敢久停，只此告辞。”又急告辞。晁盖道：“仁兄，直如此见怪！更不满。虽然仁兄不肯要坏两个公人；多与他些金银，发付他回去，只说我梁山泊抢掳了去，不到得治罪于他。”晁盖只是心地厚实。宋江道：“兄这话休题！断然。这等不是抬举宋江，明明的是苦我。家中上有老父在堂，宋江不曾孝敬得一日，如何敢违了他的教训，负累了他？前者一时乘兴轻巧。与众位来相投，天幸使令石勇在村店里撞见在下，指引回家。父亲说出这个缘故，情愿教小可明吃了官司，急断配出来，又频频嘱付。临行之时，又千叮万嘱，教我休为快乐，苦害家中，免累老父怆惶惊恐。因此，父亲明明训教宋江；小可不争随顺了，便是上逆天理，下违父教，做了不忠不孝的人在世，虽生何益？打眼前众好汉脸。如不肯放宋江下山，情愿只就众位手里乞死。”说罢，泪如雨下，便拜倒在地。晁盖、吴用、公孙胜一齐扶起。众人道：“既是哥哥坚意要往江州，今日且请宽心住一日，明日早送下山。”三回五次，留得宋江就山寨里吃了一日酒。教去了枷，也不肯除，只和两个公人同起同坐。

当晚住了一夜，次日早起床，坚心要行。吴学究道：“兄长听禀：吴用有个至爱相识，见在江州充做两院押牢节级，姓戴名宗，本处人称为‘戴院长’。为他有道术，一日能行八百里，人都唤他做‘神行太保’。此人十分仗义疏财。且看他如何仗义，又如何疏财。夜来小生修下一封书在此，与兄长去，到彼时可和本人做个相识。但有甚事，可教众兄弟知道。”众头领挽留不住，安排筵宴送行，取出一盘金银，送与宋江，又将二十两银子送与两个公人。就与宋江挑了包裹，都送下山来，一个个都作别了。吴学究和花荣直送过渡，到大路二十里外，众头领回上山去。

只说宋江自和两个防送公人取路投江州来。那个公人见了山寨里许多人马，众头领一个个都拜宋江，又得他那里若干银两，一路上只是小心伏侍宋江。三个人在路约行了半月之上，早来到一个去处，望见前面一座高岭。两个公人说道：“好了，过得这条揭阳岭，便是浔阳江。到江州却是水路，相去不远。”宋江道：“天色暄暖，趁早走过岭去，寻个宿头。”公人道：“押司说得是。”三个人厮赶着奔过岭来。行了半日，巴过岭头，早看见岭脚边一个酒店，背靠颠崖，门临怪树，前后都是草房。去那树阴之下，挑出一个酒旆儿来。宋江见了，心中欢喜，便与公人道：“我们肚里正饥渴哩，原来这岭上有个酒店，我们且买碗酒吃再走。”

三个人入酒店来，两个公人把行李歇了，将水火棍靠在壁上。

宋江让他两个公人上首坐定，宋江下首坐了。半个时辰不见一个人出来，宋江叫道："怎地不见有主人家？"只听得里面应道："来也！来也！"侧首屋下走出一个大汉来，赤色虬须，红丝虎眼，头上一顶破头巾，身穿一领布背心，露着两臂，下面围一条布手巾。看着宋江三个人，唱个喏，道："客人，打多少酒？"宋江道："我们走得肚饥，你这里有甚么肉卖？"那人道："只有熟牛肉和浑白酒。"“浑”字心惊。宋江道："最好。你先切二斤熟牛肉来，打一角酒来。"那人道："客人，休怪说，我这里岭上卖酒，只是先交了钱，方才吃酒。"看包裹给酒。宋江道："倒是先还了钱吃酒，我也喜欢。等我先取银子与你。"宋江便去打开包裹，取出些碎银子。那人立在侧边偷眼睃着，见他包裹沉重，有些油水，心内自有八分欢喜。接了宋江的银子，便去里面舀一桶酒，切一盘牛肉出来，放下三只大碗，三双箸，一面筛酒。三个人一头吃，一面口里说道："如今江湖上歹人多，有万千好汉着了道儿的，酒肉里下了蒙汗药，麻翻了，劫了财物，人肉把来做馒头馅子。我只是不信，我原也不信，见过孙二娘，信了。那里有这话？"武二哥处有这话。那卖酒的人笑道："你三个说了，不要吃，我这酒和肉里面都有了麻药。"宋江笑道："这位大哥瞧见我们说着麻药，便来取笑。"两个公人道："大哥，热吃一碗也好。"那人道："你们要热吃，我便将去烫来。"那人烫热了，将来筛做三碗。正是饥渴之中，酒肉到口，如何不吃？三人各吃了一碗下去，只见两个公人瞪了双眼，口角边流下涎水来，你揪我扯，望后便倒。宋江跳起来道："你两个怎地吃得一碗，便恁醉了？"向前来扶他，不觉自家也头晕眼花，扑地倒了。光着眼，都面面厮觑，麻木了，动掸不得。酒店里那人道："惭愧！好几日没买卖，今日天送这三头行货来与我！”行货。先把宋江倒拖了，入去山岩边人肉作房里，放在剥人凳上，又来把这两个公人也拖了入去。那人再来，却把包裹行李都提在后屋内，解开看时，都是金银。那人自道：“我开了许多年酒店，不曾遇着这等一个囚徒。量这等一个罪人，怎地有许多财物，却不是从天降下，赐与我的！”那人看罢包裹，却再包了，且去门前望几个火家归来开剥。

立在门前看了一回，不见一个男女归来。只见岭下这边三个人奔上岭来。那人却认得，慌忙迎接道：“大哥那里去来？”那三个内一个大汉应道：“我们特地上岭来接一个人，料道是来的程途日期了。我每日出来，只在岭下等候，不见到，正不知在那里担阁了。”那人道：“大哥，却是等谁？”那大汉道：“等个奢遮的好男子。”那人问道：“甚么奢遮的好男子？”那大汉答道：“你敢也闻他的大名？便是济州郓城县宋押司宋江。”那人道：“莫不是江湖上说的山东及时雨宋公明？”那大汉道：“正是此人。”那人又问道：“他却因甚打这里过？”那大汉道：“我本不知。近日有个相识从济州来，说道郓城县宋押司宋江不知为甚么事，发在济州府，断配江州牢城。我料想他必从这里过来，别处又无路。他在郓城县时，我尚且要去和他厮会，今次正从这里经过，如何不结识他？因此在岭下连日等候，接了他四五日，并不见有一个囚徒过来。我今日同这两个兄弟信步踱上山岭，来你这里买碗酒吃，就望你一望。近日你店里买卖如何？”那人道：“不瞒大哥说，这几个月里好生没买卖，今日谢天地，捉得三个行货，又有些东西。”反应慢，智商低。那大汉慌忙问道：“三个甚样人？”那人道：“两个公人和一个罪人。”那汉失惊道：“这囚徒莫非是黑矮肥胖的人？”那人应道：“真个不十分长大，面貌紫棠色。”那大汉连忙问道：“不曾动手么？”那人答道：“方才拖进作房去，等火家未回，不曾开剥。”

那大汉道：“等我认他一认。”当下四个人进山岩边人肉作房里，只见剥人凳上挺着宋江和两个公人，撷倒头放在地下。那大汉看见宋江，却又不认得。相他脸上金印，又不分晓。没可寻思处，猛想起道：“且取公人的包裹来，我看他公文便知。”那人道：“说得是。”便去房里取过公人的包裹打开，见了一锭大银，又有若干散碎银两。解开文书袋来，看了差批，众人只叫得“惭愧”，那大汉便道：“天使令我今日上岭来，早是不曾动手，争些儿误了我哥哥性命！”那大汉便叫那人：“快讨解药来，先救起我哥哥。”那人也慌了，连忙调了解药，便和那大汉去作房里，先开了枷，扶将起来，把这解药灌将下去。四个人将宋江扛出前面客位里，那大汉扶住着，渐渐醒来。光着眼，看了众人立在面前，又不认得。只见那大汉教两个兄弟扶住了宋江，纳头便拜。宋江问道：“是谁？我不是梦中么？”只见卖酒的那人也拜。宋江道：“这里正是那里？不敢动问二位高姓？”那大汉道：“小弟姓李名俊，李俊。祖贯庐州人氏。专在扬子江中撑船艄公为生，能识水性，人都呼小弟做‘混江龙’李俊便是。这个卖酒的是此间揭阳岭人，只靠做私商道路，人尽呼他做‘催命判官’李立。李立。这两个兄弟，是此间浔阳江边人，专贩私盐来这里货卖，却是投奔李俊家安身。大江中伏得水，驾得船。是弟兄两个：一个唤做‘出洞蛟’童威，一个叫做‘翻江蜃’童猛。”童威童猛。两个也拜了宋江四拜。宋江问道：“却才麻翻了宋江，如何却知我姓名？”李俊道：“小弟有个相识，近日做买卖，从济州回来，说起哥哥大名，为事发在江州牢城。李俊往常思念，只要去贵县拜识哥哥，只为缘分浅薄，不能够去。今闻仁兄来江州，必从这里经过，小弟连连在岭下等接仁兄，五七日了，不见来。今日无心，天幸使令李俊同两个弟兄上岭来，就买杯酒吃，遇见李立，说将起来。因此小弟大惊，慌忙去作房里看了，却又不认得哥哥。猛可思量起来，取讨公文看了，才知道是哥哥。不敢拜问仁兄，闻知在郓城县做押司，不知为何事配来江州？”宋江把这杀了阎婆惜，直至石勇村店寄书，回家事发，今次配来江州，备细说了一遍，四人称叹不已。李立道：“哥哥何不只在此间住了，休上江州牢城去受苦？”宋江答道：“梁山泊苦死相留，我尚兀自不肯住，恐怕连累家中老父，此间如何住得？”李俊道：“哥哥义士，必不肯胡行。你快救起那两个公人来。”李立连忙叫了火家——已都归来了，便把公人扛出前面客位里来，把解药灌将下去，救得两个公人起来，面面厮觑道：“我们想是行路辛苦，恁地容易得醉！”众人听了都笑。

当晚李立置酒管待众人，在家里过了一夜。次日又安排酒食管待，送出包裹还了宋江并两个公人。当时相别了，宋江自和李俊、童威、童猛两个公人下岭来，径到李俊家歇下。置备酒食，殷勤相待，结拜宋江为兄，又结一兄弟。留住家里。过了数日，宋江要行，李俊留不住，取些银两赍发两个公人。宋江再带上行枷，收拾了包裹行李，辞别李俊、童威、童猛，离了揭阳岭下，取路望江州来。

三个人行了半日，早是未牌时分。行到一个去处，只见人烟辏集，市井喧哗。正来到市镇上，只见那里一伙人围住着看。宋江分开人丛，挨入去看时，却原来是一个使枪棒卖膏药的。宋江和两个公人立住了脚，看他使了一回枪棒。那教头放下了手中枪棒，又使了一回拳。宋江喝采道："好枪棒拳脚！"那人却拿起一个盘子来，口里开科道："小人远方来的人，投贵地特来就事，虽无惊人的本事，全靠恩官作成，远处夸称，近方卖弄。如要筋骨膏药，当下取赎。如不用膏药，可烦赐些银两铜钱赍发，休教空过了。"那教头把盘子掠了一遭，没一个出钱与他。怪。那汉又道："看官高抬贵手。"又掠了一遭，众人都白着眼看，又没一个出钱赏他。怪。宋江见他惶恐，掠了两遭，没人出钱，便叫公人取出五两银子来。宋江叫道："教头，我是个犯罪的人，没甚与你。这五两白银，权表薄意，休嫌轻微。"那汉子得了这五两白银，托在手里，便收科道："恁地一个有名的揭阳镇上，没一个晓事的好汉，抬举咱家！难得这位恩官，本身见自为事在官，又是过往此间，撇倒赍发五两白银。正是'当年却笑郑元和，只向青楼买笑歌。惯使不论家豪富，风流不在着衣多'。这五两银子强似别的五十两。此汉子倔强。自家拜揖。愿求恩官高姓大名，使小人天下传扬！"宋江答道："教师，量这些东西，直得几多！不须致谢。"

正说之间，只见人丛里一条大汉分开人众，抢近前来，大喝道："兀那厮！是甚么鸟汉，那里来的囚徒，敢来灭俺揭阳镇上威风！"掿着双拳，来打宋江。不因此起相争，有分教：浔阳江上，聚数筹搅海苍龙；梁山泊中，添一伙爬山猛虎。毕竟那汉为甚么要打宋江，且听下回分解。

第三十六回

没遮拦追赶及时雨　船火儿夜闹浔阳江

船火兒夜鬧潯陽江

回前总评

这一回，依然是宋江在流亡路上滚兄弟的雪球。

到了揭阳镇，看到病大虫薛永使枪棒卖膏药，因为给赏钱，二人又成了兄弟。接着，上回揭阳岭上刚认的兄弟李俊和童威、童猛，救了被逼投江的宋江，而原本逼宋江投江的张横，则一听宋江之名，扑翻身便拜。原本一路追杀的穆弘、穆春兄弟，也一听宋江之名，撇了朴刀，翻身便拜！揭阳镇上，宋江一夜之间，又结识了四个江湖好汉：薛永、穆弘、穆春、张横。张横的弟弟张顺在江州，张横又写了一封信让宋江带去，等于说，又结识了张顺。

问题是，这些人真的是好汉吗？

病大虫薛永可以说是。其他几人就算不得了。揭阳岭上岭下有三霸，李俊和李立一霸；穆弘、穆春一霸；张横、张顺一霸。

李立是开人肉店的，李俊和他一伙，不会是善类；穆弘、穆春兄弟呢？因为薛永到镇上卖艺没有交保护费，就吩咐镇上人不准给赏钱，而一镇的人果然都不敢给赏钱。他们叫人拿了薛永，尽气力打了一顿，吊在都头家里，要明日和宋江捆做一块，抛在江里。远道而来的宋江不知情，给了薛永赏钱，他们就赶尽杀绝，捉拿宋江三人，也要打死。何等猖狂，何等草菅人命，何等无法无天！张横、张顺如何呢？宋江三人被穆弘、穆春兄弟追到江边，上了张横的船。宋江还感激张横救了性命，哪知道他转脸就杀人越货，逼宋江三个快脱了衣裳，赤条条地跳下江里自去寻死，不跳就剁下水里去！

就这样一个毫无人性的家伙，“来也不认得爹，去也不认得娘”，宋江还向李俊问道：“这个好汉是谁？”竟然还说张横是好汉！

这就是《水浒传》中的好汉！这就是宋江眼里的好汉！这就是被宋江笼络在手下，利用他们去打天下的，还美其名曰替天行道的好汉！

话说当下宋江不合将五两银子赍发了那个教师，只见这揭阳镇上众人丛中，钻过这条大汉，睁着眼喝道：“这厮那里学得这些鸟枪棒，来俺这揭阳镇上逞强！我已分付了众人休睬他，你这厮如何卖弄有钱，把银子赏他，灭俺揭阳镇上的威风！”宋江应道：“我自赏他银两，却干你甚事？”是。那大汉揪住宋江，喝道：“你这贼配军，敢回我话！”横。宋江道：“做甚么不敢回你话？”是。那大汉提起双拳，劈脸打来，宋江躲个过。有点身手。那大汉又赶入一步来，宋江却待要和他放对，看来有点身手。只见那个使枪棒的教头从人背后赶将来，一只手揪住那大汉头巾，一只手提住腰胯，望那大汉肋骨上只一兜，踉跄一交，撷翻在地。教头仗义。那大汉却待挣扎起来，又被这教头只一脚，踢翻了。两个公人劝住教头，那大汉从地下爬将起来，看了宋江和教头说道：“使得使不得，教你两个不要慌！”流氓从来这般腔。一直望南去了。

宋江且请问：“教头高姓，何处人氏？”教头答道：“小人祖贯河南洛阳人氏，姓薛名永。祖父是老种经略相公帐前军官，为因恶了同僚，不得升用，子孙靠使枪棒卖药度日。看薛永言行，是个郁闷的人。原来这郁闷是祖传的。江湖上但呼小人‘病大虫’薛永。不敢拜问恩官高姓大名？”

宋江道："小可姓宋名江，祖贯郓城县人氏。"薛永道："莫非山东及时雨宋公明么？"宋江道："小可便是。"薛永听罢便拜。宋江连忙扶住道："少叙三杯如何？"薛永道："好！正要拜识尊颜，却为无门得遇兄长。"慌忙收拾起枪棒和药囊，同宋江便往邻近酒肆内去吃酒。只见酒家说道："酒肉自有，只是不敢卖与你们吃。"怪。宋江问道："缘何不卖与我们吃？"酒家道："却才和你们厮打的大汉，已使人分付了：若是卖与你们吃时，把我这店子都打得粉碎。我这里却是不敢恶他。这人是此间揭阳镇上一霸，谁敢不听他说？"原来如此。宋江道："既然恁地，我们去休，那厮必然要来寻闹。"薛永道："小人也去店里算了房钱还他，一两日间，也来江州相会。兄长先行。"宋江又取一二十两银子与了薛永，辞别了自去。宋江只得自和两个公人也离了酒店，又自去一处吃酒。那店家说道："小郎已自都分付了，我们如何敢卖与你们吃？你枉走，干自费力，不济事！"可恶。宋江和两个公人都做声不得，连连走了几家，都是一般话说。三个来到市梢尽头，见了几家打火小客店，正待要去投宿，却被他那里不肯相容。宋江问时，都道："他已着小郎连连分付去了，不许安着你们三个。"

当下宋江见不是话头，三个便拽开脚步，望大路上走，看看见一轮红日低坠，天色昏暗，宋江和两个公人心里越慌。三个商量道："没来由看使枪棒，恶了这厮，如今闪得前不巴村，后不着店，却是投那里去宿是好？"只见远远地小路上，望见隔林深处射出灯光来。宋江见了道："兀那里灯光明处，必有人家。遮莫怎地陪个小心，借宿一夜，明日早行。"公人看了道："这灯光处又不在正路上。"宋江道："没奈何！虽然不在正路上，明日多行三二里，却打甚么不紧？”三个人当时落路来，行不到二里多路，林子背后闪出一座大庄院来。宋江和两个公人来到庄院前敲门。庄客听得，出来开门道：“你是甚人，黄昏夜半来敲门打户？”宋江陪着小心答道：“小人是个犯罪配送江州的人。今日错过了宿头，无处安歇，欲求贵庄借宿一宵，来早依例拜纳房金。”庄客道：“既是恁地，你且在这里少待，等我入去报知庄主太公，可容即歇。”庄客入去通报了，复翻身出来，说道：“太公相请。”宋江和两个公人到里面草堂上参见了庄主太公。太公分付教庄客领去门房里安歇，就与他们些晚饭吃。庄客听了，引去门首草房下，点起一碗灯，教三个歇定了，取三分饭食羹汤菜蔬，教他三个吃了。庄客收了碗碟，自入里面去。两个公人道：“押司，这里又无外人，一发除了行枷，快活睡一夜，明日早行。”不是公人宽宥，乃是下文必须如此。宋江道：“说得是。”当时去了行枷，和两个公人去房外净手，看见星光满天，又见打麦场边屋后是一条村僻小路，宋江看在眼里。有心人。心中有事人。

三个净了手，入进房里，关上门去睡。宋江和两个公人说道：“也难得这个庄主太公，留俺们歇这一夜。”正说间，听得里面有人，点火把来打麦场上，一到处照看。宋江在门缝里张时，见是太公引着三个庄客，把火一到处照看。宋江对公人道：“这太公和我父亲一般，件件定要自来照管。这早晚也不肯去睡，琐琐地亲自点看。”突然插入此一笔，无穷滋味。正说间，只听得外面有人叫开庄门，庄客连忙来开了门，放入五七个人来。为头的手里拿着朴刀，背后的都拿着稻叉、棍棒。火把光下，宋江张看时，“那个提朴刀的，正是在揭阳镇上要打我们的那汉”。怕。宋江又听得那太公问道：“小郎，你那里去来？和甚人厮打，日晚了，拖枪拽棒？”那大汉道：

"阿爹，不知哥哥在家里么？"太公道："你哥哥吃得醉了，去睡在后面亭子上。"那汉道："我自去叫他起来，我和他赶人。"太公道："你又和谁合口？叫起哥哥来时，他却不肯干休。越发可怕。你且对我说这缘故。"那汉道："阿爹，你不知，今日镇上一个使枪棒卖药的汉子，叵耐那厮不先来见我弟兄两个，便去镇上撒科卖药，教使枪棒，被我都分付了镇上的人分文不要与他赏钱。不知那里走一个囚徒来，那厮做好汉出尖，把五两银子赏他，灭俺揭阳镇上威风。揭阳镇的威风是谁的威风？我正要打那厮，却恨那卖药的脑揪翻我，打了一顿，又踢了我一脚，至今腰里还疼。我已教人四下里分付了酒店客店，不许着这厮们吃酒安歇，先教那厮三个今夜没存身处。随后吃我叫了赌房里一伙人，赶将去客店里，拿得那卖药的来，尽气力打了一顿，如今把来吊在都头家里。明日送去江边，捆做一块，抛在江里，出那口鸟气！怕。却只赶这两个公人押的囚徒不着，前面又没客店，竟不知投那里去宿了。我如今叫起哥哥来，分投赶去，捉拿这厮！"太公道："我儿休恁地短命相。他自有银子赏那卖药的，却干你甚事。你去打他做甚么？可知道着他打了，也不曾伤重，快依我口便罢，休教哥哥得知，你吃人打了，他肯干罢？又是去害人性命！怕。你依我说，且去房里睡了。半夜三更，莫去敲门打户，激恼村坊，你也积些阴德。"

那汉不顾太公说，拿着朴刀，径入庄内去了。太公随后也赶入去。宋江听罢，对公人说道："这般不巧的事，怎生是好？却又撞在他家投宿，我们只宜走了好。倘或这厮得知，必然吃他害了性命。便是太公不说，庄客如何敢瞒？"是。两个公人都道："说得是，事不宜迟，及早快走！"宋江道："我们休从门前出去，掇开屋后一堵壁子出去罢。”两个公人挑了包裹，宋江自提了行枷，便从房里挖开屋后一堵壁子。三个人便趁星光之下望林木深处小路上只顾走。正是慌不择路，走了一个更次，望见前面满目芦花，一派大江，滔滔滚滚，正来到浔阳江边。怕。只听得背后喊叫，火把乱明，吹风胡哨赶将来。怕。宋江只叫得苦道：“上苍救一救则个！”原来没章法。三人躲在芦苇丛中，望后面时，那火把渐近，三人心里越慌，脚高步低，在芦苇里撞。前面一看，不到天尽头，早到地尽处：一带大江拦截，侧边又是一条阔港。

宋江仰天叹道：“早知如此的苦，从直住在梁山泊也罢！谁想直断送在这里！”宋江正在危急之际，只见芦苇丛中悄悄地忽然摇出一只船来。宋江见了，便叫：“梢公，且把船来救我们三个！俺与你几两银子！”那梢公在船上问道：“你三个是甚么人？却走在这里来？”宋江道：“背后有强人打劫我们，一昧地撞在这里。你快把船来渡我们，我多与你些银两！”那梢公早把船放得拢来，三个连忙跳上船去。一个公人便把包裹丢下舱里，一个公人便将水火棍揕开了船。急。那梢公一头搭上橹，一面听着包裹落舱有些好响声，心中暗喜。怕。把橹一摇，那只小船早荡在江心里去。岸上那伙赶来的人早赶到滩头，有十数个火把，为头两个大汉各挺着一条朴刀，随从有二十余人，各执枪棒，口里叫道：“你那梢公，快摇船拢来！”宋江和两个公人做一块儿伏在船舱里，说道：“梢公，却是不要拢船！我们自多谢你些银子！”那梢公点头，只不应岸上的人，把船望上水咿咿哑哑的摇将去。那岸上这伙人大喝道：“你那梢公，不摇拢船来，教你都死！”那梢公冷笑几声，也不应。岸上那伙人又叫道：“你是那个梢公？直恁大胆，不摇拢来！”那梢公冷笑应道：“老爷叫做张梢公，你不要咬我鸟！”岸上火把丛中那个长汉说道：“原来是张大哥，你见我弟兄两个么？”那梢公应道：“我又不瞎，做甚么不见你？”那长汉道：“你既见我时，且摇拢来和你说话。”那梢公道：“有话明朝来说，趁船的要去得紧。”那长汉道：“我弟兄两个，正要捉这趁船的三个人。”那梢公道：“趁船的三个，都是我家亲眷，衣食父母，请他归去吃碗‘板刀面’了来！”好名目。那长汉道：“你且摇拢来，和你商量。”那梢公道：“我的衣饭，倒摇拢来把与你，倒乐意！”我的衣饭。那长汉道：“张大哥，不是这般说！我弟兄只要捉这囚徒。你且拢来！”那梢公一头摇橹，一面说道：“我自好几日接得这个主顾，却是不摇拢来，倒吃你接了去！你两个只得休怪，改日相见！”宋江呆了，果然呆。不听得话里藏阄，在船舱里悄悄的和两个公人说：“也难得这个梢公救了我们三个性命，又与他分说！不要忘了他恩德！却不是幸得这只船来渡了我们！”

却说那梢公摇开船去，离得江岸远了。三个人在舱里望岸上时，火把也自去芦苇中明亮。宋江道：“惭愧！正是：‘好人相逢，恶人远离。’且得脱了这场灾难！”只见那梢公摇着橹，口里唱起湖州歌来，唱道：“老爷生长在江边，不爱交游只爱钱。昨夜华光来趁我，临行夺下一金砖。”宋江和两个公人听了这首歌，都酥软了。宋江又想道：“他是唱耍。”心理揣摩如此真切。三个正在舱里议论未了，只见那梢公放下橹，说道：“你这个撮鸟，两个公人，平日最会诈害做私商的人，出尔反尔。今日却撞在老爷手里！你三个却是要吃‘板刀面’，却是要吃‘馄饨’？”宋江道：“家长休要取笑！怎地唤做‘板刀面’？怎地是‘馄饨’？”那梢公睁着眼道：“老爷和你要甚鸟！“你”字重读一遍。“耍”字再重读一遍。若还要吃‘板刀面’时，俺有一把泼风也似快刀，在这艎板底下。我不消三刀五刀，我只一刀一个，都剁你三个人下水去。你若要吃‘馄饨’时，你三个快脱了衣裳，都赤条条地跳下江里自死！”宋江听罢，扯定两个公人，说道：“却是苦也！正是‘福无双至，祸不单行’！”那梢公喝道：“你三个好好商量，快回我话！”宋江答道：“梢公不知。我们也是没奈何，犯下了罪，迭配江州的人。你如何可怜见，饶了我三个！”那梢公喝道：“你说甚么闲话！求命竟成闲话。饶你三个？我半个也不饶你！半个如何饶？老爷唤作有名的‘狗脸张爷爷’，挺自知。来也不认得爹，去也不认得娘！你便都闭了鸟嘴，快下水里去！”宋江又求告道：“我们都把包裹内金银财帛衣服等项，尽数与你，只饶了我三人性命！”这该可以。那梢公便去艎板底下摸出那把明晃晃板刀来，大喝道：“你三个要怎地？”恶。宋江仰天叹道：“为因我不敬天地，不孝父母，犯下罪责，连累了你两个！”那两个公人也扯着宋江道：“押司，罢，罢！我们三个一处死休！”那梢公又喝道：“你三个好好快脱了衣裳，跳下江去！跳便跳，不跳时，老爷便剁下水里去！”还要衣裳。宋江和那两个公人抱做一块，望着江里。

只见江面上咿咿哑哑橹声响，梢公回头看时，一只快船飞也似从上水头急溜下来。船上有三个人，一条大汉，手里横着托叉，立在船头上。梢头两个后生摇着两把快橹。亏得快橹。星光之下，早到面前。那船头上横叉的大汉便喝道：“前面是甚么梢公，敢在当港行事？船里货物，见者有分！”这船梢公回头看了，慌忙应道：“原来却是李大哥，我只道是谁来！大哥又去做买卖，只是不曾带挈兄弟。”大汉道：“张家兄弟，你在这里又弄这一手！船里甚么行货，有些油水么？”一路货色。梢公答道：“教你得知好笑，我这几日没道路，又赌输了，没一文。正在沙滩上闷坐，岸上一伙人赶着三头行货，来我船里，却是两个鸟公人，解一个黑矮囚徒，正不知是那里人。他说道迭配江州来的，却又项上不带行枷。细。赶来的岸上一伙人，却是镇上穆家哥儿两个，一路货色。定要讨他。我见有些油水吃，我不还他。”船上那大汉道：“咄！莫不是我哥哥宋公明？”宋江听得声音厮熟，便舱里叫道：“船上好汉是谁？救宋江则个！”那大汉失惊道：“真个是我哥哥，早不做出来！”宋江钻出船上来看时，星光明亮。那船头上立的大汉，正是混江龙李俊。背后船梢上两个摇橹的，一个是出洞蛟童威，一个是翻江蜃童猛。

这李俊听得是宋公明，便跳过船来，口里叫苦道：“哥哥惊恐！若是小弟来得迟了些个，误了仁兄性命！今日天使李俊在家坐立不安，棹船出来江里，赶些私盐，不想又遇着哥哥在此受难！”那梢公呆了半晌，做声不得，方才问道：“李大哥，这黑汉便是山东及时雨宋公明么？”李俊道：“可知是哩！”那梢公便拜道：“我那爷，你何不早通个大名，省得着我做出歹事来，争些儿伤了仁兄！”伤了仁兄，便是歹事。伤了他人，就是油水。宋江问李俊道：“这个好汉是谁？请问高姓？”此等歹徒也是好汉？李俊道：“哥哥不知，这个好汉，却是小弟结义的兄弟，姓张，是小孤山下人氏，单名横字，绰号‘船火儿’，专在此浔阳江做这件‘稳善’的道路。”宋江和两个公人都笑起来。刚才还在赶尽杀绝，突然之间一团和气。当时两只船并着，摇奔滩边来。缆了船，舱里扶宋江并两个公人上岸。李俊又与张横说道：“兄弟，我常和你说：天下义士，只除非山东及时雨郓城宋押司。今日你可仔细认着。”张横敲开火石，点起灯来，照着宋江，扑翻身又在沙滩上拜道：“望哥哥恕兄弟罪过！”

张横拜罢，问道：“义士哥哥，为何事配来此间？”李俊把宋江犯罪的事说了，“……今来迭配江州”。张横听了，说道：“好教哥哥得知，小弟一母所生的亲弟兄两个，长的便是小弟。我有个兄弟却又了得，浑身雪练也似一身白肉，没得四五十里水面，水底下伏得七日七夜，水里行一似一根白条，更兼一身好武艺，因此人起他一个异名，唤做‘浪里白条’张顺。当初我弟兄两个，只在扬子江边做一件依本分的道路。”宋江道：“愿闻则个。”张横道：“我弟兄两个，但赌输了时，我便先驾一只船渡在江边净处做私渡。有那一等客人贪省贯百钱的，又要快，便来下我船。等船里都坐满了，却教兄弟张顺也扮做单身客人，背着一个大包，也来趁船。我把船摇到半江里，歇了橹，抛了钉，插一把板刀，却讨船钱。本合五百足钱一个人，我便定要他三贯。却先问兄弟讨起，教他假意不肯还我。我便把他来起手，一手揪住他头，一手提定腰胯，扑通地撺下江里，排头儿定要三贯。一个个都惊得呆了，把出来不迭，都敛得足了，却送他到僻净处上岸。我那兄弟自从水底下走过对岸，等没了人，却与兄弟分钱去赌。那时我两个只靠这道路过日。”宋江道：“可知江边多有主顾来寻你私渡。”李俊等都笑起来。张横又道：“如今我弟兄两个都改了业，我便只在这浔阳江里做些私商。兄弟张顺，他却如今自在江州做卖鱼牙子。如今哥哥去时，小弟寄一封书去。只是不识字，写不得。”李俊道：“我们去村里央个门馆先生来写。”却如何不叫宋江自写。留下童威、童猛看船。三个人跟了李俊、张横，提了灯，投村里来。

走不过半里路，看见火把还在岸上明亮。张横说道：“他弟兄两个还未归去。”够狠。李俊道：“你说兀谁弟兄两个？”张横道：“便是镇上那穆家哥儿两个。”李俊道：“一发叫他两个来拜了哥哥。”宋江连忙说道：“使不得，他两个赶着要捉我！”还怕。李俊道：“仁兄放心。他弟兄不知是哥哥。他亦是我们一路人。”一路人。李俊用手一招，胡哨了一声，只见火把人伴都飞奔将来。看见李俊、张横都恭奉着宋江做一处说话，那弟兄二人大惊道：“二位大哥，如何与这三人厮熟？”李俊大笑道：“你道他是兀谁？”那二人道：“便是不认得。只见他在镇上出银两赏那使枪棒的，灭俺镇上威风，正待要捉他。”李俊道：“他便是我日常和你们说的山东及时雨郓城宋押司公明哥哥，你两个还不快拜！”日常和你们说——可知群里地位。有居高临下之感。○因为说，见闻广博，故有地位；因为有地位，故可以说。那弟兄两个撇了朴刀，扑翻身便拜道：“闻名久矣，不期今日方得相会！却才甚是冒渎，犯伤了哥哥，望乞怜悯恕罪。”变脸有术。宋江扶起二位道：“壮士，愿求大名。”李俊便道：“这弟兄两个富户是此间人，姓穆名弘，绰号‘没遮拦’；兄弟穆春，唤做‘小遮拦’，是揭阳镇上一霸。我这里有三霸，哥哥不知，一发说与哥哥知道。揭阳岭上岭下，便是小弟和李立一霸。揭阳镇上，是他弟兄两个一霸。浔阳江边做私商的，却是张横、张顺两个一霸。以此谓之三霸。”三霸在此，小民何辜。宋江答道：“我们如何省得？既然都是自家弟兄情分，望乞放还了薛永。”宋江厚道细心处。穆弘笑道：“便是使枪棒的那厮？哥哥放心，随即便教兄弟穆春去取来还哥哥。我们且请仁兄到敝庄伏礼请罪。”李俊说道：“最好，最好！便到你庄上去。”穆弘叫庄客着两个去看了船只，就请童威、童猛一同都到庄上去相会。一面又着人去庄上报知，置办酒食，杀羊宰猪，整理筵宴。

一行众人等了童威、童猛，一同取路投庄上来，却好五更天气。都到庄里，请出穆太公来相见了，就草堂上分宾主坐下。宋江与穆太公对坐。说话未久，天色明朗，穆春已取到病大虫薛永进来，一处相会了。穆弘安排筵席，管待宋江等众位饮宴，至晚都留在庄上歇宿。次日，宋江要行，穆弘那里肯放，把众人都留庄上，陪侍宋江去镇上闲玩，观看揭阳市村景致。又住了三日，宋江怕违了限次，坚意要行。穆弘并众人苦留不住，当日做个送路筵席。次日早起来，宋江作别穆太公并众位好汉，临行分付薛永且在穆弘处住几时，却来江州再得相会。穆弘道："哥哥但请放心，我这里自看顾他。"不会往江里扔了。取出一盘金银送与宋江，又赍发两个公人些银两。说宋江是及时雨，看到的则多是朋友给宋江及时雨。临动身，张横在穆弘庄上央人修了一封家书，央宋江付与张顺。当时宋江收放包裹内了。一行人都送到浔阳江边。穆弘叫只船来，取过先头行李下船。众人都在江边，安排行枷，取酒食上船饯行，当下众人洒泪而别。李俊、张横、穆弘、穆春、薛永、童威、童猛一行人，各自回家，不在话下。

只说宋江自和两个公人下船投江州来，这梢公非比前番，拽起一帆风蓬，早送到江州上岸。宋江方才带上行枷，两个公人取出文书，挑了行李，直至江州府前来，正值府尹升厅。原来那江州知府，姓蔡，双名得章，是当朝蔡太师蔡京的第九个儿子，历史上的蔡京只有八个儿子。因此江州人叫他做蔡九知府。那人为官贪滥，作事骄奢。岂止如此。为这江州是个钱粮浩大的去处，抑且人广物盈，因此太师特地教他来做个知府。肥水不流外人田。当时两个公人当厅下了公文，押宋江投厅下，蔡九知府看见宋江一表非俗，便问道："你为何枷上没了本州的封皮？"两个公人告道："于路上春雨淋漓，却被水湿坏了。"知府道："快写个帖来，便送下城外牢城营里去，本府自差公人押解下去。”这两个公人就送宋江到牢城营内交割。当时江州府公人赍了文帖，监押宋江并同公人出州衙前，来酒店里买酒吃。宋江取三两来银子，与了江州府公人。当讨了收管，将宋江押送单身房里听候。那公人先去对管营差拨处，替宋江说了方便，交割讨了收管，自回江州府去了。这两个公人也交还了宋江包裹行李，千酬万谢，相辞了入城来。两个自说道：“我们虽是吃了惊恐，却赚得许多银两。”有人赚人脉，有人赚银两。自到州衙府里伺候，讨了回文，两个取路往济州去了。

话里只说宋江又自央浼人情，差拨到单身房里，送了十两银子与他。管营处又自加倍送十两并人事。营里管事的人并使唤的军健人等，都送些银两与他们买茶吃。因此无一个不欢喜宋江。宋江善使银子。少刻引到点视厅前，除了行枷，参见管营，为得了贿赂，在厅上说道：“这个新配到犯人宋江听着，先朝太祖武德皇帝圣旨事例，但凡新入流配的人，须先打一百杀威棒，左右与我捉去背起来。”宋江告道：“小人于路感冒风寒时症，至今未曾痊可。”管营道：“这汉端的像有病的，不见他面黄肌瘦，有些病症？且与他权寄下这顿棒。此人既是县吏出身，着他本营抄事房做个抄事。”就时立了文案，便教发去抄事。还是旧行当。宋江谢了，去单身房取了行李，到抄事房安顿了。众囚徒见宋江有面目，都买酒来庆贺。世态。次日，宋江置备酒食，与众人回礼。不时间又请差拨、牌头递杯，管营处常常送礼物与他。宋江身边有的是金银财帛，单把来结识他们。住了半月之间，满营里没一个不欢喜他。世态。

自古道：“世情看冷暖，人面逐高低。”宋江一日与差拨在抄事房吃酒，那差拨说与宋江道：“贤兄，我前日和你说的那个节级常例人情，如何多日不使人送去与他？今已一旬之上了，他明日下来时，须不好看。”宋江道：“这个不妨。那人要钱，不与他。若是差拨哥哥但要时，只顾问宋江取不妨。那节级要时，一文也没！等他下来，宋江自有话说。”差拨道：“押司，那人好生利害，更兼手脚了得。倘或有些言语高低，吃了他些羞辱，却道我不与你通知！”宋江道：“兄长由他。但请放心，小可自有措置。敢是送些与他，也不见得。他有个不敢要我的，也不见得。”正恁的说未了，只见牌头来报道：“节级下在这里了，正在厅上大发作，骂道：‘新到配军，如何不送常例钱来与我！’”戴宗丑。差拨道：“我说是么？那人自来，连我们都怪！”宋江笑道：“差拨哥哥休罪，不及陪侍，改日再得作杯，小可且去和他说话。”差拨也起身道：“我们不要见他。”可见戴宗人缘。宋江别了差拨，离了抄事房，自来点视厅上，见这节级。

不是宋江来和这人厮见，有分教：江州城里，翻为虎窟狼窝；十字街头，变作尸山血海。直教：撞破天罗归水浒，掀开地网上梁山。毕竟宋江来与这个节级怎么相见，且听下回分解。

第三十七回

及时雨会神行太保　黑旋风斗浪里白条

及時雨會神行太保

回前总评

我们知道，牢城营里，有潜规则；潜规则的核心，是银子。

林冲到牢城营，经人指点，马上准备送银子；武松到牢城营，经人指点，马上表示不送银子。宋江呢？根本不需要他人指点：差拨来，马上送十两银子；管营处又加倍送十两再加其他礼物；营里管事的人，并使唤的军健人等，都送些银子，做得自然而然，因此无一个不欢喜宋江。

这三人都不缺钱，宋江钱最多。但是，宋江主动送钱，不是钱多，而是他吏员出身，最懂潜规则。这种事不知别人对他干过多少，他对别人也不知干过多少。在官场混，几人不是受贿行贿的专业人员？

武松是经人指点仍不开窍；林冲是一经指点就开窍；宋江是不用指点窍早就开了。武松是英雄汉；林冲是老实人；宋江是心机深。

有一个关键人物，节级戴宗，吴用那位“至爱相交，仗义疏财”的朋友，宋江偏偏不送钱给他，要等他自来，因为他手里捏着戴宗的死结。这一段描写，极其生动，写出宋江心机，更写出戴宗丑陋。

阎婆惜曾拿着一封梁山来信要挟宋江；宋江此时拿着一封梁山来信要挟戴宗。阎婆惜是宋江师父。

实际上，这里有两个戴宗：兄弟戴宗和节级戴宗。兄弟戴宗确实仗义疏财，而节级戴宗确实丑陋无耻。一个人，是好人还是坏人，往往看他处什么环境，在什么关系中。而一个人，如果换个环境立马就变脸为坏人，则他本质上仍然不是好人。

在饭桌上，朋友客客气气礼貌周到礼节周全，一转身就对服务员颐指气使横挑鼻子竖挑眼，则此人仍然不是文明人。

李逵出现在宋江、戴宗两个正饮酒说到心腹相爱之处时。一个黑凛凛大汉上楼来，看着宋江问戴宗："哥哥，这黑汉子是谁？"宋江看李逵黑，是心中暗吃一惊，嘴上不说；李逵看宋江黑，可就说出来了。宋江不说，是修养；李逵说，是口无遮拦。口无遮拦是因为心无遮拦，心口如一。这是宋江、李逵对比。一个为人有教养；一个为人无遮拦。一个文明；一个自然。

戴宗自己刚才也骂过宋江"黑矮杀才"，现在对宋江笑李逵粗卤，可黑汉子总比黑矮杀才好听。这又是李逵、戴宗对比。一个淳朴；一个凶恶。一个是最初一念之本心；一个是利害计较之算计心。一个心中无恶意；一个心中有恶意。

李逵可爱，主要得益于这种个性。在他面前我们无须设防。人家说他粗卤，他竟不知何为粗卤。这真是鱼在水中不知水，人在道中不知道。戴宗要教他文明说话，但李逵是教不好的。从另一角度看，他也是教不坏的。

李逵自己毫无艺术细胞，毫无艺术欣赏的意识和能力，但是他自己的一举一动，则是极好的艺术，有出人意外的艺术效果，就因为他美丑妍媸，全在天性，全无意识，全凭那最初一念之本心，毫无心机，偶有一点小算盘，也愚拙得可笑，让人一眼看穿。这完全符合明代李贽对艺术的最高定义：童心。所以，李贽特别喜欢李逵。

这样的一个英雄，被宋江以十两银子买得。

宋江专用银子笼络人，宋江擅用银子笼络人，李逵偏偏在缺银子时碰见宋江。这不是李逵运气，而是宋江运气。金圣叹批曰："以十两银买一铁牛，宋江一生得意之笔。"而大出我们意外的是，李逵接得银子，道声"我去了便来"，推开帘子，下楼赌钱去了。

金圣叹在这一段有精彩的分析："我读至此处，不觉掩卷而叹：嗟乎！世安得有此人哉！下之，则骤然与我十两银子；上之，则斯人固我闲常无日不念诵，无日不愿见之人也。乃今突然而来，突然而去，不惟今日之恩惠不能留之少坐，即平日之爱慕亦不必赘以盘桓，要拜便拜，要去便去，要吃酒便吃酒，要说谎便说谎。嗟乎！世岂真有此人哉！"李逵的本质是什么？一个字：真。两个字，童真。

金圣叹就李逵赌输了银子私下寻思"没一文做好汉"请宋江喝酒时，又评道："没一文便做不得好汉，此宋江一路来所以独做成好汉也。"宋江有钱，所以做得好汉；宋江做得好汉，全仗有钱。有钱才能做好汉。李贽的批注也好："没钱做不得好汉，真真真！然有钱的又不肯做好汉，嗟哉！"

李贽和金圣叹感慨的，也是我们的感慨：

第一，李逵可怜。李逵岂非好汉？李逵岂非慷慨之人？只是闲常没银子，就只好做做赖汉了。

第二，宋江成名的秘诀，不过是有钱撒而已。但是，说宋江有钱，所以做得好汉，对；说宋江做得好汉，全仗有钱，就不对了。因为，有钱，还要愿意撒钱，因为——

第三，有钱之人，还真是很少有舍得撒钱的好汉。这是宋江高于他人处。

因此，宋江还是高，因为毕竟有那么多比宋江矮的人。而且，宋江不光是舍得撒钱。看宋江如何对待初见面的李逵：李逵缺钱，他把出银子；李逵赌场闹事，他出面摆平；不仅出面摆平，而且一句责怪的话都没有；不仅没有一句责怪，还马上请他喝酒；在酒店，李逵要大碗喝酒，被戴宗斥责为乡巴佬，但是宋江却依之顺之；李逵吃相太丢人，宋江不恼不怒，还一直用欣赏的眼光看着；不光不恼不怒，还觉察出李逵肚子饿，马上要酒保切两斤大块肉来给他吃；店家只有羊肉，李逵便将鱼汁劈脸泼那酒保一身，宋江仍然毫不在意，要酒保“只顾切来，我自还钱”。

一会工夫，李逵闹了三场，说谎、耍赖、行蛮、放刁，宋江没有一句批评，最后，倒给了这样一句赞扬：“壮哉，真好汉也！”

接下来，斗浪里白条，点晕唱歌女娘，一天之内，接连五闹。刘备三顾诸葛茅庐，宋江五宥李逵打闹，诸葛有心，李逵无意，宋江也许不及刘备，而李逵尚在孔明之上耶！

笼络小人，很容易，给点好处就行。笼络英雄，光靠银子，不行。你还得做到三点：

你得欣赏他，至少你得让他感觉你欣赏他；

你得尊重他，至少你得让他感觉你尊重他；

你得宽容他，英雄有个性，哪怕你不喜欢这个性，至少你得容忍，还要让他不觉得。

一句话，英雄需要尊重。而这几点，宋江都做到了。

戴宗以李逵为耻，对宋江说：“兄长休怪：小弟引这等人来相会，全没些个体面，羞辱杀人！”宋江道：“他生性是恁的，如何教他改得？我倒敬他真实不假。”此话，不也是在骂戴宗。

能否赏识李逵，能否看出此人的价值，认识到此人粗卤背后的可贵与可爱，需要眼光。这个眼光，戴宗没有，宋江才有。

李逵像一个秤砣，称出了宋江和戴宗的不同斤两。

话说当时宋江别了差拨，出抄事房来，到点视厅上看时，见那节级掇条凳子坐在厅前，高声喝道："那个是新配到囚徒？"牌头指着宋江道："这个便是。"那节级便骂道："你这黑矮杀才！倚仗谁的势要，不送常例钱来与我？"倚仗谁的势要，要我送常例钱与你？○是吴用口中的仗义疏财人么？○黑矮杀才。宋江道："'人情人情，在人情愿。'你如何逼取人财？好小哉相！"两边看的人听了，倒捏两把汗。那人大怒，喝骂："贼配军，安敢如此无礼！颠倒说我小哉！那兜驮的，与我背起来，且打这厮一百讯棍！"两边营里众人都是和宋江好的，见说要打他，一哄都走了，这个节级，忒无人缘。只剩得那节级和宋江。那人见众人都散了，肚里越怒，拿起讯棒，便奔来打宋江。宋江说道："节级，你要打我，我得何罪？"那人大喝道："你这贼配军，是我手里行货，轻咳嗽便是罪过！"权势眼里，人人都是"行货"。宋江道："你便寻我过失，也不到得该死。"那人怒道："你说不该死，我要结果你也不难，只似打杀一个苍蝇！"历来如此。宋江冷笑道："我因不送得常例钱便该死时，结识梁山泊吴学究的，却该怎地？"那人听了这话，慌忙丢了手中讯棍，戴宗丑。便问道："你说甚么？"宋江道："我自说那结识军师吴学究的，你问我怎地？"宋江恶。那人慌了手脚，拖住宋江问道："你正是谁，那里得这话来？"宋江笑道："小可便是山东郓城县宋江。"那人听了大惊，连忙作揖，说道："原来兄长正是及时雨宋公明！"不是行货，是兄长了。宋江道：“何足挂齿！”那人便道：“兄长，此间不是说话处，未敢下拜。同往城里叙怀，请兄长便行。”宋江道：“好。节级少待，容宋江锁了房门便来。”

宋江慌忙到房里，取了吴用的书，自带了银两，好。出来锁上房门，分付牌头看管，便和那人离了牢城营里，奔入江州城里来，去一个临街酒肆中楼上坐下。那人问道：“兄长何处见吴学究来？”宋江怀中取出书来，递与那人。那人拆开封皮，从头读了，藏在袖内，起身望着宋江便拜。宋江慌忙答礼道：“适间言语冲撞，休怪，休怪！”那人道：“小弟只听得说有个姓宋的发下牢城营里来。往常时，但是发来的配军，常例送银五两。银子。今番已经十数日，不见送来，银子。今日是个闲暇日头，因此下来取讨，银子。不想却是仁兄。恰才在营内，甚是言语冒渎了哥哥，万望恕罪！”宋江道：“差拨亦曾常对小可说起大名。丑。宋江有心要拜识尊颜，却不知足下住处，又无因入城，特地只等尊兄下来，要与足下相会一面，以此耽误日久。不是为这五两银子不舍得送来，银子。只想尊兄必是自来，故意延挨。今日幸得相见，以慰平生之愿。”说话的，那人是谁？便是吴学究所荐的江州两院押牢节级戴院长戴宗。那时，故宋时，金陵一路节级都称呼“家长”，湖南一路节级都称呼做“院长”。原来这戴院长有一等惊人的道术，但出路时，赍书飞报紧急军情事，把两个甲马拴在两只腿上，作起神行法来，一日能行五百里；把四个甲马拴在腿上，便一日能行八百里。因此，人都称做“神行太保”戴宗。

当下戴院长与宋公明说罢了来情去意，来情去意，都是银子。戴宗、宋江俱各大喜。两个坐在阁子里，叫那卖酒的过来，安排酒果肴馔菜蔬来，就酒楼上两个饮酒。宋江诉说一路上遇见许多好汉，众人相会的事务。戴宗也倾心吐胆，把和这吴学究相交来往的事，告诉了一遍。两个正说到心腹相爱之处，才饮得两三杯酒，只听楼下喧闹起来。过卖连忙走入阁子来，对戴宗说道：“这个人，只除非是院长说得他下！没奈何，烦院长去解拆则个。”戴宗问道：“在楼下作闹的是谁？”李逵以闹出场。第一闹。过卖道：“便是时常同院长走的那个唤做‘铁牛’李大哥，在底下寻主人家借钱。”戴宗笑道：“又是这厮在下面无礼，我只道是甚么人。兄长少坐，我去叫了这厮上来。”戴宗便起身下去，不多时引着一个黑凛凛大汉上楼来。

宋江看见，吃了一惊，便问道：“院长，这大哥是谁？”黑宋江看黑李逵，心惊其黑，嘴上不说其黑。戴宗道：“这个是小弟身边牢里一个小牢子，姓李名逵。祖贯是沂州沂水县百丈村人氏，本身一个异名，唤做‘黑旋风’李逵，他乡中都叫他做‘李铁牛’。因为打死了人，逃走出来，虽遇赦宥，流落在此江州，不曾还乡。为他酒性不好，多人惧他。能使两把板斧，及会拳棍。见今在此牢里勾当。”李逵看着宋江，问戴宗道：“哥哥，这黑汉子是谁？”黑李逵看黑宋江，心惊其黑，嘴上说其黑。戴宗对宋江笑道：“押司，你看这厮恁么粗卤，全不识些体面！”自己刚骂过宋江“黑矮杀才”。李逵道：“我问大哥，怎地是粗卤？”不知，不觉。○不知是粗卤，便不是粗卤。不知是不敬，便不是不敬。戴宗道：“兄弟，你便请问这位官人是谁便好，你倒却说‘这黑汉子是谁’，这不是粗卤却是甚么？不是写戴宗耐心，是写李逵无心。耐心是脾气，无心是境界。○李逵哪里教得？教得便不是李逵。我且与你说知：这位仁兄，便是闲常你要去投奔他的义士哥哥。”又是仁兄，又是义士，刻意文绉绉，以示和李逵区别。李逵道：“莫不是山东及时雨黑宋江？”直呼宋江，还黑。○冲口而出，可见平日李逵向慕宋江已久。戴宗喝道：“咄！你这厮敢如此犯上，直呼其名，便是故意冒犯。直言叫唤，全不识些高低！兀自不快下拜，等几时？”李逵道：“若真个是宋公明，我便下拜。若是闲人，我却拜甚鸟！若是宋江，便是哥哥；若不是宋江，便是鸟。是哥哥，当然拜；是鸟，却拜甚鸟！李逵逻辑，天衣无缝。节级哥哥不要赚我拜了，你却笑我！”宋江便道：“我正是山东黑宋江。”只好自己出来说明自己不是鸟。〇顺便在自己姓名前也加个“黑”。〇宋江一生唯一的一次幽默。李逵拍手孩子动作。叫道：孩子声口。“我那爷！你何不早说些个，也教铁牛欢喜！”孩子声口。扑翻身躯便拜。孩子动作。宋江连忙答礼，说道：“壮士大哥请坐。”戴宗道：“兄弟，你便来我身边坐了吃酒。”李逵道：“不耐烦小盏吃，换个大碗来筛。”还是粗卤。宋江便问道：“却才大哥为何在楼下发怒？”李逵道：“我有一锭大银，解了十两小银使用了，却问这主人家那借十两银子，去赎那大银出来便还他，自要些使用。叵耐这鸟主人不肯借与我！却待要和那厮放对，打得他家粉碎，却被大哥叫了我上来。”把自己无理之事做得理直气壮。宋江道：“只用十两银子去取，再要利钱么？”李逵道：“利钱已有在这里了，只要十两本钱去讨。”说谎。宋江听罢，便去身边取出一个十两银子，把与李逵，说道：“大哥，你将去赎来用度。”戴宗要阻当时，宋江已把出来了。

李逵接得银子，便道：“却是好也！两位哥哥只在这里等我一等，赎了银子便来送还；就和宋哥哥去城外吃碗酒。”宋江道：“且坐一坐，吃几碗了去。”李逵道：“我去了便来。”推开帘子，下楼去了。戴宗道：“兄长休借这银与他便好。却才小弟正欲要阻，兄长已把在他手里了。”宋江道：“却是为何？”戴宗道：“这厮虽是耿直，只是贪酒好赌。他却几时有一锭大银解了！兄长吃他赚漏了这个银去。他慌忙出门，必是去赌。若还赢得时，便有得送来还哥哥。若是输了时，那讨这十两银来还兄长？戴宗面上须不好看。”宋江笑道：“尊兄何必见外。些须银子，何足挂齿？由他去赌输了罢。我看这人，倒是个忠直汉子。”银子事小，好汉事大。戴宗道：“这厮本事自有，只是心粗胆大不好。在江州牢里，但吃醉了时，却不奈何罪人，只要打一般强的牢子。不奈何罪人，只打一般强的牢子。李逵之高贵在此。我也被他连累得苦。专一路见不平，好打强汉，以此江州满城人都怕他。”宋江道：“俺们再饮两杯，却去城外闲玩一遭。”戴宗道：“小弟也正忘了，和兄长去看江景则个。”宋江道：“小可也要看江州的景致，如此最好。”

且不说两个再饮酒。只说李逵得了这个银子，寻思道：“难得宋江哥哥，又不曾和我深交，便借我十两银子，果然仗义疏财，名不虚传！如今来到这里，却恨我这几日赌输了，没一文做好汉请他。可怜。○有钱才能做好汉。如今得他这十两银子，且将去赌一赌，倘或赢得几贯钱来，请他一请也好看！”没钱便做不得好看。当时李逵慌忙跑出城外小张乙赌房里来，便去场上将这十两银子撇在地下，叫道：“把头钱以正背面赌输赢的赌具。过来我博！”太想有钱了。那小张乙得知李逵从来赌直，便道：“大哥，且歇这一博，下来便是你博。”李逵道：“我要先赌这一博！”客人在酒店等着，却是歇不得。小张乙道：“你便傍猜也好。”李逵道：“我不傍猜，只要博这一博！五两银子做一注。”第二闹。有那一般赌的却待要博，被李逵劈手夺过头钱来，便叫道：“我博兀谁？”小张乙道：“便博我五两银子。”李逵叫声：“快！”头钱全是背面叫快。胳膪地博一个“叉”。头钱全是正面叫叉。果然快。输得快。小张乙便拿了银子过来。李逵叫道：“我的银子是十两！”小张乙道：“你再博我五两，‘快’便还了你这锭银子。”李逵又拿起头钱，叫声“快！”胳膪地又博个“叉”。果然快。小张乙笑道：“我教你休抢头钱，且歇一博，不听我口，如今一连博上两个‘叉’。”李逵道：“我这银子是别人的！”傻话，真话，软话。输掉自己的，算了；输掉别人的，算不了。小张乙道：“遮莫是谁的，也不济事了！你既输了，却说甚么？”

赌场规矩。李逵道："没奈何，且借我一借，明日便送来还你。"没奈何了。可怜腔调可怜相。小张乙道："说甚么闲话？自古'赌钱场上无父子'，你明明地输了，如何倒来革争？"对。赌场不看你可怜相。李逵把布衫拽起在前面，动作搞笑。口里喝道：软的不行，来硬的。"你们还我也不还？"小张乙道："李大哥，你闲常最赌得直，今日如何恁么没出豁？"今日没奈何。

李逵也不答应他，便就地下掳了银子，又抢了别人赌的十来两银子，都搂在布衫兜里，硬的不行，再来横的。睁起双眼就道："老爷闲常赌直，今日权且不直一遍！"世事有常有非常，丈夫能直能不直。一笑。小张乙急待向前夺时，被李逵一指一交。十二三个赌博的一齐上，要夺那银子，被李逵指东打西，指南打北。打也要打出银子来。李逵把这伙人打得没地躲处，便出到门前。把门的问道："大郎那里去？"被李逵提在一边，一脚踢开了门便走。那伙人随后赶将出来，都只在门前叫道："李大哥，你恁地没道理，都抢了我们众人的银子去！"只在门前叫喊，没一个敢近前来讨。怕李逵。〇都知喊的没奈何，不知走的更没奈何。

李逵正走之时，听得背后一人赶上来，扳住肩臂，喝道："你这厮！如何却抢掳别人财物？"李逵口里应道："干你鸟事！"回过脸来看时，却是戴宗，背后立着宋江。李逵见了，惶恐满面，李逵也有怕的人。便道："哥哥休怪。铁牛闲常只是赌直，今日不想输了哥哥银子，又没得些钱来相请哥哥，喉急了，时下做出这些不直来。"宋江听了，大笑笑声大。让周围的人听到，显示自己。道："贤弟但要银子使用，只顾来问我讨。口气大。显示自己很有身份，就显得李逵很没身份。〇对李逵的心理优势。今日既是明明地输与他了，快把来还他。"是命令，也是哄。双方的身份关系出来了：我是老大。李逵只得从布衫兜里取出来，都递在宋江手里，铁牛变小猫。〇银子不交给小张乙，而是交给宋江，再由宋江交给小张乙，是臣服宋江，是在心理上把宋江看作自己的主人了。〇宋江以十两银子买到了自己的主导地位，买到了自己的心理优势。同样，李逵也因为十两银子，丢掉了自己的身份。宋江便叫过小张乙前来，都付与他。小张乙接过来，说道："二位官人在上：小人只拿了自己的。这十两原银，虽是李大哥两博输与小人，如今小人情愿不要他的，省得记了冤仇。"怕。宋江道："你只顾将去，不要记怀。"小张乙那里肯？宋江便道："他不曾打伤了你们么？"小张乙道："讨头的，拾钱的，和那把门的，都被他打倒在里面。"宋江道："既是恁的，就与他众人做将息钱。兄弟自不敢来了，有我在，他不敢。我自着他去。"当众宣布对李逵的支配权。○此处不见铁牛一语。○烫手山芋可以吃，烫手银子万万接不得。多少英雄，贫贱不能移，威武不能屈，但是，富贵可以淫。○人，忍受苦难易，拒绝诱惑难。小张乙收了银子，拜谢了回去。

宋江道："我们和李大哥吃三杯去。"不恼不恨，反而奖赏。不是写宋江无是非，是写宋江一本万利。戴宗道："前面靠江，有那琵琶亭酒馆，是唐朝白乐天古迹。我们去亭上酌三杯，就观江景则个。"宋江道："可于城中买些肴馔之物将去。"戴宗道："不用，如今那亭上有人在里面卖酒。"宋江道："恁地时却好。"当时三人便望琵琶亭上来。到得亭子上看时，一边靠着浔阳江，一边是店主人家房屋。琵琶亭上有十数副座头，戴宗便拣一副干净座头，让宋江坐了头位，戴宗坐在对席，肩下便是李逵。三个坐定，便叫酒保铺下菜蔬果品海鲜按酒之类。酒保取过两樽"玉壶春"酒，此是江州有名的上色好酒，开了泥头。李逵便道："酒把大碗来筛，不耐烦小盏价吃。"宋江不恼，李逵不羞。戴宗喝道："兄弟好村！你不要做声，只顾吃酒便了。"戴宗既恼且羞。宋江分付酒保道："我两个面前放两只盏子，这位大哥面前放个大碗。"宋江顺之应之。酒保应了，下去取只碗来放在李逵面前，一面筛酒，一面铺下肴馔。李逵笑道："真个好个宋哥哥，人说不差了，便知做兄弟的性格。结拜得这位哥哥，也不枉了。"酒保斟酒，连筛了五七遍。戴宗一言不发。宋江因见了这两人，心中欢喜，吃了几杯，忽然心里想要鱼辣汤吃，便问戴宗道："这里有好鲜鱼么？"戴宗笑道："兄长，你不见满江都是渔船？此间正是鱼米之乡，如何没有鲜鱼？"宋江道："得些辣鱼汤醒酒最好。"戴宗便唤酒保，教造三分加辣点红白鱼汤来。顷刻造了汤来，宋江看见，道："美食不如美器。虽是个酒肆之中，端的好整齐器皿。"宋江雅。拿起箸来，相劝戴宗、李逵吃。自也吃了些鱼，呷几口汤汁。李逵并不使箸，便把手去碗里捞起鱼来，和骨头都嚼吃了。李逵不雅。宋江一头忍笑不住，呷了两口汁，便放下箸不吃了。戴宗道："兄长，一定这鱼腌了，不中仁兄吃。"宋江道："便是不才酒后，只爱口鲜鱼汤吃，这个鱼，真是不甚好。"戴宗应道："便是小弟也吃不得，是腌的，不中吃。"戴宗附庸风雅。李逵嚼了自碗里鱼，便道："两位哥哥都不吃，我替你们吃了。"便伸手去宋江碗里捞将过来吃了，又去戴宗碗里也捞过来吃了，滴滴点点淋一桌子汁水。

宋江见李逵把三碗鱼汤和骨头都嚼吃了，便叫酒保来分付道："我这大哥想是肚饥，你可去大块肉切二斤来与他吃，少刻一发算钱还你。"酒保道："小人这里只卖羊肉，却没牛肉。要肥羊尽有。"李逵听了，便把鱼汁擗脸泼将去，淋那酒保一身。第三闹。〇宋江要吃汁水，李逵只要干货。戴宗喝道："你又做甚么！"早已按捺不住。李逵应道："叵耐这厮无礼，欺负我只吃牛肉，不卖羊肉与我吃！"看李逵食相，是个吃牛的。酒保道："小人问一声，也不多话。"宋江道："你去只顾切来，我自还钱。"酒保忍气吞声，去切了二斤羊肉做一盘，将来放桌子上。李逵见了，也不更问，大把价揸来只顾吃。拈指间，把这二斤羊肉都吃了。宋江看了道："壮哉，真好汉也！"李逵说谎、耍赖、行蛮、放刁、吃相凶恶，宋江都点赞。李逵道："这宋大哥便知我的鸟意，吃肉不强似吃鱼？"所以酒保知道大哥吃牛强似吃羊。戴宗叫酒保来问道："却才鱼汤，家生甚是整齐，鱼却腌了不中吃。别有甚好鲜鱼时，另造些辣汤来，与我这位官人醒酒。"酒保答道："不敢瞒院长说，这鱼端的是昨夜的。今日的活鱼还在船内，等鱼牙主人不来，未曾敢卖动，因此未有好鲜鱼。"李逵跳起来更大一闹还在后面。道："我自去讨两尾活鱼来，与哥哥吃！"戴宗道："你休去！只央酒保去回几尾来便了。"戴宗怕你了。李逵道："船上打鱼的，不敢不与我，直得甚么！"戴宗拦当不住，李逵一直去了。戴宗对宋江说道："兄长休怪：小弟引这等人来相会，全没些个体面，羞辱杀人！"李大哥若在，必问曰：体面是什么？宋江道："他生性是恁的，如何教他改得？我倒敬他真实不假。"骂戴宗装。○李逵尽情演，宋江、戴宗看，读者看他们看。看他们反应，定他们高低。两个自在琵琶亭上笑语说话取乐。

却说李逵走到江边看时，见那渔船一字排着，约有八九十只，都缆系在绿杨树下。船上渔人，有斜枕着船梢睡的，有在船头上结网的。也有在水里洗浴的。此时正是五月半天气，一轮红日将及沉西，不见主人来开舱卖鱼。李逵走到船边，喝一声道："你们船上活鱼，把两尾来与我！"那渔人应道："我们等不见鱼牙主人来，不敢开舱。你看，那行贩都在岸上坐地。"张横不顺，张顺很横。李逵道："等甚么鸟主人！先把两尾鱼来与我！"那渔人又答道："纸也未曾烧，如何敢开舱，那里先拿鱼与你？"李逵见他众人不肯拿鱼，便跳上一只船去，第四闹。渔人那里拦当得住。李逵不省得船上的事，只顾便把竹笆篾来拔。渔人在岸上，只叫得："罢了！"李逵伸手去艎板底下一绞摸时，那里有一个鱼在里面？原来那大江里渔船，船尾开半截大孔，放江水出入，养着活鱼，却把竹笆篾拦住，以此船舱里活水往来，养放活鱼，因此，江州有好鲜鱼。这李逵不省得，倒先把竹笆篾提起了，将那一舱活鱼都走了。李逵又跳过那边船上去拔那竹篾。那七八十渔人都奔上船，把竹篙来打李逵。李逵大怒，焦躁起来，便脱下布衫，里面单系着一条棊子布手巾儿，见那乱竹篙打来，两只手一架，早抢了五六条在手里，一似扭葱般都扭断了。渔人看见，尽吃一惊，却都去解了缆，把船撑开去了。李逵忿怒，赤条条地拿了截折竹篙，上岸来赶打行贩，都乱纷纷地挑了担走。

正热闹里，只见一个人从小路里走出来。众人看见，叫道："主人来了！这黑大汉在此抢鱼，都赶散了渔船。"那人道："甚么黑大汉，敢如此无礼！"众人把手指道："那厮兀自在岸边寻人厮打。"那人抢将过去，喝道："你这厮吃了豹子心，大虫胆，也不敢来搅乱老爷的道路！"与张横的口气一样。李逵看那人时：六尺五六身材，三十二三年纪，三柳掩口黑髯，头上裹顶青纱万字巾，掩映着穿心红一点鬏儿，上穿一领白布衫，腰系一条绢搭膊，下面青白袅脚多耳麻鞋，手里提条行秤。那人正来卖鱼，见了李逵在那里横七竖八打人，便把秤递与行贩接了，赶上前来，大喝道："你这厮要打谁！"李逵不回话，轮过竹篙却望那人便打。那人抢入去，早夺了竹篙。李逵便一把揪住那人头发。那人便奔他下三面，要跌李逵，怎敌得李逵水牛般气力，直推将开去，不能够拢身。那人便望肋下擢得几拳，李逵那里着在意里。那人又飞起脚来踢，被李逵直把头按将下去，提起铁锤般大小拳头，去那人脊梁上擂鼓也似打。那人怎生挣扎？李逵正打哩，一个人在背后劈腰抱住，一个人便来帮住手，喝道："使不得，使不得！"李逵回头看时，却是宋江、戴宗。李逵便放了手。那人略得脱身，一道烟走了。戴宗埋冤李逵道："我教你休来讨鱼，又在这里和人厮打！倘若一拳打死了人，你不去偿命坐牢？"戴宗的坏处是识短，戴宗的好处是家常。李逵应道："你怕我连累你，我自打死了一个，我自去承当！"宋江便道："兄弟，休要论口，拿了布衫，且去吃酒。"毫不责备。

李逵向那柳树根头拾起布衫，搭在胳膊上，跟了宋江、戴宗便走。行不得十数步，只听得背后有人叫骂道："黑杀才，今番要和你见个输赢！"李逵回转头来看时，便是那人，脱得赤条条地，匾扎起一条水裩儿，露出一身雪练也似白肉。头上除了巾帻，显出那个穿心一点红俏髻儿来。在江边独自一个把竹篙撑着一只渔船赶将来，口里大骂道："千刀万剐的黑杀才！骂李逵耶？骂宋江耶？老爷怕你的，不算好汉！走的不是好男子！"李逵听了大怒，吼了一声，撇了布衫，抢转身来。那人便把船略拢来，凑在岸边，一手把竹篙点定了船，口里大骂着。李逵也骂道："好汉便上岸来！"那人把竹篙去李逵腿上便搠，撩拨得李逵火起，托地跳在船上。说时迟，那时快，那人只要诱得李逵上船，便把竹篙望岸边一点，双脚一蹬，那只渔船箭也似投江心里去了。李逵虽然也识得水，苦不甚高，当时慌了手脚。那人更不叫骂，撇了竹篙，叫声："你来！今番和你定要见个输赢！"便把李逵胳膊拿住，口里说道："且不和你厮打，先教你吃些水！"两只脚把船只一晃，船底朝天，英雄落水，两个好汉扑通地都翻筋斗撞下江里去。

宋江、戴宗急赶至岸边，那只船已翻在江里，两个只在岸上叫苦。江岸边早拥上三五百人，在柳阴底下看，都道："这黑大汉今番却着道儿，便挣扎得性命，也吃了一肚皮水！"宋江、戴宗在岸边看时，只见江面开处，那人把李逵提将起来，又渰将下去。

两个正在江心里面，清波碧浪中间：一个显浑身黑肉，一黑。一个露遍体霜肤。一白。两个打做一团，绞做一块。黑白双煞。好看。江岸上那三五百人没一个不喝采。当时宋江、戴宗看见李逵被那人在水里揪扯，浸得眼白，又提起来，又纳下去，老大吃亏，便叫戴宗央人去救。戴宗问众人道："这白大汉是谁？"竟然不认识张顺，戴宗见识可知。有认得的说道："这个好汉便是本处卖鱼主人，唤做张顺。"宋江听得，猛省道："莫不是绰号'浪里白条'的张顺？"众人道："正是，正是。"宋江对戴宗说道："我有他哥哥张横的家书在营里。"戴宗听了，便向岸边高声叫道："张二哥，不要动手，有你令兄张横家书在此。这黑大汉是俺们兄弟，你且饶了他上岸来说话。"张顺在江心里，见是戴宗叫他，却也时常认得，张顺认得戴宗。只此一句，便知张顺高过戴宗。便放了李逵。赴到岸边，爬上岸来，看着戴宗唱个喏道："院长，休怪小人无礼。"戴宗道："足下可看我面，且去救了我这兄弟上来，却教你相会一个人。"张顺再跳下水里，赴将开去。李逵正在江里探头探脑，假挣扎赴水。好看。可笑。张顺早赴到分际，带住了李逵一只手，自把两条腿踏着水浪，如行平地。那水浸不过他肚皮，淹着脐下，摆了一只手，直托李逵上岸来。江边的人个个喝采。

宋江看得呆了。半晌，张顺、李逵都到岸上，李逵喘做一团，口里只吐白水。戴宗道："且都请你们到琵琶亭上说话。"张顺讨了布衫穿着，李逵也穿了布衫。四个人再到琵琶亭上来。戴宗便对张顺道："二哥，你认得我么？"张顺道："小人自识得院长，只是无缘，不曾拜会。"戴宗指着李逵，问张顺道："足下日常曾认得他么？今日倒冲撞了你。"张顺道："小人如何不认得李大哥，只是不曾交手。"原来也认识。李逵道："你也淹得我够了！"张顺道："你也打得我好了！”戴宗道：“你两个今番却做个至交的弟兄。常言道：‘不打不成相识。’”戴宗也有好处。○戴宗的坏处是没头脑，戴宗的好处是没私心。李逵道：“你路上休撞着我！”张顺道：“我只在水里等你便了！”四人都笑起来，大家唱个无礼喏。戴宗指着宋江对张顺道：“二哥，你曾认得这位兄长么？”张顺看了道：“小人却不认得，这里亦不曾见。”李逵跳起身来道：“这哥哥便是黑宋江！”此刻李大哥必须如此。必须如此才是李大哥。张顺道：“莫非是山东及时雨郓城宋押司？”戴宗道：“正是公明哥哥。”张顺纳头便拜道：“久闻大名，不想今日得会！多听的江湖上来往的人说兄长清德，扶危济困，仗义疏财。”宋江答道：“量小可何足道哉！前日来时，揭阳岭下混江龙李俊家里住了几日。后在浔阳江，因穆弘相会，得遇令兄张横，修了一封家书，寄来与足下，放在营内，不曾带得来。今日便和戴院长并李大哥，来这里琵琶亭吃三杯，就观江景。宋江偶然酒后思量些鲜鱼汤醒酒，怎当得他定要来讨鱼，我两个阻他不住。只听得江岸上发喊热闹，叫酒保看时，说道是黑大汉和人厮打。我两个急急走来劝解，不想却与壮士相会。今日宋江一朝得遇三位豪杰，岂非天幸！且请同坐，菜酌三杯。”再结交三人。再唤酒保重整杯盘，再备肴馔。张顺道：“既然哥哥要好鲜鱼吃，兄弟去取几尾来。”宋江道：“最好。”李逵道：“我和你去讨。”戴宗喝道：“又来了！你还吃得水不快活？”张顺笑将起来，绾了李逵手，说道：“我今番和你去讨鱼，看别人怎地？”两个下琵琶亭来。

到得江边，张顺略哨一声，只见江上鱼船都撑拢来到岸边。是个老大的派头。张顺问道：“那个船里有金色鲤鱼？”只见这个应道：“我船上来。”那个应道：“我船里有。”一霎时，却凑拢十数尾金色鲤鱼来。张顺选了四尾大的，折柳条穿了，先教李逵将来亭上整理。张顺自点了行贩，分付了小牙子去把秤卖鱼。必须如此。张顺却自来琵琶亭上陪侍宋江。宋江谢道："何须许多，但赐一尾便够了。"张顺答道："些小微物，何足挂齿！兄长食不了时，将回行馆做下饭。"两个序齿坐了。李逵道："自家年长。"坐了第三位。张顺坐第四位。再叫酒保讨两樽"玉壶春"上色酒来，并些海鲜按酒果品之类。张顺分付酒保，把一尾鱼做辣汤，用酒蒸，一尾叫酒保切鲙。

四人饮酒中间，各叙胸中之事。正说得入耳，只看一个女娘，年方二八，穿一身纱衣，来到跟前，深深的道了四个万福，顿开喉音便唱。对牛岂可弹琴，何况还是铁牛。李逵正待要卖弄胸中许多豪杰的事务，却被他唱起来一搅；三个且都听唱，打断了他的话头。三个都听，唯他被摒弃在外。李逵怒从心起，被冷落被抛弃的愤怒。跳起身来，把两个指头去那女娘额上一点，出手伤人。第五闹。那女娘大叫一声，蓦然倒地。对看鲁达鲁智深在渭州酒楼救金翠莲父女。面对楚楚可怜女子，李逵出手相伤，鲁达出手相救，此李逵、鲁达之别也。鲁达内心，极高贵。李逵个性，极自然。此李逵不及鲁智深处。众人近前看时，只见那女娘桃腮似土，檀口无言。那酒店主人一发向前拦住四人，要去经官告理。正是：怜香惜玉无情绪，煮鹤焚琴惹是非。毕竟宋江等四人在酒店里怎地脱身，且听下回分解。

第三十八回

浔阳楼宋江吟反诗
梁山泊戴宗传假信

梁山泊戴宗传假信

回前总评

李逵初见宋江，就大闹五次，最后一次是用他的手指，把一个女孩点昏在地。最后还是宋江用银子摆平，戴宗埋怨李逵：“你这厮……又教哥哥坏了许多银子。”

一天下来，宋江花了至少八十两银子，端的是挥金如土。但是，李逵从此是他的铁杆心腹了。如果这算是一笔投资，那么宋江很快就知道，他的这笔投资回报多么快，又多么值，值的不是钱，是命。

宋江的流放之途，到此有了一个了结。他笼络在自己身边的人，李俊、李立、童威、童猛、薛永、张横、穆弘、穆春、戴宗、李逵、张顺，共十一人，都成了他的江湖资本。加上他在清风山上笼络的燕顺、郑天寿、王英、秦明、花荣、黄信，对影山的吕方、郭盛，路上碰上的石将军石勇，共九人，宋江的资本越来越雄厚了，在这过程中，他也一定意识到了自己还有更大的能量。

有形资本是有数的，而名声、威望等无形资产是无限的，既然这些人心甘情愿拜倒在他的脚下；那么，江湖上一定有更多的好汉愿意拜倒在他的脚下，甚至是时刻等待着拜倒在他的脚下。拥有如此难以估量的社会资源和号召力，怎么可能不催生宋江的野心呢？

浔阳楼宋江吟反诗，顺理成章。

浔阳楼上，宋江为什么感恨伤怀？

感恨他结识了那么多江湖好汉，却只得一个虚名。何为“虚名”？就是枉有如此巨大资本，却只闲置着。本来这些人，可以召之即来，来之能战，战之能胜，可是，自己没有把他们用来呼风唤雨，自己没有振臂一呼应者云集。于是——他伤怀自己已经三十出头，却名不成、功不就，反而成了囚犯，脸上留下永远的耻辱印记。独自一人站在浔阳楼上的宋江，心中充满的是失败感、耻辱感。

正是这失败感、耻辱感，让他突然之间，明白了什么。突然之间，对自己未来的人生，有了新的期待。

于是，宋江“忽然做了一首《西江月》词”。什么叫“忽然”写了一首词呢？就是忽然明白了。忽然想通了。觉今是而昨非了——如果不解放思想，还听老爹的话，做忠臣孝子，将永世不得出头。怎么办？那就下决心做叛臣逆子！

于是写诗，写罢，自看了，大喜大笑，一面又饮了数杯酒，不觉欢喜，自狂荡起来，手舞足蹈。刚才“乐极生悲”，由良辰美景佳肴想到自己的失败人生；现在又“悲极生乐”，他要“穷则思变，要干，要革命”了！他从革命中，看到了自己辉煌的未来！于是，又拿起笔，去那《西江月》后再写下四句：“心在山东身在吴，飘蓬江海谩嗟吁。他时若遂凌云志，敢笑黄巢不丈夫！”写罢，又去后面大书五字道：“郓城宋江作。”简直有武松留名鸳鸯楼的豪气。

浔阳楼上，宋江走了，黄文炳来了。宋江的革命还没有开始，黄文炳来革宋江的命了。我们来看黄文炳对宋江“反诗”的解读：

“自幼曾攻经史，长成亦有权谋。”——自负；“恰如猛虎卧荒丘，潜伏爪牙忍受。”——不依本分；“不幸刺文双颊，那堪配在江州！”——失败者，历史上，揭竿而起，啸众叛乱的，多的是自我生活失败之人，黄巢、李自成、张献忠、洪秀全都是这样的人；“他年若得报冤仇，血染浔阳江口！”——报仇。再看黄文炳对后面那首的解读：“他时若遂凌云志，敢笑黄巢不丈夫！”——他却要赛过黄巢，不谋反待怎地？

这个结论应该没有问题。宋江确实要谋反了。宋江为什么要谋反？他有冤仇，他要报仇！那么，他有什么冤仇呢？

实际上，宋江的仇人不是具体的人，而是社会。不是具体的事件，而是制度。他不是要向一两个人报复，他是要报复一种压抑人的社会及其制度。

宋江有一句口头禅：“小吏宋江”，为什么他老是要说自己是小吏？因为这个身份带给他太多的自卑，太多的压抑，他太敏感这个词。所以，他还常常在小吏前面，加上一个词，叫“鄙猥小吏”，这说明在他的意识里，小吏的地位是低贱的，人格是猥琐的，是被人轻视的，更重要的是，是被他自己轻视的！在唐以后，逐渐严格区分官、吏，一个人一旦做吏，一般情况下就不能再做官，所以，宋江实际上已经被这种制度剥夺了前程。

宋江为什么不提别人专提黄巢？共同点：都是失败者；都自负甚高，也确实天赋杰出；都桀骜不驯，都绝不甘心就此碌碌一生；都很想做官而不得；还有：他们不是在哪里跌倒就在哪里爬起来，恰恰相反，他们是在这里跌倒，到别处爬起来。既然社会的游戏规则对我不利，我就不跟你玩这个，我逼你跟我玩那个。

正在寻机立功做官的黄文炳向蔡九知府告发了宋江。知府命令两院押牢节级戴宗立刻捉拿宋江。戴宗作起神行法，先来到牢城营报知宋江。金圣叹评价“戴宗是中下人物，除却神行，一件不足取”，看他给宋江出的“披乱了头发，把尿屎泼在地上，就倒在里面，诈作风魔”这个主意，的确如此。这个馊主意，第一，完全骗不了别人；第二，彻底糟蹋了宋江。

有人急中生智，有人急中生愚，戴宗，就属于这后一种。

我们看戴宗妙计的结果：先是众人来捉拿宋江时，只见宋江披散头发，倒在尿屎坑里滚，尿屎秽污全不顾，口里胡言乱语，浑身臭不可当；然后浑身屎尿被逮到在大堂时，还装疯卖傻，满口胡说，而蔡九知府只干了一件事，就治好了他的疯病：打。打得宋江一佛出世，二佛涅槃，皮开肉绽，鲜血淋漓，最后还是招了“误写反诗”。

戴宗的腿好使，脑子却不好使。戴宗要救宋江，不该用自己的脑袋，而要用自己的腿：用神行法，带上宋江，一溜烟就去了，谁能追得上他们？

宋江的血，眼见要染红蔡九知府、黄文炳两个人的顶戴了。

话说当下李逵把指头捺倒了那女娘，酒店主人拦住说道：“四位官人，如何是好？”主人心慌，便叫酒保过卖都向前来救他，就地下把水喷噀。看看苏醒，扶将起来看时，额角上抹脱了一片油皮，因此那女子晕昏倒了。救得醒来，千好万好。他的爹娘听得说是黑旋风，先自惊得呆了半晌，那里敢说一言。看那女子已自说得话了，娘母取个手帕，自与他包了头，收拾了钗镮。宋江问道：“你姓甚么？那里人家？”那老妇人道：“不瞒官人说，老身夫妻两口儿姓宋，却是姓宋。原是京师人。只有这个女儿，小字玉莲，不是金翠莲，不是潘金莲，不是潘巧云，不是玉娇枝，是宋玉莲。〇施大爷给女人取名，总是这几个字。〇说施大爷不解风情，潘金莲偏风情万种，潘巧云偏风月无边；说施大爷妙解风情，他笔下女子名姓，总是乏味陋俗。他爹自教得他几个曲儿，胡乱叫他来这琵琶亭上卖唱养口。为他性急，不看头势，不管官人说话，只顾便唱，今日这哥哥失手伤了女儿些个，终不成经官动词，连累官人。”淳朴。宋江见他说得本分，便道：“你着甚人跟我到营里，我与你二十两银子将息女儿，日后嫁个良人，免在这里卖唱。”是。阎婆惜便是卖唱的。〇如此处便是宋江好处。给王公棺材钱，给宋玉莲将息嫁妆，都是宋江存心温厚处。那夫妻两口儿便拜谢道：“怎敢指望许多！”宋江道：“我说一句是一句，并不会说谎。你便叫你老儿自跟我去讨与他。”是宋江宅心厚道处，也是做给两人看。〇杀一恩将仇报之婆惜，不改怜老济贫之夙志，宋江毕竟大丈夫。那夫妻二人拜谢道：“深感官人救济！”戴宗埋冤李逵道：“你这厮要便与人合口，又教哥哥坏了许多银子！”戴宗心里眼里，只是银子。〇戴宗是居家男人。李逵道：“只指头略擦得一擦，他自倒了。不曾见这般鸟女子恁地娇嫩！你便在我脸上打一百拳也不妨！”宋江等众人都笑起来。张顺便叫酒保去说：“这席酒钱我自还他。”酒保听得道：“不妨，不妨，只顾去。”宋江那里肯，便道：“兄弟，我劝二位来吃酒，倒要你还钱！”张顺苦死要还，说道：“难得哥哥会面。仁兄在山东时，小弟哥儿两个也兀自要来投奔哥哥。今日天幸得识尊颜，权表薄意，非足为礼！”戴宗劝道：“宋兄长，既然是张二哥相敬之心，只得曲允。”宋江道：“既然兄弟还了，改日却另置杯复礼。”张顺大喜，就将了两尾鲤鱼，和戴宗、李逵带了这个宋老儿，都送宋江离了琵琶亭，来到营里。

五个人都进抄事房里坐下。宋江先取两锭小银二十两与了宋老儿，那老儿拜谢了去，不在话下。天色已晚，张顺送了鱼，宋江取出张横书付与张顺，相别去了。宋江又取出五十两一锭大银与李逵道：“兄弟，你将去使用。”戴宗也自作别，和李逵赶入城去了。

只说宋江把一尾鱼送与管营，留一尾自吃。宋江因见鱼鲜，贪爱爽口，多吃了些，至夜四更，肚里绞肠刮肚价疼。天明时，一连泻了二十来遭，昏晕倒了，睡在房中。这一路从郓城到江州，多少酒肉，须得泄出。宋江为人最好，营里众人都来煮粥烧汤，看觑伏侍他。次日，张顺因见宋江爱鱼吃，又将得好金色大鲤鱼两尾送来，就谢宋江寄书之义。却见宋江破腹泻倒在床，众囚徒都在房里看视。张顺见了，要请医人调治。宋江道："自贪口腹，吃了些鲜鱼，坏了肚腹，你只与我赎一贴止泻六和汤来吃便好了。"叫张顺把这两尾鱼，一尾送与王管营，一尾送与赵差拨。张顺送了鱼，就赎了一贴六和汤药来与宋江了，自回去，不在话下。营内自有众人煎药伏侍。次日，戴宗备了酒肉，李逵也跟了，径来抄事房看望宋江。只见宋江暴病才可，吃不得酒肉，两个自在房面前吃了，直至日晚，相别去了，亦不在话下。营里众人，张顺戴宗李逵，须得一一交代。细。

只说宋江自在营中将息了五七日，觉得身体没事，病症已痊，思量要入城中去寻戴宗。却是多日不来看觑。戴宗粗疏。又过了一日，不见他一个来。张顺、李逵也粗疏。次日早膳罢，辰牌前后，揣了些银子，锁上房门，离了营里，信步出街来，径走入城去，州衙前左边寻问戴院长家，有人说道："他又无老小，只在城隍庙间壁观音庵里歇。"宋江听了，直寻访到那里，已自锁了门出去了。却又来寻问黑旋风李逵时，多人说道："他是个没头神，又无家室，只在牢里安身。没地里的巡简，东边歇两日，西边歪几时，正不知他那里是住处。"宋江又寻问卖鱼牙子张顺时，亦有人说道："他自在城外村里住。便自卖鱼时，也只在城外江边，只除非讨赊钱入城来。"一个不见。○合当有事。宋江听罢，只得出城来，直要问到那里。独自一个，闷闷不已。信步再出城外来，看见那一派江景非常，观之不足。正行到一座酒楼前过，仰面看时，傍边竖着一根望竿，悬挂着一个青布酒旆子，上写道："浔阳江正库。"正库：官办酒楼。雕檐外一面牌额，上有苏东坡大书"浔阳楼"三字。宋江看了，便道："我在郓城县时，只听得说江州好座浔阳楼，原来却在这里。我虽独自一个在此，不可错过，何不且上楼去自己看玩一遭？"宋江来到楼前看时，只见门边朱红华表柱上两面白粉牌，各有五个大字，写道："世间无比酒"，"天下有名楼"。宋江便上楼来，去靠江占一座阁子里坐了，凭栏举目，喝采不已。酒保上楼来，问道："官人还是要待客，只是自消遣？"宋江道："要待两位客人，未见来，你且先取一樽好酒，果品肉食只顾卖来，鱼便不要。"鱼便不要，细。酒保听了，便下楼去。少时一托盘把上楼来，一樽"蓝桥风月"美酒，摆下菜蔬时新果品按酒，列几般肥羊、嫩鸡、酿鹅、精肉，尽使朱红盘楪。

宋江看了，心中暗喜，自夸道："这般整齐肴馔，济楚器皿，端的是好个江州。我虽是犯罪远流到此，却也看了些真山真水。我那里虽有几座名山古迹，却无此等景致。"你虽是罪犯，日子忒逍遥。独自一个，一杯两盏，倚栏畅饮，不觉沉醉，猛然蓦上心来，思想道："我生在山东，长在郓城，学吏出身，结识了多少江湖好汉，虽留得一个虚名，目今三旬之上，名又不成，利又不就，倒被文了双颊，配来在这里！我家乡中老父和兄弟如何得相见？"不觉酒涌上来，潸然泪下，乐极生悲。临风触目，感恨伤怀。忽然做了一首《西江月》词，忽然。妙。便唤酒保索借笔砚来，起身观玩，见白粉壁上多有先人题咏。宋江寻思道："何不就书于此？倘若他日身荣，再来经过，重睹一番，以记岁月，想今日之苦。"乘着酒兴，磨得墨浓，蘸得笔饱，去那白粉壁上便写道：

自幼曾攻经史，长成亦有权谋。恰如猛虎卧荒丘，潜伏爪牙忍受。不幸刺文双颊，那堪配在江州！他年若得报冤仇，血染浔阳江口！白壁黑字。

宋江写罢，自看了大喜大笑，悲极生乐。一面又饮了数杯酒，不觉欢喜，自狂荡起来，手舞足蹈，又拿起笔来，去那《西江月》后再写下四句诗，道是：

> 心在山东身在吴，飘蓬江海谩嗟吁。
> 他时若遂凌云志，敢笑黄巢不丈夫！白壁黑字。

宋江写罢诗，又去后面大书五字道“郓城宋江作”。白壁黑字。〇大有武松留名鸳鸯楼的豪气。写罢，掷笔在桌上，又自歌了一回。再饮满数杯酒，不觉沉醉，力不胜酒，便唤酒保计算了，取些银子算还，多的都赏了酒保。拂袖下楼来，踉踉跄跄，取路回营里来。开了房门，便倒在床上，一觉直睡到五更。酒醒时，全然不记得昨日在浔阳江楼上题诗一节。心里想的，没人知道；嘴上说的，一风吹了。假如留下文字，便是铁证如山。文人倒霉，往往因文。当日害酒，自在房里睡卧，不在话下。

且说这江州对岸，另有个城子，唤做无为军，却是个野去处。城中有个在闲通判，姓黄，双名文炳。这人虽读经书，却是阿谀谄佞之徒，心地褊窄，只要嫉贤妒能，胜如己者害之，不如己者弄之，专在乡里害人。出场先定调。闻知这蔡九知府是当朝蔡太师儿子，每每来浸润他，时常过江来请访知府，指望他引荐出职，再欲做官。也是宋江命运合当受苦，合当受苦。撞了这个对头。当日这黄文炳在私家闲坐，无可消遣，带了两个仆人，买了些时新礼物，自家一只快船渡过江来，径去府里探望蔡九知府。恰恨撞着府里公宴，不敢进去，也是小角色。却再回船，正好那只船，仆人已缆在浔阳楼下。

黄文炳因见天气暄热，且去楼上闲玩一回。宋江去了，黄文炳来了。信步入酒库里来，看了一遭，转到酒楼上，凭栏消遣。观见壁上题咏甚多，也有做得好的，亦有歪谈乱道的。黄文炳看了冷笑。正看到宋江题《西江月》词并所吟四句诗，大惊道："这个不是反诗？谁写在此？"白纸黑字，文人会写；白纸黑字，文人会读。〇害文人者，常是文人。后面却书道"郓城宋江作"五个大字。黄文炳再读道："自幼曾攻经史，长成亦有权谋。"冷笑道："这人自负不浅！"对。你也自负不浅。〇有人有文化，却无权谋；有人满腹权谋，却无文化。宋江二者兼有。又读道："恰如猛虎卧荒丘，潜伏爪牙忍受。"侧着头道："那厮也是个不依本分的人！"对。你也是个不依本分的人。〇自比猛虎，当然不依本分。岂止不依本分，简直狼子野心，虎视眈眈。〇已在清风山吃过很多人了。又读："不幸刺文双颊，那堪配在江州。"又笑道："也不是个高尚其志的人，对。你也是赋闲通判，不是个高尚其志的人。看来只是个配军。"错。是个配军，就不是高尚其志的人？不见多少真英雄真汉子，都成了配军？〇黄文炳见识有限，比不上张青，比不上柴进。〇牢外的未必是好人。牢里的未必是坏人。又读道："他年若得报冤仇，血染浔阳江口。"摇头道："这厮报仇兀谁？却要在此间生事！量你是个配军，做得甚用！"错。配军也能干出惊天动地大事，干出祸国殃民大事，英布黥刑，献忠触法，禄山死囚，陈胜不过一戍卒。又读诗道："心在山东身在吴，飘蓬江海谩嗟吁。"一点头道："这两句兀自可恕。"对。又读道："他时若遂凌云志，敢笑黄巢不丈夫！"伸着舌摇着头道："这厮无礼！他却要赛过黄巢，不谋反待怎地？"对。宋江确实要谋反了。再读了"郓城宋江作"，想道："我也多曾闻这个名字，那人多管是个小吏。"连黄文炳都听闻过。便唤酒保来问道："作这两篇诗词端的是何人题下在此？"酒保道："夜来一个人独自吃了一瓶酒，写在这里。"黄文炳道："约莫甚么样人？"酒保道："面颊上有两行金印，多管是牢城营里人。生得黑矮肥胖。”黄文炳道：“是了。”就借笔砚，取幅纸来抄了，藏在身边，分付酒保休要刮去了。最是可怕细致人。最须小心细心人。○要特别小心那些特别关注细节的人。

黄文炳下楼，自去船中歇了一夜。次日饭后，仆人挑了盒仗，一径又到府前。正值知府退堂在衙内，使人入去报复。多样时，蔡九知府遣人出来，邀请在后堂。蔡九知府却出来与黄文炳叙罢寒温已毕，送了礼物，分宾主坐下。黄文炳禀说道：“文炳夜来渡江，到府拜望，闻知公宴，不敢擅入。今日重复拜见恩相。”蔡九知府道：“通判乃是心腹之交，径入来同坐何妨？下官有失迎迓。”左右执事人献茶。茶罢，黄文炳道：“相公在上，不敢拜问，不知近日尊府太师恩相曾使人来否？”知府道：“前日才有书来。”黄文炳道：“不敢动问京师近日有何新闻？”知府道：“家尊写来书上分付道：近日太史院司天监奏道，夜观天象，罡星照临吴、楚，敢有作耗之人，随即体察剿除。更兼街市小儿谣言四句道：‘耗国因家木，刀兵点水工。纵横三十六，播乱在山东。’因此嘱付下官，紧守地方。”黄文炳寻思了半晌，笑道：“恩相，事非偶然也！”黄文炳袖中取出所抄之诗，呈与知府道：“不想却在此处。”蔡九知府看了道：“这是个反诗，通判那里得来？”黄文炳道：“小生夜来不敢进府，回至江边，无可消遣，却去浔阳楼上避热闲玩，观看闲人吟咏。只见白粉壁上新题下这篇。”知府道：“却是何等样人写下？”黄文炳回道：“相公，上面明题着姓名，道是‘郓城宋江作’。”知府道：“这宋江却是甚么人？”黄文炳道：“他分明写着‘不幸刺文双颊，那堪配在江州’。眼见得只是个配军，牢城营犯罪的囚徒。”知府道：“量这个配军，做得甚么！”见识肤浅。黄文炳道：

"相公不可小觑了他。恰才相公所言尊府恩相家书说小儿谣言，正应在本人身上。"知府道："何以见得？"黄文炳道："'耗国因家木'，耗散国家钱粮的人，必是'家'头着个'木'字，明明是个'宋'字。第二句，'刀兵点水工'，兴起刀兵之人，水边着个'工'字，明是个'江'字。这个人姓宋名江，又作下反诗，明是天数。万民有福！"知府又问道："何为'纵横三十六，播乱在山东'？"黄文炳答道："或是六六之年，或是六六之数。'播乱在山东'，今郓城县正是山东地方。这四句谣言，已都应了。"知府又道："不知此间有这个人么？"黄文炳回道："小生夜来问那酒保时，说道这人只是前日写下了去。这个不难，只取牢城营文册一查，便见有无。"知府道："通判高见极明。"便唤从人，叫库子取过牢城营里文册簿来看。当时从人于库内取至文册，蔡九知府亲自简看，见后面果有"五月间新配到囚徒一名，郓城县宋江"。黄文炳看了道："正是应谣言的人，非同小可！如是迟缓，诚恐走透了消息。可急差人捕获，下在牢里，却再商议。"

知府道："言之极当。"随即升厅，叫唤两院押牢节级过来。厅下戴宗声喏。知府道："你与我带了做公的人，快下牢城营里，捉拿浔阳楼吟反诗的犯人郓城县宋江来，不可时刻违误！"戴宗听罢，吃了一惊，心里只叫得苦。随即出府来，点了众节级牢子，都叫："各去家里取了各人器械，来我下处间壁城隍庙里取齐。"戴宗分付了，众人各自归家去。戴宗却自作起神行法，先来到牢城营里，径入抄事房，推开门看时，宋江正在房里。见是戴宗入来，慌忙迎接，便道："我前日入城来，那里不寻遍。因贤弟不在，独自无聊，自去浔阳楼上饮了一瓶酒。这两日迷迷不好，正在这里害酒。”却不知害人。戴宗道：“哥哥，你前日却写下甚言语在楼上？”宋江道：“醉后狂言，谁个记得？”戴宗道：“却才知府唤我当厅发落，叫多带从人，拿捉浔阳楼上题反诗的犯人郓城县宋江正身赴官。兄弟吃了一惊，先去稳住众做公的在城隍庙等候，如今我特来先报你知。哥哥，却是怎地好，如何解救？”宋江听罢，搔头不知痒处，只叫得苦：“我今番必是死也！”戴宗道：“我教仁兄一着解手，未知如何？如今小弟不敢担阁，回去便和人来捉你，你可披乱了头发，把尿屎泼在地上，就倒在里面，诈作风魔。问戴院长：救宋江耶？作践宋江耶？我和众人来时，你便口里胡言乱语，只做失心风，我便好自去替你回复知府。”宋江道：“感谢贤弟指教，万望维持则个！”可笑。〇叫宋江倒在屎尿里，戴宗知宋江其人也。能倒在屎尿里，宋江真其人也。〇事发时，鲁达一道烟走了；无路可走时，做和尚去也。作事后，武松投案来了；不能投案时，留下大名走了。谁能倒在屎尿里？

戴宗慌忙别了宋江，回到城里，径来城隍庙，唤了众做公的，一直奔入牢城营里来，假意喝问：“那个是新配来的宋江？”牌头引众人到抄事房里，只见宋江披散头发，倒在尿屎坑里滚，能在尿屎坑里滚，世上无事不敢为。见了戴宗和做公的人来，便说道：“你们是甚么鸟人？”戴宗假意大喝一声：“捉拿这厮！”宋江白着眼，却乱打将来，口里乱道：“我是玉皇大帝的女婿，丈人教我领十万天兵来杀你江州人！阎罗大王做先锋，五道将军做合后，与我一颗金印，重八百余斤，杀你这般鸟人！”装样像样。众做公的道：“原来是个失心风的汉子，我们拿他去何用？”戴宗道：“说得是。我们且去回话，要拿时再来。”心里知道骗不了人。众人跟了戴宗，回到州衙里。蔡九知府在厅上专等回话。戴宗和众做公的在厅下回复知府道：“原来这宋江是个失心风的人，尿屎秽污全不顾，口里胡言乱语，浑身臭粪不可当，因此不敢拿来。”蔡九知府正待要问缘故时，黄文炳早在屏风背后转将出来，对知府道："休信这话。本人作的诗词，写的笔迹，不是有风症的人，其中有诈。好歹只顾拿来，便走不动，扛也扛将来。"蔡九知府道："通判说得是。"便发落戴宗："你们不拣怎地，只与我拿得来。"没人问为什么宋江好好的就突然疯了。戴宗领了钧旨，只叫得苦；再将带了众人下牢城营里来，对宋江道："仁兄，事不谐矣！兄长只得去走一遭。"便把一个大竹箩扛了宋江，丑。直抬到江州府里，当厅歇下。知府道："拿过这厮来！"众做公的把宋江押于阶下。宋江那里肯跪？睁着眼，见了蔡九知府道："你是甚么鸟人，倒是问得好。敢来问我！我是玉皇大帝的女婿。他是蔡太师儿子！丈人教我引十万天兵来杀你江州人！父亲叫他来搜刮你江州人！阎罗大王做先锋，五道将军做合后，有一颗金印，重八百余斤！你也快躲了，不时我教你们都死！"蔡九知府看了，没做理会处。无能。黄文炳又对知府道："且唤本营差拨并牌头来问，这人来时有风，近日却才风？若是来时风，便是真症候。若是近日才风，必是诈风。"知府道："言之极当。"便差人唤到管营、差拨，问他两个时，那里敢隐瞒？只得直说道："这人来时不见有风病，敢只是近日举发此症。"知府听了大怒，唤过牢子狱卒，把宋江捆翻，一连打上五十下。打得宋江一佛出世，二佛涅槃，皮开肉绽，鲜血淋漓。戴宗好主意。〇不怕神一样的对手，只怕猪一样的队友。戴宗看了，只叫得苦，又没做道理救他处。宋江初时也胡言乱语，次后吃拷打不过，只得招道："自不合一时酒后，误写反诗，别无主意。"早知现在，何必刚才。蔡九知府明取了招状，将一面二十五斤死囚枷枷了，推放大牢里收禁。宋江吃打得两腿走不动，当厅钉了，直押赴死囚牢里来。却得戴宗一力维持，分付了众小牢子，都教好觑此人。戴宗自安排饭食，供给宋江，不在话下。

再说蔡九知府退厅，邀请黄文炳到后堂，称谢道："若非通判高明远见，下官险些儿被这厮瞒过了。"黄文炳又道："相公在上，此事也不宜迟，只好急急修一封书，便差人星夜上京师，报与尊府恩相知道，显得相公干了这件国家大事。显得我黄文炳干了这件国家大事。就一发禀道：'若要活的，便着一辆陷车解上京。如不要活的，恐防路途走失，就于本处斩首号令，以除大害。'便是今上得知必喜。"就要今上知。蔡九知府道："通判所言有理，下官即日也要使人回家，书上就荐通判之功，使家尊面奏天子，早早升授富贵城池，去享荣华。"忙来忙去，就等这话。黄文炳拜谢道："小生终身皆依托门下，自当衔环背鞍之报。"黄文炳就撺掇蔡九知府写了家书，印上图书。黄文炳问道："相公差那个心腹人去？"知府道："本州自有个两院节级，唤做戴宗，会使神行法，一日能行八百里路程，只来早便差此人径往京师。只消旬日，可以往回。"黄文炳道："若得如此之快，最好，最好！"蔡九知府就后堂置酒，管待了黄文炳。次日相辞知府，自回无为军去了。必是一番得意，四处吹嘘。

且说蔡九知府安排两个信笼，打点了金珠宝贝玩好之物，上面都贴了封皮。次日早辰，唤过戴宗到后堂，嘱付道："我有这般礼物，一封家书，要送上东京太师府里去，庆贺我父亲六月十五日生辰。日期将近，只有你能干去得。你休辞辛苦，可与我星夜去走一遭，讨了回书便转来，我自重重地赏你。你的程途，都在我心上。我已料着你神行的日期，专等你回报，切不可沿途耽阁，有误事情。"戴宗听了，不敢不依，只得领了家书、信笼，便拜辞了知府，挑回下处安顿了。却来牢里对宋江说道："哥哥放心，知府差我上京师去，只旬日之间便回。就太师府里使些见识，解救哥哥的事。每日饭食，我自分付在李逵身上，委着他安排送来，不教有缺。仁兄且宽心守奈几日。”宋江道：“望烦贤弟救宋江一命则个！”戴宗叫过李逵，当面分付道：“你哥哥张口哥哥。此哥哥是你哥哥，你哥哥你不照顾谁照顾？你不上心，谁上心？误题了反诗，说误题，只为宽李逵心，不知李逵根本对此不关心。在这里吃官司，未知如何。我如今又吃差往东京去，早晚便回。哥哥饭食，朝暮全靠着你看觑他则个。”闭口哥哥。此哥哥也是我哥哥，你不看好，我要你好看。〇一句话，戴宗不放心李逵。李逵应道：“吟了反诗，打甚么鸟紧。千古真理。哪个皇帝不可反？哪个朝廷不可叛？不可有反叛之行，哪有舜禹汤武；不可有反叛之言，哪有孔孟老庄？不可有反叛之言不可有反叛之行，人类何以摆脱奴役？万千谋反的，倒做了大官。李大哥有见识。〇直揭真相者，往往不是饱学的学究。你自放心东京去，牢里谁敢奈何他！好便好，不好我使老大斧头砍他娘！”不是李大哥爱使板斧，不是你我看官爱看板斧，是世间夏桀商纣，郑屠牛二，往往不认舌头，不认笔头，就认鲁达的拳头，杨志的刀头，李大哥的斧头。戴宗临行，又嘱付道：“兄弟小心，不要贪酒，失误了哥哥饭食。休得出去噇醉了，饿着哥哥！”还是不放心。李逵道：“哥哥，你自放心去。若是这等疑忌时，兄弟从今日就断了酒，待你回来却开，早晚只在牢里，服侍宋江哥哥，有何不可？”好大的誓言。戴宗听了大喜道：“兄弟若得如此发心，坚意守看哥哥更好。”当日作别，自去了。李逵真个不吃酒，早晚只在牢里服侍宋江，寸步不离。毛泽东评李逵：有大忠大义大勇。

不说李逵自看觑宋江，且说戴宗回到下处，换了腿绑、护膝、八搭麻鞋，穿上杏黄衫，整了搭膊，腰里插了宣牌，换了巾帻，便袋里藏了书信、盘缠，挑上两个信笼，出到城外，身边取出四个甲马，去两只腿上每只各拴两个，口里念起神行法咒语来，顷刻离了江州。一日行到晚，投客店安歇，解下甲马，取数陌金纸烧送了，过了一宿。次日早起来，吃了酒食，离了客店，又拴上四个甲马，挑起信笼，放开脚步便行。端的是耳边风雨之声，脚不点地。路上略吃些素饭素酒点心又走。看看日暮，戴宗早歇了，又投客店宿歇一夜。次日起个五更，赶早凉行，拴上甲马，挑上信笼又走。约行过了三二百里，已是巳牌时分，不见一个干净酒店。此时正是六月初旬天气，蒸得汗雨淋漓，满身蒸湿，又怕中了暑气。正饥渴之际，早望见前面树林侧首一座傍水临湖酒肆。戴宗拈指间走到跟前看时，干干净净，有二十副座头，尽是红油桌凳，一带都是槛窗。戴宗挑着信笼入到里面，拣一副稳便座头，歇下信笼，解下腰里搭膊，脱下杏黄衫，喷口水晾在窗栏上。戴宗坐下，只见个酒保来问道："上下，打几角酒？要甚么肉食下酒，或猪羊牛肉？"戴宗道："酒便不要多，与我做口饭来吃。"酒保又道："我这里卖酒卖饭，又有馒头、粉汤。"戴宗道："我却不吃荤腥，有甚素汤下饭？"酒保道："加料麻辣熝音义同"熬"。豆腐如何？"这等琐碎，偏琐碎地记。戴宗道："最好，最好！"

酒保去不多时，熝一碗豆腐，放两碟菜蔬，连筛三大碗酒来。戴宗正饥又渴，一上把酒和豆腐都吃了，却待讨饭吃，只见天旋地转，头晕眼花，就凳边便倒。酒保叫道："倒了！"只见店里走出一个人来，便是梁山泊旱地忽律朱贵，说道："且把信笼将入去，先搜那厮身边有甚东西。"戴宗糊涂人。越清醒时便是越糊涂时。麻翻了好。不是麻翻戴宗，如何救得宋江。便有两个火家去他身上搜看。只见便袋里搜出一个纸包，包着一封书，取过来，递与朱头领。朱贵拆开，却是一封家书，见封皮上面写道："平安家信，百拜奉上父亲大人膝下。男蔡德章谨封。"朱贵便拆开，从头看去，见上面写道："……见今拿得应谣言题反诗山东宋江，监收在牢"一节，"……听候施行"。朱贵看罢，惊得呆了半晌，做声不得。火家正把戴宗扛起来，背入杀人作房里去开剥，只见凳头边溜下搭膊，上挂着朱红绿漆宣牌。朱贵拿起来看时，上面雕着银字，道是："江州两院押牢节级戴宗。"朱贵看了道："且不要动手。我常听得军师说，这江州有个神行太保戴宗，是他至爱相识。莫非正是此人？如何倒送书去害宋江？这一段书，却又天幸，撞在我手里！"一句天幸，见出救宋江者，戴宗无寸功也。叫火家："且与我把解药救醒他来，问个虚实缘由。"当时火家把水调了解药，扶起来，灌将下去。

须臾之间，只见戴宗舒眉展眼，便爬起来。好笑。却见朱贵拆开家书在手里看，戴宗便喝道："你是甚人？好大胆，却把蒙汗药麻翻了我！如今又把太师府书信擅开，拆毁了封皮，却该甚罪？"虚张声势。朱贵笑道："这封鸟书，打甚么不紧！休说拆开了太师府书札，俺这里兀自要和大宋皇帝做个对头的！"须得朱贵这番言语，可以封戴宗的臭嘴。〇总觉得朱贵只是吃吃喝喝，只是朴实敦厚，岂料也有这样的豪气。戴宗听了大惊，便问道："好汉，你却是谁？愿求大名！"朱贵答道："俺是梁山泊好汉旱地忽律朱贵。"戴宗道："既是梁山泊头领时，定然认得吴学究先生。"朱贵道："吴学究是俺大寨里军师，执掌兵权。足下如何认得他？"戴宗道："他和小可至爱相识。"朱贵道："兄长莫非是军师常说的江州神行太保戴院长么？"戴宗道："小可便是。"朱贵又问道："前者宋公明断配江州，经过山寨，吴军师曾寄一封书与足下，如今却缘何倒去害宋三郎性命？"戴宗道："宋公明和我又是至爱兄弟。他如今为吟了反诗，救他不得。我如今正要往京师寻门路救他，如何肯害他性命！"绕过梁山去京师寻门路，戴宗心思可笑。朱贵道："你不信，请看蔡九知府的来书。"戴宗看了，自吃一惊，如梦方醒。〇一点不疑心此次差使与宋江有关，戴宗头脑可笑。却把吴学究初寄的书，与宋公明相会的话并宋江在浔阳楼醉后误题反诗一事，备细说了一遍。朱贵道："既然如此，请院长亲到山寨里，与众头领商议良策，可救宋公明性命。”朱贵慌忙叫备分例酒食，管待了戴宗。便向水亭上，觑着对港，放了一枝号箭，响箭到处，早有小喽啰摇过船来，朱贵便同戴宗带了信笼下船，到金沙滩上岸，引至大寨。

吴用见报，连忙下关迎接。见了戴宗，叙礼道：“间别久矣，今日甚风吹得到此？且请到大寨里来。”与众头领相见了。朱贵说起戴宗来的缘故，“如今宋公明见监在彼”。晁盖听得，慌忙请戴院长坐地，备问宋三郎吃官司为甚么事起。戴宗却把宋江吟反诗的事一一说了。晁盖听罢大惊，便要起请众头领，点了人马，下山去打江州，救取宋三郎上山。吴用谏道：“哥哥，不可造次。江州离此间路远，军马去时，诚恐因而惹祸，打草惊蛇，倒送宋公明性命。此一件事不可力敌，只可智取。吴用不才，略施小计，只在戴院长身上定要救宋三郎性命。”晁盖道：“愿闻军师妙计。”吴学究道：“如今蔡九知府却差院长送书上东京去，讨太师回报，只这封书上，将计就计，写一封假回书，教院长回去。书上只说教把犯人宋江切不可施行，便须密切差的当人员解赴东京，问了详细，定行处决示众，断绝童谣。等他解来此间经过，我这里自差人下山夺了。此计如何？”晁盖道：“倘若不从这里过时，却不误了大事？”公孙胜便道：“这个何难！我们自着人去远近探听，遮莫从那里过，务要等着，好歹夺了。只怕不能够他解来。”晁盖道：“好却是好，只是没人会写蔡京笔迹。”吴学究道：“吴用已思量心里了。如今天下盛行四家字体，是苏东坡、黄鲁直、米元章、蔡京四家字体。苏、黄、米、蔡，宋朝‘四绝’。小生曾和济州城里一个秀才做相识，那人姓萧名让。因他会写诸家字体，人都唤他做

‘圣手书生’。又会使枪弄棒，舞剑轮刀。吴用知他写得蔡京笔迹。不若央及戴院长就到他家，赚道：‘泰安州岳庙里要写道碑文，先送五十两银子在此，作安家之资。’便要他来。随后却使人赚了他老小上山，就教本人入伙如何？”晁盖道：“书有他写便好了，也须要使个图书印记。”吴学究又道：“小生再有个相识，亦思量在肚里了。这人也是中原一绝，见在济州城里居住。本身姓金，双名大坚，开得好石碑文，剔得好图书、玉石、印记，亦会枪棒厮打。因为他雕得好玉石，人都称他做‘玉臂匠’。也把五十两银去，就赚他来镌碑文。到半路上，却也如此行便了。这两个人，山寨里亦有用他处。”晁盖道：“妙哉！”当日且安排筵席，管待戴宗，就晚歇了。

次日早饭罢，烦请戴院长打扮做太保模样，将了一二百两银子，拴上甲马便下山，把船渡过金沙滩上岸，拽开脚步，奔到济州来。没两个时辰，早到城里，寻问圣手书生萧让住处。有人指道：“只在州衙东首文庙前居住。”戴宗径到门首，咳嗽一声，问道：“萧先生有么？”只见一个秀才从里面出来。见了戴宗，却不认得，便问道：“太保何处，有甚见教？”戴宗施礼罢，说道：“小可是泰安州岳庙里打供太保。今为本庙重修五岳楼，本州上户要刻道碑文，特地教小可赍白银五十两，作安家之资，请秀才便那尊步，同到庙里作文则个。选定了日期，不可迟滞。”萧让道：“小生只会作文及书丹，别无甚用。如要立碑，还用刻字匠作。”戴宗道：“小可再有五十两白银，就要请玉臂匠金大坚刻石。拣定了好日，万望指引，寻了同行。”萧让得了五十两银子，便和戴宗同来寻请金大坚。正行过文庙，只见萧让把手指道：“前面那个来的，便是玉臂匠金大坚。”当下萧让唤住金大坚，教与戴宗相见，具说泰安州岳庙里重修五岳楼，众上户要立道碑文碣石之事。“这太保特地各赍五十两银子，来请我和你两个去。”金大坚见了银子，心中欢喜。两个邀请戴宗就酒肆中市沽三杯，置些蔬食管待了。戴宗就付与金大坚五十两银子，作安家之资，又说道：“阴阳人已拣定了日期，请二位今日便烦动身。”萧让道：“天气暄热，今日便动身，也行不多路，前面赶不上宿头。只是来日起个五更，挨门出去。”金大坚道：“正是如此说。”两个都约定了来早起身，各自归家收拾动用。

萧让留戴宗在家宿歇。次日五更，金大坚持了包裹行头，来和萧让、戴宗三人同行。离了济州城里，行不过十里多路，戴宗道：“二位先生慢来，不敢催逼，小可先去报知众上户来接二位。”拽开步数，争先去了。这两个背着些包裹，自慢慢而行。看看走到未牌时候，约莫也走过了七八十里路，只见前面一声胡哨响，山城坡下跳出一伙好汉，约有四五十人。当头一个好汉正是那清风山王矮虎，大喝一声道：“你两个是甚么人？那里去？孩儿们，拿这厮，取心来吃酒！”萧让告道：“小人两个是上泰安州刻石镌文的，又没一分财赋，止有几件衣服。”王矮虎喝道：“俺不要你财赋衣服，只要你两个聪明人的心肝做下酒！”好句子。好主意。萧让和金大坚焦躁，倚仗各人胸中本事，便挺杆棒，径奔王矮虎。王矮虎也挺朴刀来斗。三人各使手中器械，约战了五七合，王矮虎转身便走。两个却待去赶，听得山上锣声又响，左边走出云里金刚宋万，右边走出摸着天杜迁，背后却是白面郎君郑天寿。各带三十余人，一发上，把萧让、金大坚横拖倒拽，捉投林子里来。四筹好汉道：“你两个放心，我们奉着晁天王的将令，特来请你二位上山入伙。”萧让道："山寨里要我们何用？我两个手无缚鸡之力，只好吃饭。"也是好句子。杜迁道："吴军师一来与你相识，二乃知你两个武艺本事，特使戴宗来宅上相请。"萧让、金大坚都面面厮觑，做声不得。

当时都到旱地忽律朱贵酒店里，相待了分例酒食，连夜唤船，便送上山来。到得大寨，晁盖、吴用并头领众人都相见了，一面安排筵席相待，且说修蔡京回书一事，"因请二位上山入伙，共聚大义"。两个听了，都扯住吴学究道："我们在此趋侍不妨，只恨各家都有老小在彼，明日官司知道，必然坏了！"

吴用道："二位贤弟不必忧心，天明时便有分晓。"当夜只顾吃酒歇了。次日天明，只见小喽啰报道："都到了。"吴学究道："请二位贤弟亲自去接宝眷。"萧让、金大坚听得，半信半不信。两个下至半山，只见数乘轿子抬着两家老小上山来。两个惊得呆了，问其备细。老小说道："你昨日出门之后，只见这一行人将着轿子来，说家长只在城外客店里中了暑风，快叫取老小来看救。出得城时，不容我们下轿，直抬到这里。"两家都一般说。萧让听了，与金大坚两个闭口无言，只得死心塌地，再回山寨入伙，逼上梁山。安顿了两家老小。

吴学究却请出来，与萧让商议写蔡京字体回书，去救宋公明。金大坚便道："从来雕得蔡京的诸样图书名讳字号。"当时两个动手完成，忙排了回书，备个筵席，快送戴宗起程，分付了备细书意。戴宗辞了众头领下山来时，小喽啰忙把船只渡过金沙滩，送至朱贵酒店里；连忙取四个甲马拴在腿上，作别朱贵，拽开脚步，登程去了。

且说吴用送了戴宗过渡，自同众头领再回大寨筵席。正饮酒间，只见吴学究叫声苦，不知高低。众头领问道："军师何故叫苦？"吴用便道："你众人不知，是我这封书倒送了戴宗和宋公明性命也！"偏偏这个最不该犯错误，也最不能犯错误的人，犯了错误。众头领大惊，连忙问道："军师书上却是怎地差错？"吴学究道："是我一时只顾其前，不顾其后，书中有个老大脱卯！"萧让便道："小生写得字体和蔡太师字体一般，语句又不曾差了。请问军师，不知那一处脱卯？"金大坚又道："小生雕的图书，亦无纤毫差错，怎地见得有脱卯处？"吴学究叠两个指头，说出这个差错脱卯处，有分教：众好汉大闹江州城，鼎沸白龙庙。直教：弓弩丛中逃性命，刀枪林里救英雄。毕竟军师吴学究说出怎生脱卯来，且听下回分解。

第三十九回

梁山泊好汉劫法场　白龙庙英雄小聚义

梁山泊好汉
劫法场白龙
庙英雄小聚义
龍神廟

回前总评

这一回的英雄，是在法场上从天而降的李逵。宋江、戴宗被关进死牢这几日，李逵一人在仓猝之间，面对这样重大的变故，严峻的局面，这个头脑简单的人，一定是六神无主手足无措——

怎么办？断无可以商量之人；

劫法场，断无可以相助之人；

救人后，断无可以接应之人。

我们可以想见，他是多么寂寞，多么无助，多么愤怒，多么绝望。但是，他没有逃走，没有旁观，没有犹豫，他就凭着他的一腔血性，一腔忠诚，一个人，一副板斧，杀出来了！他一定知道他断断不会成功。但是，此时，他求的，不是成功，是成仁！这是李逵身上知其不可而为之的精神。

孟子曾经描写一个叫孟施舍的勇敢的人："孟施舍之所养勇也，曰：'视不胜犹胜也；量敌而后进，虑胜而后会，是畏三军者也。舍岂能为必胜哉？能无惧而已矣。'"（《孟子·公孙丑上》）

什么是勇的本质？就是不顾后果，不量敌之众寡。一句话，不能有算计之心。

真正的勇敢，不能考虑胜败。因为，有必胜的把握，懦夫也敢出手。而真的勇士，没有必胜的把握，也敢出手。

孟子还转述过孔子对勇敢的定义：自反而不缩，虽千万人，吾往矣！面对江州五七千军马，李逵往矣！他不会算计，他不知道什么叫无谓的牺牲，他只知道，此时，只有牺牲，才是好汉的勾当！李逵，此时体现的，就不仅仅是勇敢，而是一种高贵的精神。

话说当时晁盖并众人听了，请问军师道："这封书如何有脱卯处？"吴用说道："早间戴院长将去的回书，是我一时不仔细，见不到处！才使的那个图书不是玉箸篆文'翰林蔡京'四字？只是这个图书，便是教戴宗吃官司！"金大坚便道："小弟每每见蔡太师书缄并他的文章都是这样图书。今次雕得无纤毫差错，如何有破绽？"吴学究道："你众位不知，如今江州蔡九知府是蔡太师儿子，如何父写书与儿子，却使个讳字图书？因此差了。是我见不到处！此人到江州必被盘诘，问出实情，却是利害！"晁盖道："快使人去赶唤他回来别写，如何？"吴学究道："如何赶得上！他作起神行法来，这早晚已走过五百里了。只是事不宜迟，我们只得恁地，可救他两个。"晁盖道："怎生去救，用何良策？"吴学究便向前与晁盖耳边说道："这般这般，如此如此。主将便可暗传下号令与众人知道，只是如此动身，休要误了日期。"众多好汉得了将令，各各拴束行头，连夜下山望江州来，不在话下。

且说戴宗扣着日期，回到江州，当厅下了回书。蔡九知府见了戴宗如期回来，好生欢喜。先取酒来赏了三钟，亲自接了回书，便道："你曾见我太师么？"戴宗禀道："小人只住得一夜便回了，不曾得见恩相。"知府拆开封皮，看见前面说信笼内许多物件，都收了，中间说妖人宋江，今上自要他看，可令牢固陷车盛载，密切差的当人员，连夜解上京师，沿途休教走失，书尾说黄文炳早晚奏过天子，必然自有除授。蔡九知府看了，喜不自胜，竟然看不出破绽。〇这题反诗劫法场一节，只是在比笨：宋江笨，反诗公然题酒楼；戴宗笨，救人竟然让装疯；吴用笨，父与儿书用讳字；蔡九笨，家讳竟然看不出。只有一个聪明人黄文炳，而这聪明却正是实祸之根。○蔡九如此笨，无黄文炳宋江不会死。但蔡九如此笨，无黄文炳又何以做一方主持？叫取一锭二十五两花银赏了戴宗；一面分付教造陷车，商量差人解发起身。戴宗谢了，自回下处，买了些酒肉，来牢里看觑宋江，不在话下。

且说蔡九知府催并合成陷车，过得一二日，正要起程，只见门子来报道："无为军黄通判特来相探。"蔡九知府叫请至后堂相见，又送些礼物、时新酒果。知府谢道："累承厚意，何以克当？"黄文炳道："村野微物，何足挂齿！"知府道："恭喜早晚必有荣除之庆。"黄文炳道："相公何以知之？"知府道："昨日下书人已回。妖人宋江，教解京师。通判只在早晚奏过今上，升擢高任。家尊回书，备说此事。"黄文炳道："既是恁地，深感恩相主荐。那个人下书，真乃神行人也！"知府道："通判如不信时，就教观看家书，显得下官不谬。"一个沾沾而自喜。黄文炳道："小生只恐家书不敢擅看，如若相托，求借一观。"一个恃功而求宠。知府便道："通判乃心腹之交，看有何妨！"便令从人取过家书，递与黄文炳看。黄文炳接书在手，从头至尾读了一遍。卷过来，看了封皮，只见图书新鲜。黄文炳摇着头道："这封书不是真的。"早说过要提防注重细节的人。知府道："通判错矣。此是家尊亲手笔迹，真正字体，如何不是真的？"弱智。黄文炳道："相公容覆，往常家书来时，曾有这个图书么？"知府道："往常来的家书，却不曾有这个图书，只是随手写的。今番一定是图书匣在手边，就便印了这个图书在封皮上。"黄文炳道："相公休怪小生多言，这封书被人瞒过了。相公，方今天下盛行苏、黄、米、蔡四家字体，谁不习学得？只是这个图书，是令尊恩相做翰林学士时使出来，法帖文字上，多有人曾见。如今升转太师丞相，如何肯把翰林图书使出来？是。更兼亦是父寄书与子，须不当用讳字图书。

大是！令尊太师恩相是个识穷天下、高明远见的人，安肯造次错用？相公不信小生之言，可细细盘问下书人，曾见府里谁来。若说不对，便是假书。休怪小生多说，因蒙错爱至厚，方敢僭言。"蔡九知府听了，说道："这事不难，此人自来不曾到东京，一盘问便显虚实。"知府留住黄文炳在屏风背后坐地，随即升厅，叫唤戴宗有委用的事。当下做公的领了钧旨，四散去寻。

且说戴宗自回到江州，先去牢里见了宋江，附耳低言将前事说了。宋江心中暗喜。次日又有人请去酌杯，戴宗正在酒肆中吃酒，只见做公的四下来寻。当时把戴宗唤到厅上，蔡九知府问道："前日有劳你走了一遭，真个办事，未曾重重赏你。"戴宗答道："小人是承奉恩相差使的人，如何敢怠慢！"知府道："我正连日事忙，未曾问得你个仔细。你前日与我去京师，那座门入去？"一问。戴宗道："小人到东京时，那日天色晚了，不知唤做甚么门。"知府又道："我家府里门前，谁接着你？留你在那里歇？"二问。戴宗道："小人到府前，寻见一个门子，接了书入去。少刻，门子出来，交收了信笼，着小人自去寻客店里歇了。次日早五更去府门前伺候时，只见那门子回书出来。小人怕误了日期，那里敢再问备细，慌忙一径来了。"知府再问道："你见我府里那个门子却是多少年纪？或是黑瘦也白净肥胖？长大也是矮小？有须的也是无须的？"三问。戴宗道："小人到府里时，天色黑了。次早回时，又是五更时候，天色昏暗，不十分看得仔细。只觉不恁么长，中等身材，敢是有些髭须。"三答即露馅。

知府大怒，喝一声："拿下厅去！"傍边走过十数个狱卒牢子，将戴宗拖翻在当面。戴宗告道："小人无罪！"知府喝道："你这厮该死！我府里老门子王公，已死了数年，如今只是个小王看门，如何却道他年纪大，有髭须？况兼门子小王，不能够入府堂里去，但有各处来的书信缄帖，必须经由府堂里张干办，方才去见李都管，然后递知里面，才收礼物。便要回书，也须得伺候三日。我这两笼东西，如何没个心腹的人出来问你个常便备细，就胡乱收了？我昨日一时间仓卒，被你这厮瞒过了！你如今只好好招说，这封书那里得来！”戴宗道：“小人一时心慌要赶程途，因此不曾看得分晓。”蔡九知府喝道：“胡说！这贼骨头，不打如何肯招？左右，与我加力打这厮！”狱卒牢子情知不好，觑不得面皮，把戴宗捆翻，打得皮开肉绽，鲜血迸流。戴宗腿好，脑子不好。早点用腿，拴起甲马，带上宋江，一阵风快，早在梁山快活了。不用神腿，偏用猪脑，活该受此磨难。戴宗捱不过拷打，只得招道：“端的这封书是假的。”知府道：“你这厮怎地得这封假书来？”戴宗告道：“小人路经梁山泊过，走出那一伙强人来，把小人劫了，绑缚上山，要割腹剖心。去小人身上搜出书信看了，把信笼都夺了，却饶了小人。情知回乡不得，只要山中乞死。他那里却写这封书，与小人回来脱身。一时怕见罪责，小人瞒了恩相。”知府道：“是便是了，中间还有些胡说！眼见得你和梁山泊贼人通同造意，谋了我信笼物件，却如何说这话？再打那厮！”戴宗由他拷讯，只不肯招和梁山泊通情。

蔡九知府再把戴宗拷讯了一回，语言前后相同，说道：“不必问了！取具大枷枷了，下在牢里！”却退厅来称谢黄文炳道：“若非通判高见，下官险些儿误了大事！”黄文炳又道：“眼见得这人也结连梁山泊，通同造意，谋叛为党。若不祓除，必为后患。”知府道：“便把这两个问成了招状，立了文案，押去市曹斩首，然后写表申朝。”黄文炳道：“相公高见极明。似此，一者朝廷见喜，知道相公干这件大功，二者免得梁山泊草寇来劫牢。”知府道：“通判高见甚远。下官自当动文书，亲自保举通判。”不是通判，已是幕僚。当日管待了黄文炳，送出府门，自回无为军去了。少不得又是几番得意，到处吹嘘。

次日蔡九知府升厅，便唤当案孔目来分付道：“快教叠了文案，把这宋江、戴宗的供状招款粘连了。一面写下犯由牌，教来日押赴市曹斩首施行。自古‘谋逆之人，决不待时’，斩了宋江、戴宗，免致后患。”当案却是黄孔目，本人与戴宗颇好，却无缘便救他，只替他叫得苦。当日禀道：“明日是个国家忌日，后日又是七月十五日，中元之节，皆不可行刑，大后日亦是国家景命。直至五日后，方可施行。”也是巧了。〇不是黄孔目善心，不如此，则梁山赶不及也。原来黄孔目也别无良策，只图与戴宗少延残喘，亦是平日之心。《水浒传》中多有善良孔目。蔡九知府听罢，依准黄孔目之言。直待第六日早辰，先差人去十字路口打扫了法场，饭后点起土兵和刀仗刽子，约有五百余人，都在大牢门前伺候。巳牌时候，狱官禀了，知府亲自来做监斩官。黄孔目只得把犯由牌呈堂，当厅判了两个“斩”字，便将片芦席贴起来。江州府众多节级牢子虽然和戴宗、宋江过得好，却没做道理救得他，众人只替他两个叫苦。

当时打扮已了，就大牢里把宋江、戴宗两个抠扎起。又将胶水刷了头发，绾个鹅梨角儿，各插上一朵红绫子纸花，什么样子。〇施大爷只是丑化宋江。驱至青面圣者神案前，各与了一碗“长休饭”“永别酒”。怕。吃罢，辞了神案，漏转身来，搭上利子。六七十个狱卒早把宋江在前、戴宗在后推拥出牢门前来。宋江和戴宗两个面面厮觑，各做声不得。宋江只把脚来跌，戴宗低了头只叹气。英雄往往有跌脚长叹之时。江州府看的人真乃压肩叠背，何止一二千人。押到市曹十字路口，团团枪棒围住。把宋江面南背北，将戴宗面北背南，两个纳坐下，只等午时三刻监斩官到来开刀。那众人仰面看那犯由牌上写道：

江州府犯人一名，宋江，故吟反诗，妄造妖言，结连梁山泊强寇，通同造反，律斩。

犯人一名，戴宗，与宋江暗递私书，勾结梁山泊强寇，通同谋叛，律斩。

监斩官江州府知府蔡某。

那知府勒住马，只等报来。只见妙。法场东边一伙弄蛇的丐者强要挨入法场里看，东边一拨。众土兵赶打不退。

正相闹间，只见法场西边一伙使枪棒卖药的也强挨将入来。西边一拨。土兵喝道："你那伙人好不晓事！这是那里，强挨入来要看！"那伙使枪棒的说道："你倒鸟村！我们冲州撞府，那里不曾去？到处看出人！出人：处决犯人。便是京师天子杀人，也放人看。你这小去处，小去处，妙。是个冲州撞府人的话。又见得梁山好汉视险如夷也。砍得两个人，闹动了世界，砍得两个人，闹动了世界，真好句子。我们便挨入来看一看，打甚么鸟紧！"正和土兵闹将起来。监斩官喝道："且赶退去，休放过来！"

闹犹未了，只见法场南边一伙挑担的脚夫又要挨将入来。南边一拨。土兵喝道："这里出人，你挑那里去？"那伙人说道："我们挑东西送与知府相公去的，你们如何敢阻当我？"土兵道："便是相公衙里人，也只得去别处过一过！"那伙人就歇了担子，都掣了匾担，立在人丛里看。

只见法场北边一伙客商推两辆车子过来，定要挨入法场上来。

北边一拨。土兵喝道："你那伙人那里去？"客人应道："我们要赶路程，可放我等过去。"土兵道："这里出人，如何肯放你？你要赶路程，从别路过去。"那伙客人笑道："你倒说的好。俺们便是京师来的人，不认得你这里鸟路，京师来人，不识鸟路。真好句子。只是从这大路走。"土兵那里肯放，那伙客人齐齐地挨定了不动。

四下里吵闹不住，这蔡九知府也禁治不得。又见这伙客人都盘在车子上，立定了看。

没多时，法场中间，中间。人分开处，一个报，报道一声："午时三刻。"怕人。监斩官便道："斩讫报来！"怕人。两势下刀棒刽子便去开枷，行刑之人执定法刀在手。宋江戴宗魂飞天外矣。说时迟，那伙客人在车子上听得"斩"字，数内一个客人便向怀中取出一面小锣儿，立在车子上"当、当"地敲得两三声，四下里一齐动手。那时快，说时迟，中间多少叙述，然后再接那时快。好文法。○说时迟，说四下梁山好汉；那时快，却被黑旋风抢了先也。却见十字路口茶坊楼上一个虎形黑大汉，脱得赤条条的，两只手握两把板斧，非李大哥而谁。大吼一声，却似半天起个霹雳，从半空中跳将下来。一个人，一副板斧，从天而降杀出来，一人挑战江州五千军马。这等人物，五百年能出一个否？手起斧落，早砍翻了两个行刑的刽子，便望监斩官马前砍将来。其疾如风。谁看清楚了？众土兵急待把枪去搠时，那里拦当得住？

众人且簇拥蔡九知府逃命去了。刚才是宋江戴宗要丢命，转瞬间蔡九知府要逃命。只见东边那伙弄蛇的丐者，身边都掣出尖刀，看着土兵便杀。东边出刀。西边那伙使枪棒的大发喊声，只顾乱杀将来，一派杀倒土兵狱卒。西边使棒。南边那伙挑担的脚夫，轮起匾担，横七竖八，都打翻了土兵和那看的人。南边扁担。北边那伙客人都跳下车来，推过车子，拦住了人。北边用车。两个客商钻将入来，一个背了宋江，一个背了戴宗，其余的人也有取出弓箭来射的，也有取出石子来打的，也有取出摽枪来摽的。

原来扮客商的这伙，便是晁盖、花荣、黄信、吕方、郭盛。那伙扮使枪棒的，便是燕顺、刘唐、杜迁、宋万。扮挑担的，便是朱贵、王矮虎、郑天寿、石勇。那伙扮丐者的，便是阮小二、阮小五、阮小七、白胜。这一行梁山泊共是十七个头领到来，带领小喽啰一百余人，四下里杀将起来。

只见那人丛里那个黑大汉，抡两把板斧，一味地砍将来。晁盖等却不认得，对面不识李逵。只见他第一个出力，杀人最多。晁盖猛省起来，戴宗曾说一个黑旋风李逵和宋三郎最好，是个莽撞之人。晁盖便叫道："前面那好汉，莫不是黑旋风？"那汉那里肯应，必须如此，才是李逵。火杂杂地抡着大斧只顾砍人。

晁盖便叫背宋江、戴宗的两个小喽啰，只顾跟着那黑大汉走。却不知此人无方向也。当下去十字街口，不问军官百姓，杀得尸横遍地，血流成渠，推倒颠翻的，不计其数。众头领撇了车辆担仗，一行人尽跟了黑大汉，直杀出城来。背后花荣、黄信、吕方、郭盛四张弓箭，飞蝗般望后射来。那江州军民百姓，谁敢近前？这黑大汉直杀到江边来，身上血溅满身，兀自在江边杀人。晁盖便挺朴刀叫道："不干百姓事，休只管伤人！"好晁盖。那汉那里来听叫唤，一斧一个，排头儿砍将去。滥杀。约莫离城沿江上也走了五七里路，前面望见尽是淘淘一派大江，却无了旱路。晁盖看见，只叫得苦。那黑大汉方才叫道："不要慌，且把哥哥背来庙里！"

众人都到来看时，靠江一所大庙，两扇门紧紧地闭着。黑大汉两斧砍开，便抢入来。晁盖众人看时，两边都是老桧苍松，林木遮映，前面牌额上四个金书大字，写道："白龙神庙"。小喽啰把宋江、戴宗背到庙里歇下，宋江方才敢开眼，吓死宝宝。见了晁盖等众人，哭道："哥哥！莫不是梦中相会？"晁盖便劝道："恩兄不肯在山，致有今日之苦。这个出力杀人的黑大汉是谁？"宋江道："这个便是叫做黑旋风李逵。他几番就要大牢里放了我，却是我怕走不脱，不肯依他。"晁盖道："却是难得！这个人出力最多，又不怕刀斧箭矢！"花荣便叫："且将衣服与俺二位兄长穿了。"

正相聚间，只见李逵提着双斧，从廊下走出来。宋江便叫住道："兄弟那里去？"李逵应道："寻那庙祝，一发杀了！叵耐那厮见神见鬼，白日把鸟庙门关上！无理。我指望拿他来祭门，却寻那厮不见！"宋江道："你且来，先和我哥哥头领相见。"李逵听了，丢了双斧，望着晁盖跪了一跪，跪了一跪，妙。说道："大哥，休怪铁牛粗卤！"自说粗卤，妙。与众人都相见了，却认得朱贵是同乡人，两个大家欢喜。花荣便道："哥哥，你教众人只顾跟着李大哥走。如今来到这里，前面又是大江拦截住，断头路了，却又没一只船接应，倘或城中官军赶杀出来，却怎生迎敌？将何接济？"李逵便道："不要慌，我与你们再杀入城去，和那个鸟蔡九知府一发都砍了快活！"莫名仇恨是最可怕的仇恨。戴宗此时方才苏醒，便叫道："兄弟，使不得莽性。城里有五七千军马，若杀入去，必然有失！"阮小七便道："远望隔江那里，有数只船在岸边。我兄弟三个赴水过去，夺那几只船过来，载众人如何？"晁盖道："此计是最上着。"

当时阮家三弟兄都脱剥了衣服，各人插把尖刀，便钻入水里去。约莫赴开得半里之际，只见江面上溜头流下三只棹船，吹风胡哨，飞也似摇将来。众人看时，见那船上各有十数个人，都手里拿着军器。众人却慌将起来。宋江听得说了，便道："我命里这般合苦也！"奔出庙前看时，只见当头那只船上坐着一条大汉，倒提一把明晃晃五股叉，头上挽个穿心红一点髻儿，下面拽起条白绢水裩，口里吹着胡哨。宋江看时，不是别人，正是张顺。多日不见，哪里去了。宋江连忙便招手叫道："兄弟救我！"张顺等见是宋江，大叫道："好了！"飞也似摇到岸边。三阮看见，退赴过来。一行众人都上岸，来得庙前。宋江看见张顺自引十数个壮汉在那只船头上，张横引着穆弘、穆春、薛永，数十个庄客在一只船上。第三只船上，李俊引着李立、童威、童猛，也带十数个卖盐火家，都各执枪棒上岸来。张顺见了宋江，喜从天降，哭拜道："自从哥哥吃官司，兄弟坐立不安，又无路可救。近日又听得拿了戴院长。李大哥又不见面。我只得去寻了我哥哥，引到穆太公庄上，叫了许多相识。今日我们正要杀入江州，要劫牢救哥哥，不想仁兄已有好汉们救出来到这里。不敢拜问，这伙豪杰，莫非是梁山泊义士晁天王么？"虽是迟到，但也说得近日行踪。宋江指着上首立的道："这个便是晁盖哥哥。你等众位都来庙里叙礼则个。"张顺等九人，晁盖等十七人，宋江、戴宗、李逵，共是二十九人，都入白龙庙聚会。这个唤做白龙庙小聚会。

当下二十九筹好汉各各讲礼已罢，只见小喽啰慌慌忙忙入庙来，报道："江州城里鸣锣擂鼓，整顿军马，出城来追赶。远远望见旗幡蔽日，刀剑如麻，前面都是带甲马军，后面尽是擎枪兵将，大刀阔斧，杀奔白龙庙路上来！"李逵听了，大叫一声："杀将去！"提了双斧，便出庙门。晁盖叫道："一不做，二不休，众好汉相助着晁某，直杀尽江州军马，方才回梁山泊去！"众英雄齐声应道："愿依尊命！"一百四五十人一齐呐喊，杀奔江州岸上来。有分教：血染波红，尸如山积。直教：跳浪苍龙喷毒火，巴山猛虎吼天风。毕竟晁盖等众好汉怎地脱身，且听下回分解。

第四十回 宋江智取无为军 张顺活捉黄文炳

張順活捉黃文炳

回前总评

上一回，施耐庵施大爷让李逵手舞板斧从半空中跳将下来劫了法场；这一回，施耐庵施大爷凭空把梁山第一把手晁盖写没了。谁成了决策者和指挥者？谁成了主角？宋江。

开头一段关于打无为军的对话，宋江、晁盖、花荣、薛永四个人，讨论了两个问题：第一，打不打。第二，怎么打？大家刚刚把宋江从鬼门关救回来，他就有仇必报，有仇急报，一刻不愿耽误，要大家再帮他杀了黄文炳报仇。晁盖此次为救宋江，冒了极大风险，梁山几乎倾巢出动，速战速决，快速撤回才是上策。但是宋江这个提议，无疑置兄弟们于极大危险中。晁盖作为梁山首领，从全体安全的大局出发自然提出反对，为了安慰宋江，他提出一定再找机会帮宋江报仇。但是，耐人寻味的事情发生了：宋江不但哓哓善辩，还很没有体统地直指晁盖是“痴想”。其实，语气不敬还不是大问题，这么重大的决策应该由谁来做才是大问题。我们看到，花荣竟然公开站出来支持宋江，完全无视晁盖的存在，直接越过了打不打的问题，去讨论如何打了。薛永同样无视晁盖，也跳出来主动请缨。而宋江，竟然直接批准了薛永的行动要求。晁盖，此后再也没有说话。

为什么晁盖再也不说话了？因为：

宋江不听他说话；

大家也不听他说话；

宋江自说自话；

大家都听宋江说话；

于是晁盖无话可说。

我要问的是：是施大爷心中没晁盖，还是施大爷在暗示我们，宋江心中没晁盖？

从这一段以下，施大爷的一连串文字，都有大问题，众人都在宋江的指挥调度下行动了。晁盖呢？晁盖不见了。晁盖是否积极参与其中？如果不是，他在一旁干什么？如果是，难道他已经完全听从了宋江的领导？这是何等的难堪？

更大难堪还在后面。两天后，薛永带徒弟通臂猿侯健来，声明要见的，也是宋江，不是梁山泊寨主晁盖：侯健是来投奔宋江还是梁山？如是宋江，宋江此时无立锥之地；如是梁山，梁山首领乃是晁盖。可见，侯健投奔的，其实是宋江的梁山！此后宋江号令众兄弟，众兄弟也齐声道："专听哥哥指教！"

施大爷的叙述太有问题了。这齐声答应的众头领里有没有晁盖？如果有，那太荒唐了；如果没有，晁盖在旁边，何等尴尬？施耐庵大概真的忘了有晁盖在场。等他终于想起晁盖了，却安排他说了这么一句，在活捉黄文炳以后，晁盖喝道："你那贼驴，怕你不死！你这厮早知今日，悔不当初！"话中是不是有话？

杀了黄文炳后，又不见晁盖说话了。宋江跪在众兄弟面前要大家和他一起上梁山。本来此次晁盖亲征江州，聚集了江州包括宋江在内的十三条好汉，如果晁盖邀请众好汉上山（这也才合理），或者即便晁盖啥也不说（其实晁盖就觉得这无须说），大家就这么自然而然糊里糊涂上了山，那这些好汉就是晁盖带上山的。

但宋江这么一跪，立马形势大变：这一帮兄弟，是我宋江拉上山的。如此，就不是我宋江到晁盖的梁山公司谋职找工作，而是我带着资本去和梁山公司合伙，甚至，由于我的资本超过了晁盖的梁山公司，我还能玩以大吃小的把戏。

这是宋江一跪。后面还有一跪。上山路上，经过黄门山，又遇到四个好汉：欧鹏、蒋敬、马麟、陶宗旺，大队人马被这四个人拦住了去路。

不过，这四个人很奇怪，不劫财，却劫人。那四个人声称要留下宋江。

此时，宋江身边，有花荣、戴宗、李逵这样的战将，按施耐庵的写法，连晁盖都执刀在手保护着他，何况，后面还有大队人马，他根本不需要怕。

但是，让我们大跌眼镜的事情发生了。

宋江竟然挺身出去，跪在地下，说道："小可宋江，被人陷害，冤屈无伸，今得四方豪杰救了性命，小可不知在何处触犯了四位英雄，万望高抬贵手，饶恕残生。"施大爷的文字真幽默：宋江挺身出去，何等英勇；我们以为他一定要义正词严，却双膝一软，哀声求饶。根据柏格森的研究，滑稽往往产生于事态的突然转折，当我们期待的结果没有出现，反而出现了极其相反的情况时，滑稽效果就出来了。此时的宋江，就给我们带来了极大的滑稽。

宋江心里其实很明白：

第一，在这种情况下，他定要出头，以显示他敢于承当；

第二，可是他没有什么武功，不能上前搏杀；

第三，他又不能指手画脚，派李逵等出战，毕竟晁盖在旁；

第四，他又不愿意等晁盖发号施令，尤其是那三个人，都是他的兄弟，他不想他的兄弟习惯了被晁盖指挥。

如果读者细心的话，一定能看出，自从宋江被救出，只要是说话，基本上就是宋江在说话。上山路上，宋江按捺不住兴奋地对晁盖说："小弟来江湖上走了这几遭，虽是受了些惊恐，却也结识得这许多好汉。今日同哥哥上山去，这回只得死心塌地与哥哥同死同生。"晁盖呢？施大爷还是没让他说话。

但上山之后，晁盖做出了一个出人意料的举动：当即便请宋江为山寨之主，坐第一把交椅。此后，两人才有意味深长的真正对话。

晁盖的这一举动，确实是出乎我们意料。但是，细细一想，又觉得太好理解了。

自从在江州把宋江救出，一路走来，晁盖已然看出，宋江天生的好指手画脚，自觉不自觉地已经开始调度豪杰，而众豪杰也自然而然地接受他的调遣，自知不自知地服从了宋江。

而晁盖，倒成了一个多余的人，一个碍手碍脚又碍眼的人。

晁盖自己，在宋江的风头下，在众兄弟的冷落下，自己也不知如何自处：

充老大？没人听，甚至都没人向这边看一眼。

不当老大？可身份在这儿呢。

可以说，这一向，晁盖受够了难堪尴尬，所以，他这样做，至少有三个目的：

第一，反击宋江。宋江这一段时间如此张狂，藐视自己，总要反击一下。

第二，试探宋江。看看你宋江是否真的就这么急于做老大。

第三，套住宋江。晁盖知道，此时让位给宋江，宋江接受的可能性不大，一定会找理由推辞。既然如此，我让过了，你推辞过了，而且，你推辞的理由就可以套住你，以后我是老大就成了既成事实了。这是典型的以退为进。

晁盖很直性，很坦诚，很忠厚，但是，晁盖并不笨。

果然，宋江没有料到晁盖会来这一手，宋江一时很难堪。

那么，他能不能将计就计，就坦然接受老大的位子呢？

不能。为什么？

第一，他岂不知这只是晁盖的一个试探。就算他不怕，还有更重要的——

第二，宋江有今天，他唯一的资本便是江湖上的名声。如果他刚刚被晁盖救上山，他就把晁盖取而代之，他的江湖声望就会一落千丈。他还怎么在江湖上混？即便做了老大，他又怎么服众？

仔细分析这晁盖、宋江二人的对话是有意思的。

晁盖让位宋江，理由是：你是梁山的恩主。

宋江推还晁盖，理由是：你年纪大我十岁。

这样一简化，你就看出来了，双方都不真心。

如果晁盖真心，他应该说宋江的才干，说梁山现在人员的组成以及人心的向背。可是，他却说宋江救过他们的命，那他不也刚刚千里奔波，救了宋江的命吗？

如果宋江真心，他应该说晁盖对梁山的首创之功，讲他对梁山发展壮大的贡献，讲他的高尚的德行，讲他的地位是历史形成的。可是，他却说什么年纪大十岁，这算什么理由？如果有一个比晁盖年纪还大的来了，难道晁盖还要让出来不成？这简直是贬低晁盖，好像他完全没有其他方面的优点，就只凭着年龄占据高位。

最后，晁盖坐了第一位，宋江坐了第二位，吴学究坐了第三位，公孙胜坐了第四位。

宋江不能占第一的位子，但是，老二的位置，他从来没有想到谦让，直接占有这样的位子，他才可能对晁盖逐渐取而代之。

但是，发号施令，却是他的爱好，刚刚坐了老二，却又像老大一样发话了，宋江道："休分功劳高下，梁山泊一行旧头领去左边主位上坐，新到头领去右边客位上坐，待日后出力多寡，那时另行定夺。"

众人齐道："此言极当。"

宋江的这一招，太阴损了，太聪明了。

阴损在于，分。

聪明在于，不分。

什么是分呢？

他把此时梁山上的四十个头领，除去前四位，剩下的三十六个，分了两类：

旧头领：晁盖系统的。

新头领：宋江系统的。

晁盖系统的，林冲为首，共九人。按原先的次序，分别是：林冲、刘唐、阮小二、阮小五、阮小七、杜迁、宋万、朱贵、白胜；而林冲等四个还是王伦时期的遗产，他们的态度可能是中立的。

宋江系统的，花荣为首，共二十七人，包括上山不久的清风山、对影山来的九人，江州来的十六人，还有金大坚、萧让，按年龄排，分别是：花荣、秦明、黄信、戴宗、李逵、李俊、穆弘、张横、张顺、燕顺、吕方、郭盛、萧让、王矮虎、薛永、金大坚、穆春、李立、欧鹏、蒋敬、童威、童猛、马麟、石勇、侯健、郑天寿、陶宗旺。

恰好是晁盖系统的三倍。

两边这样对着一站，一边阵容何等寒碜，人丁寥落；一边阵容何等华丽，人丁兴旺。

这是宋江给梁山所有人，包括晁盖一个非常直观感性的路线教育：站到哪一边，你们自己看着办。

这就是宋江为什么要分。

为什么他又不分呢？

不分是说不分他们的功劳。

很简单，要讲功劳，那当然是晁盖系统的旧头领大。

这实际上已经体现在前四把交椅的安排上了：第一，第三，第四，占了三位。

当然，还不仅如此，更重要的是，不好分，分不好。

为什么不好分呢？

清风寨人马上山后，梁山排的位置是：晁盖第一，吴用第二，公孙胜第三，林冲第四，花荣第五，秦明第六，刘唐第七，黄信第八，然后是三阮，以下是燕顺、王矮虎、吕方、郭盛、郑天寿、石勇、杜迁、宋万、朱贵、白胜。

从这个分法来看，晁盖确实是不看资历不排队，很公正。

但是，现在江州的人马又来了。

如果要排，秦明之前的位置应该可以不动，但是，刘唐以下，就有问题了。比如李逵，救宋江闹江州，他是大出风头，把他排在哪里？

水军头领，江州一下子来了五名：李俊、张横、张顺、童威、童猛，他们和三阮兄弟又怎么排？

所以，不好分，分不好，分得不好，大家都不好了。

所以，宋江聪明，在没有找到一个好的分配方案之前，不分。

这个办法果然好，大家都一派和气，大吹大擂，且吃庆喜筵席。

不过，宋江又开始给晁盖“上眼药”了。就在这样的群英会上，大家都在场，他突然把黄文炳解释蔡九知府童谣一事，说给众人听。

“叵耐黄文炳那厮，事又不干他己，却在知府面前将那京师童谣，解说道：‘耗国因家木’，耗散国家钱粮的人必是家头着个‘木’字，不是个‘宋’字？‘刀兵点水工’，兴动刀兵之人必是三点水着个‘工’字，不是个‘江’字？这个正应宋江身上。那后两句道：‘纵横三十六，播乱在山东’，合主宋江造反在山东。以此拿了小可。不期戴院长又传了假书，以此黄文炳那厮撺掇知府，只要先斩后奏。若非众好汉救了，焉得到此！”

宋江太有才了，他吃了黄文炳的肉，然后，还用黄文炳的鬼话，给自己铺路。

这一番话，在这样的场合说，是什么用意，不是太明白了吗？

那就是，儿童歌谣上说的是我，天象上显示的是我，连黄文炳都说是我。我才是那个天命所归的老大！

刚刚推辞掉老大位置的宋江，看来还是心有不甘啊。

话说江州城外白龙庙中梁山泊好汉劫了法场，救得宋江、戴宗，正是晁盖、花荣、黄信、吕方、郭盛、刘唐、燕顺、杜迁、宋万、朱贵、王矮虎、郑天寿、石勇、阮小二、阮小五、阮小七、白胜，共是一十七人，几乎倾巢出动。○对晁盖吴用等七人而言，对宋江当初救命之恩已报。领带着八九十个悍勇壮健小喽啰。浔阳江上来接应的好汉张顺、张横、李俊、李立、穆弘、穆春、童威、童猛、薛永九筹好汉，也带四十余人，都是江面上做私商的火家，撑驾三只大船，前来接应。城里黑旋风李逵引众人杀至浔阳江边。两路救应，通共有一百四五十人，都在白龙庙里聚义。只听得小喽啰报道："江州城里军兵，擂鼓摇旗，鸣锣发喊，追赶到来。"那黑旋风李逵听得，大吼了一声，提两把板斧，先出庙门。众好汉呐声喊，都挺手中军器，齐出庙来迎敌。

刘唐、朱贵先把宋江、戴宗护送上船。李俊同张顺、三阮整顿船只。就江边看时，见城里出来的官军约有五七千军马，当先都是顶盔衣甲，全副弓箭，手里都使长枪，背后步军簇拥，摇旗呐喊，杀奔前来。这里李逵当先轮着板斧，赤条条地飞奔砍将入去。背后便是花荣、黄信、吕方、郭盛四将拥护。花荣见前面的军马都扎住了枪，只怕李逵着伤，偷手取弓箭出来，搭上箭，拽满弓，望着为头领的一个马军，飕地一箭，只见番筋斗射下马去。那一伙马军吃了一惊，各自奔命，拨转马头便走，倒把步军先冲倒了一半。调五七千兵马倾巢出动围追一百多远道来敌，蔡九果真菜鸟。这里众多好汉们一齐冲突将去，杀得那官军尸横野烂，血染江红，直杀到江州城下。城上策应官军早把擂木炮石打将下来，官军慌忙入城，关上城门，好几日不敢出来。一旦落败，又好几日不出，纵虎归山，蔡九岂止菜鸟。〇官军好几日不敢出来，晁盖们才有好几日赶将回去。

众多好汉拖转黑旋风，“拖”字，越想越妙。回到白龙庙前下船。晁盖整点众人完备，都叫分头下船，开江便走。却值顺风，拽起风帆，三只大船载了许多人马头领，却投穆太公庄上来。一帆顺风，早到岸边埠头。一行众人都上岸来。穆弘邀请众好汉到庄内堂上，穆太公出来迎接，这太公也是颟顸。不颟顸也不会纵二子成霸。宋江等众人都相见了。太公道：“众头领连夜劳神，且请客房中安歇，将息贵体。”各人且去房里暂歇将养，整理衣服器械。当日穆弘叫庄客宰了一头黄牛，杀了十数个猪羊，鸡鹅鱼鸭，珍肴异馔，排下筵席，管待众头领。饮酒中间，说起许多情节。晁盖道：“若非是二哥众位把船相救，我等皆被陷于缧绁！”真话。〇可见晁盖缺少万全筹划。然千里奔袭，以百十人对阵五七千人，又哪里可以有万全筹划。〇无万全筹划而又贸然前来，与宋江共赴陷阱，此正是晁盖高不可及处。穆太公道：“你等如何却打从那条路上来？”不问是非，只问得失，穆太公也是一绝。李逵道：“我自只拣人多处杀将去，他们自要跟我来，我又不曾叫他！”李逵又哪里有救人筹划，不过兄弟落井，我亦入井相伴而已。这也正是李逵高不可及处。众人听了，都大笑。

宋江起身与众人道：“小人宋江，若无众好汉相救时，和戴院长皆死于非命。今日之恩，深于沧海，如何报答得众位！只恨黄文炳那厮，搜根剔齿，几番唆毒，要害我们。这冤仇如何不报？记得清风山上杀刘高老婆么？〇宋江性格，有仇必报，有仇急报。怎地启请众位好汉，再做个天大人情，去打了无为军，杀得黄文炳那厮，也与宋江消了这口无穷之恨，与你消了恨，却将众兄弟置危险于不顾。那时回去如何？”晁盖道：“我们众人偷营劫寨，只可使一遍，如何再行得？实话。似此奸贼已有堤备，不若且回山寨去，聚起大队人马，一发和学究、公孙二先生并林冲、秦明都来报仇，也未为晚。”有理解，有转圜。宋江道：“若是回山去了，再不能够得来。一者山遥路远，二乃江州必然申开明文，各处谨守。也是实话。不要痴想，只是趁这个机会，便好下手，不要等他做了准备。”哓哓善辩。花荣道：“哥哥见得是。既然宋江哥哥见得是了，晁盖哥哥就见得不是了。虽然如此，只是无人识得路径，不知他地理如何。先得个人，去那里城中探听虚实，也要看无为军出没的路径去处，就要认黄文炳那贼的住处了，然后方好下手。”直接越过打不打的问题，去讨论如何打了。薛永便起身说道：“小弟多在江湖上行，此处无为军最熟，我去探听一遭，如何？”直接越过如何打的问题，变成行动了。宋江道：“若得贤弟去走一遭，最好。”直接做决定批准薛永的要求了！薛永当日别了众人，自去了。宋江自定，薛永自去，晁盖一言不发。〇花荣也好，薛永也好，都是宋江路线上的。

只说宋江自和众头领赫然是宋江和众头领。在穆弘庄上商议要打无为军一事，整顿军器枪刀，安排弓弩箭矢，打点大小船只等项。晁盖何在？堤备已了，只见薛永去了两日，带将一个人回到庄上来，拜见宋江。不是见晁盖。宋江便问道：“兄弟，这位壮士是谁？”薛永答道：“这人姓侯名健，祖居洪都人氏。做得第一手裁缝，端的是飞针走线。更兼惯习枪棒，曾拜薛永为师。人见他黑瘦轻捷，因此唤他做‘通臂猿’。见在这无为军城里黄文炳家做生活，小弟因见了，就请在此。”宋江大喜，便教同坐商议。不见晁盖。那人也是一座地煞星之数，自然义气相投。宋江便问江州消息，无为军路径如何。薛永说道：“如今蔡九知府计点官军百姓，被杀死有五百余人，带伤中箭者不计其数。见今差人星夜申奏朝廷去了。城门日中后便关，出入的好生盘问得紧。原来哥哥被害一事，倒不干蔡九知府事，都是黄文炳那厮三回五次点拨知府，教害二位。如今见劫了法场，城中甚慌，晓夜堤备。小弟又去无为军打听，正撞见这个兄弟出来吃饭，因是得知备细。”

宋江道：“侯兄何以知之？”侯健道：“小人自幼只爱习学枪棒，多得薛师父指教，因此不敢忘恩。近日黄通判特取小人来他家做衣服，因出来行食，行食：散步以消食。遇见师父，提起仁兄大名，宋江大名。说起此一节事来。小人要结识仁兄，要结识宋江。特来报知备细。这黄文炳有个嫡亲哥哥，唤做黄文烨，与这文炳是一母所生二子。这黄文烨平生只是行善事，修桥补路，塑佛斋僧，扶危济困，救拔贫苦。那无为军城中都叫他‘黄面佛’。这黄文炳虽是罢闲通判，心里只要害人，惯行歹事，无为军都叫他做‘黄蜂刺’。他兄弟两个分开做两院住，只在一条巷内出入，靠北门里便是他家。黄文炳贴着城住，黄文烨近着大街，小人在他那里做生活，却听得黄通判回家来说：‘这件事，蔡九知府已被瞒过了，却是我点拨他，教知府先斩了，然后奏去。’果然四处吹嘘。黄文烨听得说时，只在背后骂，说道：‘又做这等短命促掐的事！于你无干，何故定要害他？倘或有天理之时，报应只在目前，却不是反招其祸？’这两日听得劫了法场，好生吃惊。昨夜去江州探望蔡九知府，与他计较，尚兀自未回来。”宋江道：“黄文炳隔着他哥哥家多少路？”侯健道：“原是一家分开，如今只隔着中间一个菜园。”宋江道：“黄文炳家多少人口，有几房头？”侯健道：“男子妇人，通有四五十口。”

宋江道：“天教我报仇，特地送这个人来。虽是如此，全靠众弟兄维持。”众人齐声众人，齐声。有罢盖否？应道：“当以死向前，正要驱除这等赃滥奸恶之人，与哥哥报仇雪恨！”虽不喜宋江如此有仇急报，但对黄文炳这类因言致罪他人之小人，还是觉得早杀为好。宋江又道：“只恨黄文炳那贼一个，却与无为军百姓无干。他兄既然仁德，亦不可害他，休教天下人骂我不仁。众弟兄去时，不可分毫侵害百姓。今去那里，我有一计，只望众人扶助扶助。”众头领齐声众头领，齐声有晁盖否？道：“专听哥哥指教。”专听指教的众头领里，有没有晁盖？如果有晁盖，晁盖荒唐。如果没晁盖，晁盖尴尬。宋江道：“有烦穆太公对付八九十个叉袋，又要百十束芦柴，用着五只大船，两只小船。央及张顺、李俊驾两只小船；五只大船上用着张横、三阮、童威和识水的人护船，此计方可。”穆弘道：“此间芦苇、油柴、布袋都有。我庄上的人都会使水驾船。便请哥哥行事。”宋江道：“却用侯家兄弟引着薛永并白胜先去无为军城中藏了。来日三更二点为期，只听门外放起带铃鹁鸽，便教白胜上城策应，先插一条白绢号带，近黄文炳家，便是上城去处。”再又教石勇、杜迁扮做丐者，去城门边左近埋伏，只看火为号，便要下手杀把门军士。李俊、张顺只在江面上往来巡绰，等候策应。全是宋江发号施令。

宋江分拨已定，晁盖呢？薛永、白胜、侯健先自去了，随后再是石勇、杜迁扮做丐者，身边各藏了短刀暗器，也去了。这里自一面扛抬沙土布袋和芦苇油柴，上船装载。众好汉至期，各各拴束了，身上都准备了器械，船舱里埋伏军汉。众头领分拨下船，晁盖、宋江、花荣在童威船上，施大爷仁慈，晁盖出来了。燕顺、王矮虎、郑天寿在张横船上，戴宗、刘唐、黄信在阮小二船上，吕方、郭盛、李立在阮小五船上，穆弘、穆春、李逵在阮小七船上。只留下朱贵、宋万在穆太公庄，看理江州城里消息。先使童猛棹一只打渔快船，前去探路。小喽啰并军健都伏在舱里，火家、庄客、水手撑驾船只，当夜密地望无为军来。

此时正是七月尽天气，夜凉风静，月白江清，水影山光，上下一碧。如此凶险之夜，如此静谧之景。〇无月白江清伏笔于此，后文深夜大江上如何捉得黄文炳。约莫初更前后，大小船只都到无为江岸边，拣那有芦苇深处一字儿缆定了船只。只见那童猛回船来报道："城里并无些动静。"宋江便叫宋江叫。手下众人把这沙土布袋和芦苇干柴都搬上岸，望城边来。听那更鼓时，正打二更。宋江叫宋江叫。小喽啰各各抬了沙土布袋并芦柴，就城边堆垛了。众好汉各挺手中军器，只留张横、三阮、两童守船接应；其余头领都奔城边来。望城上时，约离北门有半里之路，宋江便叫宋江叫。放起带铃鹁鸽。只见城上一条竹竿，缚着白号带，风飘起来。宋江见了，便叫宋江叫。军士就这城边堆起沙土布袋，分付军汉一面挑担芦苇、油柴上城。只见白胜已在那里接应等候，把手指与众军汉道："只那条巷便是黄文炳住处。"宋江问宋江问。白胜道："薛永、侯健在那里？"白胜道："他两个潜入黄文炳家里去了，只等哥哥到来。"宋江又问宋江问。道："你曾见石勇、杜迁么？"白胜道："他两个在城门边左近伺候。"宋江听宋江听。罢，引了众好汉下城来，径到黄文炳门前。只见侯健闪在房檐下。宋江唤来，附耳低言道：宋江道。"你去将菜园门开了，放他军士把芦苇、油柴堆放里面。可教薛永寻把火来点着，却去敲黄文炳门道：'间壁大官人家失火，有箱笼什物搬来寄顿！'敲得门开，我自有摆布。"都是宋江摆布。

宋江教众好汉分几个把住两头。侯健先去开了菜园门，军汉把芦柴搬来，堆在里面。侯健就讨了火种，递与薛永，将来点着。侯健便闪出来，却去敲门，叫道："间壁大官人家失火，有箱笼搬来寄顿，快开门则个！"里面听得，便起来看时，望见隔壁火起，连忙开门出来。晁盖、宋江等呐声喊，杀将入去。众好汉亦各动手，见一个杀一个，见两个杀一双，恶。把黄文炳一门内外大小四五十口，尽皆杀了，不留一人，恶。只不见了文炳一个。我也着急。众好汉把他从前酷害良民积攒下许多家私金银，收拾俱尽。大哨一声，众多好汉都扛了箱笼家财却奔城上来。

且说石勇、杜迁见火起，各掣出尖刀，便杀把门的军人，却见前街邻舍拿了水桶、梯子，都奔来救火。民风。石勇、杜迁大喝道："你那百姓休得向前！我们是梁山泊好汉数千在此，来杀黄文炳一门良贱，与宋江、戴宗报仇！不干你百姓事，你们快回家躲避了，休得出来闲管事！"众邻舍有不信的，立住了脚看。只见黑旋风李逵抡起两把板斧，着地卷将来，众邻舍方才呐声喊，抬了梯子、水桶，一哄都走了。这边后巷也有几个守门军汉，带了些人，拖了麻搭火钩，都奔来救火。早被花荣张起弓，当头一箭，射翻了一个，恶。大喝道："要死的便来救火！"那伙军汉一齐都退去了。只见薛永拿着火把，便就黄文炳家里前后点着，乱乱杂杂火起。当时李逵砍断铁锁，大开城门，一半人从城上出去，一半人从城门下出去。只见三阮、张、童都来接应，合做一处，扛抬财物上船。无为军已知江州被梁山泊好汉劫了法场，杀死无数的人，如何敢出来追赶？只得回避了。官兵从来如此。这宋江一行众好汉只恨拿不着黄文炳，我也恨。都上了船，摇开了，自投穆弘庄上来。不在话下。

却说江州城里望见无为军火起，蒸天价红，满城中都讲动，只得报知本府。这黄文炳正在府里议事，俨然汉张良。听得报说了，不是报说，是报应。慌忙来禀知府道："敝乡失火，急欲回家看觑！"蔡九知府听得，忙叫开城门，差一只官船相送。送终也。黄文炳谢了知府，随即出来，带了从人，慌速下船，摇开江面，望无为军来。看见火势猛烈，映得江面上都红。艄公说道："这火只是北门里火。"此句如火，烧到黄文炳心里。黄文炳见说了，心里越慌。看看摇到江心里，只见一只小船从江面上摇过去了。奇。少时，又是一只小船摇将过来，却不径过，望着官船直撞将来。更奇。从人喝道："甚么船，敢如此直撞来！"只见那小船上一条大汉跳起来，手里拿着挠钩，口里应道："去江州报失火的船。"黄文炳便钻出来，自从赋闲，一直想着钻出来，这下终于钻出来了。问道："那里失火？"那大汉道："北门黄通判家被梁山泊好汉杀了一家人口，劫了家私，如今正烧着哩！"黄文炳失口叫声苦，不知高低。那汉听了，一挠钩搭住了船，便跳过来。仔细看这大汉撞船动作及言语，如此机警，于荒江野夜辨识擒拿黄文炳，不是李俊，还能是谁。黄文炳是个乖觉的人，从来乖觉。〇乖觉可害人，不可保身。早瞧了一分，便奔船梢后走，望江边踊身便跳。只见当面前又一只船，水底下早钻过一个人，把黄文炳劈腰抱住，拦头揪起，扯上船来。船上那个大汉早来接应，便把麻索绑了。水底下活捉了黄文炳的便是浪里白条张顺，船上把挠钩的，便是混江龙李俊。两个好汉立在船上。那摇官船的艄公只顾下拜。李俊说道："我不杀你们，只顾捉黄文炳这厮！你们自回去，说与蔡九知府那贼驴知道，俺梁山泊好汉们权寄下他那颗驴头，早晚便要来取！"如此好句子。艄公战抖抖的道："小人去说。"李俊、张顺拿了黄文炳过自己的小船上，放那官船去了。

两个好汉棹了两只快船，径奔穆弘庄上。早摇到岸边，望见一行头领都在岸上等候，搬运箱笼上岸。见说拿得黄文炳，宋江不胜之喜。虽不喜宋江急于报仇，但拿到黄文炳，我也不胜之喜。〇平生最恨因言致人罪者。众好汉一齐心中大喜，说："正要此人见面！"众好汉定如我一般恨煞此人。〇此类人而今所在皆是。常常见面。李俊、张顺早把黄文炳带上岸。众人看了，看了看了，一看便了。〇正要见面，却是一看便了，无限蔑视。〇此类人而今隐在网后，只见其害人，不见其面目。无处看了。监押着离了江岸，到穆太公庄上来。朱贵、宋万接着众人，入到庄里，草厅上坐下。宋江把黄文炳剥了湿衣服，绑在柳树上，在清风山学来的招数。请众头领团团坐定。宋江叫取一壶酒来，与众人把盏。上自晁盖，下至白胜，共是二十位好汉，都把遍了。宋江大骂："黄文炳！你这厮！我与你往日无冤，近日无仇，你如何只要害我？三回五次，教唆蔡九知府杀我两个。你既读圣贤之书，如何要做这等毒害的事！我亦不知那些人既读一槛之书，如何要做这等毒害的事。我又不与你有杀父之仇，你如何定要谋我？我亦不知这类人为何定要谋人。你哥哥黄文烨与你这厮一母所生，他怎恁般修善？久闻你那城中都称他做'黄面佛'，我昨夜分毫不曾侵犯他。你这厮在乡中只是害人，交结权势，浸润官长，欺压良善。我知道无为军人民都叫你做'黄蜂刺'！我今日且替你拔了这个'刺'！"这类刺拔不胜拔。〇因言致人罪者，人性之恶也。因言而可致人罪者，制度之恶也。黄文炳告道："小人已知过失，只求早死！"也是。这类人晚死一天，就会多一些人受害。晁盖施大爷终于想起晁盖了！喝道："你那贼驴，怕你不死！你这厮早知今日，悔不当初！"好像有一些别的意思。宋江便问道："那个兄弟替我下手？"自己动手剥衣服，绑树上，还好没有自己动手开剥。只见黑旋风李逵跳起身来，说道："我与哥哥动手割这厮！我看他肥胖了，倒好烧吃！"怕。晁盖道："说得是！教取把尖刀来，就讨盆炭火来，细细地割这厮，烧来下酒，与我贤弟消这怨气！"怕。〇自家也有怨气？李逵拿起尖刀，看着黄文炳，笑道：怕。〇祝天下因言致人罪者都能听到李逵的笑。祝他们最后看到的，是李逵的笑脸。"你这厮在蔡九知府后堂且会说黄道黑，拨置害人，无中生有撺掇他。今日说黄道黑不仅在后堂，更在公开媒体上。今日你要快死，老爷却要你慢死！"便把尖刀先从腿上割起，拣好的就当面炭火上炙来下酒。当面。割一块，炙一块。无片时，割了黄文炳，李逵方才把刀割开胸膛，取出心肝，把来与众头领做醒酒汤。清风山再现。

众多好汉看割了黄文炳，好。都来草堂上与宋江贺喜。只见宋江先跪在地下，突然就跪了一跪。众头领慌忙都跪下，晁盖呢？齐道："哥哥有甚事，但说不妨。兄弟们敢不听？"宋江便道："小可不才，自小学吏。初世为人，便要结识天下好汉。奈缘力薄才疏，不能接待，以遂平生之愿。自从刺配江州，多感晁头领并众豪杰苦苦相留。宋江因守父亲严训，不曾肯住。正是天赐机会，于路直至浔阳江上，又遭际许多豪杰。不想小可不才，一时间酒后狂言，险累了戴院长性命。感谢众位豪杰不避凶险，来虎穴龙潭，力救残生，又蒙协助报了冤仇。如此犯下大罪，闹了两座州城，必然申奏去了。今日不由宋江不上梁山泊投托哥哥去，未知众位意下若何？如是相从者，只今收拾便行，如不愿去的，一听尊命。只恐事发，反遭……”长篇大论，煞有介事，不过是要众兄弟和他一起上山。说言未绝，李逵先跳起来，便叫道：“都去，都去！但有不去的，吃我一鸟斧，砍做两截便罢！”宋江道：“你这般粗卤说话！全在各弟兄们心肯意肯，方可同去。”众人议论道：“如今杀死了许多官军人马，闹了两处州郡，他如何不申奏朝廷？必然起军马来擒获。今若不随哥哥去同死同生，却投那里去？”去那里不是问题，跟谁去才是问题：这个哥哥，不是晁盖哥哥，是宋江哥哥啊。宋江大喜，焉能不喜。谢了众人。好像是人情自己担上，其实是功劳自己揽上。当日先叫朱贵和宋万前回山寨里去报知，次后分作五起进程。头一起便是晁盖、宋江、花荣、戴宗、李逵，第二起便是刘唐、杜迁、石勇、薛永、侯健，第三起便是李俊、李立、吕方、郭盛、童威、童猛，第四起便是黄信、张顺、张横、阮家三弟兄，第五起便是穆弘、穆春、燕顺、王矮虎、郑天寿、白胜。五起二十八个头领，带了一干人等，将这所得黄文炳家财各各分开，装载上车子。穆弘带了穆太公并家小人等，将应有家财金宝装载车上。庄客数内有不愿去的，都赍发他些银两，自投别主去佣工。有愿去的，一同便往。前四起陆续去了，已自行动。穆弘收拾庄内已了，放起十数个火把，烧了庄院，撇下了田地，自投梁山泊来。

且不说五起人马登程，节次进发，只隔二十里而行。当初清风山兄弟上梁山，也是分作三起出发。则此次安排当是宋江主张。先说第一起晁盖、宋江、花荣、戴宗、李逵五骑马，带着车仗人伴，在路行了三日。前面来到一个去处，地名唤做黄门山。宋江在马上与晁盖说道："这座山生得形势怪恶，莫不有大伙在内？可着人催趱后面人马上来，一同过去。"说犹未了，只见前面山嘴上锣鸣鼓响。宋江道："我说么！且不要走动，等后面人马到来，好和他厮杀。"连说两句，卖弄聪明，指手画脚。花荣便拈弓搭箭在手，晁盖、戴宗各执朴刀，李逵拿着双斧，拥护着宋江，晁盖拥护着宋江？○施大爷没分晓，越来越不像话。一齐趱马向前。何等威风。只见山坡边闪出三五百个小喽啰，当先簇拥出四筹好汉，各挺军器在手，高声喝道："你等大闹了江州，劫掠了无为军，杀害了许多官军百姓，待回梁山泊去，我四个等你多时，会事的只留下宋江，都饶了你们性命！"好玩，不劫财，劫人，劫的不是花容月貌，是黑矮宋江。宋江听得，便挺身出去，何等让我钦敬。跪在地下何等跌我眼镜。○二跪。○不是说厮杀么？说道："小可宋江，被人陷害，冤屈无伸，今得四方豪杰救了性命。小可不知在何处触犯了四位英雄？四个鸟人而已。万望高抬贵手，饶恕残生！"宋江身后，可是四个猛人，花荣、李逵、戴宗，都是位列天罡，何况还有晁盖。而前面这四个鸟人，不过是地煞。○奇怪那四个猛人竟然一声不吭，李逵也不着地卷将起来。○料这四个猛人不是被前面四个鸟人吓住了，是看宋江言行呆住了。那四筹好汉见了宋江跪在前面，都慌忙滚鞍下马，撇了军器，飞奔前来，拜倒在地下，说道："俺弟兄四个只闻山东及时雨宋公明大名，只闻宋江大名。想杀也不能够见面。俺听知哥哥在江州为事吃官司，哥哥一。我弟兄商议定了，正要来劫牢，只是不得个实信。前日使小喽啰直到江州来打听，回来说道：'已有多少好汉闹了江州，劫了法场，救出往揭阳镇去了。后又烧了无为军，劫掠黄通判家。'料想哥哥必从这里来，哥哥二。节次使人路中来探望，犹恐未真，故反作此一番诘问。冲撞哥哥，哥哥三。万勿见罪。今日幸见仁兄，哥哥四。小寨里略备薄酒粗食，权当接风。请众好汉同到敝寨，盘桓片时。”满口都是宋哥哥。一言不及晁哥哥。

宋江大喜，扶起四位好汉，逐一请问大名。为头的那人姓欧名鹏，祖贯是黄州人氏，守把大江军户，因恶了本官，逃走在江湖上绿林中，熬出这个名字，唤做“摩云金翅”。第二个好汉姓蒋名敬，祖贯是湖南潭州人氏，原是落科举子出身，科举不第，弃文就武，颇有谋略，精通书算，积万累千，纤毫不差。亦能刺枪使棒，布阵排兵，因此人都唤他做“神算子”。第三个好汉姓马名麟，祖贯是南京建康人氏，原是小番子闲汉出身，吹得双铁笛，使得好大滚刀，百十人近他不得，因此人都唤他做“铁笛仙”。第四个好汉姓陶名宗旺，祖贯是光州人氏，庄家田户出身，能使一把铁锹，有的是气力，亦能使枪抡刀，因此人都唤做“九尾龟”。这四筹好汉接住宋江，接住宋江。小喽啰早捧过果盒，一大壶酒，两大盘肉，托来把盏。先递晁盖、宋江，并列。位置还对。次递花荣、戴宗、李逵，与众人都相见了，一面递酒。没两个时辰，第二起头领又到了，一个个尽都相见。把盏已遍，邀请众位上山。两起十位头领，先来到黄门山寨内。那四筹好汉便叫椎牛宰马管待。却教小喽啰陆续下山，接请后面那三起十八位头领上山来筵宴。未及半日，三起好汉已都来到了，尽在聚义厅上筵席相会。凯歌高奏。宋江饮酒中间，在席上开话道：不是闲话。“今次宋江投奔了哥哥晁天王上梁山泊去，一同聚义。未知四位好汉肯弃了此处同往梁山泊大寨相聚否？”梁山主人是晁盖，宋江不请示主人，就往人家拉客。四个好汉齐答道：“若蒙二位义士不弃贫贱，情愿执鞭坠镫。”此时宋江在梁山并无位置，至少还没有安排位置，可是他们已经把宋江看得和晁盖平起平坐。其实哪里是平起平坐，把晁盖和宋江说在一起，恰恰是给晁盖面子！宋江、晁盖大喜，并列。位置已颠倒。便说道：“既是四位肯从大义，便请收拾起程。”众多头领俱各欢喜。在山寨住了一日，过了一夜。

次日，宋江、晁盖又是这样次序。仍旧做头一起下山进发先去，次后依例而行，只隔着二十里远近。四筹好汉收拾起财帛金银等项，带领了小喽啰三五百人，便烧毁了寨栅，随作第六起登程。宋江又合得这四个好汉，又是宋江合得。心中甚喜，已经把自己看成是梁山的头头了。自己的资本又增加了。于路在马上对晁盖说道：“小弟来江湖上走了这几遭，虽是受了些惊恐，却也结识得这许多好汉。兄弟，还是我的资本雄厚啊！今日同哥哥上山去，这回只得死心塌地与哥哥同死同生。”一路上，说着闲话，闲话不闲。不觉早来到朱贵酒店里了。

且说四个守山寨的头领吴用、公孙胜、林冲、秦明，和两个新来的萧让、金大坚，已得朱贵、宋万先回报知，每日差小头目棹船出来酒店里迎接。一起起都到金沙滩上岸。擂鼓吹笛，众好汉们都乘马轿，迎上寨来。到得关下，军师吴学究等六人把了接风酒，都到聚义厅上，焚起一炉好香。晁盖便请宋江为山寨之主，坐第一把交椅。出人意外，情理之中。宋江那里肯？便道：“哥哥差矣！感蒙众位不避刀斧，救拔宋江性命。哥哥原是山寨之主，如何却让不才？若要坚执如此相让，宋江情愿就死！”岂能不推辞。晁盖道：“贤弟如何这般说！当初若不是贤弟担那血海般干系，救得我等七人性命上山，如何有今日之众？你正该山寨之恩主。晁盖让位宋江，理由：你是梁山恩主。你不坐，谁坐？”宋江道：“仁兄，论年齿，兄长也大十岁。宋江推还晁盖，理由：你年纪大我十岁。宋江若坐了，岂不自羞？”再三推晁盖坐了第一位，宋江坐了第二位。吴学究坐了第三位，公孙胜坐了第四位。宋江道：“休分功劳高下，梁山泊一行旧头领去左边主位上坐，新到头领去右边客位上坐，待日后出力多寡，那时另行定夺。”明明还是老二，又像老大一样发话了。众人齐道："此言极当。"左边一带，林冲、刘唐、阮小二、阮小五、阮小七、杜迁、宋万、朱贵、白胜；右边一带，论年甲次序，互相推让，花荣、秦明、黄信、戴宗、李逵、李俊、穆弘、张横、张顺、燕顺、吕方、郭盛、萧让、王矮虎、薛永、金大坚、穆春、李立、欧鹏、蒋敬、童威、童猛、马麟、石勇、侯健、郑天寿、陶宗旺，共是四十位头领坐下。大吹大擂，且吃庆喜筵席。

宋江说起江州蔡九知府捏造谣言一事，又闲话了。说与众头领："叵耐黄文炳那厮，事又不干他己，却在知府面前将那京师童谣解说道：'耗国因家木'，耗散国家钱粮的人必是家头着个'木'字，不是个'宋'字？'刀兵点水工'，兴动刀兵之人必是三点水着个'工'字，不是个'江'字？这个正应宋江正应宋江。身上。那后两句道：'纵横三十六，播乱在山东'，合主宋江合主宋江。造反在山东。以此拿了小可。不期戴院长又传了假书，以此黄文炳那厮撺掇知府，只要先斩后奏。若非众好汉救了，焉得到此！"李逵跳将起来道："好哥哥，正应着天上的言语！李逵明白。○谁都明白。别人明白，不说。李逵明白，说出来。虽然吃了他些苦，黄文炳那贼也吃我割得快活！放着我们许多军马，便造反，怕怎地？晁盖哥哥便做大宋皇帝，宋江哥哥便做小宋皇帝，吴先生做个丞相，公孙道士便做个国师，我们都做个将军，杀去东京夺了鸟位，在那里快活却不好，不强似这个鸟水泊里？"刚刚最坚决要来这鸟水泊的，也是仁兄。○鸟水泊者，晁盖主持者也。则鸟水泊者，也就是鸟晁盖也。戴宗慌忙喝道："铁牛，你这厮胡说！说破晁盖哥哥和宋江哥哥的必然矛盾。你今日既到这里，不可使你那在江州性儿，须要听两位头领哥哥的言语号令，亦不许你胡言乱语，多嘴多舌！再如此多言插口，先割了你这颗头来为令，以警后人！"李逵道："阿呀！若割了我这颗头，几时再长得一个出来，我只吃酒便了！"

众多好汉都笑。

宋江又题起拒敌官军一事，说道："那时小可初闻这个消息，好不惊恐，不期今日轮到宋江身上！"当初暗羡，今日如愿。〇搅功。吴用道："兄长当初若依了弟兄之言，只住山上快活，不到江州，不省了多少事？这都是天数注定如此。"宋江道："黄安那厮，如今在那里？"晁盖道："那厮住不够两三个月，便病死了。"不是写宋江关心黄安，是黄安一事须有个交代。细。宋江嗟叹不已。当日饮酒，各各尽欢。晁盖先叫安顿穆太公一家老小；叫取过黄文炳的家财，赏劳了众多出力的小喽啰。取出原将来的信笼，交还戴院长收用，戴宗那里肯要？定教收放在库内公支使用。细。晁盖叫众多小喽啰参拜了新头领李俊等，都参见了。连日山寨里杀牛宰马，作庆贺筵席，不在话下。

再说晁盖教山前山后各拨定房屋居住，山寨里再起造房舍，修理城垣。至第三日，酒席上宋江起身对众头领说道："宋江还有一件大事，正要禀众弟兄。小可今欲下山走一遭，乞假数日，未知众位肯否？"晁盖便问道："贤弟，今欲要往何处，干甚么大事？"宋江不慌不忙，说出这个去处，有分教：枪刀林里，再逃一遍残生；山岭边傍，传授千年勋业。正是：只因玄女书三卷，留得清风史数篇。毕竟宋公明要往何处去走一遭，且听下回分解。

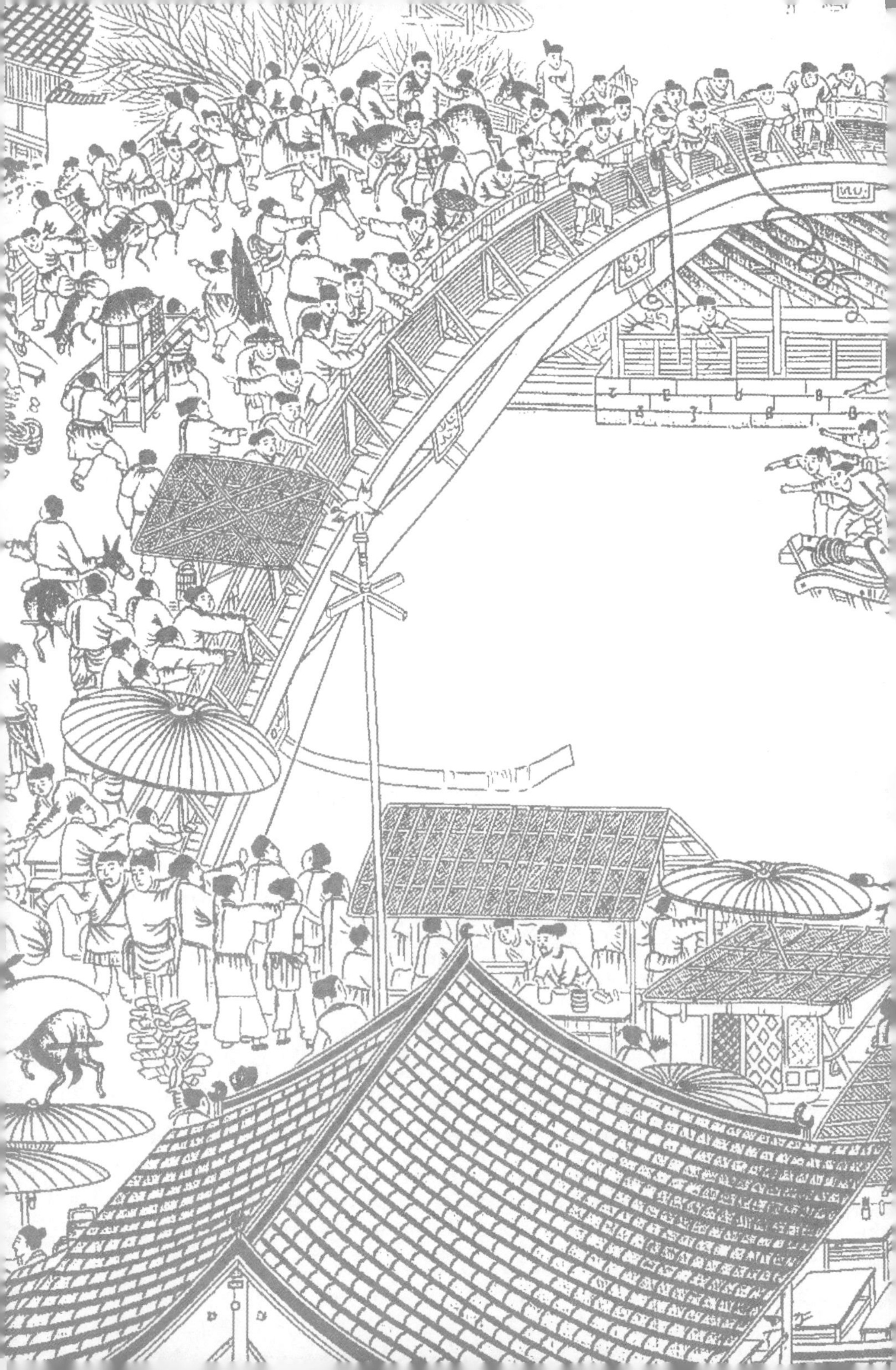

第四十一回

还道村受三卷天书 宋公明遇九天玄女

回前总评

宋江不听晁盖劝告，一意孤行要冒极大风险回家搬取老父上山。结果，连家门还没进，就被赵能、赵得追捕。万分危急之时，宋江躲进还道村九天玄女娘娘庙，九天玄女救了他的性命，还传授他三卷天书，告诉他几句天言，等等，一派鬼话。其用意与江州童谣一样，都是要说明宋江才是梁山泊主，而晁盖则在一百零八人之外。

事实上，这次救了他的，不是什么九天玄女，正是晁盖。宋江前脚下山，晁盖放心不下，叫戴宗随即下山探听宋江下落。还放心不下，又亲自带刘唐等人前来接应。两次放心不下，并且，再一次亲自下山救宋江，并且，又几乎是倾巢出动，并且，还忙中不忘让人搬取宋江父亲等人，送入山寨——晁盖对宋江，可以说是一腔热血，日月可鉴！

如果说，宋江曾经救过晁盖一次命，那么晁盖就救了他两次命了。这第二次，还是宋江多次伤害晁盖，给他难堪以后。

论待人忠诚，论为人仗义，晁盖真是令人感动。

这一回，读者还能看到李逵怎么撒娇。黑旋风很会撒娇。板斧与撒娇，是李逵的两大法宝：板斧对付敌人，撒娇征服朋友。撒娇不光是一种表达的方法，更是一种表达的态度：撒娇者总是主动地把自己放在依附的位置上，通过一种人格上的屈尊来换取对方的恩宠。既达到了自己的目的，还满足了对方的心理需求。

金圣叹腰斩《水浒传》，并对文字多有修饰，所改动处，大多胜过"俗本"。但"九天玄女"一节，乃是金圣叹之百密一疏：因为九天玄女对宋江之言："为主全忠仗义，为臣辅国安民，去邪归正"，在七十回内并无应验。而七十回中宋江等人作为造下弥天大罪的万死狂贼被一齐处斩。金圣叹既言《水浒传》全本只七十回，则此等文字也要修饰一下才好。

话说当下宋江在筵上对众好汉道："小可宋江自蒙救护上山到此，连日饮宴，甚是快乐。不知老父在家正是何如。即目江州申奏京师，必然行移济州，着落郓城县追捉家属，比捕正犯，恐老父存亡不保。是。宋江想念，欲往家中搬取老父上山，以绝挂念，不知众弟兄还肯容否？"晁盖道："贤弟，这件是人伦中大事。晁盖好。不成我和你受用快乐，倒教家中老父吃苦，如何不依贤弟！只是众兄弟们连日辛苦，寨中人马未定，再停两日，点起山寨人马，一径去取了来。"宋江道："仁兄，再过几日不妨，只恐江州行文到济州，追捉家属，以此事不宜迟。今也不须点多人去，只宋江潜地自去，和兄弟宋清搬取老父连夜上山来，那时乡中神不知、鬼不觉。若还多带了人伴去，必然惊吓乡里，反招不便。"晁盖道："贤弟，路中倘有疏失，无人可救。"宋江道："若为父亲，死而无怨。"当日苦留不住，宋江坚执要行，便取个毡笠带了，提条短棒，腰带利刃，便下山去。众头领送过金沙滩自回。

且说宋江过了渡，到朱贵酒店里上岸，出大路投郓城县来。路上少不得饥餐渴饮，夜住晓行。一日，奔宋家村晚了，到不得，且投客店歇了。次日趱行，到宋家村时却早，且在林子里伏了，等待到晚，却投庄上来敲后门。庄里听得，只见宋清出来开门，见了哥哥，吃那一惊，慌忙道："哥哥，你回家来怎地？"宋江道："我特来家取父亲和你。"宋清道："哥哥，你在江州做了的事，如今这里都知道了。本县差下这两个赵都头每日来勾取，管定了我们，不得转动。只等江州文书到来，便要捉我们父子二人下在牢里监禁，听候拿你。日里夜间一二百土兵巡绰，你不宜迟，快去梁山泊请下众头领来救父亲并兄弟！"宋江听了，惊得一身冷汗，不敢进门，转身便走，奔梁山泊路上来。

是夜，月色朦胧，路不分明，宋江只顾拣僻净小路去处走。约莫也走了一个更次，只听得背后有人发喊起来。宋江回头听时，只隔一二里路，看见一簇火把照亮，只听得叫道："宋江休走！"宋江一头走，一面肚里寻思："不听晁盖之言，果有今日之祸。皇天可怜，垂救宋江则个！"远远望见一个去处，只顾走。少间，风扫薄云，现出那轮明月，宋江方才认得仔细，叫声苦，不知高低。看了那个去处，有名唤做"还道村"。捏造的好名字。原来团团都是高山峻岭，山下一遭涧水，中间单单只一条路。入来这村，左来右去走，只是这条路，更没第二条路。

宋江认得这个村口，欲待回身，却被背后赶来的人已把住了路口，火把照耀如同白日。宋江只得奔入村里来，寻路躲避。抹过一座林子，早看见一所古庙，双手只得推开庙门，乘着月光，入进庙里来，寻个躲避处。前殿后殿相了一回，安不得身，心里越慌。只听得外面有人道："多管只走在这庙里！"宋江听时，是赵能声音，急没躲处，见这殿上一所神厨，宋江揭起帐幔，望里面探身便钻入神厨里，安了短棒，做一堆儿伏在厨内，身体把不住簌簌地抖。只听得外面拿着火把照将入来。宋江在神厨里一头抖，一头偷眼看时，赵能、赵得引着四五十人，拿着火把各到处照，看看照上殿来，宋江抖道："我今番走了死路，望神明庇佑则个。神明庇佑，神明庇佑！"一个个都走过了，没人看着神厨里。故意一按。宋江抖定道："可怜天！"只见赵得将火把来神厨里一照，宋江抖得几乎死去。却又转回来。赵得一只手将朴刀杆挑起神帐，上下把火只一照，吓人。火烟冲将起来，冲下一片黑尘来，正落在赵得眼里，眯了眼，便将火把丢在地下，一脚踏灭了，又一按。走出殿门外来，对土兵们道："这厮不在庙里，别又无路，却走向那里去了？"众土兵道："多应这厮走入村中树林里去了。这里不怕他走脱，这个村唤做还道村，只有这条路出入，里面虽有高山林木，却无路上得去。都头只把住村口，他便会插翅飞上天去，也走不脱了！待天明，村里去细细搜捉！"赵能、赵得道："也是。"引了土兵下殿去了。宋江抖定道："却不是神明庇佑！若还得了性命，必当重修庙宇，再塑……"只是写宋江可笑。

只听得有几个土兵在庙门前叫道："都头，在这里了！"怕人。赵能、赵得和众人又抢入来，宋江簌簌地又把不住抖。赵能到庙前问道："在那里？"土兵道："都头，你来看庙门上两个尘手迹，一定是却才推开庙门，闪在里面去了。"赵能道："说得是，再仔细搜一搜看！"这伙人再入庙里来搜时，宋江这一番抖真是几乎休了。怕。那伙人去殿前殿后搜遍，只不曾翻过砖来。众人又搜了一回，火把看看照上殿来，赵能道："多是只在神厨里，却才兄弟看不仔细，我自照一照看！"死定了。一个土兵拿着火把，赵能便揭起帐幔，五七个人伸头来看。不看万事俱休，才看一看，只见神厨里卷起一阵恶风，将那火把都吹灭了，黑腾腾罩了庙宇，对面不见。

赵能道："却又作怪，平地里卷起这阵恶风来，想是神明在里面，定嗔怪我们只管来照，因此起这阵恶风显应。我们且去罢，只守住村口，待天明再来寻。"赵得道："只是神厨里不曾看得仔细，再把枪去搠一搠。"赵能道："也是。"不是吓宋江，是吓读者。

两个却待向前，只听得殿后又卷起一阵怪风，吹得飞砂走石，滚将下来，摇得那殿宇岌岌地动，罩下一阵黑云，布合了上下，冷气侵人，毛发竖起。赵能情知不好，叫了赵得道："兄弟，快走！神明不乐。"众人一哄都奔下殿来，望庙门外跑走。有几个跌翻了的，也有闪朒腿的，爬得起来奔命。走出庙门，只听得庙里有人叫："饶恕我们！"赵能再入来看时，两三个土兵跌倒在龙墀里，被树根钩住了衣服，死也挣不脱，手里丢了朴刀，扯着衣裳叫饶。宋江在神厨里听了，又抖又笑。看他写神庙搜人，几番曲折，几番惊怕。赵能把土兵衣服解脱了，领出庙门去。有几个在前面的土兵说道："我说这神道最灵，你们只管在里面缠障，引得小鬼发作起来。我们只去守住了村口等他，须不吃他飞了去！"赵能、赵得道："说得是，只消村口四下里守定。"众人都望村口去了。

只说宋江在神厨里口称惭愧道："虽不被这厮们拿了，却怎能够出村口去？"正在厨内寻思，百般无计，只听得后面廊下有人出来。怕煞人也。宋江又抖道："又是苦也，早是不钻出去！"只见两个青衣童子径到厨边，举口道："小童奉娘娘法旨，请星主说话。"宋江那里敢做声答应。外面童子又道："娘娘有请，星主可行。"宋江也不敢答应。外面童子又道："宋星主，休得迟疑，娘娘久等。"宋江听得莺声燕语，不是男子之音，便从神椅底下钻将出来。看时，却是两个青衣女童，侍立在床边。宋江吃了一惊，却是两个泥神。

只听得外面又说道："宋星主，娘娘有请。"宋江分开帐幔，钻将出来，只见是两个青衣螺髻女童，齐齐躬身，各打个稽首。宋江问道："二位仙童，自何而来？"青衣道："奉娘娘法旨，有请星主赴宫。"宋江道："仙童差矣。我自姓宋名江，不是甚么星主。"青衣道："如何差了！请星主便行，娘娘久等。"宋江道："甚么娘娘？亦不曾拜识，如何敢去？"青衣道："星主到彼便知，不必询问。"宋江道："娘娘在何处？"青衣道："只在后面宫中。"青衣前引便行，宋江随后跟下殿来。转过后殿，侧首一座子墙角门，青衣道："宋星主从此间进来。"

宋江跟入角门来看时，星月满天，香风拂拂，四下里都是茂林修竹。宋江寻思道："原来这庙后又有这个去处。早知如此，却不来这里躲避，不受那许多惊恐！"宋江行时，觉道香坞两行，夹种着大松树，都是合抱不交的，中间平坦一条龟背大街。宋江看了，暗暗寻思道："我倒不想古庙后有这般好路径！"跟着青衣，行不过一里来路，听得潺潺的涧水响，看前面时，一座青石桥两边都是朱栏杆；岸上栽种奇花异草，苍松茂竹，翠柳夭桃。桥下翻银滚雪般的水，流从石洞里去。过得桥基看时，两行奇树，中间一座大朱红棂星门。宋江入得棂星门看时，抬头见一所宫殿。宋江寻思道："我生居郓城县，不曾听得说有这个去处。"心中惊恐，不敢动脚。青衣催促："请星主行。"一引引入门内。有个龙墀，两廊下尽是朱红亭柱，都挂着绣帘。正中一所大殿，殿上灯烛荧煌。青衣从龙墀内一步步引到月台上。听得殿上阶前又有几个青衣道："娘娘有请，星主进来。"宋江到大殿上，不觉肌肤战栗，毛发倒竖。下面都是龙凤砖阶。青衣入帘内奏道："请至宋星主在阶前。"

宋江到帘前御阶之下，躬身再拜，俯伏在地，口称："臣乃下浊庶民，不识圣上，伏望天慈俯赐怜悯！"御帘内传旨，教请星主坐。宋江那里敢抬头，教四个青衣扶上锦墩坐。宋江只得勉强坐下。殿上喝声："卷帘！"数个青衣，早把珠帘卷起，搭在金钩上。娘娘问道："星主别来无恙？"却是何时别来？宋江起身再拜道："臣乃庶民，不敢面觑圣容。"娘娘道："星主既然至此，不必多礼。"宋江恰才敢抬头舒眼，看见殿上金碧交辉，点着龙灯凤烛，两边都是青衣女童，持笏捧圭，执旌擎扇侍从。正中七宝九龙床上，坐着那个娘娘，身穿金缕绛绡之衣，手秉白玉圭璋之器，天然妙目，正大仙容。八个字好。○金圣叹之笔。口中说道："请星主到此。"命童子献酒。两下青衣女童，执着莲花宝瓶，捧酒过来，斟在杯内。一个为首的女童执杯递酒，来劝宋江。宋江起身，不敢推辞，接过杯，朝娘娘跪饮了一杯。宋江觉道这酒馨香馥郁，如醍醐灌顶，甘露洒心。又是一个青衣，捧过一盘仙枣，上劝宋江。宋江战战兢兢，怕失了体面，伸着指头，取了一枚，就而食之，怀核在手。青衣又斟过一杯酒来劝宋江，宋江又一饮而尽。娘娘法旨，教再劝一杯。青衣再斟一杯酒，过来劝宋江，宋江又饮了。仙女托过仙枣，又食了两枚。共饮过三杯仙酒，三枚仙枣。宋江便觉有些微醺，又怕酒后醉失体面，再拜道："臣不胜酒量，望乞娘娘免赐。"殿上法旨道："既是星主不能饮酒，可止。"教："取那三卷天书，赐与星主。"青衣去屏风背后，青盘中托出黄罗袱子，包着三卷天书，度与宋江。宋江看时，可长五寸，阔三寸，不敢开看，再拜祗受，藏于袖中。娘娘法旨道："宋星主，传汝三卷天书，汝可替天行道，为主全忠仗义，为臣辅国安民，去邪归正，勿忘勿泄。"宋江再拜谨受。娘娘法旨道："玉帝因为星主魔心未断，道行未完，暂罚下方，不久重登紫府，切不可分毫懈怠。若是他日罪下酆都，吾亦不能救汝。此三卷之书，可以善观熟视。只可与天机星同观，吴用。其他皆不可见。功成之后，便可焚之，勿留在世。所嘱之言，汝当记取。目今天凡相隔，难以久留，汝当速回。"便令童子："急送星主回去，他日琼楼金阙，再当重会。"原来天界曾同列。宋江便谢了娘娘，跟随青衣女童下得殿庭来。出得棂星门，送至石桥边，青衣道："恰才星主受惊，不是娘娘护祐，已被擒拿。天明时，自然脱离了此难。星主，看石桥下水里二龙相戏。"宋江凭栏看时，果见二龙戏水。二青衣望下一推，宋江大叫一声，却撞在神厨内，觉来乃是南柯一梦。我也以为是真的。

宋江爬将起来看时，月影正午，料是三更时分。宋江把袖子里摸时，手内枣核三个，袖里帕子包着天书，将出来看时，果是三卷天书，又只觉口里酒香。原来确是真的。宋江想道："这一梦真乃奇异，似梦非梦。若把做梦来，如何有这天书在袖子里，口中又酒香，枣核在手里，说与我的言语都记得，不曾忘了一句？不把做梦来，我自分明在神厨里，一交攧将入来，有甚难见处。想是此间神圣最灵，显化如此。只是不知是何神明？"揭起帐幔看时，九龙椅上坐着一位妙面娘娘，正和方才一般。宋江寻思道："这娘娘呼我做'星主'，想我前生非等闲人也。这三卷天书必然有用。分付我的天言，不曾忘了。青衣女童道：'天明时，自然脱离此村之厄。'如今天色渐明，我却出去。"便探手去厨里摸了短棒，把衣服拂拭了，一步步走下殿来。从左廊下转出庙前，仰面看时，旧牌额上刻着四个金字道"玄女之庙"。天亮了。宋江以手加额，称谢道："惭愧！

原来是九天玄女娘娘传授与我三卷天书，又救了我的性命！如若能够再见天日之面，必当来此重修庙宇，再建殿庭。伏望圣慈俯垂护祐！”称谢已毕，只得望着村口悄悄出来。离庙未远，只听得前面远远地喊声连天。

宋江寻思道：“又不济了！”住了脚，“且未可出去，我若到他面前，定吃他拿了。不如且在这里路傍树背后躲一躲。”却才闪得入树背后去，只见数个土兵急急走得喘做一堆，把刀枪拄着，一步步攧将入来，口里声声都只叫道：“神圣救命则个！”宋江在树背后看了，寻思道：“却又作怪！他们把着村口，等我出来拿我，却又怎地抢入来？”再看时，赵能也抢入来，口里叫道：“神圣，神圣救命！”宋江道：“那厮如何恁地慌？”却见背后一条大汉追将入来，那个大汉上半截不着一丝，露出鬼怪般肉，手里拿着两把夹钢板斧，口里喝道：“含鸟休走！”远观不睹，近看分明，正是黑旋风李逵。宋江想道：“莫非是梦里么？”不敢走出去。那赵能正走到庙前，被松树根只一绊，一交攧在地下。李逵赶上，就势一脚踏住脊背，手起大斧，却待要砍，背后又是两筹好汉赶上来，把毡笠儿掀在脊梁上，各挺一条朴刀。上首的是欧鹏，下首的是陶宗旺。李逵见他两个赶来，恐怕争功，坏了义气，争功。就手把赵能一斧砍做两半，连胸脯都砍开了。忒狠。○完赵能。○完了好。最恨这种得势便对人穷追猛打以图立功爬升之人。○一切贪缘爬升之人，小心脚下松树根。○这对兄弟，刻薄民众以求进，岂不闻“上失其道，民散久矣。如得其情，则哀矜而勿喜”！○孜孜以求，数数以追，最终求得好大板斧，不亦快哉！跳将起来，把土兵赶杀，四散走了。宋江兀自不敢便走出来。一晚上似梦非梦，疑神疑鬼，此刻也真假莫辨。背后只见又赶上三筹好汉，也杀将来：前面赤发鬼刘唐，第二石将军石勇，第三催命判官李立。这六筹好汉说道：“这厮们都杀散了，只寻不见哥哥，却怎生是好？”石勇叫道：“兀那松树背后一个人立在那里！”宋江方才敢挺身出来，说道：“感谢众兄弟们又来救我性命，将何以报大恩！”六筹好汉见了宋江，大喜道：“哥哥有了，快去报与晁头领得知！”石勇、李立分头去了。

宋江问刘唐道：“你们如何得知来这里救我？”刘唐答道：“哥哥前脚下得山来，晁头领与吴军师放心不下，放心不下。便叫戴院长随即下来探听哥哥下落。晁头领又自己放心不下，放心不下。再着我等众人前来接应，只恐哥哥有些疏失。半路里撞见戴宗道：‘两个贼驴追赶捕捉哥哥。’晁头领大怒，分付戴宗去山寨，只教留下吴军师、公孙胜、阮家三兄弟、吕方、郭盛、朱贵、白胜看守寨栅，其余兄弟都教来此间寻觅哥哥。晁盖自上梁山后，只有三次下山，一次到江州救宋江，一次到郓城县救宋江，还有一次，就是他最后被史文恭射死。两次为宋江。听得人说道：‘赶宋江入还道村去了！’村口守把的这厮们尽数杀了，不留一个，只有这几个奔进村里来。随即李大哥追来，我等都赶入来，不想哥哥在这里。”

说犹未了，石勇引将晁盖、花荣、秦明、黄信、薛永、蒋敬、马麟到来，李立引将李俊、穆弘、张横、张顺、穆春、侯健、萧让、金大坚一行众多好汉，都相见了。宋江作谢众位头领。晁盖道：“我叫贤弟不须亲自下山，不听愚兄之言，险些儿又做出来。”埋怨。宋江道：“小可兄弟只为父亲这一事悬肠挂肚，坐卧不安，不由宋江不来取。”晁盖道：“好教贤弟欢喜，令尊并令弟家眷，我先叫戴宗引杜迁、宋万、王矮虎、郑天寿、童威、童猛送去，已到山寨中了。”周到。贴心。宋江听得大喜，拜谢晁盖道：“得仁兄如此施恩，宋江死亦无怨！”一时，众头领各各上马，离了还道村口。宋江在马上以手加额，望空顶礼，称谢神明庇祐之力，容日专当拜还心愿。

一行人马径回梁山泊来。吴学究领了守山头领直到金沙滩，都来迎接。前到得大寨聚义厅上，众好汉都相见了。宋江急问道："老父何在？"晁盖便叫请宋太公出来。不多时，铁扇子宋清策着一乘山轿，抬着宋太公到来。众人扶策下轿，上厅来。宋江见了，喜从天降，笑逐颜开，再拜道："老父惊恐。宋江做了不孝之子，负累了父亲吃惊受怕！"宋太公道："叵耐赵能那厮弟兄两个，每日拨人来守定了我们，只待江州公文到来，便要捉取我父子二人解送官司。听得你在庄后敲门，此时已有八九个土兵在前面草厅上，续后不见了，不知怎地赶出去了。到三更时候，又有二百余人把庄门开了，将我搭扶上轿抬了，教你兄弟四郎收拾了箱笼，放火烧了庄院。那时不由我问个缘由，径来到这里。"宋太公有是非而无奈何。穆太公无法度而老颟顸。〇逼宋太公为盗上梁山者，赵能赵得兄弟也。宋江道："今日父子团圆相见，皆赖众兄弟之力也！"叫兄弟宋清拜谢了众头领。晁盖众人都来参拜宋太公已毕，一面杀牛宰马，且做庆喜筵席，作贺宋公明父子团圆。当日尽醉方散。次日，又排筵席贺喜，大小头领尽皆欢喜。

第三日，晁盖又梯己备个筵席，庆贺宋江父子完聚。忽然感动公孙胜一个念头，思忆老母在蓟州，离家日久了，未知如何。众人饮酒之时，只见公孙胜起身对众头领说道："感蒙众位豪杰相待贫道许多时，恩同骨肉。只是小道自从跟着晁头领到山，逐日宴乐，一向不曾还乡看视老母，亦恐我真人本师悬望。欲待回乡省视一遭，暂别众头领三五个月，再回来相见，以满小道之愿，免致老母挂念悬望。"晁盖道："向日已闻先生所言，令堂在北方无人侍奉。今既如此说时，难以阻当，只是不忍分别。虽然要行，且待来日相送。"公孙胜谢了。当日尽醉方散，各自归房安歇。次日早，就关下排了筵席，与公孙胜饯行。

且说公孙胜依旧做云游道人打扮了，本是道人，何须打扮？只因从东溪村至梁山泊，此道人已成盗人。腰裹腰包、肚包，背上雌雄宝剑，肩胛上挂着棕笠，手中拿把鳖壳扇，便下山来。众头领接住，就关下筵席，各各把盏送别饯行已遍。晁盖道：“一清先生，此去难留，却不可失信。本是不容先生去，只是老尊堂在上，不敢阻当。百日之外，专望鹤驾降临，切不可爽约！”公孙胜道：“重蒙列位头领看待许久，小道岂敢失信？回家参过本师真人，安顿了老母，便回山寨。”道人往往失信。○算命打卦之人，言之凿凿，信誓旦旦，失信多矣。一笑。宋江道：“先生何不将带几个人去，一发就搬取老尊堂上山，早晚也得侍奉。”公孙胜道：“老母平生只爱清幽，吃不得惊唬，因此不敢取来。家中自有田产、山庄，老母自能料理。小道只去省视一遭，便来再得聚义。”宋江道：“既然如此，专听尊命，只望早早降临为幸！”写送别公孙胜，唠唠叨叨，只在何日归来重聚，暗伏公孙胜失信不归。晁盖取出一盘黄白之赀相送，公孙胜道：“不消许多，但只够盘缠足矣。”晁盖定教收了一半，打拴在腰包里，打个稽首，别了众人，过金沙滩便行，望蓟州去了。

众头领席散，却待上山，只见黑旋风李逵就关下放声大哭起来。黑旋风竟然会哭，还会放声大哭。宋江连忙问道：“兄弟你如何烦恼？”李逵哭道：“干鸟气么！这个也去取爷，那个也去望娘，偏铁牛是土掘坑里钻出来的！”粗人撒娇也妩媚。晁盖便问道：“你如今待要怎地？”家长对孩子的口吻。李逵道：“我只有一个老娘在家里，我的哥哥又在别人家做长工，如何养得我娘快乐？我要去取他来这里快乐几时也好。”鼻酸。父母在子女处，即便快乐，也只是几时而已。晁盖道：“兄弟说得是。我差几个人同你去取了上来，也是十分好事。”李逵一撒娇，不仅晁盖随顺了他，连我们读者也很受用。宋江便道：“使不得。李家兄弟生性不好，回乡去必然有失。若是教人和他去，亦是不好，况且他性如烈火，到路上必有冲撞。他又在江州杀了许多人，那个不认得他是黑旋风？这几时官司如何不行移文书到那里了，必然原籍追捕。你又形貌凶恶，倘有疏失，路程遥远，如何得知？你且过几时，打听得平静了，去取未迟。”李逵焦躁，叫道：“哥哥，你也是个不平心的人！你的爷便要取上山来快活，我的娘由他在村里受苦？兀的不是气破了铁牛的肚子！”这话林冲不会说，武松不会说，一说就错。只有李逵说宋江不会计较。

宋江道：“兄弟，你不要焦躁。既是要去取娘，只依我三件事，便放你去。”只李逵下山一事，晁盖同意，宋江先不同意，后说出依我三件事，便写出晁盖朴拙厚道，宋江精细周到。李逵道：“你且说那三件事？”宋江点两个指头，说出这三件事来，有分教：李逵施为撼地摇天手，来斗巴山跳涧虫。毕竟宋江对李逵说出那三件事来，且听下回分解。

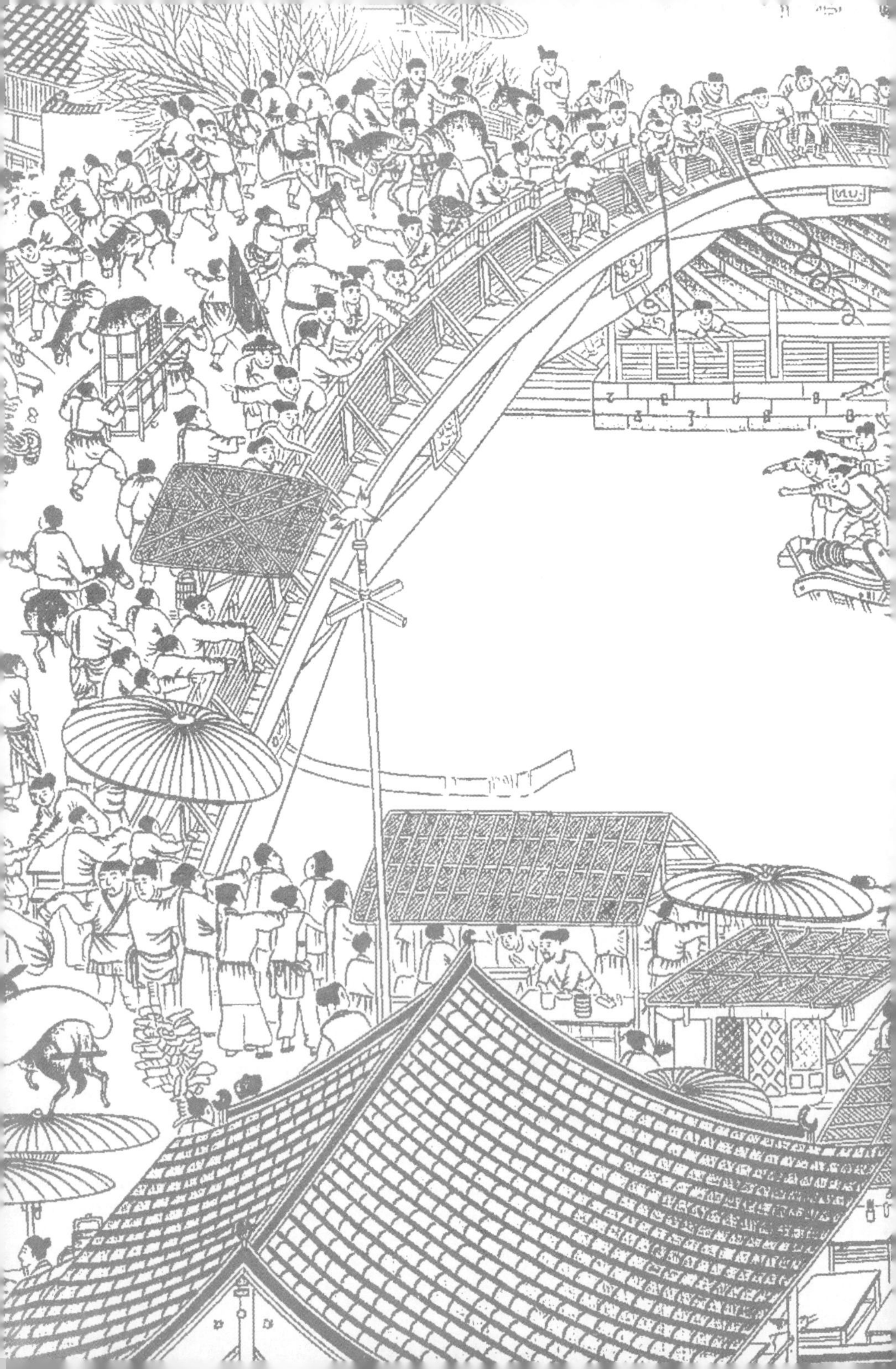

第四十二回

假李逵剪径劫单人　黑旋风沂岭杀四虎

假李逵剪徑劫單身

回前总评

李逵撒娇，还撒出个李鬼。

《水浒传》笔下的李鬼，就是一个搞笑的角色。因为李逵黑，李鬼就把自己的脸也涂黑；因为李逵手拿两把板斧，李鬼也拿了两把。但是还没吃李逵一斧，李鬼就讨饶叫爷：“爷爷杀我一个，便是杀我两个。”李鬼一番鬼话，无非想让李逵相信：一、剪径只为养老母，动机可悯；二、只图财没害命，罪不至死；三、杀了我，老母必饿死，所以，你杀一个就是杀两个。我该死，老母却不该死。

李逵虽是个杀人不眨眼的魔君，却是孝子。他不但饶了李鬼性命，还把好人做到底，给了李鬼十两银子，让他做本钱去做点小生意。李鬼运气好，他碰到的不是杀人杀在兴头上的李逵，是要回家尽孝心的李逵。

小人常常会有运气，但是小人没有福气。因为小人承载不住运气。本来李鬼真的可以用这笔馈赠开始新生活，但他接下来竟然和自己老婆一起谋划要用蒙汗药麻翻李逵，再害他的性命，劫他的包裹。这就不可饶恕了。运气可以糊里糊涂碰到，福气却一定要积德才有。李鬼最后被李逵一句话不说就割下头来。

割了头还不算，还拔出腰刀，去李鬼腿上割下两块肉来，把些水洗净了，灶里抓些炭火来便烧。一面烧，一面吃。

《水浒传》里，一再写到吃人肉的情节，并且还特别故意写得非常轻松，非常自然，好像极其常见，从而毫无芥蒂。

作者为什么要这样写呢？

第一，这有一定事实依据。在中国历史上，每次遇到大的社会动乱和饥荒，“人相食”的记载在历代正史和野史笔记中比比皆是。这是中国专制社会黑暗的铁证。而且，吃人最严重的时期，就是《水浒传》产生的年代——元明易代之时。元人陶宗仪所著的《南村辍耕录》，就记录了朱元璋的“淮右之军”吃人的事实：“天下兵甲方殷，而淮右之军嗜食人……”惨毒之状，不堪言状。

第二，在长期专制统治下，古代中国民间，实际上处于长期的压抑状态，人人内心都积压着太多的怨气。我把这种生存状态称之为“带气生存”，在大多数人生存状态都是“带气生存”的情况下，全社会都充斥着一股可怕的暴戾之气。所以，《水浒传》中一再出现吃人情节，是作者内心压抑的表现，更是全社会压抑心理的非理性释放。专制使人变态，《水浒传》的这种描写，是《水浒传》作者以及更为广泛的读者集体变态心理的表现。

马克思说，“君主政体的原则总的来说是轻视人，蔑视人，使人不成其为人”。“专制制度必然具有兽性，并且和人性是不相容的，兽的关系只能靠兽性来维持。”（《马克思恩格斯全集》第一卷，第 411、414 页）

专制政体及其对人性的兽性化改造，是《水浒传》中人物兽性大发作的根本原因。

第三，约翰·密尔说：“专制使人冷嘲。”他的意思是，在专制制度下，要表达真实的思想，尤其是要表达对社会的批判殊为不便，为了保护自己，只能以冷嘲的方式表达观点和立场。所以，《水浒传》作者的这种描写，也是带了冷峻的神态，有恶作剧的心理。

第四，作者要建立一种独特的美学风格。我们可以把它称之为“野蛮美学”。其基本特征就是，事实本身极其恐怖，但读者却并不觉得恐怖，因为作者在描写这样的场景时，总是渲染着热烈阳光的氛围，从而冲淡读者在阅读时的恐惧，在不知不觉中，让读者接受这样血淋淋的描写，欣赏这样血淋淋的描写，直至接受这样血淋淋的世界。读者对这类杀戮吃人事件的道德判断消失了，而代之以审美判断。

这是它和一般恐怖文学的最大区别。

《水浒传》“野蛮美学”的代表人物，就是李逵。

被朱贵的兄弟朱富救出后，李逵已然脱险，但他却“夺过一条朴刀……手起一朴刀，先搠死曹太公并李鬼的老婆，续后里正也杀了。性起来，把猎户排头儿一味价搠将去，那三十来个土兵都被搠死了”。他杀掉的人，李鬼老婆、里正、曹太公三人，三十多个土兵，外加一批猎户，李逵在曹太公家接受乡民招待的时候，来的猎户数量在三十到五十之间，此次相随而来的数量不清，以七八个算，几项相加，人数至少四十个之多。在李逵杀的这些人里，只有李鬼的老婆是该杀的，其他人至少罪不至死，那些猎人更是无辜之人。

在江州劫法场，李逵拿板斧一路砍到江堤，晁盖大叫制止：“不干百姓的事，休只管伤人！”这次他又追杀旁边普通老百姓，又是朱贵大叫制止：“不干看的人事，休只管伤人！”

李逵，有仁慈之时；但滥杀无辜，也是他一贯的行为。

话说李逵道：“哥哥，你且说那三件事？”宋江道：“你要去沂州沂水县搬取母亲，第一件，径回，不可吃酒。是。第二件，因你性急，谁肯和你同去？你只自悄悄地取了娘便来。是。第三件，你使的那两把板斧，休要带去。是。一则因为板斧是李逵的LOGO，见板斧即知是李逵。二则怕李逵到处砍人。路上小心在意，早去早回。”李逵道：“这三件事有甚么依不得！哥哥放心。我只今日便行，我也不住了。”当下李逵拽扎得爽俐，只跨一口腰刀，提条朴刀，带了一锭大银，三五个小银子，吃了几杯酒，唱个大喏，别了众人，便下山来，过金沙滩去了。

晁盖、宋江与众头领送行已罢，回到大寨里聚义厅上坐定。宋江放心不下，对众人说道：“李逵这个兄弟，此去必然有失。不知众兄弟们谁是他乡中人，可与他那里探听个消息？”杜迁便道：“只有朱贵原是沂州沂水县人，与他是乡里。”宋江听罢，说道：“我却忘了，前日在白龙庙聚会时，李逵已自认得朱贵是同乡人。”施大爷早已伏笔在此。宋江便着人去请朱贵。小喽啰飞奔下山来，直至店里，请得朱贵到来。宋江道：“今有李逵兄弟前往家乡搬取老母，因他酒性不好，为此不肯差人与他同去，诚恐路上有失。今知贤弟是他乡中人，你可去他那里探听走一遭。”朱贵答道：“小弟是沂州沂水县人。见在一个兄弟，唤做朱富，在本县西门外开着个酒店。这李逵，他是本县百丈村董店东住，有个哥哥唤做李达，专与人家做长工。这李逵自小凶顽，因打死了人，逃走在江湖上，一向不曾回归。补叙得好。如今着小弟去那里探听也不妨，只怕店里无人看管。小弟也多时不曾还乡，亦就要回家探望兄弟一遭。”宋江道：“这个看店，不必你忧心。我自教侯健、石勇替你暂管几时。”宋江做主了。朱贵领了这言语，相辞了众头领下山来，便走到店里收拾包裹，交割铺面与石勇、侯健，自奔沂州去了。这里宋江与晁盖在寨中每日筵席，饮酒快乐，与吴学究看习天书，看习天书，却不带晁盖。○宋江如何知道吴用就是天机星？○吴用至此已归心宋江。不在话下。

且说李逵独自一个离了梁山泊，取路来到沂水县界。于路李逵端的不吃酒，因此不惹事，无有话说。不是李逵不饮酒，是施大爷此处无话说。行至沂水县西门外，见一簇人围着榜看，李逵也立在人丛中，听得读榜上道："第一名，正贼宋江，系郓城县人。第二名，从贼戴宗，系江州两院押狱。第三名，从贼李逵，系沂州沂水县人……"李逵在背后听了，正待指手画脚，没做奈何处，只见一个人抢向前来，拦腰抱住，叫道："张大哥！你在这里做甚么？"李逵扭过身看时，认得是旱地忽律朱贵。李逵问道："你如何也来在这里？"朱贵道："你且跟我来说话。"机警。两个一同来西门外近村一个酒店内，直入到后面一间静房中坐了。

朱贵指着李逵道："你好大胆！那榜上明明写着赏一万贯钱捉宋江，五千贯捉戴宗，三千贯捉李逵，这官府眼神太冬烘，李逵价码竟然在戴宗之下。〇可见官方评价都不靠谱。你却如何立在那里看榜？倘或被眼疾手快的拿了送官，如之奈何！宋公明哥哥只怕你惹事，不肯教人和你同来。又怕你到这里做出怪来，续后特使我赶来，探听你的消息。我迟下山来一日，又先到你一日，你如何今日才到这里？"李逵道："便是哥哥分付，教我不要吃酒，以此路上走得慢了。这理由奇崛。李白不吃酒不能作诗，陶渊明不吃酒不能睡觉，李逵不吃酒不能走路。你如何认得这个酒店里？你是这里人，家在那里住？"朱贵道："这个酒店，便是我兄弟朱富家里。我原是此间人，因在江湖上做客，消折了本钱，就于梁山泊落草，今次方回。"便叫兄弟朱富来与李逵相见了。朱富置酒管待李逵。李逵道："哥哥分付，教我不要吃酒；今日我已到乡里了，便吃两碗儿，打甚么鸟紧！"这理由靠谱。朱贵不敢阻当他，不敢，妙。由他吃。当夜直吃到四更时分，安排些饭食，李逵吃了，趁五更晓星残月，霞光明朗，便投村里去。一直吃，一直走。李逵不是人，是神。朱贵分付道："休从小路去，只从大朴树转湾，投东大路，一直往百丈村去，便是董店东。快取了母亲，和你早回山寨去。"李逵道："我自从小路去，却不从大路走，谁耐烦！"朱贵道："小路走，多大虫，又有乘势夺包裹的剪径贼人。"李逵应道："我却怕甚鸟！"一个"我"字，别有精神。武松听说景阳冈上有大虫，也是这句话。李逵、武松，都特别自信有精神。戴上毡笠儿，提了朴刀，跨了腰刀，别了朱贵、朱富，便出门投百丈村来。

约行了十数里，天色渐渐微明，去那露草之中，赶出一只白兔儿来，横生一个小枝节，不为李逵解闷，只为读者解颐。望前路去了。李逵赶了一直，笑道："那畜生倒引了我一程路！"引个鬼。正走之间，只见前面有五十来株大树丛杂，时值新秋，叶儿正红。李逵来到树林边厢，只见转过一条大汉，喝道："是会的留下买路钱，免得夺了包裹！"是会的不这样说话。○言语好笑。○包裹也无非就是买路钱。○是会的该如此说：留下买路钱，免得丢了性命。○李鬼装李逵假，装剪径强盗也假。李逵看那人时，戴一顶红绢抓髶儿头巾，穿一领粗布衲袄，手里拿着两把板斧，把黑墨搽在脸上。搞笑。李逵见了，大喝一声："你这厮是甚么鸟人，敢在这里剪径！"李鬼是喝，李逵是大喝。那汉道："若问我名字，吓碎你心胆。老爷叫做黑旋风！你留下买路钱并包裹，便饶了你性命，容你过去！"虽然搞笑，但言语对了。李逵大笑道：我也忍不住笑。"没你娘鸟兴！好语言。你这厮是甚么人，那里来的，也学老爷名目，在这里胡行！"好语言。李逵挺起手中朴刀，来奔那汉，不是打劫的挺刀来奔，倒是被劫的挺刀来奔。写得可笑。那汉那里抵当得住，却待要走，早被李逵腿股上一朴刀，搠翻在地，一脚踏住胸脯，强盗被抢了。○李鬼只是施大爷安排的一个笑话。喝道："认得老爷么？"那汉在地下叫道："爷爷，饶你孩儿性命！"不是爷爷，是孩儿了。且是你孩儿。李逵道："我正是江湖上的好汉黑旋风李逵便是，你这厮辱没老爷名字！"行为搞笑，为人猥琐，武功卑弱，辱没李逵名字。那汉道："孩儿虽然姓李，不是真的黑旋风。为是爷爷江湖上有名目，提起爷爷大名，鬼也害怕，好句子。○自家便是鬼。因此孩儿盗学爷爷名目，胡乱在此剪径。但有孤单客人经过，听得说了'黑旋风'三个字，便撇了行李逃奔了去，以此得这些利息，实不敢害人。小人自己的贱名，叫做李鬼，只在这前村住。"李逵道："叵耐这厮无礼，却在这里夺人的包裹行李，坏我的名目，学我使两把板斧，且教他先吃我一斧。"劈手夺过一把斧来便砍，李鬼慌忙叫道："爷爷杀我一个，便是杀我两个。"鬼话。李逵听得，住了手，问道："怎的杀你一个，便是杀你两个？"李逵头脑简单，好奇心重。李鬼道："孩儿本不敢剪径，家中因有个九十岁的老母，无人养赡，因此孩儿单题爷爷大名唬吓人，夺些单身的包裹，养赡老母，其实并不曾敢害了一个人。只图财没害命，罪不至死。如今爷爷杀了孩儿，家中老母必是饿杀！"李逵虽是个杀人不眨眼的魔君，听得说了这话，自肚里寻思道："我特地归家来取娘，却倒杀了一个养娘的人，天地也不容我。罢，罢，我饶了你这厮性命！"孝子不匮永锡尔类。放将起来，李鬼手提着斧，纳头便拜。李逵道："只我便是真黑旋风，你从今已后休要坏了俺的名目！"李鬼道："孩儿今番得了性命，自回家改业，再不敢倚着爷爷名目在这里剪径。"李逵道："你有孝顺之心，我与你十两银子做本钱便去改业。"李大哥要把好人做到底。李逵便取出一锭银子，把与李鬼，拜谢去了。李逵自笑道："这厮却撞在我手里。既然他是个孝顺的人，必去改业，孝子便不作恶，这逻辑靠不住。我若杀了他，天地必不容我。江州排头砍去的，没有孝子？我也自去休。"拿了朴刀，一步步投山僻小路而来。

走到巳牌时分，看看肚里又饥又渴，四下里都是山径小路，不见有一个酒店、饭店。正走之间，只见远远地山凹里露出两间草屋。李逵见了，奔到那人家里来。只见后面走出一个妇人来，髽髻鬓边插一簇野花，搽一脸胭脂铅粉。（山寨美人。〇李鬼搽黑，鬼妻涂白。果然一对黑白双煞。）李逵放下朴刀道："嫂子，我是过路客人，肚中饥饿。寻不着酒食店。我与你几钱银子，央你回些酒饭吃。"（一点不粗卤。）那妇人见了李逵这般模样，不敢说没，（这般模样，可占便宜。）只得答道："酒便没买处，饭便做些与客人吃了去。"李逵道："也罢，只多做些个，正肚中饥出鸟来。"（鲁达曰"口中淡出鸟"，李逵曰"肚中饥出鸟"，哪里来的好言语！我拜鲁和尚、李大哥为师学语言！〇突然露出粗卤本相来。）那妇人道："做一升米不少么？"李逵道："做三升米饭来吃。"（以为一升已多，不料三升才足。）那妇人向厨中烧起火来，便去溪边淘了米，将来做饭。李逵却转过屋后山边来净手。只见一个汉子攧手攧脚，（写得猥琐。）从山后归来。李逵转过屋后听时，（李逵并不大意。）那妇人正要上山讨菜，开后门见了，便问道："大哥，那里闪朒了腿？"那汉子应道："大嫂，我险些儿和你不厮见了！你道我晦鸟气么，指望出去等个单身的过，整整的等了半个月，不曾发市。甫能今日抹着一个，你道是谁？原来正是那真黑旋风！却恨撞着那驴鸟，（驴鸟一。〇驴者，粗蠢之物也。驴鸟者，粗蠢物之鸟也。〇想着这是李逵耳中听得，我便乐不可支。）我如何敌得他过？倒吃他一朴刀，搠翻在地，定要杀我。吃我假意叫道：'你杀我一个，却害了我两个！'他便问我缘故，我便假道家中有个九十岁的老娘，无人养赡，定是饿死。那驴鸟（驴鸟二。）真个信我，饶了我性命，又与我一个银子做本钱，教我改了业养娘。我恐怕他省悟了赶将来，（没醒悟却已撞将来。）且离了那林子里，僻净处睡了一回，从山后走回家来。"那妇人道："休要高声，却才一个黑大汉来家中，教我做饭，莫不正是他？如今在门前坐地，你去张一张看。若是他时，你去寻些麻药来，放在菜内，教那厮吃了，麻翻在地，我和你却对付了他，谋得他些金银，搬往县里住去，做些买卖，却不强似在这里剪径？”妇人更恶。取死有道。

李逵已听得了，便道：“叵耐这厮，我倒与了他一个银子，又饶了性命，他倒又要害我。主要是叫你驴鸟。这个正是天地不容！”一转踅到后门边，这李鬼恰待出门，被李逵劈髯揪住。那妇人慌忙自望前门走了。走了。李逵捉住李鬼，按翻在地，身边掣出腰刀，早割下头来。把别人善良当愚蠢，把自己奸诈当聪明——取死有道。拿着刀却奔前门寻那妇人时，正不知走那里去了。再入屋内来，去房中搜看，只见有两个竹笼，盛些旧衣裳，底下搜得些碎银两并几件钗环，李逵都拿了。小盗被大盗掳了。又去李鬼身边搜了那锭小银子，都打缚在包裹里。物归原主。却去锅里看时，三升米饭早熟了，只没菜蔬下饭。李逵盛饭来，吃了一回，看着自笑道：“好痴汉，放着好肉在面前，却不会吃！”怕。拔出腰刀，便去李鬼腿上割下两块肉来，把些水洗净了，灶里抓些炭火来便烧。一面烧，一面吃。恐怖。吃得饱了，把李鬼的尸首拖放屋下，放了把火，提了朴刀，自投山路里去了。

比及赶到董店东时，日已平西。径奔到家中，推开门，入进里面，只听得娘在床上问道：“是谁入来？”泪下。李逵看时，见娘双眼都盲了，坐在床上念佛。佛在哪里。李逵道：“娘，铁牛来家了！”娘道：“我儿，你去了许多时，这几年正在那里安身？你的大哥只是在人家做长工，止博得些饭食吃，养娘全不济事。我时常思量你，眼泪流干，因此瞎了双目。你一向正是如何？”是娘。李逵寻思道：“我若说在梁山泊落草，娘定不肯去；李家娘胜过穆太公多矣。我只假说便了。”李逵应道：“铁牛如今做了官，上路特来取娘。”是儿子。娘道：“恁地却好也！只是你怎生和我去得？”李逵道：“铁牛背娘到前路，却觅一辆车儿载去。”娘道：“你等大哥来却商议。”李逵道：“等做甚么？我自和你去便了。”

恰待要行，只见李达提了一罐子饭来，入得门，李逵见了便拜道：“哥哥，多年不见。”李达骂道：“你这厮归来做甚？又来负累人！”是大哥。娘便道：“铁牛如今做了官，特地家来取我。”李达道：“娘呀，休信他放屁。当初他打杀了人，教我披枷带锁，受了万千的苦。李逵杀人，李达披枷。武二杀人，武大带锁。这等连坐法，秦法也。天下苦秦久矣。如今又听得他和梁山泊贼人通同劫了法场，闹了江州，见在梁山泊做了强盗。前日江州行移公文到来，着落原籍追捕正身，却要捉我到官比捕，又得财主替我官司分理，说：‘他兄弟已自十来年不知去向，亦不曾回家，莫不是同名同姓的人冒供乡贯？’又替我上下使钱，因此不吃官司杖限追要。见今出榜赏三千钱捉他。你这厮不死，却走家来胡说乱道！”李逵道：“哥哥，不要焦躁。一发和你同上山去快活，多少是好！”李达大怒，李达不是宋太公，更不是穆太公。本待要打李逵，却又敌他不过，把饭罐撇在地下，一直去了。李逵道：“他这一去，必报人来捉我，却是脱不得身，不如及早走罢。我大哥从来不曾见这大银，我且留下一锭五十两的大银子放在床上，大哥归来见了，必然不赶来。”李逵便解下腰包，取一锭大银，放在床上，叫道：“娘，我自背你去休。”娘道：“你背我那里去？”鼻酸。李逵道：“你休问我，只顾去快活便了。我自背你去不妨。”鼻酸。李逵当下背了娘，提了朴刀，出门望小路里便走。

却说李达奔来财主家报了，领着十来个庄客，飞也似赶到家里看时，不见了老娘，只见床上留下一锭大银子。李达见了这锭大银，心中忖道：“铁牛留下银子，背娘去那里藏了？必是梁山泊有人和他来，我若赶去，倒吃他坏了性命。想他背娘必去山寨里快活。”众人不见了李逵，都没做理会处。李达却对众庄客说道：“这铁牛背娘去，不知往那条路去了。这里小路甚杂，怎地去赶他？”众庄客见李达没理会处，俄延了半晌，也各自回去了，不在话下。

这里只说李逵怕李达领人赶来，背着娘只奔乱山深处僻静小路而走。看看天色晚了，李逵背到岭下。娘双眼不明，不知早晚。李逵却自认得这条岭，唤做沂岭。过那边去，方才有人家。娘儿两个，趁着星明月朗，一步步捱上岭来。娘在背上说道：“我儿，那里讨口水来我吃也好。”鼻酸。李逵道：“老娘，且待过岭去，借了人家，安歇了，做些饭吃。”娘道：“我日中吃了些干饭，口渴得当不得。”李逵道：“我喉咙里也烟发火出。你且等我背你到岭上，寻水与你吃。”娘道：“我儿，端的渴杀我也，救我一救！”李逵道：“我也困倦得要不得！”一番娘俩对话，双泪潸然而下。李逵看看捱得到岭上松树边一块大青石上，把娘放下，插了朴刀在侧边，分付娘道：“耐心坐一坐，我去寻水来你吃。”李逵听得溪涧里水响，闻声寻将去。盘过了两三处山脚，俄延。来到溪边，捧起水来自吃了几口，寻思道：“怎生能够得这水去把与娘吃？”立起身来，东观西望，远远地山顶上见一座庙。俄延。李逵道：“好了！”攀藤揽葛，上到庵前，推开门看时，却是个泗州大圣祠堂，面前只有个石香炉。李逵用手去掇，原来却是和座子凿成的。李逵扳了一回，那里扳得动？俄延。一时性起来，连那座子掇出前面石阶上一磕，把那香炉磕将下来。拿了再到溪边，将这香炉水里浸了，拔起乱草，洗得干净，俄延。挽了半香炉水，双手擎来。再寻旧路，夹七夹八走上岭来。俄延。到得松树边石头上，不见了娘，只见朴刀插在那里。

李逵叫娘吃水，杳无踪迹，叫了几声不应。李逵心慌，我也心慌。丢了香炉，定住眼四下里看时，并不见娘。走不到三十余步，只见草地上一团血迹。李逵见了，一身肉发抖，谁不发抖。趁着那血迹寻将去，寻到一处大洞口，只见两个小虎儿在那里舐一条人腿。李逵把不住抖谁把得住。道："我从梁山泊归来，特为老娘，来取他。千辛万苦，背到这里，倒把来与你吃了！放声一哭。那鸟大虫，拖着这条人腿，不是我娘的是谁的！"心头火起，便不抖，赤黄须早竖起来，将手中朴刀挺起，来搠那个小虎。这小大虫被搠得慌，也张牙舞爪，钻向前来。被李逵手起，先搠死了一个。那一个望洞里便钻了入去，李逵赶到洞里，也搠死了。李逵却钻入那大虫洞内，伏在里面，张外面时，只见那母大虫张牙舞爪望窝里来。李逵道："正是你这业畜，吃了我娘！"放下朴刀，胯边掣出腰刀。那母大虫到洞口，先把尾巴去窝里一剪，便把后半截身躯坐将入去。李逵在窝里看得仔细，把刀朝母大虫尾底下，尽平生气力，舍命一戳，正中那母大虫粪门。李逵使得力重，和那刀靶也直送入肚里去了。恨。那母大虫吼了一声，就洞口带着刀，跳过涧边去了。李逵却拿了朴刀，就洞里赶将出来。那老虎负疼，直抢下山石岩下去了。李逵恰待要赶，只见就树边卷起一阵狂风，吹得败叶树木，如雨一般打将下来。自古道："云生从龙，风生从虎。"那一阵风起处，星月光辉之下，大吼了一声，忽地跳出一只吊睛白额虎来。那大虫望李逵势猛一扑，那李逵不慌不忙，趁着那大虫的势力，手起一刀，正中那大虫颔下。那大虫不曾再掀再剪，一者护那疼痛，二者伤着他那气管。那大虫退不够五七步，只听得响一声，如倒半壁山，登时间死在岩下。武松杀虎，一根哨棒带了半天，以为管用，最后却在树枝上打折了，看得我们魂飞魄散。李逵杀虎，一把腰刀，一把朴刀，都一发而中，看得我们淋漓痛快。盖武松杀虎，是写武松神威，故故意如此渲染；李逵杀虎，写李逵悲愤，故必须如此斩决。那李逵一时间杀了子母四虎，还又到虎窝边，将着刀，复看了一遍，只恐还有大虫，已无有踪迹。李逵也困乏了，走向泗州大圣庙里，睡到天明。

次日早晨，李逵却来收拾亲娘的两腿及剩的骨殖，把布衫包裹了，直到泗州大圣庙后掘土坑葬了。念佛老母，舍身饲虎。悲哉！李逵大哭了一场。谁不大哭。肚里又饥又渴，不免收拾包裹，拿了朴刀，寻路慢慢的走过岭来。慢慢，不是饥渴，是哀伤。只见五七个猎户，都在那里收窝弓弩箭。见了李逵一身血污，行将下岭来，众猎户吃了一惊，问道："你这客人，莫非是山神土地，如何敢独自过岭来？"李逵见问，自肚里寻思道："如今沂水县出榜，赏三千贯钱捉我，我如何敢说实话？只谎说罢。"答道："我是客人，昨夜和娘过岭来，因我娘要水吃，我去岭下取水，被那大虫把我娘拖去吃了。我直寻到虎窝里，先杀了两个小虎，后杀了两个大虎。泗州大圣庙里睡到天明，方才下来。"轻描淡写，不是低调，而是了无情绪。众猎户齐叫道："不信你一个人如何杀得四个虎！便是李存孝和子路，也只打得一个。这两个小虎且不打紧，那两个大虎非同小可！我们为这两个畜生，不知都吃了几顿棍棒。这条沂岭自从有了这窝虎在上面，整三五个月，没人敢行。我们不信，敢是你哄我？"李逵道："我又不是此间人，没来由哄你做甚么？你们不信，我和你上岭去，寻着与你，就带些人去扛了下来。"众猎户道："若端的有时，我们自重重的谢你，却是好也。"众猎户打起胡哨来，一霎时，聚起三五十人，都拿了挠钩、枪棒，跟着李逵，再上岭来。景阳冈情景再现。此时天大明朗，都到那山顶上，远远望见窝边，果然杀死两个小虎，一个在窝内，一个在外面。一只母大虫死在山岩边，一只雄虎死在泗州大圣庙前。众猎户见了杀死四个大虫，尽皆欢喜，便把索子抓缚起来。众人扛抬下岭，就邀李逵同去请赏。一面先使人报知里正上户，都来迎接着。抬到一个大户人家，唤做曹太公庄上。那人曾充县吏，家中暴有几贯浮财，李逵是悬赏三千贯哦。专一在乡放刁把缆。初世为人，便要结几个不三不四的人，恐唬邻里，极要谈忠说孝，只是口是心非。又是一虎。○自“专一”至“口是心非”，当为金圣叹所改加。意在影射宋江耶？当时曹太公亲自接来，相见了，邀请李逵到草堂上坐定，动问那杀虎的缘由。李逵却把夜来同娘到岭上要水吃，因此杀死大虫的话，说了一遍。众人都呆了。曹太公动问壮士高姓名讳，李逵答道：“我姓张，无名，只唤做张大胆。”名字好。是李逵才想得出的好名字。○胆大不是敢夜走沂岭，而是敢入曹太公庄上。○世上万千升官发财的，都无能名焉，只是大胆。曹太公道：“真乃是大胆！壮士不恁地胆大，如何杀得四个大虫！”一壁厢叫安排酒食管待，不在话下。

且说当村里得知沂岭杀了四个大虫，抬在曹太公家，讲动了村坊道店，哄得前村后村，山僻人家，大男幼女，成群拽队，都来看虎，入见曹太公相待着打虎的壮士在厅上吃酒。数中却有李鬼的老婆，母虎。○武松杀虎后遇着潘金莲这个母虎，李逵杀虎后遇着李鬼老婆这个母虎。逃在前村爹娘家里，随着众人也来看虎，却认得李逵的模样，慌忙来家对爹娘说道：“这个杀虎的黑大汉，便是杀我老公、烧了我屋的，他叫做梁山泊黑旋风！”爹娘听得，连忙来报知里正。里正听了道：“他既是黑旋风时，正是岭后百丈村打死了人的李逵，逃走在江州，又做出事来，行移到本县原籍追捉。如今官司出三千贯赏钱拿他，他却走在这里！”暗地使人去请得曹太公到来商议。又一笔暴得浮财的机会。○这曹太公惯有财运。曹太公推道更衣，急急的到里正家里。正说这个杀虎的壮士，便是岭后百丈村里的黑旋风李逵，见今官司着落拿他。曹太公道：“你们要打听得仔细。倘不是时，倒惹得不好。若真个是时，却不妨，要拿他时也容易，只怕不是他时却难。”果然当过县吏，周到。稳妥。里正道：“见有李鬼的老婆认得他。曾来李鬼家做饭吃，杀了李鬼。”曹太公道：“既是如此，我们且只顾置酒请他，却问他今番杀了大虫，还是要去县里请功，还是要村里讨赏？若还他不肯去县里请功时，便是黑旋风了。着人轮换把盏，灌得醉了，缚在这里，却去报知本县，差都头来取去，万无一失。”好算计。众人道：“说得是。”

里正与众人商量定了。曹太公回家来款住李逵，一面且置酒来相待，便道：“适间抛撇，请勿见怪。且请壮士解下腰间腰刀，放过朴刀，宽松坐一坐。”稳妥。李逵道：“好，好。我的腰刀已搠在雌虎肚里了，只有刀鞘在这里。原来如此。若开剥时，可讨来还我。”曹太公道：“壮士放心，我这里有的是好刀，相送一把与壮士悬带。”李逵解了腰间刀鞘，并缠袋包裹，都递与庄客收贮，便把朴刀倚过一边。解除武装。曹太公叫取大盘肉、大壶酒来，众多大户并里正、猎户人等，轮番把盏，大碗大钟，只顾劝李逵。取死之道。曹太公又请问道：“不知壮士要将这虎解官请功，只是在这里讨些赍发？”李逵道：“我是过往客人，忙些个。偶然杀了这窝猛虎，不须去县里请功，只此有些赍发便罢。若无，我也去了。”是。曹太公道：“如何敢轻慢了壮士！少刻村中敛取盘缠相送，我这里自解虎到县里去。”李逵道：“布衫先借一领，与我换了上盖。”曹太公道：“有，有。”当时便取一领细青布衲袄，就与李逵换了身上的血污衣裳。只见门前鼓响笛鸣，都将酒来，与李逵把盏作庆。一杯冷，一杯热，李逵不知是计，只顾开怀畅饮，全不计宋江分付的言语。不两个时辰，把李逵灌得酩酊大醉，立脚不住。众人扶到后堂空屋下，放翻在一条板凳上，就取两条绳子，连板凳绑住了。便叫里正带人，飞也似去县里报知，就引李鬼老婆去做原告，补了一纸状子。

此时哄动了沂水县里。知县听得大惊，连忙升厅，问道："黑旋风拿住在那里？这是谋叛的人，不可走了！"原告人并猎户答应道："见缚在本乡曹大户家。为是无人近得他，诚恐有失，路上走了，不敢解来。"知县随即叫唤本县都头李云上厅来，分付道："沂岭下曹大户庄上拿住黑旋风李逵，你可多带人去，密地解来。休要哄动村坊，被他走了。"李都头领了台旨，下厅来，点起三十个老郎土兵，各带了器械，便奔沂岭村中来。这沂水县是个小去处，如何掩饰得过？此时街市上讲动了，说道："拿着了闹江州的黑旋风，如今差李都头去拿来。"朱贵在东庄门外朱富家，听得了这个消息，慌忙来后面对兄弟朱富说道："这黑厮又做出来了，如何解救？宋公明特为他诚恐有失，差我来打听消息。如今他吃拿了，我若不救得他时，怎的回寨去见哥哥？似此怎生是好！"朱富道："大哥，且不要慌。这李都头一身好本事，有三五十人近他不得。我和你只两个同心合意，如何敢近傍他？只可智取，不可力敌。李云日常时最是爱我，最是爱我，便可害他。常常教我使些器械。我却有个道理对他，只是在这里安不得身了。今晚煮三二十斤肉，将十数瓶酒，把肉大块切了，却将些蒙汗药拌在里面。我两个五更带数个火家，挑着去半路里僻静处，等候他解来时，只做与他把酒贺喜，将众人都麻翻了，却放李逵，如何？"朱贵道："此计大妙。事不宜迟，可以整顿，及早便去。"朱富道："只是李云不会吃酒，便麻翻了，终究醒得快。还有件事，倘或日后得知，须在此安身不得。"朱贵道："兄弟，你在这里卖酒，也不济事。不如带领老小，跟我上山，一发入了伙。论秤分金银，换套穿衣服，却不快活？今夜便叫两个火家，觅了一辆车儿，先送妻子和细软行李起身，约在十里牌等候，都去上山。我如今包裹内带得一包蒙汗药在这里，李云不会吃酒时，肉里多糁些，逼着他多吃些，也麻倒了，救得李逵，同上山去，有何不可？”朱富道：“哥哥说得是。”哥哥说的不是。○如此容易做贼。便叫人去觅下了一辆车儿，打拴了五三个包箱，捎在车儿上。家中粗物都弃了，叫浑家和儿女上了车子，分付两个火家，跟着车子，只顾先去。

且说朱贵、朱富当夜煮熟了肉，切做大块，将药来拌了，连酒装做两担，带了二三十个空碗，又有若干菜蔬，也把药来拌了。恐有不吃肉的，也教他着手。细。两担酒肉，两个火家各挑一担，弟兄两个自提了些果盒之类，四更前后，直接将来僻静山路口坐。等到天明，远远地只听得敲着锣响，朱贵接到路口。

且说那三十来个土兵，自村里吃了半夜酒，四更前后，把李逵背剪绑了，解将来，后面李都头坐在马上。看看来到面前，朱富便向前拦住，叫道：“师父且喜，小弟特来接力。”桶内舀一壶酒来，斟一大钟，上劝李云。朱贵托着肉来，火家捧过果盒。李云见了，慌忙下马，跳向前来，说道：“贤弟，何劳如此远接！”朱富道：“聊表徒弟孝顺之心。”李云接过酒来，到口不吃。朱富跪下道：“小弟已知师父不饮酒，今日这个喜酒，也饮半盏儿。”李云推却不过，略呷了两口，少。朱富便道：“师父不饮酒，须请些肉。”李云道：“夜间已饱，吃不得了。”朱富道：“师父行了许多路，肚里也饥了。虽不中吃，胡乱请些，也免小弟之羞。”拣两块好的，递将过来。李云见他如此殷勤，只得勉意吃了两块。少。朱富把酒来劝上户、里正并猎户人等，都劝了三钟。朱贵便叫土兵、庄客众人都来吃酒。这伙男女，那里顾个冷、热，好吃、不好吃，酒肉到口，只顾吃。正如这风卷残云，落花流水，一齐上来，抢着吃了。李逵光着眼，看了朱贵兄弟两个，已知用计，故意道："你们也请我吃些！"朱贵喝道："你是歹人，有酒肉与你吃！这般杀才，快闭了口！"李云看着土兵，喝教快走，只见一个个都面面厮觑，走动不得，口颤脚麻，都跌倒了。李云急叫："中了计了！"恰待向前，不觉自家也头重脚轻，晕倒了，软做一堆，睡在地下。当时朱贵、朱富各夺了一条朴刀，喝声："孩儿们休走！"两个挺起朴刀来，赶这伙不曾吃酒肉的庄客并那看的人。走得快的走了，走得迟的，就搠死在地。恶。李逵大叫一声，把那绑缚的麻绳都挣断了，是个李逵的作风。便夺过一条朴刀来杀李云。朱富慌忙拦住叫道："不要无礼！他是我的师父，为人最好。你只顾先走。"李逵应道："不杀得曹太公老驴，如何出得这口气！"李逵赶上，手起一朴刀，先搠死曹太公并李鬼的老婆，又杀两虎。续后里正也杀了。性起来，把猎户排头儿一味价搠将去，那三十来个土兵都被搠死了。恶。〇这些都是不该杀的。这看的人和众庄客只恨爹娘少生两只脚，都往深村野路逃命去了。

李逵还只顾寻人要杀，朱贵喝道："不干看的人事，休只管伤人！"慌忙拦住。李逵方才住了手，就土兵身上剥了两件衣服穿上。三个人提着朴刀，便要从小路里走。朱富道："不好，却是我送了师父性命！他醒时，如何见得知县？必然赶来。你两个先行，我等他一等。我想他日前教我的恩义，且是为人忠直，等他赶来，就请他一发上山入伙，也是我的恩义。免得教回县去吃苦。"朱贵道："兄弟，你也见得是。我便先去跟了车子行，留李逵在路傍帮你等他。若是他不赶来时，你们两个休执迷等他。”朱富道：“这是自然了。”当下朱贵前行去了。

只说朱富和李逵坐在路旁边等候，果然不到一个时辰，只见李云挺着一条朴刀，飞也似赶来，大叫道：“强贼休走！”李逵见他来得凶，跳起身，挺着朴刀来斗李云，恐伤朱富。正是有分教：梁山泊内添双虎，聚义厅前庆四人。毕竟黑旋风斗青眼虎，二人胜败如何，且听下回分解。

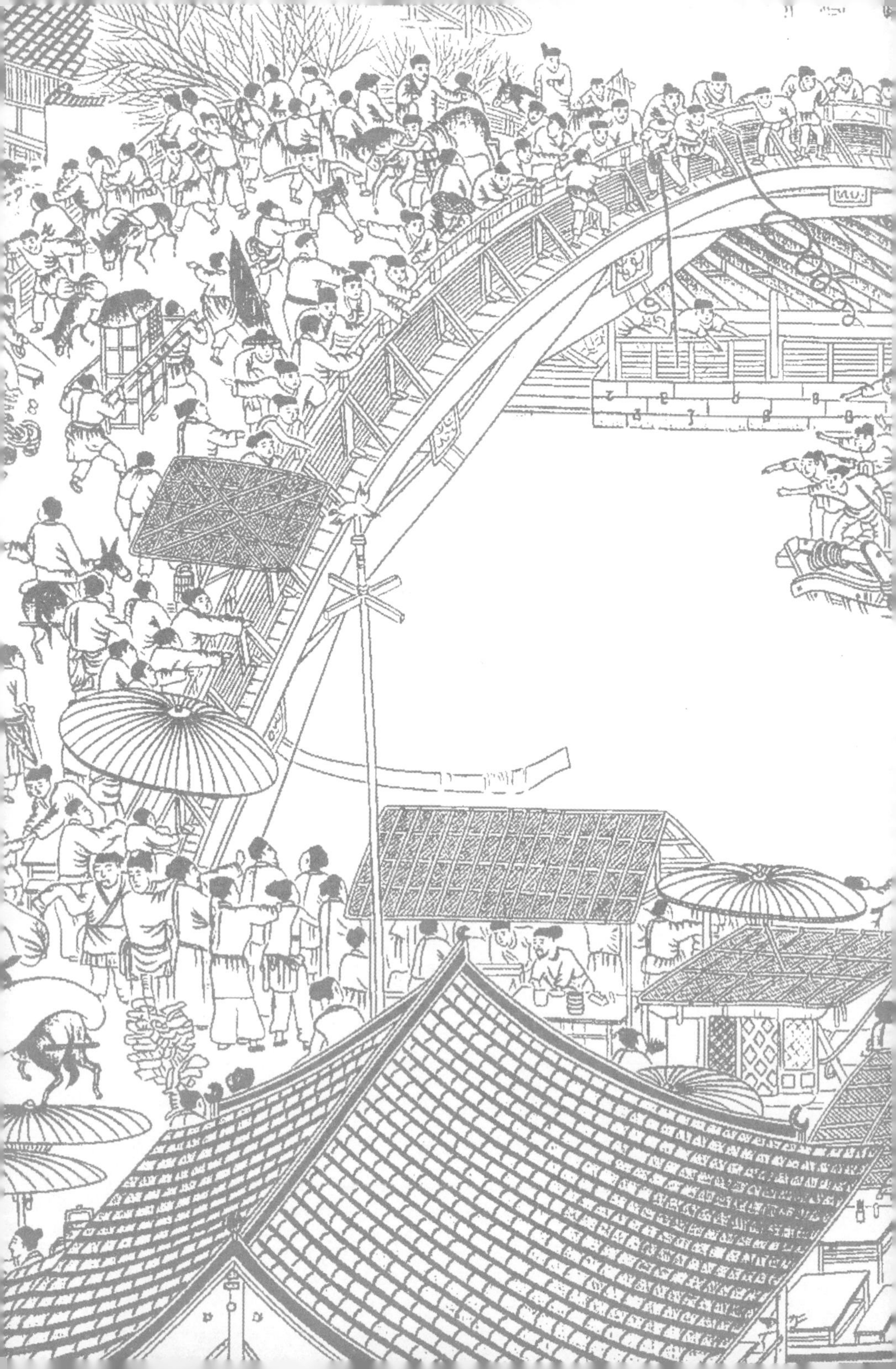

第四十三回

锦豹子小径逢戴宗　病关索长街遇石秀

錦豹子小徑逢戴宗

回前总评

朱富劝师傅李云一起投奔梁山，一段话说出了朱贵兄弟身在江湖的无可奈何，值得注意的是，朱富反复提及的都是“及时雨宋公明”：他说朱贵是“奉及时雨宋公明将令”；他劝李云“一同上山，投奔宋公明入了伙”；在李云担心梁山不接纳他的时候，他说“你如何不知山东及时雨大名，专一招贤纳士，结识天下好汉？”这暗示着，无论对身在梁山中的朱贵，还是对身在梁山之外的李云，宋江都远远比晁盖更有权威和影响力。在梁山内外，宋江都已隐然凌驾于晁盖之上。宋江和晁盖之间隐含的冲突，宋江要建设的“新梁山”，在《水浒传》最后的三十回中，已成为小说最重要的主题。

“你如何不知山东及时雨大名，专一招贤纳士，结识天下好汉？”——这句话需要我们特别注意：在上梁山之前，宋江盛名于“仗义疏财”；上梁山之后，宋江的声誉转变为“招贤纳士”。

宋江的身份变了。不再作为一个个人，凭借个人力量对江湖好汉仗义疏财，而是作为梁山实际上的主人，为梁山招贤纳士，扩大梁山的实力。

在这回之前，“招贤纳士”从未成为梁山的口号，甚至“招贤纳士”这个词也没有出现。梁山有意识、成规模的“招贤纳士”，正是在宋江上山之后开始的。“招贤纳士”以及“替天行道”“忠义”，这些在以前极少出现的语汇，在后面数十回中将反复出现。它们既是梁山的自我宣传，也是人们对梁山的认知和想象，还是梁山借以扩张势力的重要招牌。

梁山真的代表着正义吗？在号称正义的时候，他们是不是也让很多人走投无路？在宣扬自己所谓的替天行道的时候，他们是不是也陷很多人于不义？梁山真是一处英雄好汉的福地吗？

朱贵兄弟、李逵、李云上梁山之后，吴用重新部署了梁山众头领。这些部署也是之前未见，而在此回以后反复出现的。随着山寨力量的增强，更多好汉入伙，梁山需要不断重新部署自己的力量。在这一次，这些部署是借吴用之口颁发的，但其内容当是由宋江制定。这时的梁山，山下有四处酒店，负责打探消息；有金沙滩和鸭嘴滩两处小寨；山前有三座大关；山寨内部，工程、账目、文书、印信、武器、钱粮等各方面事务，都专设头领负责。这时的梁山，分工细致、组织严密、对外宣传积极有力，这些都是宋江上山以前的梁山所没有的。梁山已然变成一个武装政治集团。

七十回本的《水浒传》，自此大致可以分成两个部分。

四十三回之前——好汉的故事。小说详细叙述了鲁达、林冲、杨志、宋江、武松、李逵、生辰纲众人等英雄的遭遇，他们上梁山的历程。这些英雄大抵是个性鲜明、形象丰满的。

四十三回之后——梁山的故事。宋江上梁山以后，小说的主题转变成作为整体的梁山的扩张，好汉变成了符号，用以说明山寨拓张的过程和成就。

于是，后半部出现的好汉，大多故事是简单的，形象是单薄的、程式化的，没有独立个性和心理。例如杨林、邓飞、孟康、裴宣等人都是这样，只有石秀、顾大嫂和卢俊义等例外。

石秀向杨雄、戴宗自我介绍时，都特意强调自己："路见不平，便要去相助，人都呼小弟作‘拚命三郎’。”但他的性格既仗义，又非常谨慎戒备，且极度敏感、猜忌。石秀和叔叔一起贩卖羊马，叔叔死后，流落蓟州，卖柴度日，飘零江湖无依无靠，这使他心理上长期处于戒备、不安的状态。他不能忍受别人遭遇不平之事，所以路见不平便要去相助。同样，他也决不能忍受自己遭遇不平之事。如果遇到，一定会残忍报复。

他有极强的自尊心。和杨雄结拜为兄弟合伙开肉店，他出门两日回来发现肉店关门了，不去问杨雄，立刻就断定是潘巧云挑拨杨家人要赶走他，写好账本辞去。这种妄想，其实也是极不信赖杨雄和潘公的善意。在石秀的性格里，有一种对别人的天然戒备和排斥，尤其是对女人。他生活在一种心理恐慌之中，时刻防范着别人的轻视和损害，哪怕在缺乏证据的情况下，也会幻想自己被敌意包围。这貌似维护自尊心的高傲行为，正表现出自尊心的极度脆弱。

这一回的后半部，戴宗奉宋江之命，离开梁山泊，去寻找公孙胜，并让杨林、邓飞、孟康、裴宣等江湖好汉归附梁山。最重要的，是引出石秀的故事。

话说当时李逵挺着朴刀来斗李云，两个就官路旁边斗了五七合，不分胜败。朱富便把朴刀去中间隔开，叫道：“且不要斗，都听我说！”二人都住了手。朱富道：“师父听说，小弟多蒙错爱，指教枪棒，非不感恩，日常人情。只是我哥哥朱贵见在梁山泊做了头领，今奉及时雨宋公明将令，着他来照管李大哥。不争被你拿了解官，教我哥哥如何回去见得宋公明？因此做下这场手段。江湖承诺。江湖好汉有一个基本特点，宁愿开罪朝廷，绝不失信江湖，江湖比朝廷更重要。却才李大哥乘势要坏师父，却是小弟不肯容他下手，也知道感恩戴德。只杀了这些土兵。我们本待去得远了，猜道师父回去不得，必来赶我。小弟又想师父日常恩念，特地在此相等。矛盾中，聊作一点补偿。师父，你是个精细的人，有甚不省得？如今杀害了许多人性命，又走了黑旋风，你怎生回去见得知县？你若回去时，定吃官司，又无人来相救。不如今日和我们一同上山，投奔宋公明入了伙，三次提到宋江，一次也没提晁盖。〇投宋公明，不是投晁盖。未知尊意若何？”李云寻思了半晌，便道：“贤弟，只怕他那里不肯收留我。”朱富笑道：“师父，你如何不知山东及时雨大名，专一招贤纳士，结识天下好汉？”李云听了，叹口气道：“闪得我有家难奔，有国难投！只喜得我并无妻小，可见裸官靠不住。不怕吃官司拿了，只得随你们去休！”无奈。〇逼人上梁山，原来是朱贵的创意。李逵便笑道：“我的哥！你何不早说？”便和李云剪拂了。这李云既无老小，亦无家当。可见无产者造反最易。当下三人合作一处，来赶车子。半路上朱贵接见了，大喜。四筹好汉跟了车仗便行，于路无话。看看相近梁山泊，路上又迎着马麟、郑天寿，都相见了。说道：“晁、宋二头领又差我两个下山来探听你消息。今既见了，我两个先去回报。”当下二人先上山来报知。

次日，四筹好汉带了朱富家眷，都至梁山泊大寨聚义厅来。朱贵向前，先引李云拜见晁、宋二头领，相见众好汉，说道：“此人是沂水县都头，姓李名云，绰号‘青眼虎’。”次后朱贵引朱富参拜众位，说道：“这是舍弟朱富，绰号‘笑面虎’。”李逵杀四虎，引来两虎。都相见了。李逵拜了宋江，给还了两把板斧，诉说假李逵剪径一事，众人大笑。又诉说杀虎一事，为取娘至沂岭被虎吃了，说罢，流下泪来。宋江大笑人家流泪，宋江大笑。〇此段文字次序被金圣叹重置，把李逵为娘流泪与宋江大笑置一处，以丑恶宋江。道：“被你杀了四个猛虎，今日山寨里却添得两个活虎，正宜作庆。”

众多好汉大喜，便教杀羊宰马，做筵席庆贺两个新到头领。晁盖便叫去左边白胜上首坐定。吴用道：“近来山寨十分兴旺，感得四方豪杰望风而来，皆是晁、宋二兄之德，亦众弟兄之福也。然虽如此，还令朱贵仍复掌管山东酒店，替回石勇、侯健。朱富老小，另拨一所房舍住居。目今山寨事业大了，非同旧日，可再设三处酒馆，专一探听吉凶事情，往来义士上山。如若朝廷调遣官兵捕盗，可以报知如何进兵，好做准备。西山地面广阔，可令童威、童猛弟兄带领十数个火伴那里开店，令李立带十数个火家去山南边那里开店，令石勇也带十来个伴当去北山那里开店。仍复都要设立水亭号箭，接应船只，但有缓急军情，飞捷报来。山前设置三座大关，专令杜迁总行守把，但有一应委差，不许调遣，早晚不得擅离。又令陶宗旺把总监工，掘港汊，修水路，开河道，整理宛子城垣，修筑山前大路。他原是庄户出身，修理久惯。令蒋敬掌管库藏仓廒，支出纳入，积万累千，书算帐目。令萧让设置寨中寨外、山上山下、三关把隘许多行移关防文约、大小头领号数。烦令金大坚刊造雕刻一应兵符、印信、牌面等项。令侯健管造衣袍铠甲、五方旗号等件。令李云监造梁山泊一应房舍厅堂。令马麟监管修造大小战船。令宋万、白胜去金沙滩下寨。令王矮虎、郑天寿去鸭嘴滩下寨。令穆春、朱富管收山寨钱粮。吕方、郭盛于聚义厅两边耳房安歇。令宋清专管筵宴。”规范管理。都分拨已定，筵席了三日，不在话下。梁山泊自此无事，每日只是操练人马，教演武艺。水寨里头领都教习驾船赴水，船上厮杀，亦不在话下。

忽一日，宋江与晁盖、吴学究并众人闲话道：“我等弟兄众位今日共聚大义，只有公孙一清不见回还。我想他回蓟州探母参师，期约百日便回，今经日久，不知信息，莫非昧信不来？可烦戴宗兄弟与我去走一遭，探听他虚实下落，如何不来。”戴宗愿往，宋江大喜，说道：“只有贤弟去得快，旬日便知信息。”当日戴宗别了众人，次早打扮做承局，低级军职。离了梁山泊，取路望蓟州来。把四个甲马拴在腿上，作起神行法来，于路只吃些素茶素食。在路行了三日，来到沂水县界，只闻人说道：“前日走了黑旋风，伤了好些人，连累了都头李云不知去向，至今无获处。”竟有此闲笔。戴宗听了冷笑。

当日正行之次，只见远远地转过一个人来，手里提着一根浑铁笔管枪。那人看见戴宗走得快，便立住了脚叫一声：“神行太保！”戴宗听得，回过脸来定睛看时，见山坡下小径边立着一个大汉，生得头圆耳大，鼻直口方，眉秀目疏，腰细膀阔。戴宗连忙回转身来问道：“壮士，素不曾拜识，如何呼唤贱名？”那汉慌忙答道：“足下果是神行太保！”撇了枪，便拜倒在地。戴宗连忙扶住答礼，问道：“足下高姓大名？”那汉道：“小弟姓杨名林，祖贯彰德府人氏，多在绿林丛中安身，江湖上都叫小弟做‘锦豹子’杨林。数月之前，路上酒肆里遇见公孙胜先生，同在店中吃酒相会，备说梁山泊晁、宋二公招贤纳士，如此义气，写下一封书，教小弟自来投大寨入伙，只是不敢轻易擅进。公孙先生又说：‘李家道口旧有朱贵开酒店在彼，招引上山入伙的人。山寨中亦有一个招贤飞报头领，唤做神行太保戴院长，日行八百里路。’今见兄长行步非常，因此唤一声看，不想果是仁兄，正是天幸，无心得遇！”戴宗道：“小可特为公孙胜先生回蓟州去，杳无音信，今奉晁、宋二公将令，差遣来蓟州探听消息，寻取公孙胜还寨，不期却遇足下。”杨林道：“小弟虽是彰德府人，这蓟州管下地方州郡都走遍了；倘若不弃，就随侍兄长同去走一遭。”戴宗道：“若得足下作伴，实是万幸。寻得公孙先生见了，一同回梁山泊未迟。”杨林见说了，大喜，就邀住戴宗，结拜为兄。戴宗收了甲马，两个缓缓而行，到晚就投村店歇了。

杨林置酒请戴宗，戴宗道：“我使神行法，不敢食荤。”开车不喝酒。两个只买些素馔相待。过了一夜，次日早起，打火吃了早饭，收拾动身。杨林便问道：“兄长使神行法走路，小弟如何走得上？只怕同行不得。”戴宗笑道：“我的神行法也带得人同走。我把两个甲马拴在你腿上，作起法来，也和我一般走得快，要行便行，要住便住。不然，你如何赶得我走？”杨林道：“只恐小弟是凡胎浊骨，比不得兄长神体。”戴宗道：“不妨，我这法诸人都带得，作用了时，和我一般行。只是我自吃素，并无妨碍。”当时取两个甲马，替杨林缚在腿上，戴宗也只缚了两个，作用了神行法，吹口气在上面，两个轻轻地走了去，要紧要慢，都随着戴宗行。

两个于路间说些江湖上的事，从容。虽只见缓缓而行，正不知走了多少路。此法之妙，妙在快而不觉。两个行到巳牌时分，前面来到一个去处，四围都是高山，中间一条驿路。杨林却自认得，便对戴宗说道：“哥哥，此间地名唤做饮马川。前面兀那高山里，常常有大伙在内，近日不知如何。因为山势秀丽，水绕峰环，以此唤做饮马川。”两个正来到山边过，只听得忽地一声锣响，战鼓乱鸣，走出一二百小喽啰，拦住去路。当先捧着两筹好汉，各挺一条朴刀，大喝道：“行人须住脚！你两个是甚么鸟人？那里去的？会事的快把买路钱来，饶你两个性命！”杨林笑道：“哥哥，你看我结果那呆鸟。”拈着笔管枪，抢将入去。那两个好汉见他来得凶，走近前来看了，上首的那个便叫道：“且不要动手！兀的不是杨林哥哥么？”杨林住了，却才认得。上首那个大汉提着军器向前剪拂了，便唤下首这个长汉都来施礼罢。杨林请过戴宗，说道：“兄长，且来和这两个弟兄相见。”戴宗问道：“这两个壮士是谁，如何认得贤弟？”杨林便道：“这个认得小弟的好汉，他原是盖天军襄阳府人氏，姓邓名飞。为他双睛红赤，江湖上人都唤他做‘火眼狻猊’，能使一条铁链，人皆近他不得。多曾合伙，一别五年，不曾见面，谁想今日却在这里相遇着。”邓飞便问道：“杨林哥哥，这位兄长是谁？必不是等闲人也。”杨林道：“我这仁兄，是梁山泊好汉中神行太保戴宗的便是。”邓飞听了道：“莫不是江州的戴院长，能行八百里路程的？”戴宗答道：“小可便是。”那两个头领慌忙剪拂道：“平日只听得说大名，不想今日在此拜识尊颜。”一招鲜，吃遍天。戴宗忙问道：“这位好汉高姓大名？”邓飞道：“我这兄弟姓孟名康，祖贯是真定州人氏，善造大小船只。原因押送花石纲，要造大船，嗔怪这提调官催并责罚他，把本官一时杀了，弃家逃走，在江湖上绿林中安身，已得年久。因他长大白净，人都见他一身好肉体，起他一个绰号，叫他做‘玉幡竿’孟康。”戴宗见说大喜。

四筹好汉说话间，杨林问道：“二位兄弟在此聚义几时了？”邓飞道：“不瞒兄长说，也有一年多了。只半载前，在这直西地面上遇着一个哥哥，姓裴名宣，祖贯是京兆府人氏。原是本府六案孔目出身，极好刀笔。为人忠直聪明，分毫不肯苟且，本处人都称他‘铁面孔目’，亦会拈枪使棒，舞剑轮刀，智勇足备。为因朝廷除将一员贪滥知府到来，把他寻事，刺配沙门岛，从我这里经过，被我们杀了防送公人，救了他在此安身，聚集得三二百人。这裴宣极使得好双剑，让他年长，见在山寨中为主。烦请二位义士，同往小寨相会片时。”便叫小喽啰牵过马来，戴宗、杨林卸下甲马，骑上马，望山寨来。

行不多时，早到寨前，下了马。裴宣已有人报知，连忙出寨降阶而接。戴宗、杨林看裴宣时，果然好表人物，生得面白肥胖，四平八稳，心中暗喜。当下裴宣邀请二位义士到聚义厅上，俱各讲礼罢。相请戴宗正面坐了，次是杨林、裴宣、邓飞、孟康，五筹好汉，宾主相待，坐定筵宴。当日大吹大擂饮酒。戴宗在筵上说起晁、宋二人如何招贤纳士，仗义疏财，众好汉如何同心协力，八百里梁山泊如何广阔，中间宛子城如何雄壮，四下里如何都是茫茫烟水，如何许多军马，不愁官兵来捉。只管把言语说他三个。戴宗有一样好处：看到好汉，总想拉到山上入伙。裴宣回道：“小弟也有这个山寨，也有三百来匹马，财赋也有十余辆车子，粮食草料不算，也有三五百孩儿们。倘若仁兄不弃微贱时，引荐于大寨入伙，也有微力可效。未知尊意若何？”戴宗大喜道：“晁、宋二公待人接物并无异心，更得诸公相助，如锦上添花。若果有此心，可便收拾下行李，待小可和杨林去蓟州见了公孙胜先生同来，那时一同扮做官军，星夜前往。”众人大喜，酒至半酣，移至后山断金亭上，看那饮马川景致吃酒。喝采道：“山沓水匝，真乃隐秀。你等二位如何来得到此？”邓飞道：“原是几个不成材小厮们在这里屯扎，后被我两个来夺了这个去处。”众皆大笑。丛林法则。五筹好汉吃得大醉，裴宣起身舞剑助酒，戴宗称赞不已。至晚，便留到寨内安歇。

次日，戴宗定要和杨林下山，三位好汉苦留不住，相送到山下作别，自回寨里收拾行装，整理动身，不在话下。且说戴宗和杨林离了饮马川山寨，在路晓行夜住，早来到蓟州城处，投个客店安歇了。杨林便道："哥哥，我想公孙胜先生是个学道人，必在山间林下，不住城里。"城里无道。戴宗道："说得是。"当时二人先去城外，一到处询问公孙胜先生下落消息，并无一个人晓得他。住了一日，次早起来，又去远近村坊街市访问人时，亦无一个认得。两个又回店中歇了。第三日，戴宗道："敢怕城中有人认得他！"城中哪有此等人。城中哪有认识此等人之人。当日和杨林却入蓟州城里来寻他，两个寻问老成人时，都道："不认得。敢不是城中人？只怕是外县名山大刹居住？"

杨林正行到一个大街，只见远远地一派鼓乐，迎将一个人来。戴宗、杨林立在街上看时，前面两个小牢子，一个驮着许多礼物花红，一个捧着若干缎子采缯之物，后面青罗伞下，罩着一个押狱刽子。那人生得好表人物，露出蓝靛般一身花绣，两眉入鬓，凤眼朝天，淡黄面皮，细细有几根髭髯。那人祖贯是河南人氏，姓杨名雄，因跟一个叔伯哥哥来蓟州做知府，一向流落在此。续后一个新任知府却认得他，因此就参他做两院押狱，兼充市曹行刑刽子。因为他一身好武艺，面貌微黄，以此人都称他做"病关索"杨雄。当时杨雄在中间走着，背后一个小牢子擎着鬼头靶法刀。原来才去市心里决刑了回来，众相识与他挂红贺喜，送回家去，正从戴宗、杨林面前迎将过来。一簇人在路口拦住了把盏。只见侧首小路里又撞出七八个军汉来，为头的一个叫做"踢杀羊"张保。杨志杀牛，杨雄鞭羊。这汉是蓟州守御城池的军，带着这几个，都是城里城外时常讨闲钱使的破落户汉子，官司累次奈何他不改。为见杨雄原是外乡人来蓟州，却有人惧怕他，因此不怯气。当日正见他赏赐得许多缎匹，带了这几个没头神，吃得半醉，却好赶来要惹他。又见众人拦住他在路口把盏，那张保拨开众人，钻过面前叫道："节级拜揖！"杨雄道："大哥，来吃酒。"张保道："我不要吃酒，我特来问你借百十贯钱使用。"杨雄道："虽是我认得大哥，不曾钱财相交，如何问我借钱？"张保道："你今日诈得百姓许多财物，如何不借我些？"杨雄应道："这都是别人与我做好看的，怎么是诈得百姓的？你来放刁，我与你军卫有司，各无统属！"张保不应，便叫众人向前一哄，先把花红缎子都抢了去。杨雄叫道："这厮们无礼！"却待向前打那抢物事的人，被张保劈胸带住，背后又是两个来拖住了手。那几个都动起手来，小牢子们各自回避了。

杨雄被张保并两个军汉逼住了，施展不得，只得忍气，解拆不开。正闹中间，只见一条大汉挑着一担柴来，看见众人逼住杨雄，动掸不得。引出石秀。那大汉看了，路见不平，便放下柴担，分开众人，前来劝道："你们因甚打这节级？"那张保睁起眼来，喝道："你这打脊饿不死冻不杀的乞丐，敢来多管！"那大汉大怒，性发起来，将张保劈头只一提，一交攧翻在地。石秀路见不平，拔刀相助。那几个破落户见了，却待要来动手，早被那大汉一拳一个，都打的东倒西歪。杨雄方才脱得身，把出本事来施展，一对拳头撺梭相似。那几个破落户都打翻在地。张保见不是头，爬将起来，一直走了。杨雄忿怒，大踏步赶将去。张保跟着抢包袱的走，杨雄在后面追着，赶转一条巷内去了。

那大汉兀自不歇手，在路口寻人厮打。性情。戴宗、杨林看了，暗暗地喝采道："端的是好汉，真正路见不平，拔刀相助！"便向前邀住，劝道："好汉，看我二人薄面，且罢休了。"两个把他扶劝到一个巷内。杨林替他挑了柴担，戴宗挽住那汉子，邀入酒店里来。杨林放下柴担，同到阁儿里面。那大汉叉手道："感蒙二位大哥，解救了小人之祸。"戴宗道："我弟兄两个也是外乡人，因见壮士仗义之心，只恐一时拳手太重，误伤人命，特地做这个出场，请壮士酌三杯，到此相会，结义则个。"那大汉道："多得二位仁兄解拆小人这场，却又蒙赐酒相待，实是不当。"杨林便道："四海之内，皆是兄弟，怎如此说？且请坐。"戴宗相让，那汉那里肯僭上，戴宗、杨林一带坐了，那汉坐在对席。叫过酒保，杨林身边取出一两银子来，把与酒保道："不必来问，但有下饭，只顾买来与我们吃了，一发总算。"好汉吃饭，总是如此。一不缺钱，二不惜钱是也。〇做好汉两个条件即是不缺钱不惜钱。

酒保接了银子去，一面铺下菜蔬果品按酒之类。三人饮过数杯，戴宗问道："壮士高姓大名？贵乡何处？"那汉答道："小人姓石名秀，祖贯是金陵建康府人氏，自小学得些枪棒在身，一生执意，路见不平，便要去相助，人都呼小弟作'拚命三郎'。因随叔父来外乡贩羊马卖，不想叔父半途亡故，消折了本钱，还乡不得，流落在此蓟州卖柴度日。既蒙拜识，当以实告。"戴宗道："小可两个因来此间干事，得遇壮士如此豪杰，流落在此卖柴，怎能够发迹？不若挺身江湖上去，做个下半世快乐也好。"石秀道："小人只会使些枪棒，别无甚本事，如何能够发达快活？"戴宗道："这般时节认不得真！一者朝廷闭塞，二乃奸臣不明。小可一个薄识，因一口气，去投奔了梁山泊宋公明入伙，如今论秤分金银，换套穿衣服。只等朝廷招安了，早晚都做个官人。"石秀叹口气道："小人便要去，也无门路可进。"报国无门，做强盗也无门。戴宗道："壮士若肯去时，小可当以相荐。”石秀道：“小人不敢拜问二位官人贵姓？”戴宗道：“小可姓戴名宗，兄弟姓杨名林。”石秀道：“江湖上听得说个江州神行太保，莫非正是足下？”戴宗道：“小可便是。”叫杨林身边包袱内取一锭十两银子，送与石秀做本钱。石秀不敢受，再三谦让，方才收了。才知道他是梁山泊神行太保。正欲要诉说些心腹之话，投托入伙，只听得外面有人寻问入来。三个看时，却是杨雄带领着二十余人，都是做公的，赶入酒店里来。必须的。杨雄不来寻石秀，哪里可称好汉？杨雄不带做公的，戴宗、杨林哪里会走？

戴宗、杨林见人多，吃了一惊，乘闹哄里，两个慌忙走了。石秀起身迎住道：“节级那里去来？”杨雄便道：“大哥，何处不寻你，却在这里饮酒。我一时被那厮封住了手，施展不得，多蒙足下气力，救了我这场便宜。一时间只顾赶了那厮去，夺他包袱，却撇了足下。这伙兄弟听得我厮打，都来相助，依还夺得抢去的花红缎匹回来，只寻足下不见。却才有人说道：‘两个客人劝他去酒店里吃酒。’因此才知得，特地寻将来。”石秀道：“却才是两个外乡客人邀在这里酌三杯，说些闲话，不知节级呼唤。”闲话。〇石秀机密。杨雄大喜，便问道：“足下高姓大名，贵乡何处，因何在此？”石秀答道：“小人姓石名秀，祖贯是金陵建康府人氏。平生执性，路见不平，便要去舍命相护，以此都唤小人做‘拚命三郎’。因随叔父来此地贩卖羊马，不期叔父半途亡故，消折了本钱，流落在此蓟州卖柴度日。”与杨雄都是外乡人。杨雄又问：“却才和足下一处饮酒的客人何处去了？”石秀道：“他两个见节级带人进来，只道相闹，以此去了。”杨雄道：“恁地，便唤酒保取两瓮酒来，大碗叫众人一家三碗吃了先去，明日却得来相会。”众人都吃了酒，自各散了。杨雄便道：“石家三郎，你休见外。想你此间必无亲眷，我今日就结义你做个弟兄如何？”石秀见说，大喜，便说道：“不敢动问节级贵庚？”杨雄道：“我今年二十九岁。”石秀道：“小弟今年二十八岁。就请节级坐，受小弟拜为哥哥。”石秀拜了四拜。杨雄大喜，便叫酒保：“安排饮馔酒果来，我和兄弟今日吃个尽醉方休。”正饮酒之间，只见杨雄的丈人潘公，直寻到酒店里来。合情合理。

杨雄见了，起身道：“泰山来做甚么？”潘公道：“我听得你和人厮打，特地寻将来。”杨雄道：“多谢这个兄弟救护了我，打得张保那厮见影也害怕。我如今就认义了石家兄弟做我兄弟。”潘公叫：“好，好！且叫这几个弟兄吃碗酒了去。”杨雄便叫酒保讨酒来，每人三碗吃了去。便叫潘公中间坐了，杨雄对席上首，石秀下首。三人坐下，酒保自来斟酒。潘公见了石秀这等英雄长大，心中甚喜，便说道：“我女婿得你做个兄弟相帮，也不枉了。公门中出入，谁敢欺负他！叔叔原曾做甚买卖道路？”石秀道：“先父原是操刀屠户。”潘公道：“叔叔曾省得杀牲口的勾当么？”石秀笑道：“自小吃屠家饭，如何不省得宰杀牲口？”潘公道：“老汉原是屠户出身，只因年老，做不得了。止有这个女婿，他又自一身入官府差遣，因此撇下这行衣饭。”与潘公都是屠户出身。三人酒至半酣，计算酒钱。石秀将这担柴也都准折了。三人取路回来。

杨雄入得门，便叫：“大嫂，快来与这叔叔相见。”恍若武大带武二回家叫大嫂。〇两个嫂子却都姓潘。只见布帘里面应道：“大哥，你有甚叔叔？”杨雄道：“你且休问，先出来相见。”布帘起处，走出那个妇人来。原来那妇人是七月七日生的，因此小字唤做巧云。先嫁了一个吏员，是蓟州人，唤做王押司，两年前身故了，方才晚嫁得杨雄，未及一年夫妻。

石秀见那妇人出来，慌忙向前施礼道："嫂嫂请坐。"石秀便拜。那妇人道："奴家年轻，如何敢受礼！"杨雄道："这个是我今日新认义的兄弟，你是嫂嫂，可受半礼。"当下石秀推金山，倒玉柱，拜了四拜。那妇人还了两礼。请入来里面坐地，收拾一间空房教叔叔安歇。话休絮烦。次日杨雄自出去应当官府，分付家中道："安排石秀衣服巾帻。"客店内有些行李包裹，都教去取来杨雄家里安放了。

却说戴宗、杨林自酒店里看见那伙做公的人来寻访石秀，闹哄里两个自走了，回到城外客店中歇了。次日，又去寻问公孙胜。两日绝无人认得，又不知他下落住处，两个商量了且回去。当日收拾了行李，便起身离了蓟州，自投饮马川来，和裴宣、邓飞、孟康一行人马，扮作官军，星夜望梁山泊来。戴宗要见他功劳，纠合得许多人马上山。山上自做庆贺筵席。不在话下。完戴宗、杨林。

再说这杨雄的丈人潘公，自和石秀商量要开屠宰作坊。潘公有趣。○技痒耶？潘公道："我家后门头是一条断路小巷，有一间空房在后面，那里井水又便，可做作坊，就教叔叔做房在里面，又好照管。"石秀见了也喜，端的便益。潘公再寻了个旧时熟识副手，"只央叔叔掌管帐目"。石秀应承了，叫了副手，便把大青大绿妆点起肉案子、水盆、砧头，打磨了许多刀杖，整顿了肉案，打并了作坊、猪圈，赶上十数个肥猪，选个吉日，开张肉铺。也没工商税务的手续。众邻舍亲戚都来挂红贺喜，吃了一两日酒。杨雄一家，得石秀开了店，都欢喜，自此无话。

一向潘公、石秀自做买卖，不觉光阴迅速，又早过了两个月有余。时值秋残冬到，石秀里里外外，身上都换了新衣穿着。石秀一日早起五更，出外县买猪，三日了方回家来，只见铺店不开。敏感。却到家里看时，小心，细心。肉店砧头也都收过了，刀仗家火亦藏过了。石秀是个精细的人，看在肚里，便省得了。谨慎，戒备。省得常常是省失。自心中忖道："常言：'人无千日好，花无百日红。'哥哥自出外去当官，不管家事，必然嫂嫂见我做了这些衣裳，一定背后有说话。又见我两日不回，必有人搬口弄舌，想是疑心，不做买卖。我休等他言语出来，我自先辞了回乡去休。自古道：'那得长远心的人？'"猜疑，猜忌。石秀已把猪赶在圈里，却去房中换了脚手，收拾了包裹行李，细细写了一本清帐，从后面入来。

潘公已安排下些素酒食，请石秀坐定吃酒。潘公道："叔叔远出劳心，自赶猪来辛苦。"石秀道："丈丈，礼当。且收过了这本明白帐目，若上面有半点私心，天地诛灭。"话说得如此斩尽杀绝。〇石秀为人刻忌，是个长久没有安全感的人。潘公道："叔叔何故出此言？并不曾有个甚事。"石秀道："小人离乡五七年了，今欲要回家去走一遭，特地交还帐目。今晚辞了哥哥，明早便行。"潘公听了，大笑起来道："叔叔差矣！你且住，听老汉说。"那老子言无数句，话不一时，有分教：报仇壮士提三尺，破戒沙门丧九泉。毕竟潘公说出甚言语来，且听下回分解。

第四十四回

杨雄醉骂潘巧云　石秀智杀裴如海

楊雄醉罵潘巧雲

回前总评

第四十四回和四十五回都是杨雄、石秀的故事，但实际上这两回写得最好的是潘巧云和石秀。

《水浒传》写女人，除了顾大嫂、孙二娘这样完全男人化的女人之外，有女人味的女人，在《水浒传》里往往都品德极度败坏，其中刻画最多的是所谓三大“淫妇”：潘金莲、阎婆惜、潘巧云，她们都放纵情欲，引诱男人，害死或险些害死自己的丈夫。最后，她们也都死于好汉们正义的惩罚之下。施耐庵对女性，有一种深深的厌恶和畏惧，但奇怪又不奇怪的是，他又很会写女性。这是施耐庵很矛盾的地方，他想把淫妇写得特别可怕，但是写出来的淫妇又特别鲜活，无论是潘金莲、阎婆惜，还是潘巧云，从字里行间都能感受到她们非常鲜活的一面。潘巧云向石秀介绍裴如海一段，就写得极为细腻生动，声调婉转、表情灵动，读者似乎能听到这位年轻女子的盈盈笑语，能感受到她的关切、动情和喜悦。

但潘巧云忘掉了两点：第一，她是有夫之妇，对海和尚这种暧昧的感情，是为社会所不容的。第二，更重要的是，为石秀所不容。石秀在道德问题上特别敏感。在道德问题上特别敏感的人，往往成为世界上最可怕的人。石秀恰恰就是这种人。他听完潘巧云对海和尚这段充满喜悦的介绍，只有冷冷的、充满敌意的四个字“原来恁地”，他敏锐地看出了这个女人对海和尚有意有情。等潘巧云下楼见那和尚，他便背叉着手，随后跟出来，布帘里张看。这像是一个正大光明的好汉干的事吗？石秀很仗义，路见不平拔刀相助，但是骨子里面有很多小人的品行，有某种猥琐。石秀对周围一切都有戒备心理，敏感、多疑、谨慎，杨雄一家人待他这么好，他还把人家往坏里想。生活中有很多这样的精细人，因为精细反而弄出很多误会，很多矛盾，到最后酿出很大的悲剧。

潘巧云是不道德的。石秀是不厚道的。潘巧云的不道德，作者写得不像潘金莲那样突出。石秀的不厚道，作者却写得更加生动。可以想象，一个不道德的人，偏偏碰上一个不厚道的人，会是什么样的结局呢？一定是一个非常极端的结局。这就注定了潘巧云的命运。

在一个清晨杀掉报晓的头陀和海和尚后，石秀悄悄回到客栈，关门睡觉。在极度愤怒暴虐中仍然能保持极度冷静、克制，这是石秀性格中最令人恐惧之处。

武松在杀人之时也是激情澎湃，但在杀人间歇及过后也很冷静。但与石秀还是有不同：武松的冷静出于自信，石秀的冷静出于冷漠；武松冷静得从容自在舒适放松，石秀冷静乃是收束等待暂时蛰伏。

武松是有同情心的，石秀无同情心。武松有放松之时、幽默之时，石秀永远紧张和不苟言笑。

武松是舒展的，石秀是紧张的。同在底层，受生活磨难，武松心中有哀伤，但并不扭曲；石秀心中有创伤，已然变态。

所以，武松是松，真骨凌霜，却郁郁葱葱，是一个强者；而石秀，虽秀，一枝傲俏，已零落枯败，硁硁然既直且绞，只是一个狠忍之人。

话说石秀回来，见收过店面，便要辞别出门。潘公说道："叔叔且住！老汉已知叔叔的意了。叔叔两夜不曾回家，今日回来，见收拾过了家火什物，叔叔一定心里只道是不开店了，因此要去。休说恁地好买卖，便不开店时，也养叔叔在家。待石秀好。不瞒叔叔说：我这小女先嫁得本府一个王押司，不幸没了，今得二周年，做些功果与他，因此歇了这两日买卖。明日请下报恩寺僧人来做功德，就要央叔叔管待则个。老汉年纪高大，熬不得夜，因此一发和叔叔说知。"石秀道："既然丈丈恁地说时，小人再纳定性过几时。"尴尬。潘公道："叔叔今后并不要疑心，只顾随分且过。"潘公说得是。当时吃了几杯酒并些素食，收过不提。

明早，果见道人挑将经担到来，铺设坛场，摆放佛像、供器、鼓钹、钟磬、香花、灯烛，厨下一面安排斋食。杨雄倒在外边回家来，分付石秀道："贤弟，我今夜却限当牢，不得前来，凡事央你支持则个。"石秀道："哥哥放心自去，自然兄弟替你料理。"杨雄去了。石秀自在门前照管。此时甫得清清天亮，只见一个年纪小的和尚揭起帘子入来，深深地与石秀打个问讯。石秀答礼道："师父少坐。"随背后一个道人挑两个盒子入来。石秀便叫："丈丈，有个师父在这里。"潘公听得，从里面出来。那和尚便道："干爷，如何一向不到敝寺？"老子道："便是开了这些店面，却没工夫出来。"那和尚便道："押司周年，无甚罕物相送，些少挂面，几包京枣。"老子道："阿也，甚么道理，教师父坏钞！"教："叔叔收过了。"石秀自搬入去，叫点茶出来，门前请和尚吃。

只见那妇人从楼上下来，不敢十分穿重孝，只是淡妆轻抹，便问："叔叔，谁送物事来？"石秀道："一个和尚叫丈丈做干爷的送来。”那妇人便笑道：笑。“是师兄海阇黎阇黎：音 shé lí。“阿阇梨”的略称，教育僧徒的轨范师。裴如海，一个老实两个字用得灵动。暧昧。的和尚。他是裴家绒线铺里小官人，出家在报恩寺中。因他师父是家里门徒，结拜我父做干爷，长奴两岁，武松也是长金莲两岁。因此上，叫他做师兄。他法名叫做海公。介绍得细致。关切。叔叔，晚间你只听他请佛念经，有这般好声音！”动情。喜悦。○好声音是性媒之一。石秀道：“原来恁地！”只四个字。冷。故意。与潘巧云的喜悦形成反差。自肚里已瞧科一分了。一分。精细。○如此便能瞧科一分，石秀可怕。那妇人便下楼来见和尚。石秀却背叉着手，有心机。随后跟出来，布帘里张看。偷看。石秀猥琐。只见那妇人出到外面，那和尚便起身向前来，合掌深深的打个问讯。那妇人便道：“甚么道理教师兄坏钞？”和尚道：“贤妹，些少微物，不足挂齿。”那妇人道：“师兄何故这般说。出家人的物事，怎的消受得？”和尚道：“敝寺新造水陆堂了，要来请贤妹随喜，只恐节级见怪。”心虚。那妇人道：“看来拙夫也不恁地计较。叔叔却计较。我娘死时，亦曾许下血盆愿心，早晚也要来寺里相烦还了。”和尚道：“这是自家的事，如何恁地说？但是分付如海的事，小僧便去办来。”那妇人道：“师兄多与我娘念几卷经便好。”只见里面丫嬛捧茶出来。那妇人拿起一盏茶来，把袖子去茶钟口边抹一抹，双手递与和尚。多情。那和尚连手接茶，两只眼涎瞪瞪的只顾睃那妇人的眼，这妇人一双眼也笑迷迷的只管睃这和尚的眼。自古“色胆如天”，却不防石秀在布帘里一眼张见，早瞧科了二分，二分了。道：“‘莫信直中直，须防仁不仁。’我几番见那婆娘常常的只顾对我说些风话，我只以亲嫂嫂一般相待，原来这婆娘倒不是个良人。还是嫂嫂和叔叔的暧昧故事。莫教撞在石秀手里，敢替杨雄做个出场也不见得！”石秀一想，一发有三分瞧科了，三分了。便揭起布帘，撞将出来。“撞”字妙。那贼秃连忙放茶，改叫贼秃了。○施大爷改口快。不是施大爷改口，是金圣叹改文。便道：

“大郎请坐。”这淫妇便插口道：已改口叫淫妇。○还是金圣叹改文。“这个叔叔，便是拙夫新认义的兄弟。”那贼秃虚心冷气，连忙问道：“大郎贵乡何处，高姓大名？”石秀道：“我么？冷。姓石名秀，金陵人氏。为要闲管替人出力，替人不平。又叫做拚命三郎！我是个粗卤汉子，倘有冲撞，和尚休怪！”语语警诫，句句挑衅。贼秃连忙道：“不敢，不敢！小僧去接众僧来赴道场。”撞散了。连忙出门去了。那淫妇道：“师兄早来些个！”那贼秃连忙走，更不答应。心虚。淫妇送了贼秃出门，自入里面去了。

石秀却在门前低了头，只顾寻思，其实心中已瞧科四分。四分。多时，方见行者走来点烛烧香。少刻，这贼秃引领众僧都来赴道场。潘公央石秀接着。相待茶汤已罢，打动鼓钹，歌咏赞扬。只见这贼秃同一个一般年纪小的和尚做阇黎，摇动铃杵，发牒请佛，献斋赞供诸天护法、监坛主盟，追荐亡夫王押司早生天界。只见那淫妇乔素梳妆，来到法坛上，手捉香炉，拈香礼佛。那贼秃越逞精神，摇着铃杵，唱动真言。那一堂和尚见他两个并肩摩倚，这等模样，也都七颠八倒。乱了。证盟已毕，请众和尚里面吃斋。那贼秃让在众僧背后，转过头来看着这淫妇笑，那淫妇也掩着口笑。两个处处眉来眼去，以目送情，石秀都瞧科了，足有五分来不快意。已到五分。众僧都坐了吃斋，先饮了几杯素酒，搬出斋来，都下了衬钱。潘公致了不安，先入去睡了。少刻众僧斋罢，都起身行食去了。转过一遭，再入道场。石秀不快，此时真到六分。六分。只推肚疼，自去睡在板壁后了。

那淫妇一点情动，那里顾得防备人看见？便自去支持。众僧又打了一回鼓钹动事，把些茶食果品煎点。那贼秃着众僧用心看经，请天王拜忏，设浴召亡，参礼三宝。追荐到三更时分，众僧困倦，那贼秃越逞精神，高声念诵。那淫妇在布帘下久立，欲火炽盛，不觉情动，便教丫嬛请海师兄说话。那贼秃一头念诵，一头趋到淫妇面前。这淫妇摘住贼秃袖子，说道："师兄，明日来取功德钱时，就对爹爹说血盆愿心一事，不要忘了。"贼秃道："做哥的记得。只说'要还愿，也还了好'。"贼秃又道："你家这个叔叔好生利害！"写石秀。淫妇把头一摇道："这个睬他则甚，并不是亲骨肉！"写不贤。贼秃道："恁地，小僧却才放心。"放心就错了。不记得石秀正言相告只要替人出力？一头说，一头就袖子里捏那淫妇的手。淫妇假意把布帘来隔。那贼秃笑了一声，自出去判斛送亡。不想石秀却在板壁后假睡，正瞧得着，已看到七分了。七分。当夜五更，道场满散，送佛化纸已了，众僧作谢回去，那淫妇自上楼去睡了。石秀却自寻思了，气道："哥哥恁的豪杰，却恨撞了这个淫妇！"忍了一肚皮鸟气，自去作坊里睡了。

次日，杨雄回家，俱各不提。饭后，杨雄又出去了。只见那贼秃又换了一套整整齐齐的僧衣，径到潘公家来。那淫妇听得是和尚来了，慌忙下楼，出来接着，邀入里面坐地，便叫点茶来。淫妇谢道："夜来多教师兄劳神，功德钱未曾拜纳。"贼秃道："不足挂齿。小僧夜来所说血盆忏愿心这一事，特禀知贤妹，要还时，小僧寺里见在念经，只要写疏一通就是。"淫妇便道："好，好。"忙叫丫嬛请父亲出来商量。潘公便出来谢道："老汉打熬不得，夜来甚是有失陪侍。不想石叔叔又肚疼倒了，无人管待，却是休怪休怪！"贼秃道："干爷正当自在。"淫妇便道："我要替娘还了血盆忏旧愿，要遂了自家之愿。师兄说道，明日寺中做好事，好事就在明日做。就附搭还了。先教师兄去寺里念经，我和你明日饭罢去寺里，只要证明忏疏，也是了当一头事。”潘公道：“也好。明日只怕买卖紧，柜上无人。”淫妇道：“放着石叔叔在家照管，却怕怎的？”潘公道：“我儿出口为愿，明日只得要去。”淫妇就取些银子做功果钱，与贼秃去：“有劳师兄，莫责轻微，明日准来上刹讨素面吃。”准来。贼秃道：“谨候拈香。”收了银子，便起身谢道：“多承布施，小僧将去分俵众僧，来日专等贤妹来证盟。”专等。那妇人直送和尚到门外去了。石秀自在作坊里安歇，起来宰猪赶趁。是日，杨雄至晚方回，妇人待他吃了晚饭，洗了脚手，却教潘公对杨雄说道：“我的阿婆临死时，孩儿许下血盆经忏愿心在这报恩寺中。我明日和孩儿去那里证盟了便回，说与你知道。”杨雄道：“大嫂，你便自说与我，何妨！”那妇人道：“我对你说，又怕你嗔怪，因此不敢与你说。”谁道拙夫不计较？当晚无话，各自歇了。

次日五更，杨雄起来，自去画卯承应官府。石秀起来，自理会做买卖。只见淫妇起来，梳头，裹脚，洗脖项，薰衣裳。迎儿起来，寻香盒，催早饭。潘公起来，买纸烛，讨轿子。石秀自一早晨顾买卖，也不来管他。饭罢，把迎儿也打扮了。巳牌时候，潘公换了一身衣裳，来对石秀道：“相烦叔叔照管门前，老汉和拙女同去还些愿心便回。”石秀笑道：“小人自当照管。丈丈但照管嫂嫂，多烧些好香。早早来。”石秀自瞧科八分了。八分。

且说潘公和迎儿跟着轿子，一径望报恩寺里来。这贼秃已先在山门下伺候，看见轿子到来，喜不自胜，喜。向前迎接。潘公道：“甚是有劳和尚。”那淫妇下轿来，谢道：“多多有劳师兄。”贼秃道：“不敢，不敢。小僧已和众僧都在水陆堂上，从五更起来诵经，到如今未曾住歇，只等贤妹来证盟。却是多有功德。”把这妇人和老子引到水陆堂上。已自先安排下香花灯烛之类，有十数个僧人在彼看经。那淫妇都道了万福，参礼了三宝。贼秃引到地藏菩萨面前，证盟忏悔。通罢疏头，便化了纸，请众僧自去吃斋，着徒弟陪侍。那贼秃却请："干爷和贤妹去小僧房里拜茶。"一引把这淫妇引到僧房里深处，预先都准备下了，叫声："师哥，拿茶来！"只见两个侍者捧出茶来。白雪锭器盏内，朱红托子，绝细好茶。吃罢，放下盏子，"请贤妹里面坐一坐。"又引到一个小小阁儿里，琴光黑漆春台，挂几幅名人书画，小桌儿上焚一炉妙香。

潘公和女儿一台坐了，贼秃对席，迎儿立在侧边。那淫妇道："师兄，端的是好个出家人去处，清幽静乐。"贼秃道："妹子休笑话，怎生比得贵宅上。"潘公道："生受了师兄一日，我们回去。"那贼秃那里肯？便道："难得干爷在此，又不是外人。今日斋食已是贤妹做施主，如何不吃箸面了去？师哥，快搬来！"说言未了，却早托两盘进来，都是日常里藏下的希奇果子、异样菜蔬并诸般素馔之物，排一春台。淫妇便道："师兄，何必治酒？反来打搅。"贼秃笑道："不成礼数，微表薄情而已。"师哥将酒来，斟在杯中。贼秃道："干爷多时不来，试尝这酒。"老儿饮罢，道："好酒，端的味重！"不重如何醉倒你。贼秃道："前日一个施主家传得此法，做了三五石米，明日送几瓶来与令婿吃。"老儿道："甚么道理！"贼秃又劝道："无物相酬，贤妹娘子，胡乱告饮一杯。"两个小师哥儿轮番筛酒，迎儿也吃劝了几杯。那淫妇道："酒住，吃不去了。"贼秃道："难得娘子到此，再告饮一杯。"潘公叫轿夫入来，各人与他一杯酒吃。贼秃道："干爷不必记挂，小僧都分付了，已着道人邀在外面，自有坐处吃酒面。一切妥当。干爷放心，且请开怀多饮几杯。"原来这贼秃为这个妇人，特地对付卜这等有力气的好酒。潘公吃央不过，多吃了两杯，当不住醉了。和尚道："且扶干爷去床上睡一睡。"和尚叫两个师哥，只一扶，把这老儿搀在一个冷净房里去睡了。这里和尚自劝道："娘子，开怀再饮一杯。"那淫妇一者有心，二乃酒入情怀，便觉有些朦朦胧胧上来，口里嘈道："师兄，你只顾央我吃酒做甚么？"贼秃低低告道："只是敬爱娘子。"淫妇便道："我酒是罢了。"贼秃道："请娘子去小僧房里看佛牙。"淫妇便道："我正要看佛牙了来。"

这贼秃把那淫妇一引引到一处楼上，却是那贼秃的卧房，铺设得十分整齐。淫妇看了，先自五分欢喜，便道："你端的好个卧房，干干净净。"贼秃笑道："只是少一个娘子。"那淫妇也笑道："你便讨一个不得？"贼秃道："那里得这般施主？"淫妇道："你且教我看佛牙则个。"贼秃道："你叫迎儿下去了，我便取出来。"淫妇便道："迎儿，你且下去，看老爷醒也未？"迎儿自下得楼来，去看潘公。贼秃把楼门关上，淫妇笑道："师兄，你关我在这里怎的？"这贼秃淫心荡漾，向前搂住那淫妇说道："我把娘子十分爱慕，我为你下了两年心路，今日难得娘子到此，这个机会作成小僧则个！"淫妇道："我的老公不是好惹的，你却要骗我？倘若他得知，却不饶你！"贼秃跪下道："只是娘子可怜见小僧则个！"那淫妇张着手，说道："贼秃家，倒会缠人，我老大耳刮子打你！"贼秃嘻嘻的笑着，说道："任从娘子打，只怕娘子闪了手。"那淫妇淫心飞动，便搂起贼秃道："我终不成当真打你？"贼秃便抱住这淫妇，向床前卸衣解带，了其心愿。好半日，两个云雨方罢。

那贼秃搂住这淫妇，说道："你既有心于我，我身死而无怨。

一语成谶。只是今日虽然亏你作成了我，只得一霎时的恩爱快活，不能够终夜欢娱，久后必然害杀小僧！”那淫妇便道：“你且不要慌。我已寻思一条计了。已寻思一计。我家的人，一个月倒有二十来日当牢上宿。我自买了迎儿，教他每日在后门里伺候，若是夜晚，他一不在家时，便掇一个香桌儿出来，烧夜香为号，你便入来不妨。只怕五更睡着了，不知省觉，却那里寻得一个报晓的头陀，买他来后门头大敲木鱼，高声叫佛，便好出去？若买得这等一个时，一者得他外面策望，二乃不叫你失了晓。”贼秃听了这话，大喜道：“妙哉！你只顾如此行。我这里自有个头陀胡道人，我自分付他来策望便了。”淫妇道：“我不敢留恋长久，恐这厮们疑忌。我快回去是得，你只不要误约。”那淫妇连忙再整云鬟，重匀粉面，开了楼门，便下楼来，教迎儿叫起潘公，慌忙便出僧房来。轿夫吃了酒面，已在寺门前伺候。那贼秃直送那淫妇到山门外，那淫妇作别了上轿，自和潘公迎儿归家，不在话下。

却说这贼秃自来寻报晓头陀。本房原有个胡道，今在寺后退居里小庵中过活，诸人都叫他做胡头陀。每日只是起五更来敲木鱼报晓，劝人念佛。天明时，收掠斋饭。贼秃唤他来房中，安排三杯好酒相待了他，又取些银子送与胡道。胡道起身说道：“弟子无功，怎敢受禄？日常又承师父的恩惠。”贼秃道：“我自看你是个志诚的人，我早晚出些钱，贴买道度牒剃你为僧。这些银子权且将去买些衣服穿着。”原来这贼秃日常时只是教师哥不时送些午斋与胡道，待节下又带挈他去诵经，得些斋衬钱。胡道感恩不浅，寻思道：“他今日又与我银两，必有用我处，何必等他开口？”胡道便道：“师父但有使令小道处，即当向前。”贼秃道：“胡道，你既如此好心说时，我不瞒你，所有潘公的女儿要和我来往，约定后门首但有香桌儿在外时，便是教我来。我却难去那里踅。若得你先去看探有无，我才可去。又要烦你五更起来，叫人念佛时，可就来那里后门头，看没人，便把木鱼大敲报晓，高声叫佛，我便好出来。”胡道便道：“这个，有何难哉！”当时应允了。其日，先来潘公后门首讨斋饭。只见迎儿出来说道：“你这道人，如何不来前门讨斋饭，却在后门里来？”那胡道便念起佛来。里面这淫妇听得了，便出来后门问道：“你这道人，莫不是五更报晓的头陀？”胡道应道：“小道便是五更报晓的头陀，教人省睡，晚间宜烧些香，佛天欢喜。”佛天欢喜。那淫妇听了大喜，便叫迎儿去楼上取一串铜钱来布施他。这头陀张得迎儿转背，便对淫妇说道：“小道便是海师父心腹之人，特地使我先来探路。”淫妇道：“我已知道了。今夜晚间你可来看，如有香桌儿在外，你可便报与他则个。”胡道把头来点着。迎儿取将铜钱来与胡道去了。那淫妇来到楼上，却把心腹之事，对迎儿说。——奴才但得些小便宜，如何不随顺了？

却说杨雄此日正该当牢，未到晚，先来取了铺盖去监里上宿。这一日，倒是迎儿巴不到晚，迎儿急。〇张生急，莺莺急，红娘更急。早去安排了香桌儿，黄昏时掇在后门外。那妇人却闪在旁边伺候。初更左侧，一个人戴顶头巾闪将入来，迎儿吃一吓，道：“谁？”那人也不答应。这淫妇在侧边，伸手便扯去他头巾，露出光顶来，轻轻地骂一声：“贼秃！倒好见识！”两个厮搂厮抱着，上楼去了。迎儿自来掇过了香桌儿，关上了后门，也自去睡了。他两个当夜如胶似漆，如糖似蜜，如酥似髓，如鱼似水，快活淫戏了五七遍。正好睡哩，只听得咯咯地木鱼响，高声念佛，贼秃和淫妇一齐惊觉。那贼秃披衣起来道："我去也，今晚再相会。"淫妇道："今后但有香桌儿在后门外，你便不可负约，不可负约。如无香桌儿在后门，你便切不可来。"贼秃下床，淫妇替他戴上头巾，迎儿开了后门，簌去了。自此为始，但是杨雄出去当牢上宿，那贼秃便来家中。只有这个老儿，未晚先自要睡。迎儿这个丫头，已自做一床了。只要瞒着石秀一个。那淫妇淫发起来，那里管顾？这贼秃又知了妇人的滋味，便似摄了魂魄的一般。这贼秃只待头陀报了，便离寺来。那淫妇专得迎儿做脚，放他出入。因此快活往来戏耍，将近一月有余。

且说石秀每日收拾了店时，自在坊里歇宿，常有这件事挂心，每日委决不下，却又不曾见这贼秃往来。每日五更睡觉，不时跳将起来，料度这件事。何等石秀。半夜跳将起来料度这件事。只听得报晓头陀直来巷里敲木鱼，高声叫佛。石秀是个乖觉的人，早瞧了九分，九分。冷地里思量道："这条巷是条死巷，如何有这头陀连日来这里敲木鱼叫佛？事有可疑！"当是十一月中旬之日，五更时分，石秀正睡不着，只听得木鱼敲响，头陀直敲入巷里来，到后门口，高声叫道："普度众生，救苦救难，诸佛菩萨！"石秀听得叫的跷蹊，便跳将起来，去门缝里张时，只见一个人，戴顶头巾，从黑影里闪将出来，和头陀去了，随后便是迎儿关门。石秀瞧到十分，十分。恨道："哥哥如此豪杰，却讨了这个淫妇，倒被这婆娘瞒过了，做成这等勾当！"巴得天明，急不可耐。○装傻不说，怕说了于己不利，是自私，是对朋友不负责。急于告知，一刻不能等，是躁急，是做事不妥当。○石秀做朋友，足够负责，足够两肋插刀。但有躁急逼迫之嫌。把猪出去门前挂了卖个早市。饭罢，讨了一遭赊钱。日中前后，径到州衙前来寻杨雄。却好行至州桥边，正迎见杨雄。

杨雄便问道："兄弟那里去来？"石秀道："因讨赊钱，就来寻哥哥。”杨雄道：“我常为官事忙，并不曾和兄弟快活吃三杯。且来这里坐一坐。”杨雄把这石秀引到州桥下一个酒楼上，拣一处僻净阁儿里，两个坐下，叫酒保取瓶好酒来，安排盘馔海鲜案酒。二人饮过三杯，杨雄见石秀只低了头寻思，杨雄是个性急的人，便问道：“兄弟，你心中有些不乐，莫不家里有甚言语伤触你处？”石秀道：“家中也无有甚话。兄弟感承哥哥把做亲骨肉一般看待，有句话敢说么？”杨雄道：“兄弟何故今日见外？有的话，但说不妨。”石秀道：“哥哥每日出来，只顾承当官府，却不知背后之事。这个嫂嫂不是良人，兄弟已看在眼里多遍了，且未敢说。今日见得仔细，忍不住来寻哥哥，直言休怪。”杨雄道：“我自无背后眼，你且说是谁？”石秀道：“前者家里做道场，请那个贼秃海阇黎来，嫂嫂便和他眉来眼去，兄弟都看见。第三日又去寺里还血盆忏愿心，两个都带酒归来。我近日只听得一个头陀，直来巷内敲木鱼叫佛，那厮敲得作怪。今日五更，被我起来张时，看见果然是这贼秃，戴顶头巾，从家里出去。似这等淫妇，要他何用？”杨雄听了，大怒道：“这贱人，怎敢如此！”石秀道：“哥哥且息怒，今晚都不要提，只和每日一般。明日只推做上宿，三更后，却再来敲门，那厮必然从后门先走，兄弟一把拿来，从哥哥发落。”代为监管，代为谋划。最后，一定是代为执行，代为递刀。杨雄道：“兄弟见得是。”石秀又分付道：“哥哥，今晚且不可胡发说话。”一定会发生。杨雄道：“我明日约你便是。”两个再饮了几杯，算还了酒钱，一同下楼来，出得酒肆，各散了。只见四五个虞候叫杨雄道：“那里不寻节级！知府相公在花园里坐地，教寻节级来和我们使棒。快走快走！”杨雄便分付石秀道：“本官唤我，只得去应答。兄弟，你先回家去。”石秀当下自归家里来，收拾了店面，自去作坊里歇息。

且说杨雄被知府唤去，到后花园中使了几回棒。知府看了大喜，叫取酒来，一连赏了十大赏钟。杨雄吃了，都各散了。众人又请杨雄去吃酒。至晚，吃得大醉，扶将归来。那淫妇见丈夫醉了，谢了众人，却自和迎儿搀上楼梯去，明晃晃地点着灯盏。杨雄坐在床上，迎儿去脱鞴鞋，淫妇与他除头巾，解巾帻。头巾。杨雄见他来除巾帻，一时蓦上心来，自古道："醉是醒时言。"指着那淫妇骂道："你这贱人！这贼妮子！好歹我要结果了你！"那淫妇吃了一惊，不敢回话，且伏侍杨雄睡了。杨雄一头上床睡，一头口里恨恨的骂道："你这贱人！你这淫妇！你这……你这……大虫口里倒涎！你这……你这……我手里不到得轻轻地放了你！"那淫妇那里敢喘气，直待杨雄睡着。看看到五更，杨雄酒醒了，讨水吃。那淫妇起来，舀碗水，递与杨雄吃了，桌上残灯尚明。杨雄吃了水，便问道："大嫂，你夜来不曾脱衣裳睡？"那淫妇道："你吃得烂醉了，只怕你要吐，那里敢脱衣裳？只在脚后倒了一夜。"杨雄道："我不曾说甚么言语？"淫妇道："你往常酒性好，但吃醉了便睡。我夜来只有些儿放不下。"杨雄又问道："石秀兄弟这几日不曾和他快活吃得三杯，你家里也自安排些请他。"那淫妇便不应，自坐在踏床上眼泪汪汪，口里叹气。来了。杨雄又说道："大嫂，我夜来醉了，又不曾恼你，做甚么了烦恼？"那淫妇掩着泪眼只不应。

杨雄连问了几声，那淫妇掩着脸假哭。杨雄就踏床上，扯起他在床上，务要问道："为何烦恼？"那淫妇一头哭，一面口里说道："我爹娘当初把我嫁王押司，只指望'一竹竿打到底'，谁想半路相抛！今日只为你十分豪杰，却嫁得个好汉，谁想你不与我做主！”杨雄道：“又作怪！谁敢欺负你，我不做主？”那淫妇道：“我本待不说，却又怕你着他道儿。欲待说来，又怕你忍气。”杨雄听了，便道：“你且说怎么地来？”那淫妇道：“我说与你，你不要气苦。自从你认义了这个石秀家来，初时也好，向后看看放出刺来，见你不归时，时常看了我说道：‘哥哥今日又不来，嫂嫂自睡，也好冷落。’我只不睬他，不是一日了。这个且休说。昨日早晨，我在厨房洗脖项，这厮从后走出来，看见没人，从背后伸只手来摸我胸前道：‘嫂嫂，你有孕也无？’被我打脱了手。本待要声张起来，又怕邻舍得知笑话，装你的幌子。巴得你归来，却又滥泥也似醉了，又不敢说。我恨不得吃了他，你兀自来问石秀兄弟怎的！”与潘金莲对武大说武二一般。杨雄听了，心中火起，便骂道：“‘画虎画皮难画骨，知人知面不知心’。这厮倒来我面前又说海阇黎许多事，说得个没巴鼻！眼见得那厮慌了，便先来说破，使个见识！”杨雄却不如武大明白。○潘金莲骂武大糊突桶，武大真不糊突，只是无能。潘巧云说杨雄不计较，杨雄真是计较，只是无脑。口里恨恨地道：“他又不是我亲兄弟，赶了出去便罢！”杨雄到天明，下楼来对潘公说道：“宰了的牲口腌了罢，从今日便休要做买卖！”一霎时，把柜子和肉案都拆了。

石秀天明正将了肉出来门前开店，只见肉案并柜子都拆翻了。石秀是个乖觉的人，如何不省得？笑道：冷静。有人冷静，令人放心；石秀冷静，让人提心。“是了。因杨雄醉后出言，走透了消息，倒吃这婆娘使个见识撺掇，定反说我无礼，他教丈夫收了肉店。我若便和他分辩，教杨雄出丑。我且退一步了，却别作计较。”杨雄的计较，是怂男人的计较。石秀的计较，是狠男人的计较。石秀便去作坊里收拾了包裹。杨雄怕他羞耻，也自去了。与杨雄比，武大有脑有情有义。石秀提了包裹，跨了解腕尖刀，来辞潘公道：“小人在宅上打搅了许多时，今日哥哥既是收了铺面，小人告回。帐目已自明明白白，并无分文来去。如有毫厘昧心，天诛地灭！”又一句天诛地灭。○毫厘之差而施千钧之罚，石秀是法家，惨礉少恩。潘公被女婿分付了，也不敢留他，由他自去了。

这石秀却只在近巷内寻个客店安歇，赁了一间房住下。石秀却自寻思道：“杨雄与我结义，我若不明白得此事，枉送了他的性命。他虽一时听信了这妇人说，心中怪我，我也分辩不得，务要与他明白了此一事。我如今且去探听他几时当牢上宿，起个四更，便见分晓。”在店里住了两日，却去杨雄门前探听。布帘里张看；板壁里假睡偷窥；门缝里张看；门前探听，石秀可怕。当晚只见小牢子取了铺盖出去，石秀道：“今晚必然当牢，我且做些工夫看便了。”当晚回店里，睡到四更起来，跨了这口防身解腕尖刀，悄悄地开了店门，径踅到杨雄后门头巷内，伏在黑影里张时，黑影里张。○潘巧云偷情，石秀偷看。潘巧云不贤，石秀不堪。却好交五更时候。只见那个头陀挟着木鱼，来巷口探头探脑。石秀一闪，闪在头陀背后，一只手扯住头陀，一只手把刀去脖子上阁着，低声喝道：“你不要挣扎！若高做声，便杀了你！你只好好实说，海和尚叫你来怎地？”那头陀道：“好汉，你饶我便说！”石秀道：“你快说，我不杀你！”头陀道：“海阇黎和潘公女儿有染，每夜来往，教我只看后门头有香桌儿为号，唤他‘入钹’。好猥亵的词。五更里，却教我来敲木鱼叫佛，唤他‘出钹’。”好猥亵的词。石秀道：“他如今在那里？”头陀道：“他还在他家里睡着。我如今敲得木鱼响，他便出来。”石秀道：“你且借你衣服木鱼与我。”头陀手里先夺了木鱼，头陀把衣服正脱下来，被石秀将刀就颈上一勒，杀倒在地，头陀已死了。石秀狠。石秀却穿上直裰、护膝，一边插了尖刀，把木鱼直敲入巷里来。那贼秃在床上，却好听得木鱼咯咯地响，连忙起来，披衣下楼。迎儿先来开门，贼秃随后从后门里闪将出来。石秀兀自把木鱼敲响，那和尚悄悄喝道："只顾敲做甚么！"石秀也不应他，让他走到巷口，一交放翻，按住喝道："不要高做声！高做声便杀了你。只等我剥了衣服便罢！"那贼秃知道石秀，那里敢挣扎做声？被石秀都剥了衣裳，赤条条不着一丝。悄悄去屈膝边，拔出刀来，三四刀搠死了，石秀狠。却把刀来放在头陀身边，将了两个衣服卷做一捆包了，再回客店里，轻轻地开了门进去，悄悄地关上了，自去睡，石秀冷静。不在话下。

却说本处城中一个卖糕粥的王公，其日五更，挑着担糕粥，点着个灯笼，一个小猴子跟着，出来赶早市。正来到死尸边过，却被绊一交，把那老子一担糕粥倾泼在地下。杀人夜偏这样写，发你我一粲。只见小猴子叫道："苦也，一个和尚醉倒在这里！"偏先说醉倒。老子摸得起来，摸了两手腥血，叫声苦，不知高低。几家邻舍听得，都开了门出来，把火照时，只见遍地都是血粥，两个尸首躺在地上。众邻舍一把拖住老子，要去官司陈告。正是：祸从天降，灾向地生。毕竟王公怎地脱身，且听下回分解。

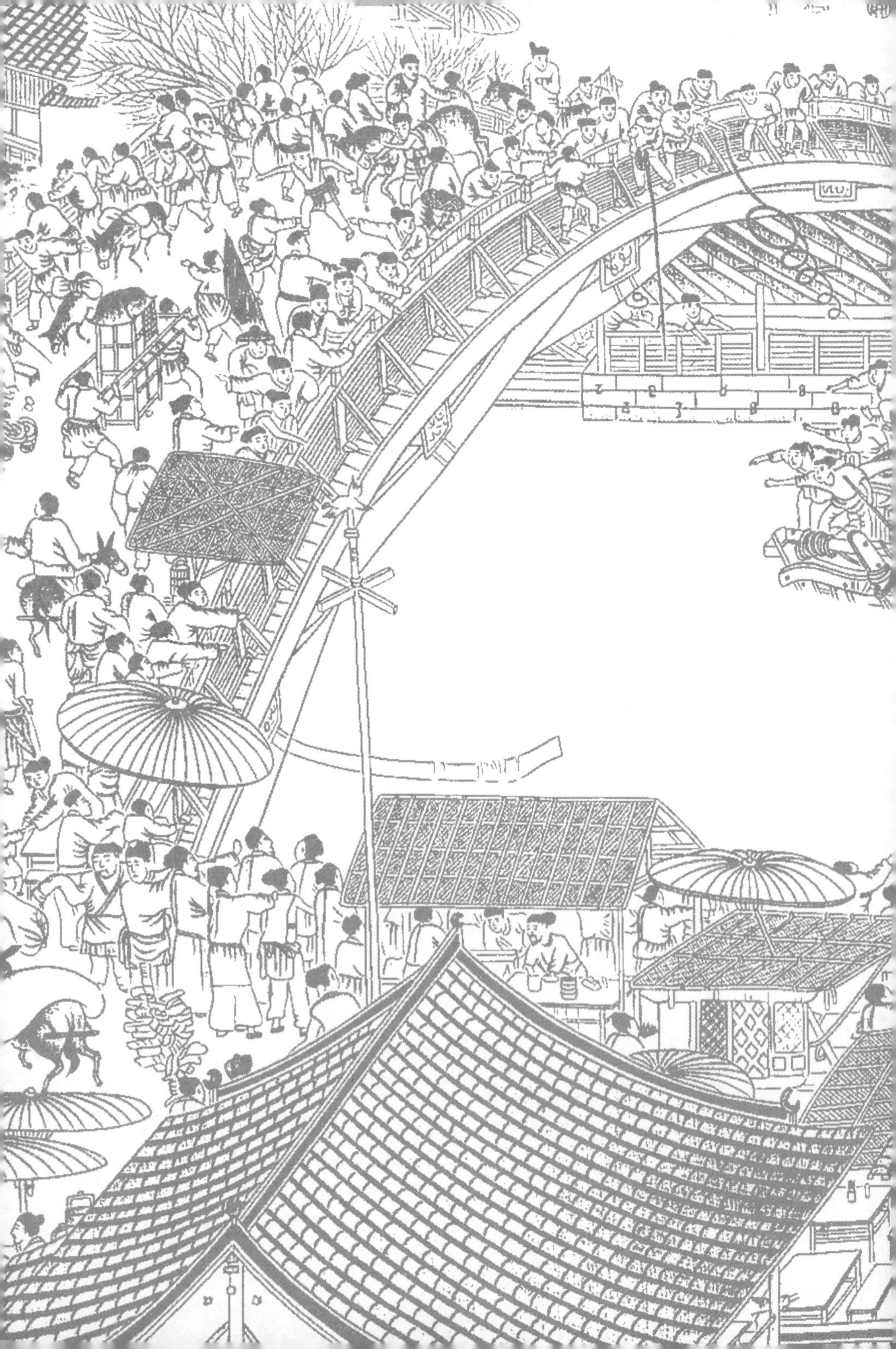